KB145981

만인만색
역사
공작단

만인만색 역사공작단

'역알못'부터 '역덕'까지, 만인을 위한 고퀄리티 한국사

초판 1쇄 인쇄 2021년 1월 5일
초판 1쇄 발행 2021년 1월 10일

지은이	만인만색연구자네트워크 미디어팀
펴낸이	이영선
책임편집	김종훈

편집	이일규 김선정 김문정 김종훈 이민재 김영아 김연수 이현정 차소영
디자인	김회량 이보아
독자본부	김일신 김진규 정혜영 박정래 손미경 김동욱

펴낸곳 서해문집 | 출판등록 1989년 3월 16일(제406-2005-000047호)
주소 경기도 파주시 광인사길 217(파주출판도시)
전화 (031)955-7470 | 팩스 (031)955-7469
홈페이지 www.booksea.co.kr | 이메일 shmj21@hanmail.net

ⓒ 만인만색연구자네트워크 미디어팀, 2021
ISBN 979-11-90893-44-2 03910

이 도서의 국립중앙도서관 출판예정도서목록(CIP)은 서지정보유통지원시스템 홈페이지(http://seoji.nl.go.kr)와 국가자료공동목록시스템(http://www.nl.go.kr/kolisnet)에서 이용하실 수 있습니다.(CIP제어번호: CIP2020054129)

'역알못'부터 '역덕'까지
만인을 위한 고퀄리티
한국사

만인만색 역사 공작단

만인만색연구자네트워크 미디어팀 지음

서해문집

머리말

"다양하고 깊이 있는 시선으로 털어드립니다.
고퀄리티 역사 생산 방송 역사공작단,
오늘도 다시 또 역시 출발합니다."

이 책은 팟캐스트 〈역사공작단〉 일원들이 지난 4년여간 방송하며 쌓아온 원고를 다듬어서 선보이는 첫 번째 결과물이다. 〈역사공작단〉은 만인만색연구자네크워크(이하 만인만색) 미디어팀에서 활동하는 역사 연구자들이 제작하는 역사 전문 팟캐스트 방송이다.

만인만색은 박근혜 정부 때 벌어진 '역사교과서 국정화 사태'에 대응하기 위해 2016년 1월에 결성된 신진 역사 연구자 모임이다. 만인만색은 2018년 《한뼘 한국사》 출간을 시작으로 역사 연구자의 교양서 쓰기에 힘쓰고 있는 콘텐츠기획출판팀, 시민과 직접 만나 역사를 강의하고 토론하는 시민강좌팀, 만인만색과 사회를 이어주는 다리 역할을 하는 연대사업팀, 제반 업무를 담당하는 사무국 그리고 팟캐스트와 유튜브라는 매체를 통해 학계의 연구 성과를 시민들과 공유하는 미디어팀으로 구성돼 있다.

만인만색은 역사학이 학술 활동이라는 틀을 넘어 시민과 호흡하고 '공공(Public)'의 영역으로 들어갈 때 비로소 제 의미가 생긴다고 믿는다. 이에 전문 연구자라는 정체성을 바탕으로 시민과 역사학을 공유하기 위해 다양한 활동을 하고 있다. 그중 핵심이 바로 미디어팀의 팟캐스트 및 유튜브 제작이다. 팟캐스트는 2020년 9월 초 현재 팟빵, 애플 팟캐스트, 네이버 오디오클럽을 합산해 1년간 약 355만 건의 재생 요청 수를 기록했다. 유튜브의 경우 〈만인만색 역사공작단TV〉는 약 2250명의 구독자와, 〈역사공작단 클래식〉은 약 1080명의 구독자와 함께하고 있다. 여전히 가야 할 길이 멀지만, 연구실에서 책만 읽던 서생들이 아무런 사전 지식 없이 맨손으로 방송 일에 뛰어들었다는 점을 감안하면 기대 이상의 성과라고 자부하고 싶다.

2016년 4월, 처음 결성된 우리 팀의 시작은 작고 초라했다. 제대로 된 녹음실이 없어서 이곳저곳을 옮겨 가며 녹음을 해야 했고, 청취자 수는 지금과 비교도 되지 않을 만큼 적었다. 이름도 지금과는 다른 〈다시 또 역시〉였다. '다양한 시각, 또 역사학적 시선'을 줄인 말이다. 그렇게 현대사 전공자 금강경, 근대사 전공자 미답, 고대사 전공자 백년, 그리고 북한사 전공자 지롱까지, 총 네 명의 패널이 합심해 팟캐스트 방송을 녹음하고 편집해 나갔다.

패널의 전공이 근현대사와 고대사에 몰려 있다 보니 방송 초기에는 특정 시대사에 집중된 주제를 선정할 수밖에 없었다. 다양한 게스트를 섭외해 이 문제를 해결하려고 했지만 인맥의 한계로 인해 쉽지 않았다. 방송 시작 후 1년간은 전문성과 대중성이라는 두 마리 토끼를 잡는 일이 매우 힘들고 어렵다는 것을 느끼는 인고의 시간이었다. 그러나 지치고 싶지 않은 이유는 명확했다. 패널들에게 이 일은 '재미' 이상의 '무엇'이었다. 사실 우리를 움직이는 그 '무엇'이 뭔지는 아직도 잘 모르겠다. 역사학자로서 사명감일 수도 있고, 많은 사람에게 관심받고 싶은 인간으로서의 원초적인 욕구일 수도 있다. 지금 시점에서 좋게 포장해 보면, 방송을 통한 연구자들의 '목소리 내기'는 신진 연구자들이 만들어 나가는 새로운 학문 생태계에 대한 실험이자 연구 원동력이었다.

이 1년간의 시도를 통해 실험의 성공 가능성을 어느 정도 진단할 수 있었다. 페이스북 게시물 홍보라는 단일한 홍보 수단을 통해 1000여 명 정도의 고정 청취자를 찾았고, 한 달에 2만여 건의 다운로드 수를 기록했다. 이 성과를 바탕으로 우리 나름의 과제를 설정했다. 미흡한 콘텐츠를 보완하기 위해 다양한 시대사를 전공한 패널을 섭외하는 것 그리고 완성도 높은 편집을 위해 편집팀원을 확충하는 것. 그렇게 설정된 과제를 해결하기 위해 함께 머리를 굴려 가며 주제를 선정하고, 주제에 맞게 새로운 패널을 영입하고, 연구 성과와 씨름하며 방송 원고를 작성하고, 어렵게 녹음 날짜를 잡고, 녹음실에 모여 매번 네 시간이 넘도록 쉬지 않고 녹음했다.

2017년 무렵 새로운 패널을 확보하고 다양한 방송 주제를 발굴하는 과정에서 지금의 체계를 갖추었다. 방송 이름도 바꾸었다. 〈역사공#작단〉. 공부를 업으로 하는 연구자들이 원고 작성부터 녹음, 편집까지 이어지는 전 과정을 관리하는 것은 여간 어려운 일이 아니었다. 그렇게 어제도, 오늘도 각자 자리에서, 또 같은 자리에서 방송을 준비하는 패널이 총 열두 명, 금강경·백년·미답·기랑·묘향·범인·홍시·쏘퓌·

아라·새벽·월하·탕수육이다. 고대사부터 현대사 전공자까지, 다양한 시공간을 포괄하는 꽉 찬 패널 구성이다.

우리 팀원들은 다음에는 무슨 주제로 방송할지 늘 고민하고 의견을 교환한다. 각자의 사정으로 너무 바빠 녹음 날짜 잡기가 여간 힘든 일이 아님에도, 결국엔 꾸역꾸역 날짜를 잡아 방송을 이어간다. "이날이 좋아요", "그날은 안 됩니다", "그때 만나요" 그렇게 이어온 4년 반이다. 길다면 긴 이 시간 동안 팀을 유지한 원동력은 패널들의 의욕만이 아니다. 출퇴근길이 즐겁다는 의견, 지적 자극을 받는다는 의견, 임용시험에 우리 방송이 도움이 됐다는 의견 등, 댓글·메일·페이스북·트위터 하나하나에 담긴 청취자들의 응원은 언제나 큰 힘이 됐다. 그뿐만이 아니다. 청취자들의 따끔한 질타를 받을 때는 역사 연구자이자 방송 제작자로서 우리 역할을 되새겼다. 청취자들 간 댓글 토론이 진행될 때는 생각지도 못한 해석에 식은땀을 흘렸다. 결국, 이 방송은 열두 명의 연구자끼리만 만드는 것이 아니다. 게스트로 출연해주신 많은 연구자들, 만인만색의 다른 팀들, 온라인 공간에서 끊임없이 피드백을 해주시는 청취자들까지, 정말 많은 사람의 도움으로 만들어지는 방송이다.

〈역사공작단〉은 정치사·사회사·전쟁사 등의 전통적 주제는 물론, 일상사·미시사·여성사 등의 새로운 주제를 다루었고, 연구자의 관심 주제와 청취자의 관심 주제를 넘나들었다. 해당 주제에 대한 연구 성과와 주요 사료를 검토하고 그와 관련된 다양한 미디어 자료를 찾으며 방송을 준비했다. 역사학이 좀 더 쉽게 느껴지도록 이야기 구성에도 신경 썼다. 역사학의 재미가 '지나간 사실을 아는 것'이 아니라 '지나간 시대를 새로운 시선에서 바라보는 것'에 있다는 점을 청취자들과 함께 공유하고 싶었다. 물론 아직도 청취자 시선에서는 어렵고, 연구자 시선에서는 부족하다. 그러나 연구자가 시민과 소통하며 방송 콘텐츠를 쌓아 나가는 것만으로도 공공 영역에 그 나름대로 기여할 수 있다고 생각한다. 최근에는 그러한 실험의 결과물로 인문학 교양 콘텐츠를 서비스하는 플랫폼인 '다물어클럽'을 오픈하기도 했다.

우리는 350회 가까이 진행해온 팟캐스트의 방송 원고를 책으로 정리해 양질의 역사 교양서를 만들기로 했다. 본래 2020년 초에 출간할 목적으로 책을 준비하고 있었으나, 전 세계를 강타한 코로나-19의 파도를 맞아 잠시 표류하게 됐다. 그러던 차에 우리 방송의 오랜 청취자이기도 한 서해문집 편집자가 손을 내밀어주어서 무사히 이 책을 출간한다.

350회에 가까운 방송 중에서 첫 번째 결과물에 포함될 주제를 선별하는 작업도 만만치 않았다. 기존 방송 주제 중에서 우리가 재미있게 녹음한 방송, 청취자에게 반응이 좋았던 방송을 선정했고, 여기에 더해 앞으로 해보고 싶은 주제도 골랐다. 총 열아홉 편이다. 그러다 보니 책의 방향성이 눈에 보였다. 어떤 주제는 기존의 역사 상식에 문제를 제기하는 데 초점을 맞추었다. 또 어떤 주제는 교과서나 미디어 등 공공 영역에서 다루어지지 않은 새로운 역사 지식을 소개하는 데 중점을 두었다. 이와는 달리 교과서에 단지 한 줄로만 표기돼 그 이면이 궁금했던 사건을 집중적으로 파헤친 주제도 있다. 이 책은 이러한 방향성을 존중하면서 다양한 시대와 소재로 구성된 개별 주제를 엮어내고자 했다. 그렇게 해서 구성한 목차가 '공작 1: 관점을 바꾼 한국사', '공작 2:

완전히 새로운 한국사', '공작 3: 깊게 파고든 한국사'다.

간단히 소개하자면, '공작 1: 관점을 바꾼 한국사'는 기존에 통용되던 역사 지식 중에 오해가 있거나 다른 관점에서 접근할 수 있는 부분을 다시 알아보려는 시도다. 위가야는 우리의 상식 속에 견고하게 자리 잡은 6가야의 전설을 넘어, 여러 기록에서 다양한 모습으로 나타나는 가야의 역사적 실체를 이야기한다. 기경량은 역적 혹은 영웅이라는 극단적 평가가 존재하는 시대의 문제아 연개소문이 실제로는 어떤 인물이었는지, 또 각 시대는 그를 어떤 방식으로 기억하고 싶어 하는지 살펴본다. 기경량은 또 다른 글에서 조선 숙종 대에 일어난 백두산정계비 건립 사건을 추적하며 민족의 영산이라 불리는 백두산을 둘러싼 우리 사회의 통념에 어떠한 오해와 욕망이 숨어 있는지 짚어본다. 현수진은 고려 무신집권기를 살아간 문사 3인의 영화롭기도 하고 처절하기도 한 인생사를 따라가며 누구나 출세하고 싶지만 아무나 출세할 수는 없었던 인간 사회의 한 측면을 살펴본다. 김태현은 이광수의 명성을 통해 그가 공과 과라는 상반된 기억으로 점철된 원인을 살펴본다. 김재원은 대한민국 국민의 70퍼센트가 스스로 쟁취했다고 믿은 중산층이라는 신기루가 어떠한 역사적 과정을 거쳐서 형성됐는지 살펴보고, 이를 통해 신분은 없지만 평등하지는 않은 현 대한민국 사회를 조망한다.

'공작 2: 완전히 새로운 한국사'는 역사학계에서 생산된 새로운 지식을 공유하려는 시도다. 최슬기는 한국사상 첫 왕조이자 민족사의 첫 장이라는 위상을 가진 고조선이 멸망하게 된 이유와 과정 그리고 멸망에 이르기까지 그 요인으로 작용한 다양한 요소를 입체적으로 조망한다. 오경석은 나말여초의 주인공인 호족이 사료가 아닌 연구사상에서 형성된 개념임을 알려 준다. 현수진은 고려와 원나라를 넘나들며 천하를 주름잡았지만 결국 비운의 정치가로 삶을 마감할 수밖에 없었던 충선왕의 일생을 조망한다. 김태현은 1920년대 후반부터 1930년대 초까지 신의주와 안동을 주름잡은 밀수단을 살펴본다. 임동현은 대한민국임시정부가 독립과 민주주의라는 시대적 과제를 달성하기 위해 어떤 과정을 거쳐 선거제도를 구상해 나갔는지 탐구한다. 윤서인은 조선총독부가 마약을 어떻게 판매하고, 단속하고, 관리했는지 살펴봄으로써 일본의 식민지 통치가 지닌 구조적 모순을 간파한다. 김재원은 시골 학교 교사에서 칼 찬 만주 군인으로, 천황의 군인에서 남조선노동당 반란군으로, 좌익 계열 군인에서 쿠데타 수장으로 거듭 변신한 박정희의 변화 동인을 계층 상승이라는 욕망 관점에서 바라본다.

마지막으로 '공작 3: 깊게 파고든 한국사'는 우리가 알고 있는 역사 지식 너머의 더 깊숙한 지식을 소개한다. 최슬기는 700여 년이나 존속했으나 전성기를 제외하고는 잘 알려지지 않은 부여를 속속들이 이해하기 위해 논쟁점을 중심으로 부여사를 풀어낸다. 위가야는 신라와 왜(일본) 사이에서 불운하게 살해된 석우로의 삶을 통해 신라 정치사의 미스터리를 추적하고, 역사학자들이 그 미스터리를 어떠한 방법론에 의거해 풀어 나가는지 소개한다. 기경량은 삼국통일과 남북국시대라는 개념을 둘러싼 역사학계의 논쟁을 소재로, 공교육을 받은 대부분의 사람들이 당연시하는 통설적 역사상의 이면에 존재하는 약한 논리적 고리를 점검한다. 강진원은 우리나라가 처음으로 유럽과 싸운 사건인 나선정벌에서 펼쳐진 조선 총잡이들의 활약을 살펴본다. 아울러 조선 후기에 나타난 '실학'이라는 학문적 흐름을 이야기하며 그간의 오해를 바로잡고, 당시의 실상을 어떻게 이해해야 할지 고민한다. 임동현은 우리의 민족 인식이 언제부터, 또 어떻게 형성됐는지 이해하기 위해 '네이션Nation'의 번역어인 '민족'이라는 단어와 개념 수용 과정을 소개한다.

역사 연구자의 본업은 새로운 역사 지식을 생산하는 것이다. 그렇지만 우리가 가진 '약간의 재능'으로 다른 사람에게 즐거움을 주는 것, 그들과의 상호작용을 통해 새로운 학문 생태계를 만들어 나가는 것도 그만큼, 어쩌면 그보다 더 중요하다는 생각이 든다. 만인만색 역사공작단이 이를 위해 뚜벅뚜벅 걸어올 수 있었던 것은 많은 분의 도움에 힘입었기 때문이다. 우리 방송과 책의 내용은 고시생보다 더 끈질기게 앉아 공부에 몰두하는 역사 연구자들의 피땀과 같은 성과에 전적으로 의존했다. 교양서의 특성상 일일이 각주를 달지 못한 점에 양해를 구한다. 연구자의 '사투리'를 버리지 못한 우리의 글을 시민과 공유한다는 명목으로 내놓을 수 있는 것은 출판사와 편집자들의 끈질긴 노고 덕분이다. 대학원생으로서, 조교로서, 강사로서, 교수로서, 제각기 다른 위치에서 연구와 생계를 병행하느라 애쓰고 있는 우리 만인만색 동료들은 존재만으로도 큰 힘이 된다. 마지막으로, 귀한 시간과 쌈짓돈을 털어가며 우리 방송을 재미있게 들어주시는 모든 분께 진심을 가득 담아 감사드린다. 언제까지나 여러분과 함께 다양한 역사학적 시선을 만들어 나가고 싶다.

만인만색 미디어팀 〈역사공작단〉 단원을 대표해
김재원, 현수진 씀

차례

공작 3   깊게 파고든 한국사

★ 각 장 시작 부분에 표시된 QR코드를 스캔하면
해당 주제의 팟캐스트를 들을 수 있습니다.

교과서와
상식 너머의
가짜 이미지

역적인가
영웅인가

백두산정계
대소동

시대가
만들어낸
인기스타

고려 무신집권기 최씨 3인의 최후

'불도저' 시장이 만든 신기루, 죽산동

식민지 시기 이광수의 친일 행위에 대한 두 가지 기억

공작 1
관점을 바꾼 한국사

교과서와
상식 너머의
가야 이야기

위
가
야

망한 나라(亡國)와 잊힌 나라(忘國)

영화〈황산벌〉의 한 장면을 떠올리는 것으로 이야기를 시작해 보려 한
다. 황산벌에서 계백階伯의 5천 결사대를 상대하게 된 신라군 수뇌부
는 첩자를 보내 백제군의 작전을 알아내는 데 성공했다. 그런데 문제
는 '거시기'란 말이었다. 총대장 김유신金庾信은 듣도 보도 못한 그 말의
뜻을 알아내 백제군의 작전을 파악하기 전에는 총공격이 불가능하다
고 생각했다. 반면 왕자 김법민金法敏의 입장은 큰 희생이 있더라도 총
공격을 해서 약속한 날짜에 당군과 합류해야 한다는 것이었다. 총대장
과 차기 국왕의 의견 대립은 자연히 신라군 수뇌부의 충돌을 불렀다.
다시 열린 작전회의에서 신라 장군이자 김유신의 동생인 김흠순金欽純
이 같은 급의 장군인 김품일金品日에게 욕설을 내뱉자 김품일이 강하
게 반발하며 말했다. "같은 장군이라고 다 같은 장군이 아니야. 내는 진
골 신라 정통 빼다구!" 화가 난 김흠순이 치받으며 "그럼 내는?"이라고
말하자 김품일은 한마디 말로 김흠순, 나아가서는 김유신의 가슴에 못

을 박았다.

"족보도 없는 가야 출신 개빽다구!"

가야 이야기를 하겠다고 제목을 달아놓고 느닷없이 철지난 영화의 한 장면을 끄집어낸 이유는 바로 이 대사가 전달하는 상황, 즉 김유신과 그 일족은 신라에 멸망한 가야의 왕족이라는 사실이 대중이 가야에 대해서 가지고 있는 상식 중 하나가 아닐까, 하고 생각했기 때문이다. 《삼국사기》〈신라본기〉에는 신라 법흥왕法興王 19년(532)에 금관국金官國 왕인 김구해金仇亥가 처자와 함께 신라에 항복했다는 기록이 있다. 신라 왕은 이들에게 높은 자리를 주었다고 하는데, 이는 신라가 그들을 진골 귀족에 편입해준 사실을 말하는 것이다. 그런데 이들 가야 출신이 신라에서 진골 귀족으로 자리 잡는 과정이 그리 순탄치는 않았던 것 같다. 신라의 진골 귀족은 이들 가야 출신을 백안시했던 것 같은데, 김유신의 아버지인 김서현金舒玄이 사랑하는 여인과 결혼을 하려다 겪었던 일들이 당시의 상황을 잘 알려준다.

《삼국사기》〈김유신 열전〉에 따르면 서현은 신라 왕족인 숙흘종肅訖宗의 딸인 만명萬明을 보고 첫눈에 반했다. 서현이 눈짓으로 꼬드겼는데 둘이 중매를 거치지 않고 결합했다고 적은 걸 보면 만명도 어지간히 서현이 마음에 들었던 모양이다. 하지만 둘의 사랑은 정식으로 중매를 거친 것이 아니었다. 이 때문에 만노군萬弩郡(지금의 충청북도 진천군) 태수가 된 서현이 만명을 데리고 가려 하자 그제야 둘의 관계를 알게 된 숙흘종은 대노했다. 그는 딸을 별채에 가둬두고 사람을 시켜 지키게 했는데 갑자기 벼락이 문간을 때렸다. 만명은 자신을 지키던 사람이 놀라 정신이 없는 사이에 창문으로 빠져나가 서현과 함께 만노군으로 갔다고 한다.

숙흘종이 서현과 만명의 결혼을 탐탁잖게 여겼던 까닭은 서현이 가야 출신이라는 데 있었다. 어떤 역사학자들은 이 이야기가 가야 출신이 신라의 진골 귀족 사이에서 소외당하고 있었던 당대의 현실을 알려준다고 생각한다. 두 사람의 로맨스를 생각하면 좀 미안한 발상이지만 서현이 만명에게 접근한 것은 어쩌면 왕족과 혼인관계를 맺어 가야 출신의 위상을 올리기 위한 책략이었을 수도 있다.

비슷한 일이 서현의 자식인 김유신과 문희文姬 남매에게도 있었다. 김유신이 신라의 왕실 가문인 김춘추金春秋의 집안과 사돈이 되기 위해 꾀를 내어 여동생 문희를 김춘추에게 시집보내는 이야기 말이다. 이 유명한 이야기 역시 출신의 장벽을 뛰어넘기 위한 그들의 노력이 얼마나 눈물겨웠는지를 잘 알려준다.

김유신을 비롯한 가야 출신은 같은 귀족이면서도 신라의 귀족에게 배척됐고, 그럼에도 그들 사이에 끼어들어가기 위해 눈물겹게 노력해야 했다. 그들이 망한 나라의 후예였기 때문이다. 이른바 망국亡國의 설움을 겪은 것이다. 그런데 문득 이것이 그들 개인만의 설움일까 하는 생각이 든다. 그들의 나라인 가야 역시 비슷한 설움을 겪고 있는 게 아닐까? 우리 기억 속 가야의 모습을 생각해보자. 우리는 무엇을 떠올릴 수 있을까? 역사교과서를 펴보면 고구려와 백제 그리고 신라에 비해 가야에 대한 내용은 아주 적고, 그나마도 시험에 잘 나오지 않는다는 이유로 사람들의 기억 속에서 밀려나 잊히고 있다. 이렇게 보면 가야란 나라가 겪는 설움은 잊힌 나라의 그것, 다시 말해 또 다른 망국忘國의 설움일지도 모른다.

수로왕 전설과 6가야 이야기,
그 실상과 허상

앞에서 사람들이 가야를 잊었다고 푸념을 늘어놓았지만, 사람들의 기억 속에 비교적 착실하게 자리를 잡고 있는 가야 이야기가 없는 것은 아니다. 그건 바로 김수로왕金首露王의 건국설화다. 다음은 《삼국유사》〈기이〉 '가락국기'에 전하는 이야기다.

> 후한後漢 광무제光武帝 때 아도간我刀干 등의 9간干이 추장이 돼 백성을 다스리고 있었다. 그들이 사는 곳 북쪽에는 구지봉龜旨峯이란 산이 있었는데 여기서 수상한 소리가 나서 올라가보니 웬 목소리가 "산 정상의 흙을 파면서 '거북아 거북아 머리를 내놓아라. 만약 내놓지 않으면 구워 먹으리'라는 노래를 부르며 발을 굴러 춤을 추면 대왕을 맞이하게 될 것이다"라고 하는 게 아닌가. 이에 그들은 시키는 대로 노래를 부르며 춤을 추었다. 그러자 하늘에서 자주색 줄이 내려왔고 그 줄이 드리운 끝을 찾아보니 붉은 보자기에 싸인 금합이 보였다. 금합을 열어보니 황금알 여섯 개가 있었다. 아도간이 알을 가져가 집에 둔지 12일이 지나자 여섯 알이 어린아이가 됐고, 또 10일이 지나자 어른이 됐다. 그중 한 명이 그 달 보름날에 왕이 됐는데 처음 나타났으므로 '수로首露'라고 했다. 그 나라 이름을 대가락大駕洛 또는 가야국伽耶國이라고 불렸는데 6가야 중 하나다. 나머지 다섯 사람도 돌아가서 5가야의 임금이 됐다.

산에서 목소리가 들리고, 하늘에서 줄이 내려오고, 알이 어린이가

'구지봉석龜旨峯石'이라는 글자가 새겨진 고인돌
구지봉은 경상남도 김해 시내에서 진영으로 나가는 국도 가의 허황후릉 옆에 있는데,
이 구지봉 남쪽에 있는 고인돌의 뚜껑돌 위에 구지봉석이라는 글자가 새겨져 있다.
한석봉韓石峰이 썼다는 전설이 있지만 사실인지는 알 수 없다.
경상남도 김해시 소재

되고, 또 그 어린이가 며칠 만에 어른이 되는 이야기를 사실로 믿는 사람은, 지금은 아마 없을 것이다. 솔직히 옛날에도 그리 많지는 않았을 것 같다. 하지만 이런 이야기에서 사실의 흔적을 찾아내는 게 역사학자가 할 일이며 그렇게 찾아낸 사실을 우리는 '역사적 사실史實'이라고 부른다. 이 이야기가 전하는 역사적 사실은 무엇일까?

먼저 아도간 등의 9간이 추장으로서 백성을 다스리고 있었다는 것은 그들이 소단위 세력 집단의 우두머리였음을 뜻한다. 이들은 수로가 나타나기 전부터 이른바 9간 사회를 이루며 김해 지방에 흩어져 살고 있었다. 반면에 수로는 원래 김해 지방에 살던 세력이 아니라 외부에서 이주해온 세력이었다. 이는 그가 나타나는 모습을 '하늘에서 내려오고', '알에서 태어나는' 것으로 묘사한 것을 보면 잘 알 수 있다. 이러한 묘사는 고조선이나 고구려 같은 한반도 북방 계통 신화에서 볼 수 있는 것이다. 따라서 수로 또한 북방 계통 세력이었다고 추측할 수 있다. 그렇다면 이 이야기는 아직 '왕'이라는 형태의 지배자 없이 9간이 다스리는 9촌이 서로 협력해 가며 살던 김해 지방에 수로를 우두머리로 하는 집단이 이주해와서 왕이 다스리는 나라가 출현하는 모습을 신화적으로 꾸며 전달한 것이라 할 수 있다. 수로가 9간 사회를 무력으로 제압해 왕이 됐는지, 아니면 9간 사회의 추대를 받아 즉위했는지에 대해서는 아직 의견이 분분하지만, 아도가 알을 가져가 집에 두었다는 표현을 보면 두 집단의 관계가 적대적이었던 것 같지는 않다.

역사학자들이 이렇게 정리한 내용은 김수로의 금관가야 건국이라는 역사적 사실이 돼 교과서에 들어갔고, 가야 하면 떠올릴 수 있는 상식이 돼 사람들의 기억 속에 자리를 잡았다. 그런데 이야기를 꼼꼼히 읽다 보면 의문이 하나 생긴다. 9간 사회는 김해 지방에 있었고, 수로는 그곳에서 대가락 또는 가야국이라 불리는 나라의 왕이 됐다고 했다. 하지만 이야기에는 수로 말고 나머지 다섯 개의 알에서 태어난 인물들도 나온다. 이들도 왕이 됐다고 하는데 수로가 이미 왕으로 있는 김해 지역에서는 왕 노릇을 할 수 없었을 것이다. 이 때문인지 이야기는 느닷없이 그들이 돌아가서 5가야의 임금이 됐다는 내용을 추가했다.

그렇다면 이 5가야는 어디에 있는 어떤 나라였을까?《삼국유사》에 이 의문에 해답을 줄 수 있는 내용이 있다.

> 5가야는 아라가야阿羅伽耶, 고령가야古寧伽耶, 대가야大伽耶, 성산가야星山伽耶, 소가야小伽耶다. 또《본조사략本朝史略》에는 "태조太祖 때 5가야의 이름을 고쳤다. 금관金官, 고령古寧, 비화非火라고 하고 나머지 둘은 아라阿羅, 성산星山이다"라고 했다.

길지는 않지만 이해하기는 쉽지 않은 이 이야기를 정리해보자. 원래 5가야는 아라가야(경남 함안), 고령가야(경북 상주시 함창읍), 대가야(경북 고령), 성산가야(경북 성주군 성주읍), 소가야(경남 고성)였다. 그런데《본조사략》이라는 책에 따르면 고려의 태조 때 무슨 일이 있었는지는 몰라도 이들 가야의 이름이 바뀌었다. 그래서 5가야는 금관가야, 고령가야, 비화가야, 아라가야, 성산가야가 됐다.《삼국유사》와 비교해 보면 대가야와 소가야가 빠지고 금관가야와 비화가야가 들어갔다.

역사학자들은 두 기록을 비교하면서 금관가야와 대가야가 번갈아

가면서 빠지고 있다는 점에 주목했다. 금관가야는 앞의 이야기에서 수로가 건국했다는 대가락을 말하는데, 그렇다면 대가락과 대가야는 그 나라 이름 앞에 '대大'라는 글자가 붙어 있으므로 가야들 중 큰 나라였을 것이라고 추정할 수 있다. 그런데 하필 이 '대'라는 글자가 붙은 큰 가야들이 기록을 들락거린다는 게 이상했다. 역사학자들은《삼국유사》와《본조사략》이 각각 시기를 달리하는 가야의 모습을 전했기 때문에 큰 가야들이 번갈아가면서 기록에서 빠지게 됐다고 생각했다. 즉 《삼국유사》는 금관가야가 가야에서 가장 큰 세력을 가지고 있을 때의 모습을 전하고 있기 때문에 금관가야의 입장에서 자신(금관가야)을 제외한 나머지 5가야를 기록한 것이다. 그리고《본조사략》의 경우는 이와 반대였다. 따라서 가야사는 김해의 금관가야가 맹주이던 시기와 고령의 대가야가 맹주이던 시기로 구분할 수 있다고 했다. 그리고 이러한 가야의 국가 형태를 여섯 가야가 하나의 연맹을 구성했다는 '6가야 연맹'이라고 불렀다. 이렇게 보면 하늘에서 여섯 개의 알이 내려왔다는 앞서의 이야기와도 잘 들어맞는다. 이 때문에 6가야 연맹설은 꽤 오랫동안 통설이었고, 상식이 돼 교과서에도 이를 토대로 한 지도가 그려졌다. 하지만 가야사에 대한 이해가 깊어지면서 6가야라는 인식 자체가 가야가 존재하던 당시의 인식이 아닐 수 있다는 견해가 제기됐고, 이 학설이 다시 통설의 지위를 차지하게 되면서 6가야를 토대로 그린 지도는 교과서에서 사라졌다. 하지만 상식에서까지 사람들의 기억 저편으로 사라졌는지는 아직 의문이다.

6가야 연맹설이 흘러간 옛이야기가 돼버린 이유는 그 학설이 가지는 여러 가지 모순 때문이었다. 애초에《본조사략》의 내용은 고려의 태

《삼국유사》와《본조사략》의 5가야 기록 비교

《삼국유사》		아라가야	고령가야	대가야	성산가야	소가야	
《본조사략》	금관가야	아라가야	고령가야		성산가야		비화가야

조가 5가야의 이름을 고쳤다는 것이므로 설령 6가야 연맹설이 사실이라 하더라도 대가야국이 맹주이던 시기 6가야 연맹의 모습을 알려주는 것이 될 수 없었다. 또한《삼국유사》에만 등장하는 소가야는 지금의 경남 고성에 있었고《본조사략》에만 등장하는 비화가야는 지금의 경남 창녕에 있었으므로, 두 가야는 다른 나라였다. 그렇다면 이 기록들에 등장하는 가야는 6가야가 아니라 7가야가 된다.

가장 큰 문제는 '○○가야'라는 이름이 가야가 존재할 당시에는 없던 이름이라는 데 있었다.《삼국유사》와《본조사략》에 모두 등장하는 성산가야는《삼국유사》를 편찬한 일연一然의 고증에 따르면 고려시대의 경산부京山府에 있었고, 이곳은 지금의 경상북도 성주군 성주읍으로 생각된다. 그런데《삼국사기》〈지리지〉를 보면 경산부는 신라의 성산군星山郡 소속인 신안현新安縣이 고려 때 들어와 이름을 바꾼 것이었다. 여기까지만 보면 성산가야란 이름이 바로 이 신라의 성산군에서 왔겠구나 하는 생각이 들 수도 있겠다. 하지만 문제는 이 성산이란 이름이 신라 경덕왕 757년에 고쳐진 이름이란 데 있었다. 성산군과 신안현의 원래 이름은 각각 일리군一利郡과 본피현本彼縣이었다.《삼국사기》에 따르면 가야가 완전히 멸망한 해는 562년이다. 멸망한 지 거의 200년이 지나서 생긴 이름인 성산이 가야 앞에 붙어 있는 것이다.

이는 '성산가야'란 이름이 그 나라가 존재할 당시의 이름이 아니라

6차 교육과정(위)과 7차 교육과정(아래)
국사교과서의 가야연맹 지도
2002년에는 6가야의 이름이 빠졌다.

757년 이후 어느 시기에 붙여진 이름이었음을 의미한다. 그렇다면 의문은 자연스럽게 '성산가야'란 이름이 생긴 이유가 무엇일까로 이어진다. 역사학자들은 군에 소속된 현에 불과한 신안현에 있었던 나라의 이름에 '성산'이라는 군의 이름이 붙여진 데에 힌트가 있다고 생각했다. 신안현이 성산군 전체를 대표할 수 있던 시절에 붙여진 이름일 수 있다는 이야기다. 그리고 그 시점은 신라 말 고려 초로 생각할 수 있다. 신안현 지방의 유력 호족이던 이총언李悤彦이란 사람이 스스로를 벽진碧珍군 장군이라 부르며 위세를 떨치던 것이 이 무렵의 일이었기 때문이다. 알다시피 신라 말에는 궁예弓裔와 견훤甄萱이 각각 고구려와 백제의 부활을 선언하는 등 반反신라적인 관념이 한반도 전체를 휩쓸었다. 자연스럽게 옛 가야 지역에도 신라에서 독립하려는 움직임이 일어났을 것이고 이 지방의 유력자들은 스스로를 옛 가야의 후예라고 말하며 자신의 근거지를 '○○가야'라고 부르기 시작했을 것이다. 어쩌면 고구려나 백제와는 별다른 연고를 찾을 수 없었던 지방의 유력자들이 신라 말 고려 초의 혼란기에 그들의 정체성을 새롭게 자리매김하기 위해 '가야'라는 역사 속의 이름을 소환했을지도 모르겠다. 실상이 무엇이든 '6가야'의 존재, 좀 더 정확하게는 '○○가야'라는 이름은 이렇게 신라 말 고려 초라는 혼란기의 시대적 상황에 발을 맞추어 만들어진 허상이었다. 이제는 교과서를 넘어 상식 속에서도 이 허상과 작별 인사를 나누어야 하지 않을까.

건국설화 만들기와
'가야'라는 이름

6가야라는 존재가 신라 말 고려 초에 만들어졌다고 했다. 그렇다면 앞에서 확인한 수로왕 건국설화의 결말 부분, 즉 수로왕과 함께 하늘에서 내려온 다섯 명의 아이가 각각 5가야의 임금이 됐다는 이야기 역시 비슷한 시기에 수로왕 건국설화에 끼어 들어갔다고 해야 할 것이다. 후대의 기록이지만 《고려사》〈지리지〉와 《세종실록지리지》에 전하는 수로왕 건국설화에는 하늘에서 내려온 알이 여섯 개가 아니라 하나로 나온다. 해당 기록의 편찬자가 '가락국기'에 전하는 6란설이 합리적이지 않다고 생각해서 내용을 고쳐 기록했을 가능성이 없는 것은 아니다. 하지만 수로왕의 후손인 김유신의 전기인 〈김유신 열전〉에서도 수로왕 건국설화를 간략하게 소개하면서 나머지 5가야 임금에 대한 이야기는 전하지 않았다. 원래 전해지던 이야기가 수로왕 한명만을 대상으로 했기 때문일 것이다. 나머지 다섯 개의 알과 거기서 나온 임금들의 이야기는 수로왕 건국설화가 '가락국기'에 기록되기 전의 어느 시점에 끼어 들어갔다. 건국설화는 그것이 만들어지는 과정에서 지배층의 의도에 의해 의도적으로 창작되며, 문자로 기록된 이후에도 여러 시대를 거치며 후대의 윤색이 더해진다는 속성을 생각하면 그렇게 이상하게 여길 일은 아니다. 우리에게 널리 알려진 고구려의 건국자 주몽朱蒙의 설화는 부여의 건국자 동명東明의 그것을 거의 베끼다시피 했고, 주몽의 어머니인 유화부인柳花夫人의 역할이 비중 있게 그려진다는 점 정도에서 고구려의 고유성을 찾을 수 있다. 또한 광개토왕비와 《삼국사기》가 주몽이 도망쳐 나온 곳을 북부여와 동부여로 각기 다르게 적고 있는 이유는 동부여출자설에 호의를 가진 연씨淵氏 가문이 6세기 중반 이후 고구려 정계에서 두각을 나타내면서 이때 새롭게 편찬된 사서인《신집新集》에 북부여출자설에서 변개된 동부여출자설이 들어 갔고 그것이《삼국사기》로 이어졌다는 것에서 찾을 수 있다고 해석하기도 한다. 건국설화가 처음 만들어진 내용 그대로 우리에게 전해지지 않는다는 사실을 말해주는 적절한 사례다.

수로왕 건국설화는 잘 알려진 것처럼 김해 지역에서 건국한 금관가야의 건국 이야기다. 물론 금관가야는 수로왕 건국 당시의 이름이 아니었다. 수로왕이 김해 지역에서 세운 나라는《삼국유사》를 따르면 대가락, 즉 가락국이었으며, 3세기 당대의 한반도 남부에 대한 기록인《삼국지》〈위서〉'동이전'에 따르면 변진弁辰의 12국 중 하나인 구야국狗倻國이었다. 이 나라가 나중에 이름을 금관국金官國이라 바꾸었고, 532년에 신라에 항복하자 신라에서 그 지역을 금관군金官郡이라 했기 때문에 신라 말 고려 초의 혼란기를 거쳐 금관가야라는 이름이 남은 것이다. 그런데 가야 지역에서 전하는 건국 이야기가 수로왕 건국설화뿐인 것은 아니다. 가락국과 마찬가지로 큰 가야였던 고령의 대가야에도 김해 지역과는 다른 건국설화가 전해지고 있기 때문이다.

고령현은 원래는 대가야국이었고 시조는 이진아시왕伊珍阿豉王인데 그로부터 도설지왕道設智王까지 대략 16세世 520년이다. 최치원崔致遠이 지은 〈석이정전釋利貞傳〉에 전해지는 이야기에 따르면 "가야산신伽倻山神 정견모주政見母主가 천신天神 이비가지夷毗訶之에게 감응해서 대가야 왕 뇌질주일惱窒朱日과 금관국 왕 뇌질청예惱窒靑裔 두 사람을 낳았는데, 뇌질주일은 이진아시왕의 다른 이름이고 청예는 수로왕의 다른 이름이다"라고 했다.

이 이야기는《신증동국여지승람》에 전해지는 것으로 신라 말 인물인 최치원의 입을 빌려 대가야의 건국 시조 이진아시왕의 신비한 출생과 건국의 사정을 전하고 있다. 일반적으로는 하늘의 신인 아버지를 중심으로 이야기가 전개되는데 여기서는 오히려 가야산의 신인 어머니 정견모주가 주인공인 것처럼 적혀 있는 것이 역사학자들의 주목을 받았다. 대체로 고령 지방의 토착 세력이 이야기가 만들어지는 과정에서 중시됐기 때문에 이러한 구도가 만들어졌다고 본다. 대가야 건국설화에서 또 한 가지 주목되는 점은 대가야 왕 뇌질주일과 금관국 왕 뇌질청예를 형제로 설정한 것이다. 분명하게 말하고 있진 않지만 대체로 뇌질주일을 뇌질청예의 형으로 보는데, 그렇다면 대가야 왕이 금관국 왕의 형으로 설정된 셈이다. 이러한 구도가 의미하는 것은 무엇일까?

역사학자들은 그 실마리를 '가야'라는 이름에서 찾았다. 수로왕이 세운 나라의 이름인 가락 또는 구야는 엄밀하게 말해 그 계통을 나누기도 하지만 대체로는 가야와 같은 계통의 이름으로 생각하고 대가야의 또 다른 이름인 가라加羅 역시 마찬가지로 본다. 고령 지방에 있던 나라의 원래 이름은 반파伴跛였는데, 이 나라가 어느 순간 스스로를 가라 또는 대가야로 부르게 됐다. 이때 가락은 금관으로 이름을 바꾸었다. 즉 가야란 이름이 김해에서 고령으로 옮겨간 것이다. 가야라는 이름이《삼국지》〈위서〉'동이전'에 변진 12국을 주도하던 나라로 기록됐고, 고고학 발굴 조사 결과 당시 철 교역의 중개지로 번성했음이 확인된 김해의 구야국을 가리킨다면 그 이름이 김해에서 고령으로 옮겨간 것을 그 지역의 주도권 또한 옮겨간 것으로 이해할 수도 있다. 이러한 관점에서 김해의 구야국(대가락)을 연맹장으로 삼아 변진 12국이 일종의 연맹체를 형성한 것을 전기가야연맹이라 하고, 5세기 초에 접어들어 연맹장이 고령의 가라국(대가야)으로 넘어간 시기의 연맹체를 후기가야연맹이라고 해서 가야 지역의 여러 나라가 하나의 연맹체를 형성해 이웃의 강대국인 백제·신라와 경쟁했다고 보기도 한다. 이에 따르면 대가야의 건국설화는 원래 정견모주의 이진아시왕 출생을 중심으로 한 반파국(가라국)의 건국설화였지만 가야연맹의 연맹장이 교체되면서 금관국 수로왕이 대가야국 이진아시왕의 동생이라는 서사 구조가 추가돼 대가야국 중심의 정치질서를 정당화했다. 이렇게 보면 가야라는 이름은 당시 가야 지역의 여러 나라 중 주도권을 잡았던 나라의 대명사격이라고도 할 수 있고, 어쩌면 지금의 경상남도 일대에 존재했던 여러 작은 나라를 한데 묶어 가야라고 부르는 것 또한 그들을 대표하던 나라의 이름이 그들 모두를 가리키게 된 결과일 수도 있겠다.

물론 가야 지역의 여러 나라가 하나의 연맹체를 이루고 있었다고 보지 않는 역사학자들이 없는 것은 아니며, 오히려 대다수라고 해도 과언은 아니다. 이 또한 여러 사람의 상식과는 다른 역사학자들의 세계 속 이야기인지도 모르겠다. 연맹체라는 개념 설정의 문제점부터 시작해서 가야의 여러 나라 사이에 존재했던 질서의 구조를 연맹체로 표현할 수 있는지, 설령 연맹체가 성립했다고 하더라도 그 범위를 가야 지역 전제로 설정할 수 있는지에 대한 논쟁이 있었고, 그 시제는 현재 진행형이다. 끝나려면 아직 멀었다는 이야기다. 다만 5세기 이후가 되면 고령의 대가야가 가야 지역의 질서를 주도했으며 자국 중심으로 주변의 여러 나라를 움직여 나가려 노력했다는 점은 역사학자들도 대체로 동의한다. 그런데 역사학자들이 이렇게 이해하게 된 근거 중 하나가 엉뚱하게도 악기인 가야금이 만들어진 사연에 있었다.

우륵의 가야금 12곡이
이야기해주는 것들

가야금을 만든 사람은 누구일까? 많은 사람이 우륵于勒이라고 답할 것이다. 좀 더 아는 사람이라면 악성樂聖이라는 칭호를 더해서 답할 수도 있겠다. 하지만 우륵은 가야금으로 연주하는 노래를 만든 사람이지, 악기 가야금을 만든 사람이 아니다. 그러면 가야금을 만든 사람은 누굴까?

가야국加耶國의 가실왕嘉悉王이 열두 달의 음률을 본떠 열두 줄의 현금을 만들었다고 한다. 다른 기록에는 그가 당나라의 악기를 보고 가야금을 만들고서 "여러 나라의 방언이 각기 다르니 음악이 어찌 한결같을 수 있으랴"라고 하며 성열현省熱縣 사람인 우륵에게 12곡을 만들게 했다고 했다. 이 12곡의 이름은 하가라도下加羅都, 상가라도上加羅都, 보기寶伎, 달이達已, 사물思勿, 물혜勿慧, 하기물下奇物, 사자기師子伎, 거열居烈, 사팔혜沙八兮, 이사爾赦, 상기물上奇物이다. 훗날 우륵은 나라가 어려워질 것이라고 생각해서 악기를 가지고 신라의 진흥왕眞興王에게 투항했다.

위의 이야기는《삼국사기》〈신라본기〉와 〈잡지〉에 나오는 가야금 이야기를 간단하게 정리한 것이다. 이 이야기에 따르면 가야금을 만든 사람은 가실왕이었다. 대체로 고령의 대가야 왕으로 본다. 진흥왕 때 신라에 투항한 우륵의 활동 시기를 생각할 때 이야기의 시점을 5세기 말로 생각할 수 있는데, 이때는 고령의 대가야가 가야 여러 나라를 대표하는 나라였을 것이기 때문이다. 왕이 직접 악기를 만들었다는 이야기를 믿을 수 없다는 말도 있지만, 역사학자들에게 좀 더 중요한 의문은 누가 만들었는지가 아니라 왜 만들었는지에 있었다. 그들은 "여러 나라의 방언이 각기 다르니 음악이 어찌 한결같을 수 있으랴"라는 가실왕의 말에 주목했다. 가야금 12곡이 곧 여러 나라의 방언을 상징하는 것이라면 그 12곡은 곧 가야를 구성하고 있는 여러 나라의 존재를 알려주는 게 아니겠느냐는 추정이 가

우륵기념탑
우륵을 기리기 위해 고령군에서
1977년에 가야금 형태로 만들었다.
경상북도 고령군 소재

능했기 때문이다. 12곡 전부가 나라 이름을 가리키는지, 기악곡으로도 추정할 수 있는 보기와 사자기를 제외한 10곡이 나라 이름을 가리키는 지에 대해서는 아직 합의된 견해가 없다. 다만 이 이야기에 가야의 여러 나라를 마치 자국의 지방인 것처럼 생각하는 대가야 중심의 인식이 반영돼 있다는 점은 대부분의 역사학자들이 동의한다.

당시의 상황을 떠올려보기로 하자. 대가야의 가실왕이 우륵을 시켜 가야 각국의 음악을 가야금 곡으로 편곡하게 했다. 이후 해마다 정기적으로 전통적인 의례를 행하는 날에 가야 여러 나라를 대표하는 우두머리인 한기旱岐들이 대가야의 궁정에 모여 이 음악을 연주하며 서로의 결속을 다졌을 것이다. 국가 의례에서 각 지역과 관련된 음악을 연주하는 것이 곧 그 지역에 대한 관념적인 지배 의식을 표현한 것이라고 이해하기도 하고, 한기들이 대가야의 궁정에 모였다는 사실에서 당시 가야 여러 나라의 질서가 대가야를 중심으로 정비됐음을 추정하고 나아가 대가야 중심의 정치 질서, 즉 연맹체를 상정하는 역사학자도 있다. 물론 이 자리에서 연주된 음악이 대가야 하나만의 것이 아니라 여러 나라의 전통 음악을 가야금 곡으로 편곡한 것이었다는 점을 통해 그들의 독립성 또한 보장받고 있었다는 사실을 무시하지는 않는다. 연맹체를 상정한다고 해도 그 연맹체가 가야 지역 전체를 대상으로 하는 것인지 아니면 대가야를 중심으로 한 일부 지역을 대상으로 하는 것인지에 대해서는 역사학자들마다 견해가 다른데, 가야금 12곡에 나타난 가야 여러 나라의 위치를 각기 다르게 이해하고 있기 때문이다.

앞서 확인한 6가야 가운데 금관가야와 대가야를 제외한 다른 가야의 이름을 가야금 12곡의 나라에서 찾을 수 없다는 것이 흥미로운데,

실제로 가야 지역에는 6가야 말고도 수많은 나라가 백제도 아니며 신라도 아닌 작은 나라로서 자국의 정체성을 지키며 존재하고 있었다. 그리고 이들을 대표했던 것으로 여겨지는 것이 김해와 고령의 가야였으므로, 그 나라들과 그들이 존재했던 지역이 가야라는 이름으로 불리게 됐을 것이라는 추정을 해본다.

그런데 가야 말고도 이들을 가리키는 말이 하나 더 있었다. 말도 많고 탈도 많은 '임나任那'가 바로 그것이다.

가야금 12곡과 가야의 여러 나라

곡명	하가라도	상가라도	보기	달이	사물	물혜
지명 (김태식)	금관가야 (김해시)	대가야 (고령군)	기악곡	상·하다리 (여수시 및 돌산읍)	사물 (사천시)	모루=만해 =마련 (광양시)
지명 (다나카)	다라=다벌 (합천군 쌍책면)	대가야 (고령군)	포촌 (사천시 곤양면)	다사=대사 (하동군)	사물 (사천시)	문화량 (고성군 상리면)
곡명	하기물	사자기	거열	사팔혜	이사	상기물
지명 (김태식)	하기문 (남원시)	기악곡	거열 (거창군)	초팔=산반하 (합천군 초계면)	사이기국 (의령군 부림면)	상기문국 (임실군)
지명 (다나카)	하기문 (남원시)	삼기 (합천군 대병면)	거타=자타 =자탄 (거창군)	초팔혜 =산반해 (합천군 초계면)	사이기 =성열 (의령군 부림면)	상기문 (장수군 번암면)

* 가야 지역 전체를 대상으로 하는 연맹체가 성립한 것으로 보는 김태식 교수의 견해와 대가야 중심의 지역연맹체가 성립한 것으로 보는 다나카 도시아키田中俊明 교수의 견해를 중심으로 가야 여러 나라의 이름과 현재의 지명을 정리했다.

임나라는 이름과
고정관념을 넘어선 가야사 읽기

《삼국사기》에 따르면 대가야는 562년에 신라의 장군 이사부異斯夫가
이끄는 5천 군대의 습격을 받아 멸망했다. 이보다 앞선 532년에 금관
국의 구해왕이 처자를 데리고 신라에 투항한 사실은 이 글을 시작하면
서 이미 이야기했다.《삼국사기》에는 대가야 한 나라만 멸망한 것처럼
적혀 있지만,《일본서기》에는 이때 함께 멸망한 가야의 여러 나라 이름
이 하나하나 적혀 있다.

> 임나가 멸망했다고 한다. 통틀어 말하면 임나이고 개별적으로 말하면
> 가라국加羅國·안라국安羅國·사이기국斯二岐國·다라국多羅國·졸마국卒
> 麻國·고차국古嵯國·자타국子他國·산반하국散半下國·걸손국乞飡國·임례
> 국稔禮國의 모두 열 나라다.

이 기록을 보면 임나는 가야의 여러 나라를 통틀어 가리키는 말인
것 같다.《삼국사기》가 가야의 여러 나라를 굳이 구분하지 않고 가야加
耶라고 적었듯이《일본서기》에서는 임나라고 적었던 것으로 생각할 수
있다. 즉 가야와 임나는 같은 실체를 가리키는 다른 말이라는 것이다.
그런데 임나라는 말은 우리에게 필연적으로 '임나일본부'라는 존재를
떠올리게 한다는 점에서 금기시돼온 것이 사실이다. 어떤 사람은 이렇
게 말할 수도 있다. "임나는 일본열도에 있었던 가야의 식민지일 뿐 한
반도의 가야를 가리키는 말이 아니다." 1960년대 북한의 김석형이 이

러한 주장을 했다. 이른바 일본열도 내 삼한·삼국의 분국론이다. 이 주장은 한때 한국과 일본의 역사학계를 발칵 뒤집어놓았고, 《일본서기》의 사료 비판 필요성을 환기함으로써 그 학설이 이른바 '임나일본부' 설의 극복에 기여한 바가 매우 크지만, 지금은 학설사적 가치 이상의 의미를 찾기 힘든 흘러간 옛이야기에 지나지 않는다. 임나가 가리키는 대상이 한반도에 존재했던 실체임을 증명하는 기록이 《일본서기》 말고도 한국의 기록에서도 확인되기 때문이다.

광개토왕비에는 영락永樂 10년(400)에 수행된 신라 구원 작전의 주요 구역으로 임나가라任那加羅가 기록돼 있다. 비면이 망가져 읽을 수 없는 글자가 많아서 확실히 말하기는 어렵지만, 비문이 전하는 내용을 백제와의 연계를 통해 신라를 공격한 임나가라(김해)를 공격한 것으로 파악하는 역사학자들이 많다. 또한 924년에 신라의 경명왕景明王이 지은 〈진경대사탑비명眞鏡大師塔碑銘〉에는 진경대사의 선조를 임나의 왕족이라고 적었다. 진경대사는 김유신의 후손이므로, 즉 이때의 임나는 김해의 금관국을 가리킨다고 보아야 한다. 김유신의 출신을 일본열도에서 찾지 않는다면 말이다. 최근에는 《일본서기》에 기록된 임나가 《삼국유사》의 6가야와 같지 않다며 그 소재를 일본 열도에서 찾자는 해묵은 주장을 다시 꺼내드는 사람들도 있는데, 이 글을 여기까지 읽어온 독자라면 이러한 주장이 왜 성립할 수 없는지 잘 알 수 있을 것이라 믿는다.

물론 임나라는 말이 확인되는 기록의 절대 다수가 《일본서기》에서 확인되는 것은 사실이다. 그 가운데 일부는 정말로 일본열도 내에 존재했던 임나였을 가능성도 없다고는 할 수 없다. 하지만 역사학 연구

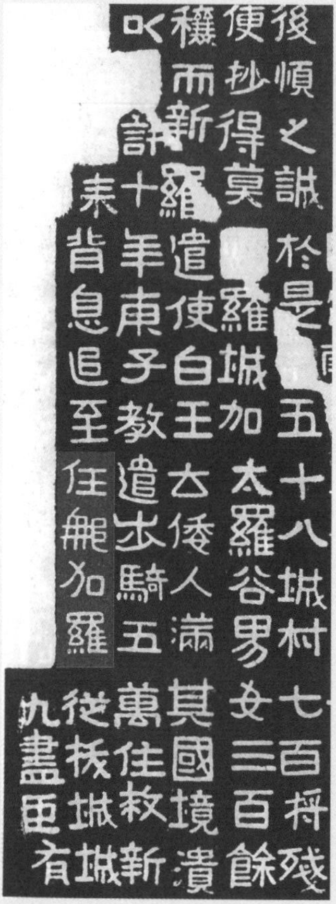

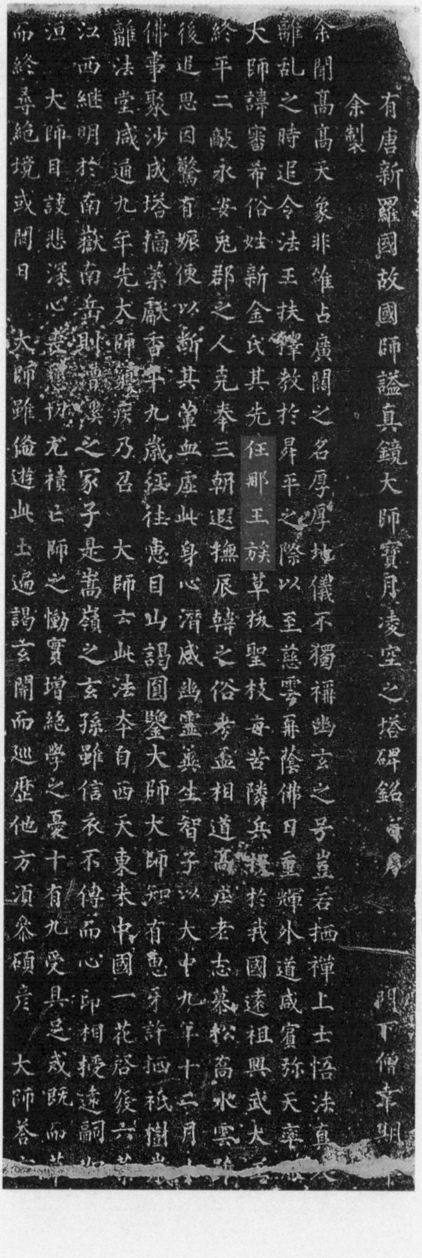

〈광개토왕비문〉의 '임나가라'(왼쪽)와
〈진경대사탑비명〉의 '임나왕족'(오른쪽)

의 기본인 사료 비판을 통해 《일본서기》의 임나 관련 기록을 읽으면 대부분의 기록이 전하는 역사적 사실이 한반도에 존재했던 가야 여러 나라의 활동이라는 것을 쉽게 알 수 있다. 역사학자들에게 남은 과제는 어째서 가야라고 불렸던 여러 나라를 《일본서기》에는 임나라고 적고 있는지를 밝히는 일이었다.

연구가 시작되던 단계에 일본인 역사학자들은 임나라는 이름이 가야와 왜의 통교가 시작될 당시에 재위하던 일본 천황의 이름에서 유래했다고 파악했다. 하지만 연구가 진행되면서 그 반대로 일본 천황의 이름이 가야 지역에서 유래했을 가능성이 오히려 높다는 반론이 나온 이후로 임나와 일본 천황의 이름을 연결 짓는 역사학자는 일본에서도 찾기 어렵다. 임나를 '임의 나라'에서 비롯된 말로 보고 가야의 여러 나라 중 중심국이었던 김해의 금관국과 고령의 대가야국이 각각 임나라는 이름으로 높여 불렸는데, 이들이 가야의 여러 나라를 대표해 고대 일본과 교류했기 때문에 일본에서 임나를 가야 지역을 가리키는 대명사처럼 사용했다고 보기도 한다. 이 견해가 '임나'의 저작권을 가야와 일본 공동 소유로 본 것이라면, 최근에는 임나라는 용어의 저작권이 백제에 있다는 해석이 나오기도 했다. 임나의 '나那'가 땅을 가리키는 말이라면 '임任'은 한자의 뜻 그대로 '맡기다'라고 풀 수 있고, 그렇다면 임나란 '맡긴 땅' 또는 '맡겨둔 땅'이 된다는 것이다. 그리고 이 땅을 맡긴 주체를 백제였다고 본다. 이후 백제는 가야 전체를 지칭할 때 임나란 표현을 사용하려 했고, 그것이 가야를 가리키는 용어로 정착하게 됐다는 것이다.

백제가 사용한 표현이 훗날 가야를 가리키는 말로 기록에 남았다는 게 쉽게 납득이 가지 않을 수 있다는 점에서 반론이 가능하고, 사실 많은 역사학자들의 동의를 얻은 주장은 아니다. 하지만 이 견해는 가야의 역사를 이해하는 데 중요한 시사점을 준다. 가야에 대한 기록을 남긴 것이 가야가 아닌 백제와 신라였을 가능성이 높다는 점을 생각해야한다는 것이다. 좀 더 정확하게는 지금 남아 있는 기록 중 가야와 관련된 것은 대부분 백제와 신라의 손에 의해 만들어졌다고 해야겠다.

《삼국사기》에 기록돼 전해지는 가야 관련 기록들은 가야를 멸망시키고 지배층을 받아들인 신라의 입장에서 정리된 것이다. 이 때문에 이 사료에는 가야 여러 나라의 이름이 거의 전하지 않고 단지 가야라는 하나의 집단이 신라와 경쟁하다가 패배해 흡수된 것처럼 적혀 있다. 그것도 가야사의 파편에 불과한 적은 분량이다. 가야 관련 기록은 오히려 《일본서기》에 더 풍부하게 남아 있다. 따라서 문헌 기록을 통해 가야사를 공부하려면 《일본서기》를 반드시 이용해야 한다. 《일본서기》에 가야사 관련 기록이 많은 까닭은 그 역사서의 편찬에 이른바 '백제3서'가 한반도 관련 주요 자료로 이용됐기 때문이다. '백제3서'란 백제가 멸망한 후 일본으로 건너간 백제 유민들에 의해 만들어져서 제출됐다고 생각되는 〈백제기〉, 〈백제신찬〉, 〈백제본기〉를 말한다. 여기에 백제와 신라 사이에서 생존을 도모했던 가야 여러 나라의 활동이 기록돼 있다. 당연하게도 백제의 입장에서. 따라서 이 기록은 가야 여러 나라가 백제에 강하게 예속된 것처럼 묘사되고 있다. 심지어 '백제3서'가 만들어지는 과정과 그것이 《일본서기》에 자료로 이용되는 과정에서, 당시 일본에서 이후의 삶을 영위할 수밖에 없었던 백제 유민들의 현실적 필요에 따라 그 내용은 일본 중심으로 꾸며질 수밖에 없었다. 즉 《일본서기》에서 확인되는 가야 여러 나라에 대한 내용에는 백제인의 시선과 일본인의 시선에서 각각 한 차례씩 자국 중심으로 왜곡된 이중의 굴레가 덧씌워져 있다. 이 굴레를 벗겨내지 않고는 가야사의 실상에 다가설 수 없다.

1970년대 이후 가야 지역에 위치한 고분군들이 발굴되고 여기서 가야 여러 나라의 실상을 알려주는 다양한 유물이 출토되면서 가야사 연구에는 활력이 생겼다.《삼국사기》와《일본서기》에 반영된 타자의 왜곡된 시선을 넘어 가야사의 주체성에 주목하는 연구들이 속속 나왔다. 흥미로운 것은 발굴 조사를 통해 기존에는《삼국유사》에 기록된 대로 경상남도 일대에 한정된 것으로 여겨졌던 가야의 흔적이 소백산맥을 넘어 섬진강 유역과 금강 상류 일대의 전라도 동부 지역에서도 확인됐고, 이들의 실체를 확인할 수 있는 내용이《일본서기》의 사료 비판을 통해 정리됐다는 점이다. 물론 가야와 관련된 고고학적 자료가 나타나는 것을 곧바로 가야 문화를 기반으로 한 정치 집단이 나타난 것으로 이해하고, 나아가 또 다른 독자 세력으로서 가야의 여러 나라 중 하나를 상정하는 것이 적절하지 않다는 비판에 귀를 기울일 필요가 있다. 최근의 발굴 조사 결과를 토대로 일부 지자체가 앞을 다투어 자기 지역의 역사와 가야사의 연결점을 찾으려 하고, 가야사 복원이 정부의 '100대 국책 사업'에 포함되면서 많은 예산이 투입된 결과가 지역의 역사적 근원 찾기라는 명목으로 역사를 확대 해석하는, 또 다른 방향의 역사 왜곡으로 이어지는 것은 아닐까 하는 우려 또한 생긴다. 백제도 고구려도 될 수 없었던 각 지역의 유력자들이 가야를 소환했던 신라 말 고려 초의 모습이 천년의 시간을 넘어 21세기의 한반도에서 재현되고 있다고 느끼는 것이 세상 물정 모르는 책상물림의 착각이길 바랄 뿐이다.

　서점에서 가야를 다룬 역사책을 보면 '미완의'란 수식어를 쉽게 발견할 수 있다. '미완의 제국 가야', '미완의 왕국 가야' 등등 말이다. 그런데 이 말은 가야에 대한 상식 중 가장 보편적이면서 그 실상과는 가장 동떨어진 것이라고 해도 과언은 아닐 것이라 생각한다. '미완'이란 말은 곧 가야가 완성되지 못한 어떤 실체였음을 말한다. 이때 가야라는 나라가 이루었어야 할 완성이란 고대국가를 말한다. 가야와 같은 시기에 존재했던 고구려와 백제 그리고 신라는 중앙집권적 고대국가로 완성됐지만, 가야는 중앙집권적 지배 체제를 갖추지 못했기에 고대국가의 이전 단계에 머물렀으며, 이 때문에 백제와 신라 사이에 끼여 시달리다가 멸망의 길을 걸었다는 것이다. 하지만 이러한 이해는 중앙집권적 고대국가를 고대의 정치체가 당연히 지향해야 할 종착점으로 상정한 도식에 불과한 것이 아닐까. 발상을 전환하는 것은 불가능할까? 즉 고대의 정치체가 고대국가로 전환하는 데는 다양한 형태의 과정이 있을 수 있으며, 그것의 또 다른 형태를 보여주는 사례가 가야 여러 나라가 걸어온 길이라는 것이다. 가야는 중앙집권적인 지배체제를 갖추지 '못'한 것이 아니라 '안' 한 것일 수도 있다. 그리고 이러한 관점의 전환을 통해 가야사의 실상에 접근하고 또 그 결과를 대중과 공유해 실상과 상식의 거리를 좁혀 나가는 것, 이것이 지금 가야사를 연구하는 역사학자들 앞에 놓인 과제라고 생각한다. 그것은 결코 쉽지는 않겠지만 해야만 하는 것이기도 하다.

참고문헌 ─────────────────────────────

권주현,《가야인의 삶과 문화》(개정판), 혜안, 2009
김태식,《미완의 문명 7백년 가야사》 1·2·3, 푸른역사, 2002
부산·경남역사연구소 엮음,《시민을 위한 가야사》, 집문당, 1996
이영식,《이야기로 떠나는 가야 역사여행》, 지식산업사, 2009
주보돈,《가야사 새로 읽기》, 주류성, 2017

다나카 도시아키,〈대가야연맹의 흥망-가야의 정치적 발전〉,《가야사론》, 고려대학교
　　한국학연구소, 1993
백승충,〈가야 건국신화의 재조명〉,《한국 고대사 속의 가야》, 혜안, 2001
신가영,《4~6세기 가야加耶 제국諸國의 동향과 국제관계》, 연세대학교 사학과 박사학
　　위논문, 2020
윤선태,〈가야加耶, 우리 안의 오리엔탈리즘〉,《한국 고대 연구의 시각과 방법》, 사계
　　절, 2014
주보돈,〈'슬픈' 가야, 만들어진 가야〉,《역사비평》 129, 2019

역적인가 영웅인가,
시대의 문제아
연개소문

기
경
량

금수저를 물고 칼을 휘두르는
집안에서 태어나다

연개소문은 한국인이라면 모르는 이가 거의 없을 정도로 유명한 역사
적 인물이다. 하지만 유명세에 비하면 남아 있는 기록이 무척 소략한
편이다. 《삼국사기》〈열전〉에 기재된 연개소문에 대한 소개와 인물됨
을 보면 다음과 같다.

> 개소문(혹은 개금이라고 한다): 성은 천씨다. 스스로 '물속에서 태어났다'
> 고 해 대중을 현혹했다. 외모가 웅장하면서 기품이 있었고, 적극적이고
> 호방했다.
> ─《삼국사기》 권49, 〈열전〉 9, 개소문

그런데 시작부터 좀 이상하다. 왜 연개소문의 성을 '연'이 아니라 '천'이라고 서술했을까? 이는 김부식이 《삼국사기》를 편찬할 때 중국 측 기록을 참조했기 때문이다. 중국 측 자료들을 보면 연개소문뿐 아니라 그 자손 역시 모두 '천씨'로 기록돼 있다. 이게 다 당나라를 세운 고조 이연李淵의 이름이 하필이면 '연淵'이었기 때문에 발생한 일이다.

전근대 동아시아에서는 군주의 이름을 함부로 부르는 걸 극히 불경한 행위로 간주했다. 그 때문에 일상에서 군주의 이름자를 써야 할 상황이 발생하면, 해당 글자와 뜻이 비슷하거나 모양이 비슷한 글자로 대체해 사용하곤 했다. 이를 '피휘避諱'라고 한다. 당나라에서는 연개소문의 성인 '연못 연淵'을 비슷한 의미를 가진 '샘 천泉'으로 바꿔 표기했다. 연개소문의 자손 모두 '연씨'가 아니라 '천씨'가 될 수밖에 없었다.

연개소문의 또 다른 이름은 개금蓋金이라고 했다. 이는 한자의 음이 아니라 뜻을 이용해 표기한 방식이다. '금金'은 쇠를 뜻하므로, '개쇠'라는 발음을 한자로 표기한 것으로 이해할 수 있다. '개쇠'는 '개소문'과 음이 유사하다. 《일본서기》를 보면 연개소문을 가리켜 '이리가수미伊梨柯須彌'라고 표기한 사례가 확인된다. 이 역시 '연개소문'의 발음을 당시 일본인들이 들리는 대로 표기한 것으로 짐작된다.

기록이 소략하다 보니 연개소문이 태어난 연도가 언제인지도 정확히 알 수 없는 처지다. 그나마 다행인 것은 연개소문의 아들·손자들의 묘지명(무덤 주인에 대한 정보와 공덕을 기록한 것) 자료가 남아 있다는 점이다. 그 덕분에 연개소문 자손들의 생년 기록을 역산해 연개소문이 태어난 시기를 짐작해볼 수 있다. 묘지명 기록에 따르면 연개소문의 첫째 아들 연남생淵男生은 634년에 출생했고, 남생의 아들이자 연개소문의 손자인 연헌성淵獻誠은 651년에 출생했다. 이를 토대로 계산해보면 남생은 17세에 아들을 낳은 셈이다. 만약 고구려에서 10대 후반에 자식을 보는 것이 특별한 사례가 아니라면, 연개소문이 첫 아들 남생을 낳은 시기 역시 10대 후반에서 20대 초반일 것으로 추정할 수 있다. 그렇다면 연개소문은 대략 610~620년 무렵에 태어났을 가능성이 높다.

연개소문의 첫째 아들 남생의 묘지명 뚜껑돌의 탁본
국립중앙박물관 소장

연개소문이 태어난 집안은 고구려의 명문가였다. 연개소문의 할아버지 이름은 연자유淵子遊, 아버지의 이름은 연태조淵太祚인데, 모두 막리지莫離支라는 자리를 역임했다고 전한다. 막리지라는 지위의 정확한 성격에 대해서는 학자마다 논란이 있지만, 고구려에서 최고위급 직책이었다는 점은 분명하다. 〈천남생묘지명〉에 따르면 연씨 가문은 "쇠(무기)를 잘 다루고 활을 잘 쏘아서 군권을 쥐었다"라고 한다. 연개소문의 집안이 고구려 내에서도 상당한 무력을 갖추고 있었던 것으로 이해할 수 있는 부분이다.

《삼국사기》 기록을 보면 연개소문은 '물속에서 태어났다'고 하여 대중을 현혹했다고 한다. 그런데 그의 아들인 〈천남생묘지명〉에도 "멀리 계보를 살펴보면 원래 샘에서 생겨났으니…"라는 내용이 있다. 따라서 '물속에서 태어났다' 운운하는 내용은 연개소문 본인에 대한 이야기라기보다 가문의 유래에 대한 전승이었을 가능성이 높다. 고구려의 유력한 귀족 가문들을 보면 조상이 건국자 동명성왕이나 그 아들 유리명왕 혹은 대무신왕처럼 전설적 행적을 보인 초기 왕들과 함께했다는 식의 전승을 가지고 있는 경우가 많다. 하지만 연개소문 집안은 이와 달리 물에서 생겨났다는 독자적 전승을 가지고 있었다. 이러한 점을 감안해 연씨 가문은 비교적 후대에 등장한 신흥 명문가일 가능성이 높다는 분석이 있다.

《삼국사기》에 따르면 연개소문의 아버지 연태조는 동부대인(혹은 서부대인이었다고도 하는데 여기서는 동부대인이라는 설을 따르겠다)이자, 대대로大對盧 직에 있었으며, 연태조가 죽은 뒤에는 연개소문이 그 뒤를 이으려고 했다. 이 시기가 언제인지 정확한 연도는 나와 있지 않다. 하지만 연개소문의 추정 생년을 감안하면 대략 20대 때의 일이었던 것 같다. 그런데 문제가 생겼다. 다른 귀족들이 연개소문의 평소 성격이 잔인하고 포악하다는 이유로 반대를 했던 것이다.

아버지의 직을 잇지 못할 위기에 놓인 연개소문은 우리가 흔히 가지고 있는 그의 이미지와는 전혀 다른 태도를 보였다. 반대하는 귀족들을 찾아다니며 머리를 조아려 사죄하고, 관직에 나아갈 수 있게 해달라고 부탁했던 것이다. 그는 나중에라도 자신이 그 자리에 어울리지 않는다고 생각되면 그때 가서 쫓아내더라도 후회하지 않겠노라고 통사정을 했다. 이러한 연개소문의 모습을 불쌍하게 여긴 사람들은 마침내 그가 아버지의 지위를 물려받을 수 있게 허락해주었다.

이때 연개소문이 물려받은 아버지의 직이 무엇인지는 분명하지 않다. 다만 대대로 직은 고구려의 수상으로서, 지금으로 치면 국무총리에 해당하는 고위직이다. 당시 겨우 20대였을 연개소문이 맡을 만한 자리로는 과해 보인다. 그렇다면 연개소문이 계승한 직은 동부대인이었다고 보는 게 자연스럽다. 당시 고구려에서는 지방 각지의 성을 크기에 따라 나누어 다스렸는데, 이때 큰 성의 책임자였던 지방 장관을 '욕살'이라고 했다. 또 고구려의 왕도는 5부(동부·서부·남부·북부·내부)로 행정구역을 나누었는데, 부의 책임자 역시 욕살이었다. 연개소문은 이 무렵 고구려 왕도의 동부를 담당하는 욕살 지위에 임명된 것으로 이해할 수 있다.

우여곡절 끝에 아버지의 직을 이었으나, 연개소문 입장에서는 무척이나 굴욕적인 경험이었다. 그가 사람들에게 머리를 숙이고 다니며 어떤 마음을 품었을지 미루어 짐작할 수 있다. 아마 뒤에서 이를 부득부득 갈았을 것이다.

피바람을 일으키며 권력을 잡다

연개소문은 이후에도 다른 귀족들에게 견제의 대상이었던 것 같다. 게다가 그를 견제한 세력은 귀족들만이 아니었다. 642년(영류왕 25) 1월 영류왕은 연개소문에게 천리장성 축조 감독 일을 맡겼다. 천리장성은 고구려가 랴오둥반도(요동) 일대에 구축한 방어 시설이다. 동북쪽에 위치한 부여성에서 랴오둥반도의 바다까지 1000여 리에 걸쳐 만들어졌다고 해서 천리장성이라 칭한다. 다만 고구려의 천리장성은 중국의 만리장성처럼 하나로 이어진 건축물은 아니다. 요동 지방의 산맥을 따라

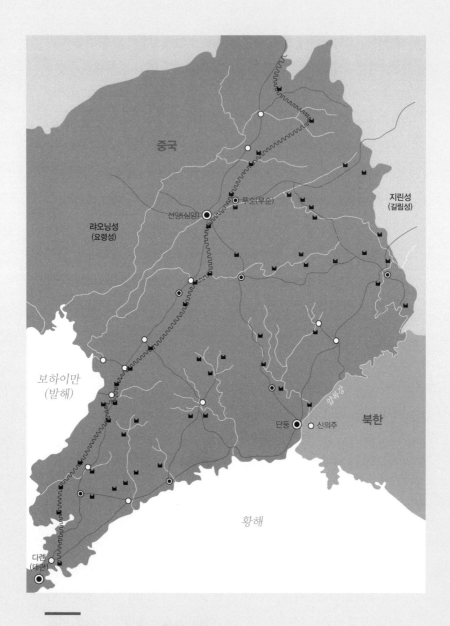

중국

지린성
(길림성)

랴오닝성
(요령성)

푸순(무순)

선양(심양)

보하이만
(발해)

압록강

단둥   신의주

북한

황해

다롄
(대련)

요동 지방의 고구려 성 분포와 천리장성 개념

*고구려연구회 편,《고구려산성연구》(학연문화사, 1999)를 참조해서 다시 그림.

중요한 거점마다 점점이 구축한 성들로 구성한 방어 시스템에 가까운 개념으로 이해할 수 있다.

고구려는 631년(영류왕 14) 2월부터 장성을 쌓기 시작했고, 최종적으로 16년 만에 공사를 마쳤다. 연개소문에게 천리장성 축성을 감독하는 임무가 주어진 642년은 공사를 시작하고 이미 11년이 된 시점이었다. 이 무렵 고구려와 당은 겉으로는 사신을 왕래하며 교류를 이어가고 있었지만, 다른 한편으로는 상대방을 정탐하며 허실을 살피고 있었다. 이러한 정세를 생각하면 천리장성 축조는 고구려의 안위와 연관된 중요한 임무였다. 다만 영류왕이 연개소문을 전적으로 신뢰해서 이 일을 맡겼는지는 의문스럽다. 어찌 보면 연개소문을 변방으로 내보내 중앙 정계에서 밀어내려는 의도로 볼 수 있기 때문이다. 연개소문은 천리장성 감독을 맡게 된 바로 그해 10월 쿠데타를 일으켰다. 그렇다면 이 인사 조치는 연개소문이 쿠데타를 결심하게 만들 정도로 자극적인 정치적 공세였다고 이해할 수 있다.

《삼국사기》는 쿠데타의 발생 과정과 경위를 다음과 같이 전한다. 원래 영류왕과 다른 여러 대인들이 연개소문을 죽이려는 논의를 했다고 한다. 그런데 이 모의가 새어 나가 연개소문의 귀에 들어가고 만 것이다. 위협을 느낀 연개소문은 선수를 치기로 결심했다. 그는 왕도를 지키는 병사들을 동원해 사열식을 개최했다. 사열식은 왕도 내의 병사들을 합법적으로 움직일 수 있는 좋은 핑계였다. 혹자는 이 사열식을 천리장성을 감독하기 위해 왕도를 떠나게 된 연개소문의 이임식이었으리라 추정하기도 한다.

연개소문은 성 남쪽에 술과 안주를 성대히 차리고, 여러 대신을 초대했다. 하지만 막상 손님들이 행사장에 도착하자 본색을 드러냈다. 숨겨두었던 병사들을 동원해 무방비 상태에 있는 대신들을 일거에 살해해버린 것이다. 《일본서기》 기록을 보면 이때 희생된 사람들의 수가 180여 명에 달했다고 한다. 일순간에 고구려 최고위층 인사들이 몰살된 셈이다. '피의 사열식'이었다. 대신들을 해치운 연개소문은 전광석화처럼 왕궁으로 말을 몰았다. 목표는 영류왕이었다. 연개소문은 미처 피신하지 못한 영류왕을 찾아내 살해했고, 분풀이라도 하듯이 시신을 여러 토막으로 잘라 더러운 도랑에 던져버렸다. 목숨을 담보로 감행한 쿠데타였다지만 왕을 이런 식으로 살해하는 것은 지나치게 참혹한 일이었다.

연개소문의 쿠데타 경위는 비교적 상세하게 기록돼 있기 때문에 현재의 평양 지역 위성지도와 고구려 도성의 복원도를 이용해 그 동선과 경로를 추정해볼 수 있다. 당시 고구려의 도성이었던 평양성은 장안성이라는 이름으로 불렸다. 장안성은 네 구역(북성, 내성, 중성, 외성)으로 나뉘어 있고, 전체 둘레가 약 17킬로미터에 이르는 거대한 성곽이다. 기록에 따르면 연개소문은 성 남쪽에서 사열식을 치렀다. 그런데 장안성 외곽 남쪽에는 대동강이 흐르고 있다. 강 건너편에서 사열식을 준비했다고 보기는 어렵기 때문에, 아마 내성의 남쪽에 해당하는 중성의 공터에서 사열식을 한 것으로 짐작된다. 이곳에서 대신들을 살육한 연개소문은 곧바로 말을 달려 왕궁으로 향했다. 아마도 정해문을 통해 내성 안으로 진입했을 것으로 보이며, 결국 내성 북쪽에 자리한 왕궁 안으로 침입해 영류왕을 살해한 것으로 짐작된다.

그런데 하나 짚고 넘어가야 할 부분이 있다. 연개소문이 쿠데타를

현무문

전금문
암문

칠성문

장경문

경창문

왕궁 추정지

보통문

설지문

정해문

대동문

사열지

선요문

안산 창광산 서기산

주작문 육로문

정양문 함구문

고리문

다경문

거피문

연개소문의 쿠데타 발발 당시 고구려 도성 장안성의 형태 복원도

일으킨 계기다. 《삼국사기》 기록에는 영류왕과 다른 귀족들이 먼저 연
개소문을 제거하려고 모의했고, 이것이 연개소문의 귀에 들어간 것이
쿠데타를 일으킨 이유인 것처럼 서술돼 있다. 하지만 쿠데타 진행 과
정을 보면 영류왕을 비롯한 대신들의 대응은 허무할 정도로 무력하다.

먼저 연개소문을 제거하려는 속셈을 품었던 사람들로 보기에는 너무 무방비한 모습으로 보이는 것이다. 그렇다면 앞서 살펴본 쿠데타의 배경은 거사를 성공한 후 연개소문이 일방적으로 퍼뜨린 명분일 가능성을 배제할 수 없다. 물론 실체적 진실이 정확히 무엇이었는지 지금으로서는 알 수 없는 노릇이다.

쿠데타에 성공한 연개소문은 영류왕의 조카인 보장왕을 왕위에 올리고, 본인은 막리지 자리에 취임했다. 막리지는 수상인 대대로를 가리킨다는 견해도 있고, 그보다 한 단계 낮은 제2품 관등 태대형太大兄을 가리킨다는 견해도 있다. 그런데 중국 당나라 때 편찬된 역사서인《한원翰苑》에 따르면 고구려에서는 태대형을 일명 '막하하라지莫何何羅支'라고 했다. 또 최고 군권을 가진 대장군 '대모달'의 다른 표현이 '막하라수지莫何邏繡支'였다. '막리지'와 '막하하라지', '막하라수지'는 음운적으로 유사하기 때문에 역시 막리지는 제2품 관등인 태대형에 상응하는 대모달을 가리킨다고 보는 게 타당할 것 같다.

그렇다면 연개소문은 왜 곧바로 최고위직에 앉지 않았을까. 아마도 쿠데타라는 비정상적 형태로 권력을 잡은 직후였기 때문에 군권을 장악하기 위해 대모달 직을 차지했던 것 같다. 이 당시《일본서기》의 기록을 보면 바다 건너 고구려에서 발생한 연개소문의 정변 내용을 전하면서 그가 같은 성씨인 사람을 대신으로 삼았다고 했다. 아마도 집권 초반에는 연씨 집안의 다른 사람을 허수아비 격으로 대대로 직에 앉힌 것으로 보인다. 그러다가 권력이 안정화된 어느 시점에 기존의 '대대로'라는 직함 앞에 '태'를 붙인 '태대대로' 직을 신설하고 직접 취임하면서 명실상부한 최고 권력자 역할을 하게 된 것으로 짐작된다.

연개소문도 어쩔 수 없었던
안시성

왕을 죽이고 권력을 한손에 쥐게 된 연개소문의 위세는 하늘을 찌를 듯했다. 그는 주위 사람들에게 위압감을 주기 위해서인지 칼을 다섯 자루나 차고 다녔다. 말을 타고 내릴 때는 귀족 출신의 무장을 엎드리게 해 발판으로 삼았고, 주변 사람들은 그를 함부로 쳐다볼 수조차 없었다. 출입을 할 때는 군대처럼 커다란 행렬을 만들어 위세를 부렸고, 행렬 앞에는 인도하는 사람들이 있어 큰 소리로 그의 행차를 알렸다. 이 소리를 들은 사람들은 행여라도 연개소문의 행렬과 마주칠까 두려워 구덩이도 마다하지 않고 앞다퉈 숨었다고 한다. 공포심을 활용한 철권통치였다.

그렇다고 해서 연개소문의 권력이 고구려 전역을 완벽하게 장악한 것은 아니었다. 이를 보여주는 대표적 사건이 연개소문과 안시성주의 충돌이다. 당시 안시성주는 권력을 휘어잡은 연개소문에게 고분고분 복종하지 않았다. 이를 불쾌하게 여긴 연개소문이 안시성으로 군사를 보내 공격했으나 끝내 성을 함락할 수 없었다. 힘으로 안시성주를 굴복시킬 수 없음을 깨달은 연개소문은 어쩔 수 없이 그의 실력을 인정하고 내버려두는 수밖에 없었다고 한다.

연개소문과 알력이 있었다고 하는 안시성은 645년 발발한 고구려-당 전쟁에서 당의 공세를 끝까지 막아 당태종에게 패배를 안겨준 바로 그곳이다. 연개소문과 당태종이라는 당대 걸물들의 공격을 모두 격퇴한 것을 보면, 안시성주는 대단한 수성 능력을 가진 사람이었던 것 같다. 하지만 아쉽게도 안시성주의 이름이 정확히 무엇이었는지는 전하지 않는다. 그의 이름이 '양만춘'이었다는 전승도 있지만 이는 16세기 명나라 때의 통속 소설《당서연의唐書衍義》에 등장한 것으로, 역사적 사실로서의 신빙성은 전혀 없다.

여하튼 같은 고구려 내에서 일개 지방 성주가 권력자에게 저항하고, 권력자가 이를 힘으로 제압하려 실패해 서로의 존재를 인정하고 넘어가는 일이 있었다는 점은 흥미롭다. 이는 당시 고구려의 정치가 귀족연립체제로 운영됐기 때문이다. 고구려는 4세기 말부터 6세기 초까지 광개토왕, 장수왕, 문자명왕 등이 차례로 재위하며 국왕 중심의 강력한 중앙집권 체제를 유지했다. 그러나 6세기 대에 이르면 기존의 중앙집권체제가 붕괴되면서, 힘 있는 귀족들이 난립해 서로 힘을 겨루는 혼란기에 들어서게 된다.

531년 문자명왕의 아들이자 고구려의 제22대 왕인 안장왕이 사망하고, 그 뒤를 동생인 안원왕이 계승했다.《삼국사기》에서는 안장왕이 동생인 안원왕을 무척 아꼈고 안장왕에게는 뒤를 이을 아들도 없었기 때문에 안원왕이 즉위하게 된 것이라 서술했다. 이 기록만 놓고 보면 아무런 하자가 없는 왕위 계승인 것 같다. 그런데 같은 시기《일본서기》기록을 보면 고구려의 안장왕이 시해됐다는 내용이 등장한다. 이《일본서기》기록은 백제 측의 기록을 다시 옮긴 것으로, 단순히 안장왕이 '시해됐다'고만 했을 뿐 더 이상의 구체적인 내용은 없다. 어쩌면 고구려에 적대적 감정을 가지고 있던 백제인들이 악의적으로 왜곡한 기록일 가능성도 있다. 다만 안원왕 대에 고구려 내부 정세가 상당히 혼란스럽게 전개된 점을 감안해 시해 기록의 신빙성을 인정하는 역사학자들도 있다.

안원왕 말년(545)에는 보다 결정적인 사건이 발생한다. 그의 병색이 깊어지자 왕위 후계 다툼이 일어났는데, 이때 둘째 부인이 낳은 자식을 지지하는 세력과 셋째 부인이 낳은 자식을 지지하는 세력이 직접 칼을 맞대고 싸우는 사태가 벌어진 것이다. 둘째 부인의 자식인 제1왕자의 외할아버지는 추군麤群, 셋째 부인이 낳은 제2왕자의 외할아버지는 세군細群이라고 했다. 추군과 세군이 각각 이끌던 병력은 왕궁 앞에서 전투를 벌였고, 이때 세군 세력 2000여 명이 사망했다고 전한다. 신성한 고구려 왕궁 앞은 수많은 시체가 나뒹구는 피웅덩이가 됐다. 우여곡절 끝에 추군을 뒷배경으로 한 양원왕이 즉위하기는 하지만, 이미 왕의 권위는 크게 무너져버리고 말았다. 더 곤란한 것은 백제와 신라가 이러한 내분을 틈타 고구려가 점유하고 있던 한강 유역을 탈취했다는 점이다.

《삼국사기》〈열전〉 '거칠부' 편을 보면 신라 진흥왕 때의 인물인 거칠부가 한때 승려 복장으로 고구려를 염탐했던 일이 서술돼 있다. 이때 거칠부가 신라 사람인 것을 눈치챈 고구려의 혜량법사는 그에게 신분이 노출돼 잡힐 수도 있으니 어서 돌아가라는 충고를 했다. 후일 거칠부가 군대를 이끌고 고구려를 침공했을 때(551), 그를 다시 만나게 된 혜량법사는 "지금 우리나라 정치가 어지러워 멸망할 날이 얼마 남지 않았다. 나를 그대 나라로 데려가 주기를 바란다"라면서 망명을 요청했다. 혜량법사의 이 같은 발언은 귀족들 간 다툼으로 어지러움이 극에 달한 고구려의 당시 상황을 생생하게 보여준다.

중국 측 사서인 《구당서》 기록에 따르면 고구려의 최고직인 대대로는 원래 임기가 3년이지만, 적합한 자라면 임기의 연한에 구애받지 않았다. 문제는 이 무렵 고구려 귀족들은 사병을 이끌고 싸움을 해서 힘으로 상대를 꺾은 후 대대로 직을 차지했다는 것이다. 이때 고구려 왕은 궁문을 굳게 닫고 자신을 지키는 데 급급할 뿐 귀족들끼리 벌이는 싸움을 말리거나 간섭하지 못할 정도로 무력한 상황이었다. 하지만 정쟁 와중에 백제와 신라의 합동 공격으로 한강 유역을 상실하는 사태에 이르자 고구려 귀족들도 국가적 위기감을 느꼈다. 이에 각자의 권리를 인정한 가운데 협의체를 운영하며 힘의 균형을 유지하는 '귀족연립체제'를 형성하게 된 것이다.

귀족 가문들이 실력을 겨루며 권력 경쟁을 하는 상황은 비록 신흥 귀족이지만 강한 군사력을 보유했던 연씨 가문이 성장하는 데 큰 기회가 됐던 것 같다. 급기야 연개소문은 쿠데타를 통해 다른 유력 귀족들을 모두 제압하고 권력을 독점했다. 다만 그와 안시성주 간의 대결을 통해 알 수 있듯이 지방에 독자적인 군사력을 보유하고 있던 귀족 중에는 여전히 연개소문에게 복종하지 않는 이들이 존재했다. 기세등등하던 연개소문이었지만 적어도 집권 초에는 이들을 완전히 굴복시킬 수 없었다.

연개소문의 외교 정책과 당과의 전쟁

642년 이제 막 쿠데타로 권력을 잡은 연개소문에게 외모가 준수한 한

남자가 방문했다. 이웃 나라 신라의 유력자 김춘추였다. 연개소문이 쿠데타를 일으킨 642년은 고구려 입장에서도 역사적으로 중요한 해였지만, 신라와 백제에도 중요한 해였다. 641년에 왕위에 오른 백제의 의자왕은 다음 해인 642년 신라에 대한 대대적인 군사 공격을 감행했다. 이때 신라의 40여 성이 공파되고, 특히 전략적 요충지인 대야성(지금의 경상남도 합천)마저 함락됐다. 김춘추는 신라가 당면한 위기를 외교적으로 타개하기 위해 고구려의 새로운 권력자 연개소문을 찾아온 것이었다.

김춘추는 연개소문에게 연합해 백제에 대응하자고 제안했다. 하지만 연개소문은 김춘추와 전혀 다른 계산을 품고 있었다. 그는 신라의 요청을 들어주는 대가로 마천령과 죽령 이북, 즉 지금의 소백산맥 이북 영토를 모두 고구려에 넘기라고 요구했다. 이는 신라가 수백 년에 걸쳐 확보한 한반도 중부 영토를 모두 고구려에 바치고, 다시 소국으로 쪼그라들라는 이야기에 다름 아니었다. 신라 입장에서는 도저히 받아들일 수 없는 난폭한 제안이었다. 결국 협상은 결렬되고 김춘추는 한동안 고구려에 구금되는 처지에 놓였다가 간신히 풀려났다. 이후 연개소문은 오히려 백제와 친밀한 관계를 유지하며 신라 북쪽 영토를 공략하는 행보를 보였다.

그렇다면 연개소문은 어째서 김춘추에게 그토록 무리한 요구를 했을까? 역사학자들은 쿠데타로 집권한 정권 초의 불안정한 상황을 옛 영토 회복이라는 업적을 통해 타개하려는 정치적 의도를 지목한다. 사신으로 온 김춘추를 억류했다는 것은 신라에 대한 적대적 태도를 명확히 보인 것이다. 하지만 신라를 적으로 돌리는 정책은 서쪽으로 당과의 관계가 심상치 않은 국면에서, 최대한 안정화시켜야 할 남쪽 전선마저 불안정하게 만드는 결과를 초래하고 말았다.

연개소문은 외교적으로 대당 강경론자로 잘 알려져 있다. 그가 쿠데타를 일으킨 이유에 대해서도 대당 온건파인 영류왕과 대당 강경파인 연개소문의 외교 노선 갈등 때문으로 해석하는 경우가 많다. 그러나 연개소문이 집권 초에 실제로 보여준 행보를 보면 이러한 인식 틀로 단순화해 이해하기는 어려울 것 같다.

연개소문은 집권 5개월 만인 643년 3월 당에 사신을 파견해 도교 경전과 도사를 보내달라고 요청했다. 이때 연개소문이 한 발언을 살펴보자.

> 삼교(유교, 불교, 도교 – 필자)는 비유하자면 솥의 발과 같아서 하나라도 없어서는 안 됩니다. 지금 유교와 불교는 모두 흥하는데 도교는 아직 성하지 않으니, 이른바 천하의 도술을 갖추었다고 할 수 없습니다. 엎드려 청하오니 당에 사신을 보내 도교를 구해 와서 나라 사람들을 가르치게 하소서.
> – 《삼국사기》 권21 〈고구려본기〉 9, 보장왕 2년(643) 봄 3월

그런데 도교는 영류왕 때인 624년에 이미 고구려에 전래된 상태였다. 그리고 이전부터 고구려의 민간에서는 도교 일파인 오두미교를 신봉하는 이들이 많았다고 한다. 그럼에도 연개소문은 새삼 도교를 수입하자고 이야기를 꺼냈다. 아마 당과의 관계를 개선하기 위해 특별한 계기와 명분이 필요했기 때문일 것이다. 당나라에서는 도교에서 시조로 모시는 노자老子의 성이 이씨李氏라는 점을 들어 역시 이씨인 당 황

실과의 관계를 강조하며 도교를 지원하고 있었다.

고구려의 도교 수입 요청에 당태종은 도사 여덟 명을 고구려로 보냈다. 이에 연개소문은 기존 불교 사원들을 빼앗아 도사들에게 내주었다. 이러한 도교 우대 정책은 고구려 내 불교 세력의 반발을 야기했다. 급기야 고구려 승려 보덕普德이 여러 차례 국가 정책에 불만을 이야기하다가 백제로 망명해버리는 일이 발생했다. 당과의 관계 개선에 초점을 맞춘 연개소문의 종교 정책이 고구려의 내부 갈등을 증폭하는 결과를 초래한 것이다.

연개소문의 도교 수입 제안은 명백한 대당 유화책이었다. 당태종은 연개소문이 쿠데타 과정에서 왕을 잔인하게 시해한 일에 대단히 부정적인 반응을 보였다. 이에 연개소문은 당에 최대한 유화적인 모습을 연출해 당태종의 감정을 누그러뜨리려 한 것으로 짐작된다. 연개소문 입장에서 보면 불안정한 집권 초부터 굳이 당을 자극해 전쟁을 초래할 이유도 없었다.

하지만 연개소문이 임금을 잔인하게 시해했다는 점은 원래부터 고구려를 정벌할 뜻을 품고 있던 당태종에게 좋은 구실이 될 수밖에 없었다. 연개소문이 어떤 대당 외교 정책을 펼치든 당태종에게는 아무 상관없는 일이었다. '불의한 역신' 연개소문은 존재 자체만으로 전쟁의 명분이 되기에 충분했다.

당태종은 643년 6월 연개소문이 임금을 시해한 일을 문제 삼으며 고구려를 침공하겠다는 생각을 피력했다. 하지만 신하들 생각은 달랐다. 고구려 정벌에 집착하다가 나라가 망해버린 수나라 때 경험이 여전히 강렬했던 것이다. 명분이 더 쌓일 때까지 기다리자는 신하들의 만류에 당태종도 일단 한발 물러섰다. 그러다 다음 해에 또 다른 갈등이 발생했다.

644년 고구려와 백제의 파상적인 군사 공격에 시달리던 신라는 당에 사신을 보내 중재를 요청했다. 이에 당태종은 고구려와 백제에 더이상 신라를 공격하지 말 것을 명령했다. 하지만 연개소문은 이를 거부했다. 당에서 파견한 사신이 연개소문을 만나기 위해 도착했을 때 그는 이미 신라의 성 두 곳을 공파한 후였다. 연개소문은 당 사신에게 "우리와 신라는 원한이 이미 오래됐다. 지난번에 수나라가 침략해왔을 때 신라가 그 틈을 타서 우리 땅 500리를 빼앗아 그 성읍을 모두 차지했다. 스스로 우리에게 빼앗은 땅을 돌려주지 않는다면 아마도 전쟁을 그만둘 수 없을 것이다"라며 고구려의 입장을 피력했다. 비정상적 절차로 집권한 그로서는 신라와의 전쟁을 해서 옛 영토를 확보하는 것이 정치적 명분을 확보하기 위한 중요한 과제였던 것이다.

당의 중재 시도는 실패했다. 이는 상국의 군주인 당태종의 명령을 직접적으로 거부한 셈이어서 황제의 위신과도 연결된 문제였다. 당태종은 고구려 침공을 결단했다. 더 이상 신하들도 말릴 수 없었다. 배를 만들고, 군량을 모으고, 일부 선발대는 요동 지역으로 이동했다. 당의 심상치 않은 움직임을 파악했기 때문일까. 그해 9월 연개소문은 급히 백금白金을 공물로 바치고, 관리 50명을 보내 당태종을 곁에서 모시고 싶다고 요청했다. 다시 유화책을 시도한 것이다. 하지만 이미 마음을 굳힌 당태종은 이를 모두 거부하고 사신을 처벌했다. 그리고 이듬해인 645년 4월 당의 장수 이세적李世勣이 랴오허강(요하)을 건넜다. 고구려-당 전쟁이 개시된 것이다.

앞서 살펴본 것처럼 전쟁 발발 과정을 보면 연개소문을 대당 강경론자라고 간단히 규정하기는 어려워 보인다. 연개소문은 집권 이후 수차례 당에 외교적 유화책을 시도했다. 굳이 당과 전쟁을 벌이고 싶지 않았던 것이다. 그의 구상은 서쪽으로는 당과의 관계를 현상 유지하는 대신 남쪽 신라 전선에서 성과를 내 자신의 정치적 입지를 다지는 것이었다고 짐작된다. 그러나 신라가 이미 당과 긴밀하게 연계하고 있는 상황에서, 고구려의 신라 공격은 그 자체로 당이 군사 개입을 할 수 있는 명분이 됐다. 당태종이 연개소문을 천인공노할 역적으로 규정하며 전쟁을 시작한 이상, 연개소문은 자기 의지와 무관하게 대당 강경론자가 될 수밖에 없었다. 시대의 상황이 연개소문에게 대당 강경론자로서의 역할을 강요한 셈이다.

고구려-당 전쟁은 과거 있었던 고구려-수 전쟁과는 다른 양상으로 전개됐다. 당태종은 수양제와 달리 중국 역사상 손꼽히는 군사적 재능을 가진 인물이었다. 당군은 랴오허강 부근의 고구려 방어성들을 차례로 공략하며 착실하게 성과를 거두었다. 특히 수양제의 100만 대군에게도 끝까지 함락되지 않고 버텼던 요동성을 제압한 것은 고구려에 큰 충격을 주었다. 당군은 요동성 외에도 개모성, 비사성, 백암성 등을 차례로 손에 넣었다. 하지만 기세 좋게 전진하던 당군의 발이 어느 순간 멈추고 말았다. 바로 문제의 안시성 앞에서였다.

당군이 랴오허강 일대의 고구려 성들을 하나하나 제압하고 요동 방어선의 마지막 보루라고 할 수 있는 안시성마저 포위하고 있는 동안 연개소문도 손을 놓고 있진 않았다. 급히 중앙 구원군을 편성하고 고구려에 복속된 말갈에서 병력을 동원해 총 15만 명을 파견했다. 북부

욕살 고연수高延壽와 남부 욕살 고혜진高惠眞이 이끄는 고구려군은 안시성에서 동남쪽으로 8리(약 4.3킬로미터 추정) 떨어진 곳까지 접근했다. 고구려의 병력이 상당했던 만큼 그 대단한 당태종 역시 긴장하지 않을 수 없었다. 하지만 고연수가 이끌던 고구려의 대군은 결국 당태종의 전술에 말려 전군이 패몰하고 말았다.

눈앞에서 지원군이 궤멸되는 것을 본 안시성 백성은 큰 충격을 받았다. 그럼에도 안시성은 기이할 정도로 잘 버텼다. 당태종이 온갖 수단을 동원했지만 성은 함락되지 않았다. 결국 겨울이 와 추위가 심해지자 당태종은 실패를 인정하고 퇴각을 명했다. 안시성의 승리는 고구려의 승리였고, 이는 곧 고구려의 집권자인 연개소문의 승리였다. 연개소문은 당태종을 패배시킨 인물로 역사에 길이 남을 명성을 얻게 됐다. 정작 안시성주와 연개소문이 껄끄러운 관계였다는 점을 생각하면 역사의 아이러니라고 할 수 있다.

전쟁에서는 승리했지만 고구려가 입은 피해는 심각했다. 전쟁 과정에서 당군이 함락한 고구려 성도 여러 곳이었고, 요동성, 개모성, 백암성 등에서 포로가 돼 당으로 끌려간 백성 수는 7만 명에 달했다. 그 외에도 성안에 비축해놓은 수많은 군량과 재물이 당군에 의해 노획됐다. 더구나 당태종은 원정 실패 이후에도 고구려를 정복하고자 하는 마음을 버리지 않았다. 평생 수많은 전투에서 승리하며 천하에 명성을 날렸던 그로서는 자존심에 큰 상처가 생겼을 것이다. 당태종은 소규모 부대로 고구려 변경을 계속 공략하는 소모전을 벌였다. 고구려의 국력을 지속적으로 깎아내기 위해서였다. 한편으로는 기회를 노려 다시 한 번 대규모 침공을 수행하기 위해 군량을 모으고 선박을 건조하는 등

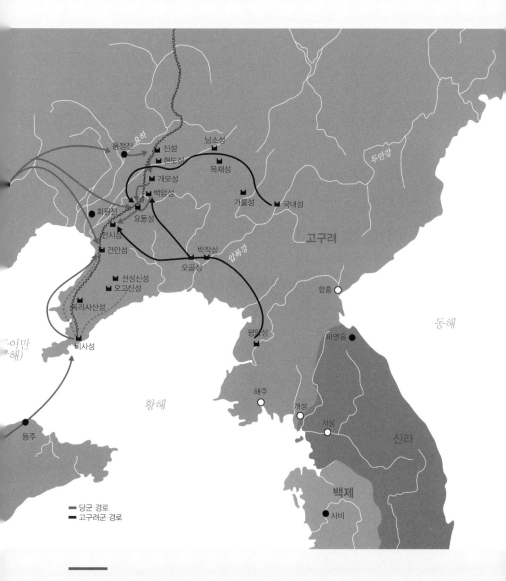

통정진 요하
신성
남소성
두만강
현도성
목재성
개모성
백암성
가물성
국내성
회원진
요동성
고구려
안시성
건안성
박작성
오골성
압록강
선성신성
오고산성
(이만 해)
비사성
함흥
평양성
비열홀
황해
해주
개성
서울
동해
신라
등주
백제
사비

— 당군 경로
— 고구려군 경로

645년 고구려-당 전쟁 전개도

안시성으로 추정되는 중국 랴오닝성 하이청시 잉청쯔 산성

착실하게 복수전을 준비했다.

649년 4월 당태종은 끝내 자신의 의지를 관철하지 못한 채 사망했다. 하지만 이후에도 당의 고구려 침공은 집요할 정도로 이어졌다. 시간이 흐를수록 전선은 고구려 중심부로 좁혀져왔다. 처음에는 주로 랴오허강 일대에서 이루어지던 전투가 어느새 압록강 일대로 옮겨오더니, 661년 8월에는 소정방蘇定方이 이끄는 당군이 고구려의 왕도인 평양성 인근까지 밀고 들어와 압박하는 데 이르렀다. 662년 정월에 연개소문이 지휘하는 군대가 평양 인근에 있는 사수蛇水(대동강 지류로 추정)에서 방효태龐孝泰가 이끄는 당군의 일부 병력을 전멸시키는 성과를 거두었고, 소정방은 추위에 몸을 떨며 평양 포위를 풀고 물러났다. 당군을 물리친 것은 다행한 일이었지만, 왕도가 포위되는 상황에 이르렀

다는 것은 심각한 일이었다. 고구려의 방어 능력은 이미 한계에 달한 상태였다.

연개소문의 죽음과 고구려의 멸망

665년 고구려를 철권으로 지배하던 연개소문이 사망했다. 《삼국사기》에서는 연개소문이 사망한 해가 666년으로 돼 있으나 당대 자료인 〈천남생묘지명〉 기록을 존중해 665년에 사망했다고 보는 견해가 널리 인정된다. 《삼국사기》의 소략한 내용과 달리 《일본서기》는 연개소문의 죽음과 그가 남긴 유언에 대해 다음과 같은 기록을 전하고 있다.

> 고려의 대신 개금이 그 나라에서 죽었다. 자식들에게 유언하기를 "너희 형제는 고기와 물처럼 화합할 것이며 작위를 다투지 마라. 만일 이와 같지 않다면 반드시 이웃 나라의 웃음거리가 될 것이다"라고 했다.
> - 《일본서기》권27, 덴지 천황 3년(670) 10월

어떤 연구자들은 유언 내용으로 보아 연개소문이 살아 있을 때 이미 그의 아들들 사이에 다툼과 갈등이 표면화됐던 것으로 이해하기도 한다. 이미 연개소문도 잘 알고 있는 불안 요소였기에 죽는 순간까지도 이를 걱정해 유언으로 남겼다는 것이다. 다만 이것이 실제로 연개소문이 남긴 유언이 맞는지는 의문의 여지도 있다. 어쩌면 그가 죽은 후 벌어진 아들간의 내분과 그로 인한 망국의 결과를 알고 있는 후세

대 사람들이 만들어 붙인 이야기일 수도 있다.

연개소문은 자신의 사후 권력 승계 문제에 대해 치밀하게 준비를 해 두었다. 후계자는 첫째 아들인 남생이었다. 쿠데타로 집권했던 만큼 연개소문은 주변인을 많이 의심했던 것 같다. 결국 믿을 사람은 혈육밖에 없다고 생각했는지 남생이 아홉 살 때 이미 관등 13품에 해당하는 선인先人으로 삼았다. 남생은 열다섯 살 때 중리소형中裏小兄(11품), 열여덟 살에 중리대형中裏大兄(7품), 스물세 살에 중리위두대형中裏位頭大兄(5품)이 됐고, 스물여덟 살 때는 2품인 막리지가 돼 삼군대장군三軍大將軍에 취임했다. 눈부신 고속 승진이었다. 남생의 동생들도 비슷했다. 연개소문은 혈육인 아들들에게 일찌감치 군권을 쥐게 해 독재 체제를 강화하고, 자기 사후에도 연씨 가문이 다른 귀족들을 힘으로 누를 수 있도록 조치해둔 것이다. 정작 문제는 형제 간의 의심과 불화였다.

고구려의 최고통치자가 된 남생은 666년 지방 순찰을 떠나며 동생인 남건男建과 남산男産에게 국사를 맡겼다. 그런데 이때 어떤 사람이 남건과 남산에게 형이 그들을 죽이려 한다는 뜻밖의 제보를 했다. 두 동생은 처음에 이를 믿지 않았다. 그러자 이번에는 남생에게 두 동생이 형을 제거하려 한다는 제보가 이어졌다. 의심을 품은 남생은 전후 사정을 알아보기 위해 평양으로 몰래 사람을 보냈는데, 이 사람이 하필 남건에게 붙잡히고 말았다.

한번 의심이 생기면 별것 아닌 일에도 불안해지게 되는 법이다. 처음에는 이간질하는 말을 흘려들었던 남건과 남산도 형이 자신들을 뒷조사하기 위해 사람을 썼다는 점을 확인하니 마음이 흔들렸다. 두 동생은 왕명을 내세워 형을 평양으로 불렀다. 그러나 이미 마음에 거리낌이 생긴 남생은 이에 응하지 않았다. 이에 결심을 굳힌 남건과 남산은 평양에 남아 있던 남생의 아들 헌충獻忠을 살해한 후 국정을 장악했다.

남생은 급히 고구려 옛 수도인 국내성으로 달아나 세를 규합했다. 그러나 이미 중앙 권력을 장악한 동생들에게 맞서는 것은 어려운 일이었다. 신변 안전을 고민하던 남생은 결국 따르는 무리를 이끌고 당나라에 망명하고 말았다. 남생의 망명은 당나라로서는 생각지도 못한 호재였다. 당고종은 667년 남생이 당에 직접 입조해 무릎을 꿇자 그를 요동대도독遼東大都督 현도군공玄菟郡公으로 삼았다. 당의 수도 장안에 큼직한 저택도 마련해 하사했다.

668년 당은 한층 자신감을 가지고 고구려에 대한 대규모 공세를 재개했다. 앞장선 사람은 다름 아닌 남생이었다. 바로 얼마 전까지 고구려의 최고권력자이자 군사령관 지위에 있던 그였다. 고구려군의 허실은 손금 보듯 환했다. 당군은 다시 평양성을 포위했다. 한 달간의 공방전 후 결국 승산이 없다고 판단한 보장왕은 남산과 함께 성을 나와 항복했다. 남건은 문을 닫아걸고 끝까지 저항했지만, 결국 부하였던 승려 신성信誠이 당군에 내응해 성문을 열고 말았다. 남건은 자살을 시도하다가 실패하고, 포로가 돼 당으로 끌려갔다. 고구려는 연개소문 사후 불과 3년 만에 허무하게 멸망했다.

연개소문을 기억하는 방식

연개소문에 대한 평가는 시대에 따라 극명하게 다르다. 김부식은《삼국사기》에서 송 황제 신종神宗과 왕안석王安石이 연개소문에 대해 논한 내용을 소개했다. 신종이 왕안석에게 "당태종이 고구려 정벌 때 어째서 승리하지 못했는가?"라고 묻자 왕안석이 "개소문은 비범한 인물이었습니다"라고 대답했다는 것이다. 이를 통해 볼 수 있듯이 후대 중국인들은 당태종을 이긴 연개소문에 대해 강한 인상을 가지고 있었다.

연개소문에 대한 중국인들의 기억은 문학이나 경극을 통해서도 확인할 수 있다. 당나라 말기에 저술됐다는 소설《규염객전虯髥客傳》을 보면 용처럼 구불구불하고 붉은색 수염을 가진 규염객이라는 기이한 인물이 등장한다. 규염객은 본래 비범한 능력을 발휘해 어지러운 천하를 손에 넣으려는 야심을 품은 인물이다. 그러나 장차 천자가 될 상을 가지고 있는 젊은 이세민을 만나고 나서 그 기풍에 눌려 자기 계획을 포기하게 된다. 규염객은 이후 동쪽 부여국으로 건너가 그 나라 군주를 죽이고 스스로 왕이 됐다고 전해지는데, 이 캐릭터의 모델이 바로 연개소문이라는 시각이 통설이다.

연개소문은 중국 전통 연극인 경극에도 등장한다. 중국에서는 당태종의 부하 장수로서 고구려-당 전쟁에서 큰 활약을 한 설인귀薛仁貴가 큰 인기였다. 맨주먹으로 일어나 능력 하나만으로 벼락출세를 한 입지전적 인물의 상징으로 여겨졌기 때문이다. 이 설인귀를 주인공으로 하는 문학 작품에서 상대역으로 연개소문이 등장하는데, 이 이야기가 다시 경극으로 옮겨지면서 연개소문 역시 강렬한 이미지를 가진 악역 캐릭터로 재탄생하게 된 것이다. 설인귀와 연개소문을 다루는 작품들에 나타나는 묘사를 보면 연개소문은 다섯 자루의 비도飛刀를 날리는 괴걸로서 당태종을 궁지에 빠뜨리는 위협적인 존재다. 반면 설인귀는 신령스러운 화살을 쏘면서 연개소문과 무공을 겨루고, 당태종을 위기에서 구하는 영웅으로 등장한다.

이처럼 문학이나 경극 작품 속에서 연개소문은 대단한 힘과 능력을 지닌 '빌런'(영웅물에 등장하는 악당)으로 묘사된다. 이러한 위상은 결국 중국 역사상 손꼽히는 명군名君인 당태종에게 패배를 안겨준 대단한 인물이라는 데서 나온 것이다. 연개소문의 이러한 위상은 우리나라에서도 마찬가지였다. 김부식은 《삼국사기》에서 "개소문은 역시 재주가 있는 사람이었다"라고 평가했다. 하지만 그 뒤에 곧바로 유학자로서 통렬한 비판을 이어간다.

중국 구이저우성 안순 지역의 탈
설인귀를 다룬 소설 속 연개소문을 형상화했다.
국립민속박물관 소장

그러나 바른 도리로 나라를 받들지 못했고, 잔인하고 포악해 스스로 아무런 거리낌 없이 행동했으니, 대역죄를 짓기에 이르렀다.《춘추》에서는 "임금을 시해한 역적을 토벌하지 않는다면, 나라에 사람이 없다고 할 만하다"라고 했다. 하지만 (연개)소문은 몸을 보존해 집에서 죽었으니, 운이 좋아 (화를) 피한 자라고 할 수 있다.

-《삼국사기》 권49, 〈열전〉 9, 개소문

빼어난 능력과 별개로 임금을 시해하고 폭압적인 정치를 펼친 인물에 대해 유학자로서 좋은 평가를 내릴 수는 없었던 것이다. 김부식은 당에 망명해 고구려 멸망에 앞장선 남생과 그 아들 헌성에 대해서도 "우리나라 입장에서 말하자면 반역자가 되는 것을 면할 수 없다"라고 냉정하게 평가했다. 연개소문에 대한 이러한 비판적 인식은 조선시대에도 그대로 이어진다. 그 어떤 이유에서건 자신이 섬기던 왕을 잔인하게 살해한 행위는 당시 윤리관에서 정당화될 수 없는 결함이었기 때문이다.

이러한 연개소문의 이미지에 큰 변화가 생긴 것은 근대에 들어와서다. 외세의 침략으로 국권이 침탈되는 상황에서 민족의식이 크게 강조됐고, 사람들은 침략자에게 통쾌한 일격을 가해 물리치는 영웅에 목말라했다. 이 시기 반전된 연개소문의 이미지를 대표하는 것이 신채호와 박은식의 평가다. 신채호는 1908년 《독사신론》에서 연개소문을 "동국 4000년 이래로 첫손가락에 꼽을 영웅"이라 칭송했다. 박은식 역시 1911년 역사전기소설인 《천개소문전》을 지어 연개소문을 "4000년 역사에 절대 제일의 영웅"이라고 치켜세웠다. 그는 하나의 죄로 백 가지 공을 가릴 수는 없다면서, 연개소문을 영국의 크롬웰, 일본의 도요토미 히데요시, 중국의 항우에 비교했다. 유교에 구속돼서 왜곡된 선비의 편견과 얕은 학식으로 만고에 둘도 없는 영웅 정신을 말살하는 것은 애석한 일이라고도 했다.

연개소문을 자주성을 발휘한 민족 영웅의 위상으로 자리매김시킨 민족주의 역사가들의 평가는 이후 한국인 일반의 연개소문상像에 큰 영향을 미쳤다. 다만 연개소문이 쿠데타를 통해 집권해 철권 통치를 펼쳤다는 점은 우리나라 현대사의 전개 과정에서 부정적인 평가를 초래하는 요소가 되기도 했다. 연개소문의 행보가 쿠데타로 권력을 잡은 군사독재 권력의 어두운 면을 연상케 하는 측면이 있었기 때문이다. 결국 한 역사적 인물에 대한 이미지는 평가를 하는 주체가 품고 있는 윤리적 가치관에 따라서 얼마든지 변할 수 있는 것이다.

연개소문에 대한 객관적인 평가를 위해서는 윤리적 당위로서의 접근을 배제한 채, 연개소문이 펼친 정치·외교 정책이 당시 고구려의 흥망에 실질적으로 어떠한 영향을 미쳤는지에 집중할 필요가 있다. 연개소문은 당시 동아시아의 대국인 당나라에 고개 숙이지 않고 당당하게 싸워 이긴 고구려의 영웅 이미지를 가지고 있다. 하지만 앞서 살펴보았듯이 그는 집권 이후 여러 차례 대당 유화책을 시도했다. 과연 신념으로서 대당 강경 외교를 펼쳤다고 평가할 수 있을지 의심스러운 지점이다. 당태종이 연개소문의 패악과 비윤리성을 전쟁 명분으로 내세운 이상 그에게 선택권은 없었다. 연개소문은 자신의 본의와 무관하게 대당 강경론이라는 노선을 강요당한 처지였다고 보아야 할 것이다.

더구나 연개소문이 생존해 있을 당시에도 전황은 매우 심각했다. 사수전투처럼 직접 지휘에 나서서 전공을 거둔 사례도 있지만, 그보다 중요한 것은 이미 평양이 포위됐다는 점이다. 자국의 왕도가 적 대군에 포위되는 지경에 이른 상태에서 국지적이고 개별적인 전투에서 거둔 승리 한두 번이 대세에 큰 의미를 가진다고 보기는 어렵다. 고구려와 당의 전선은 변경인 랴오허강에서 국가 중심부인 평양성으로 차근차근 이동했다. 연개소문 생시에도 고구려의 숨통을 끊기 위해 당이 휘두르는 칼날이 이미 턱밑까지 들어온 상황이었다.

고구려는 연개소문이 사망하고 나서 3년 만에 멸망했다. 그 때문에 마치 그의 부재不在가 고구려의 멸망을 초래한 것처럼 느껴지기도 한다. 그러나 관점을 조금 바꾸면 나라를 빈사 상태로 만들어놓고도 천수를 다하고 먼저 세상을 떠나는 바람에 망국의 직접적인 책임에서 슬쩍 비껴갔다는 평가도 가능하다. 연개소문은 고구려가 멸망의 길로 치닫고 있던 수십 년간 최고권력자로서 모든 국가 정책에 관여했다. 고구려 멸망에 가장 큰 책임을 져야 할 사람이 있다면 역시 연개소문이 될 수밖에 없는 이유다.

참고문헌 ————————————————————————————

김진한, 〈고구려 멸망과 연개소문의 아들들〉, 《한국고대사탐구》 22, 2016
노태돈, 〈연개소문: 무모한 대외강경론자, 포악한 권력자〉, 《한국사 시민강좌》 31, 2002
_____, 〈연개소문과 김춘추〉, 《한국사 시민강좌》 5, 1989
신경섭, 〈연개소문 인물 형상 연구: 중국 고사의 유래와 변천을 중심으로〉, 《한국동양
       정치사상사연구》 7 - 1, 2008
유영옥, 〈백암白巖과 단재丹齋의 연개소문 인식〉, 《역사와경계》 71, 2009
정원주, 〈남생의 실각 배경과 그의 행보〉, 《한국고대사연구》 75, 2014

백두산정계비 대소동
그리고
간도의 정체는?

기
경
량

백두산은 맞고, 장백산은 틀리다?

> 동해 물과 백두산이 마르고 닳도록 하느님이 보우하사 우리나라 만세.
> - 〈애국가〉 1절

백두산은 한반도에서 가장 높은 산이다. 그 상징성 때문에 〈애국가〉에도 등장한다. 백두산에서 뻗어 나와 한반도 동부에 남북 방향으로 길게 형성돼 있는 큰 산줄기는 '백두대간'이라 칭한다. 백두산이 우리나라 모든 산의 조종祖宗으로 대접받는 이유다. 백두산에 대해 한국 사람들이 가지는 감정은 매우 각별하기 때문에 이름 앞에 '민족의 영산靈山'이라는 어마어마한 수식이 붙기도 한다.

그런데 이 백두산의 명칭과 관련해 큰 소동이 일어난 적이 있다. 2014년의 일이다. 당시 한류 열풍을 타고 인기 상종가를 치던 한 드라마의 남녀 주연 배우들이 중국 기업이 만드는 생수의 광고 모델을 하게 됐다. 문제가 된 것은 그 생수의 취수원 표기가 '장백산長白山'이라는 점이었다. 이 사실을 알게 된 한국 언론과 누리꾼은 백두산을 장백산이라 표기하는 행위는 '우리의 백두산'을 중국 영토로 만들기 위해 진행한 동북공정東北工程의 일환이라고 지적했다. 나라를 대표하는 유명 연예인들이 중국의 왜곡된 주장을 뒷받침하는 광고를 찍는 것은 역사 의식 없고 책임감 없는 행동이라는 비판도 이어졌다. 거센 여론에 놀란 배우들 소속사에서는 급히 광고 계약 해지를 검토하겠다고 발표했지만, 얼마 안 가 다시 이를 번복하는 등 혼란스러운 행보를 보였다.

이 해프닝은 우리 사회에서 백두산이라는 표상이 얼마나 감정적 반응을 이끌어낼 수 있는 소재인지를 보여준다. 그런데 짚고 넘어가야 할 점이 있다. 백두산을 장백산으로 표기하는 것은 정말로 동북공정의 일환이며, '우리 민족의 영산' 백두산을 '중국의 것'으로 빼앗아가려는 음모인 것일까?

동북공정은 중국이 2002년부터 5년간 중국 동북 지방을 중심으로 진행한 연구 프로젝트다. 고구려사와 발해사를 한국사에서 분리해 중국사로 재구성하려는 목적성을 가진 작업이었다. 당연히 그 내용이 한국에 알려진 후 한·중 간에 외교적으로도 큰 문제가 됐다. '백두산-장백산' 명칭 논란도 이 과정에서 불거진 것이다. 2007년 10월 13일 《동아일보》에 실린 백두산 명칭 관련 기사를 살펴보자.

중국에서 1995년 이후 발행된 70종의 지도 가운데 백두산을 '백두산白頭山'으로 표기한 지도는 하나도 없는 것으로 확인됐다. 영문으로도 백두산Baitoushan으로 단독 표기한 지도는 없으며 창바이산Changbaishan으로 단독 표기한 것이 5종이고, 65종은 백두산에 대한 영문 표기

자체가 없었다.

또 중국 정부는 한반도 북부 고대사를 중국사에 흡수하려는 '동북공정'
추진 이후 천지 표기도 '백두산 천지白頭山 天池'에서 '창바이산 천지長
白山 天池'로 바꿔가고 있는 것으로 나타났다.

외교통상부가 중국 지도를 수집 분석해 12일 한나라당 박진 의원에게
제출한 자료에 따르면 중국에서 발행된 70종의 지도 중 68종은 백두산
을 '창바이산'으로 표기했다. 나머지 2종은 백두산 관련 표기가 아예 없
었다.

(중략)

박 의원 측은 **중국 정부 차원에서 진행되고 있는 '동북공정'이 지도 제
작에도 영향을 미치고 있는 것으로 분석**했다.

- 〈중국 지도에서 백두산이 사라졌다〉,《동아일보》2007년 10월 13일(강조와 밑줄은
필자)

이 기사는 중국에서 1995년 이후 출간한 지도 70종을 조사해보니
백두산을 '백두산'으로 표기한 것은 하나도 없으며, 모두 '장백산'이라
표기했다고 지적하고 있다. 백두산에 대한 중국 측의 왜곡 표기가 심
각하다는 주장이다. 이에 앞서 2007년 1~2월 중국 지린성吉林省 창춘
長春에서 열린 '창춘 동계 아시안게임' 쇼트트랙 여자 계주에서 은메달
을 딴 한국 선수들이 '백두산은 우리 땅!'이라는 문구가 적힌 종이를 들
고 시상대에 오르는 퍼포먼스를 벌였다가 대회를 주관한 중국 측과 갈
등을 빚는 일이 발생한 적도 있었다.

백두산의 이력서 살펴보기

하지만 중국이 '우리 땅'인 백두산을 '중국 땅'으로 빼앗아 가려 한다는 개념은 애초부터 성립할 수 없다. 백두산 전체 면적의 4분의 3 정도 그리고 백두산 천지의 절반 정도는 원래부터 중국 영토이기 때문이다. 백두산은 지리적으로 어느 한 나라에만 속한 산이 아니라, 중국과 북한 영토에 걸쳐 있는 산이다. 이 문제를 대한민국의 대표적 산인 지리산에 대입해 생각해보자. 지리산은 행정구역상 경상남도와 전라남도·전라북도에 걸쳐 있는 산이다. 지리산을 경상남도만의 산이라거나 전라남도 혹은 전라북도만의 산이라는 식으로 개념화하는 것은 적절하지 않다. 백두산 역시 마찬가지다. 그럼에도 한국 사람들에게는 '백두산=우니나라를 대표하는 산'이라는 이미지가 너무 강렬한 나머지 백두산 영역의 절반 이상이 엄연히 중국 영토라는 사실을 인식하지 못하는 경우가 많다.

다음으로 '장백산'이라는 표기가 과연 부당한가 하는 점을 살펴보자. 한국 사람들이 거부감을 표하는 '장백산'이라는 지명 또한 동북공정을 통해 인위적으로 만들어진 것이 아니다. 백두산 못지않은 오랜 역사적 연원을 가지고 있다.

백두산의 이름이 처음부터 백두산이었던 것은 아니다. 옛 기록을 찾아보면 《산해경》이라는 책에 숙신씨肅愼氏의 나라 중에 있다고 하는 불함산不咸山이라는 지명이 먼저 등장한다. 또 《후한서》에는 그 동쪽에 동옥저라는 정치체가 있다고 부기된 개마대산蓋馬大山이 나온다. 《한서》에는 압록강의 발원지라는 설명과 함께 백산白山이라는 지명이 등장하고, 《위서》와 《북사》에는 도태산徒太山이라는 명칭이 나온다. 《신당서》와 《삼국사기》 등에는 태백산太白山이라는 이름이 있다.

이처럼 백두산은 과거에 불함산, 개마대산(개마산), 백산, 도태산, 태백산 등 다양한 이름으로 불렸다. 우리에게 익숙한 백두산이라는 이름의 용례는 《제왕운기》(1287)와 《고려사》(1451)에서 비로소 확인할 수 있다. 《제왕운기》와 《고려사》의 세계世系 항목을 보면 태조 왕건의 가계를 설명하는 부분에서 조상으로 성골장군聖骨將軍 호경虎景이라는 인물이 언급되며, 그 호경이 백두산에서 내려왔다고 설명하고 있다. 그밖에 《고려사》에는 991년(성종 10) 여진족을 백두산 너머로 쫓아냈다든지, 고려 말인 1309년(충선왕 원년) 백두산 일대에 좋은 목재가 많으니 여기서 나무를 베어 압록강으로 떠내려 보내 수송하자고 언급한 기록 등 '백두산'이라는 명칭이 나온다.

이러한 자료들을 통해 보면 대략 고려시대의 어느 때부터인가 백두산이라는 지명이 사용되고 정착됐다는 점을 짐작할 수 있다. 다만 같은 시기 중국 측 기록을 보면 장백산이라는 명칭도 함께 등장하는데, 주로 여진족이 사용하던 지명이었다. 원나라 때 저술된 《금사金史》를 보면, "흑수말갈黑水靺鞨은 옛 숙신 땅에 있었다. 백산白山이라는 산이 있는데 이는 장백산長白山이며 금나라(金國)가 일어난 곳이다"라는 서술이 나온다.

그렇다면 문헌 기록이 비교적 많이 남아 있는 조선시대에는 어떠했을까? 《조선왕조실록》을 검색해보면 '장백산'을 키워드로 했을 때 원문 기준으로 31건의 용례가, '백두산'의 경우는 98건이 나온다. 두 명칭의 시간적 분포 범위도 고른 편이다. 백두산은 《태종실록》부터, 장백산은《세종실록》부터 등장한다. '백두산' 용례가 세 배 정도 많기는 하지만 장백산 용례 역시 적다고는 할 수 없다. 실록 외에도 조선시대의 많은 문헌에서 장백산 용례를 쉽게 확인할 수 있다. 이를 통해 조선시대에는 백두산이라는 명칭과 장백산이라는 명칭을 두루 함께 사용했음을 알 수 있다. 몇 가지 사례를 살펴보면 다음과 같다.

> 삼각산을 중악中嶽으로 삼고, 금강산을 동악東嶽으로 삼고, 구월산을 서악西嶽으로 삼고, 지리산을 남악南嶽으로 삼고, **장백산을 북악北嶽으로 삼고…**
>
> -《세조실록》2년(1456) 3월 28일

> 대관령大關嶺: 부 서쪽 45리에 있으며, 이 주州의 진산이다. **여진 지역인 장백산**에서 산맥이 구불구불 비틀비틀, 남쪽으로 뻗어 내리면서 동해가를 차지한 것이 몇 곳인지 모르나, 이 영嶺이 가장 높다. 산허리에 옆으로 뻗은 길이 99굽이인데, 서쪽으로 서울과 통하는 큰길이 있다. 부의 치소에서 50리 거리이며 대령大嶺이라 부르기도 한다.
>
> -《신증동국여지승람》권44, 〈강원도〉 '강릉대도호부'

> **백두산: 바로 장백산**이다. 부의 서쪽으로 7, 8일 걸리는 거리에 있다. 산이 모두 3층으로 돼 있는데, 높이가 200리요, 가로는 천 리에 뻗쳐 있다. 그 꼭대기에 못이 있는데, 둘레가 80리다. 남쪽으로 흐르는 것은 압록강, 북쪽으로 흐르는 것은 송화강과 혼동강, 동북으로 흐르는 것은 소하강과 속평강, 동쪽으로 흐르는 것은 두만강이다.

- 《신증동국여지승람》권50, 〈함경도〉 '회령도호부'

두만강과 압록강이 모두 장백산에서 발원하고, 장백산의 남쪽 줄기가 뻗쳐 우리나라가 됐다. 봉우리가 연이어 있고 산마루가 겹겹이 솟아 경계가 분명치 않으므로 강희 만년에 오라총관烏喇總管 목극등穆克登이 명을 받들어 정계비定界碑를 세우니, 마침내 두 하천의 경계가 분명해졌다.

- 정약용, 〈강계고疆界考〉

　우선 《세조실록》을 보면 전국 산천에 제사 지낼 대상을 논하면서, 장백산을 북악으로 삼자는 내용이 나온다. 여기 등장하는 장백산은 함경도 갑산甲山의 북쪽에 있는 산으로 설명되고 있다. 백두산을 가리킨다는 것을 쉽게 알 수 있다. 조선 성종 때(1481) 완성하고 중종 때(1530) 증보판이 만들어진 조선 초의 지리지 《신증동국여지승람新增東國輿地勝覽》에도 장백산이 나온다. 강원도 강릉대도호부 항목을 보면 대관령을 설명하면서 '여진 지역인 장백산'에서 내려온 산맥의 한 줄기라고 언급하고 있다. 같은 책 함경도 회령도호부 항목을 보면 아예 '백두산이 곧 장백산'이라고 못 박아 설명하고 있다.

　조선 후기의 저명한 학자인 정약용 역시 두만강과 압록강이 모두 '장백산'에서 발원한다고 서술해 백두산을 장백산이라 지칭했다. 그 외에 조선의 수많은 학인과 문인의 글에서 장백산이라는 지명은 부지기수로 등장한다. 이를 통해 조선시대 사람들이 백두산이 아닌 장백산이라는 이름을 사용하는 데 별다른 거리낌이 없었음을 알 수 있다. 재미있는 것 중 하나는 현대 북한에서 불리는 〈김일성 장군의 노래〉 가사에도 장백산이 등장한다는 점이다.

> **장백산** 줄기줄기 피어린 자욱 / 압록강 굽이굽이 피어린 자욱 / 력력히
> 비춰주는 거룩한 자욱 / 아 그 이름도 그리운 우리의 장군 / 아 그 이름
> 도 빛나는 김일성 장군

〈김일성 장군의 노래〉는 1947년 작곡된 이래 북한의 공공행사에서
자주 부르는 유명한 노래다. 이를 감안하면 민족주의적 성향이 매우
강한 북한에서도 장백산이라는 이름에 딱히 거부감은 없는 것 같다.

백두산은 결코 우리 민족만이 독점할 수 있는 콘텐츠가 아니다. 조
선 정조 대 왕의 일기인 《일성록》을 보면 청에서 편찬된 《황청개국방
략皇淸開國方略》이라는 책의 내용이 소개돼 있는데 그 내용은 다음과
같다.

> 그 내용에, **"장백산은 높이가 200여 리이며 1000여 리에 뻗쳐 있다.
> 산 정상에 있는 연못을 달문闥門이라고 하는데, 둘레가 80리다.** 하루는
> 천녀天女 3인이 내려와 못가에서 목욕을 했는데, 맏이는 은고륜恩古倫,
> 둘째는 정고륜正古倫, 막내는 불고륜佛古倫이라 했다. 갑자기 신령한 까
> 치가 붉은 열매를 물어다가 떨어뜨리자 막내가 주워서 삼켰는데, 목욕
> 을 마치고 옷을 정돈하다가 문득 몸이 무거워진 것을 느껴 하늘로 날아
> 오를 수 없었다. 두 언니가 이르기를, '너는 이미 임신했으니, 이것은 천
> 명天命이다. 아이를 낳아서 기른 뒤에야 돌아올 수 있을 것이다' 하고는
> 드디어 솟구쳐 올라 구름 속으로 들어갔다. 불고륜은 바위 굴 속으로 들

어가서 조용히 살다가 달수가 차서 산달이 되자 과연 한 사내아이를 낳았는데, 귀가 크고 이마가 넓었다. 겨우 열 살이 지났는데 보통 사람들과 달리 장대했다. 천녀가 작은 배 한 척을 얻어 모자가 함께 타고 물을 따라가다가 삼성계三姓界 물가에 이르자 아이를 언덕에 두고 이르기를, '너의 성은 애신각라愛新覺羅이고, 너의 이름은 포고리옹순布庫哩雍順이다' 하고는, 말을 마치자 표연히 날아 하늘로 올라갔다. 이때 삼성三姓에서는 누구를 우두머리로 세울지 다투면서 결정하지 못하고 있었는데, 아이가 단정하게 앉아 있는 것을 보고는, 그 연유를 물어보고 서로 전하기를 신이라고 하면서 삼성의 우두머리로 맞아들였으니, 이 사람이 **청나라 사람들의 시조**이며, 조조원황제肇祖原皇帝로 추존追尊됐다"라고 했습니다.

-《일성록》 정조 11년(1787) 2월 25일

이를 통해 청을 세운 여진족이 백두산을 자신들의 발상지로 여겼음을 알 수 있다. 앞서 《산해경》의 불함산이 숙신씨의 땅에 있다고 한 기록, 《신당서》의 태백산이 속말말갈이 사는 곳이라 한 기록을 살펴봤는데, 그 기록에 등장하는 숙신과 말갈이 바로 여진족의 전신이다. 백두산은 여진족이 대대로 살던 곳이었고, 그들에게는 신성한 장소이자 숭배의 대상이었다. 이러한 역사적 연원을 감안한다면 중국 측에서 백두산을 장백산이라 부르고 표기하는 것을 역사 왜곡이라 문제 삼는 것은 무리한 주장이다. 백두산과 장백산 모두 충분한 역사성을 가지고 있는 지명이며, 어느 한쪽이 우위에 있다고 보기 어렵다.

조선, 청과의 국경 문제를 두고
고민하다

《조선왕조실록》을 보면 숙종 대에 백두산에 대한 언급이 크게 증가한다. 전체 검색 결과물 98건 중 숙종 대의 기록만 36건에 이른다. 숙종 대에 조선과 청의 국경을 확정한 백두산정계비白頭山定界碑를 세우는 사건이 있었기 때문에 짧은 시기에 집중적으로 많이 언급된 것이다. 참고로 '정계비'의 '정계'란 경계를 정했다는 뜻이다.

《숙종실록》에는 백두산정계비가 세워진 경위가 무척 상세하게 기록돼 있다. 우선 1679년(숙종 5)에 청 사신이 지도를 들고 와 백두산의 형세를 조사하고, 제사를 지낸 후 돌아간 일이 있었다. 이는 청 황제였던 강희제의 지시에 따른 것으로 보인다. 당시 조선 조정에서는 크게 긴장했다. 혹시라도 청이 영토 분쟁을 일으키기 위해 백두산 일대의 지리를 조사하고 다니는 것은 아닐까 의심한 것이다. 이후에도 청 사람들은 몇 차례에 걸쳐 백두산을 방문해 부근 지형을 지도로 그려 가곤 했다. 《일통지一統志》라는 지리지를 만들기 위한 자료 조사라고 했지만, 그때마다 조선 조정에서는 경계를 하지 않을 수 없었다.

그러다가 1711년(숙종 37) 양국 국경에서 문제가 발생했다. 평안도 북부 압록강 가에 있는 위원군의 조선인이 강을 건너가 청인을 살해하는 사건이 일어난 것이다. 당시 청인 중에는 압록강 가에 막사를 짓고 인삼과 가죽을 가지고 와 조선인이 가져온 소금이나 양곡과 바꿔 가는 이들이 있었다. 국가로부터 허가받지 않은 밀무역인 셈이다. 그런데 그 와중에 인명 사고가 발생한 것이다. 이에 청의 강희제는 관리를 파견해 해당 사건의 실상을 조사하도록 명하는 한편, 이참에 양국 국경선에 대해서도 정확히 파악해오라는 지시를 내렸다.

조선 정부는 크게 긴장했다. 조선이 우려했던 것은 청이 백두산 남쪽 땅을 자국 영토라 주장하면 어떻게 하느냐는 것이었다. 백두산 일대는 살기 불편한 험지였기 때문에 거주하는 조선인이 많지 않았다. 백성의 거주지를 비롯해 진鎭과 보堡 같은 방어 시설도 백두산에서 남쪽으로 상당히 떨어진 위치에 자리하고 있었다. 조선은 청 측이 이러한 방어 시설 위치를 기준으로 국경을 정해야 한다고 억지를 부리지는 않을까 우려했다. 당시 조선 조정의 분위기는《숙종실록》을 통해 생생하게 확인할 수 있다.

> "조사관(査官)의 행차는 정계 때문이라고 말을 하고 있습니다. 백두산은 갑산으로부터 거리가 6~7일 정도이며 사람의 흔적이 통하지 않기 때문에 우리나라의 진과 보의 파수把守가 모두 산의 남쪽 5~6일 정도에 있습니다. 《대명일통지大明一統志》에는 백두산을 여진에 속한다고 했습니다. 저들이 **혹시 우리나라가 파수하는 곳을 경계로 삼자고 한다면 일이 매우 난처해지게 됩니다. 우리나라에서는 토문강과 압록강 두 강을 경계로 해왔으므로, 물의 남쪽은 모두 우리 땅이 돼야 합니다.** 마땅히 접반사接伴使로 하여금 이것으로써 따지고 다투게 해야 합니다" 하니, 임금이 허락했다.
>
> -《숙종실록》38년(1712) 3월 8일

박권朴權이 말하기를,

"저 사람들이 경계를 정하자고 말을 하고 있는데, **백두산 남쪽의 텅 빈 곳은 우리나라 백성이 들어가 살고 있지 않으니,** 저 사람들이 만약 그곳을 가리켜 (자기네) 나라 경계 안이라고 이른다면 근거로 삼아서 다툴 만한 서적과 문서가 없습니다" 했다.

판중추부사 이유李濡가 말하기를, "이미 **두 강을 경계로 삼아왔으니, (그) 중간의 육지도 또한 마땅히 강물이 발원하는 곳을 가로질러 끊어서 경계로 삼아야 합니다.** 이것으로 다투되, 저 사람들이 만약 듣지 않는다면 따로 대신大臣을 보내는 것도 또한 안 될 것이 없습니다" 했다.

임금이 말하기를, "강역은 지극히 중요하니 반드시 힘써 다투라. 만약 크게 결단할 일이 있을 것 같으면 반드시 바로 글로써 보고하라" 했다.

　　　　　　　　　　　　　－《숙종실록》38년(1712) 3월 23일

　이때 조선의 목표는 압록강과 두만강 남쪽 땅을 조선의 영토로 온전히 보존하는 것이었다. 이를 위해 여러 가지 논리와 대책을 궁리했다. 박권은 청나라에서 만든《성경지盛京誌》라는 책에 "백두산 남쪽은 조선의 땅이다"라는 구절이 있다면서, 직접 책을 들어 보이며 청의 사신과 따지면 될 것이라고 숙종에게 건의했다. 그러자 만약 그 책을 조선이 구한 경위를 청나라 측이 추궁하면 대답하기 곤란해질 수도 있다는 우려의 목소리가 나왔다. 지리지나 지도는 국가 안보와 직결되는 것인지라 예민하게 여길 수 있기 때문이다. 실제로 조선도 백두산과 국경 일대의 지도를 제공하라는 청나라 측 요청에 대해 너무 벽지라 우리도 지도 같은 건 없다는 평계를 대며 수차례 거절한 적이 있었다. 결국 조선 조정은 청 사신과 국경을 따질 때《성경지》를 근거 자료로 제시하지는 않기로 결정했다. 그러면서 한편에서는 해당 지역을 담당하고 있는 함경도 병마절도사가 미리 백두산 남쪽 형세를 조사해 그림으로 제출하고 조정에서 검토하는 작업을 수행했다. 무엇보다 중요한 영토 문제이므로 신경을 곤두세운 가운데 최대한 신중하고 조심스럽게 대국 청나라와의 협상에 대비했던 것이다.

조선과 청,
국경을 결정하다!

1712년(숙종 38) 마침내 청의 오라총관烏喇總管('오라' 지역을 총괄하는 관리) 목극등穆克登이 백두산을 조사하고, 국경선을 확정하기 위해 조선으로 왔다. 이를 상대한 사람은 접반사 박권이었다. 그는 사행(使行) 중 일어난 일을 기록하는 외교 사신인 서장관으로 청나라에 갔다온 경력이 있었고, 이때는 한성우윤漢城右尹(지금의 서울시 부시장 격)이라는 직책에 있었다. 아마도 과거 청을 방문해 청인들을 상대해본 경력이 있었기에 접반사로 임명된 것으로 짐작된다.

그런데 조선 조정의 걱정과 달리 막상 도착한 목극등의 태도는 공격적이거나 위압적이지 않았다. 목극등은 압록강과 두만강이 두 나라의 경계가 된다는 박권의 설명에 선선히 수긍했다. 조선 측에서 목극등과 그 수행단에게 접대 차원에서 제공하려 한 선물 또한 일절 받지 않고 거절했다. 심지어 조사 과정에서 필요에 따라 조선 측이 제공한 물품이 있을 때에는 일일이 따져서 그 값을 치렀다. 오히려 목극등이

소 10여 마리를 내주어 조선 역졸들이 배부르게 먹을 수 있도록 조처하는 일도 있었다. 이는 강희제가 길을 떠나는 목극등에게 조선에 절대 부담을 주어서는 안 된다고 명령하며, 접대 역시 일절 받지 말라고 단단하게 지시했기 때문이다.

> 30일에 박권 등이 또 보고하기를, "29일에 총관 일행이 도착했기에 역관을 시켜 건너가 안부를 묻게 했습니다. 총관이 '장백산의 길을 아는 자가 와서 기다리고 있느냐?'고 묻기에, 답하기를 '혜산惠山에 당도한 뒤 정돈해 기다리겠습니다. 다만 산길이 지극히 험난하니 어떻게 가겠습니까?' 했더니, **총관이 '그대가 능히 두 나라의 경계를 밝게 아는가?' 하므로 답하기를,** '비록 직접 눈으로 보지 못했지만 **장백산 산마루에 큰 못이 있는데, 서쪽으로 흘러 압록강이 되고 동쪽으로 흘러 두만강이 되니, 큰 못의 남쪽이 곧 우리나라의 경계이며,** 지난해에 황제께서 불러 물으셨을 때에도 또한 이러한 내용을 우러러 답했습니다' 했습니다. 또 묻기를, '증거가 될 만한 문서가 있는가?' 하기에 대답하기를, '나라를 세운 이래로 지금까지 전해 내려왔는데, 어찌 문서가 필요하겠습니까' 했습니다. 또 묻기를, '장백산 남쪽에 연이어 파수把守가 있는가? 하기에 대답하기를, '이곳은 매우 험준해 사람의 발자취가 이르지 않기 때문에 황폐해 파수가 없는 것이 대국大國의 책문柵門 밖 땅과 같습니다' 했습니다.
> (중략)
> **장백산 남쪽은 곧 우리나라 땅이라는 말을 이미 꺼냈는데도 대단하게 다투고 따지는 행동이 없었으니, 경계를 다투는 일은 크게 염려할 만한 것이 없습니다.** (중략) 양식과 반찬은 '**황제께서 혹시 폐를 끼칠까 염려**

하시어 노자를 주신 것이 매우 풍성하다'며 바친 음식을 일체 물리쳤으며, 통역관들도 비록 역관이 사사로이 바친 담배 등의 물건조차도 또한 받지 않았습니다" 했다.

-《숙종실록》38년(1712) 5월 5일

이처럼 우호적 분위기 속에서 목극등과 박권은 압록강과 두만강의 수원을 찾아 백두산을 올랐다. 다만 박권은 당시 50대 중반(1658년생)으로 꽤 고령이었다. 이에 목극등은 박권에게 굳이 불편하게 산을 오를 필요는 없다며 산 아래서 기다리기를 권했다. 이에 조선 측 책임자인 박권이 중도에 남아 대기하는 상태에서 목극등이 자신과 조선의 수행원들을 대동하고 조사를 이어갔다. 그리고 마침내 압록강의 수원과 두만강의 수원으로 보이는 지점들을 확인하고, 그 분수령에 비를 세우도록 지시했다. 1712년 5월 15일의 일이다. 이때 세워진 비의 내용은 다음과 같다.

오라총관 목극등이 황제의 뜻을 받들어 변경을 답사해 이곳에 와서 살펴보니 서쪽은 압록이 되고 동쪽은 토문이 되므로 그 분수령 위에 돌을 새겨 기록한다.

강희 51년 5월 15일

필첩식 소이창, 통관 이가

조선군관 이의복, 조태상

차사관 허량, 박도상

통관 김응헌, 김경문

박권은 이렇게 백두산정계비가 세워지는 과정과 결과를 조선 조정에 보고했다. 그 내용은 실록에 상세히 기록돼 있다.

> 접반사 박권이 보고하기를, "총관이 백산白山 산마루에 올라 살펴보더니, 압록강의 근원이 과연 산허리의 남쪽 가에서 나오기 때문에 이미 경계로 삼았습니다. 그리고 토문강土門江의 근원은 백두산 동쪽 변의 가장 낮은 곳에 한 갈래 물줄기가 동쪽으로 흐르는 것이 있었습니다. 총관이 이것을 가리켜 두강豆江(두만강)의 근원이라 하고 말하기를, '이 물이 하나는 동쪽으로, 하나는 서쪽으로 나뉘어 두 강이 됐으니 분수령分水嶺이라 이름할 수 있겠다' 하고, 고개 위에 비를 세우고자 하며 말하기를, '경계를 정하고 비석을 세우는 게 곧 황상의 뜻이다. 도신道臣과 빈신貧臣도 또한 마땅히 비석 끝에 이름을 새겨야 한다'고 했습니다. 신 등은 이전에 함께 가서 살펴보지 못했는데 비석 끝에다 이름을 새기는 건 일이 성실誠實하지 못한 것이다'라고 대답했습니다" 했다.
>
> -《숙종실록》38년(1712) 5월 23일

목극등은 분수령에 비를 만들어 세우라고 지시하면서 조선 책임자인 박권의 이름도 함께 새기자고 했으나, 박권은 자신은 비가 세워지는 분수령이 있는 곳까지 실제 동행하지는 않았기 때문에 이름을 새기는 것은 정직하지 않은 행위라며 사양했다. 여기서 한 가지 의문이 드는 것은 어째서 박권이 끝까지 따라가지 않고 도중에 남았는가 하는 점이다. 노령을 이유로 목극등이 권유했다고는 하지만, 국경을 결정하는 막중한 임무를 맡은 책임자로서 선뜻 이해가 가지 않는 행보이기는 하다. 정황상 갈등이나 강압이 있었다고 보기는 어려우므로, 아마 박권이 실제 건강상 문제를 보였던 것으로 이해하는 것이 타당할 것 같다.

박권은 자신이 분수령까지 오르지 않았다는 사실을 숨기지 않고 그 전말을 있는 그대로 숙종에게 보고했다. 이것이 나중에 문제가 됐다. 노령과 건강상 문제가 있었다고는 하지만, 나라의 중요한 임무를 제대로 수행하지 않았으니 책임을 성실하게 이행하지 못했다고 할 수 있고, 따라서 파직을 해야 마땅하다는 주장이 사헌부에서 나온 것이다. 하지만 숙종은 크게 걱정했던 정계 문제가 큰 무리 없이 마무리된 것에 만족했는지 박권에 대한 처벌을 허락하지 않았다.

앗! 이 물줄기가 아니다!

정계 작업을 마친 목극등은 지도를 두 벌 그려 한 벌은 황제에게 보고하기 위한 용도로 가져가고, 한 벌은 조선 측에 주어 숙종에게 전달하라고 했다. 그 모사도로 추정되는 지도가 지금도 남아 있다. 그런데 정작 큰 문제는 따로 있었다. 목극등은 압록강과 두만강의 분수령에 정계비를 세우라 지시하는 한편, 두만강의 수원에서 동쪽으로 흐르는 물줄기 중 땅속으로 들어가 물의 흐름이 보이지 않는 부분에는 목책을 세워 두 나라의 경계를 명확하게 표시하도록 지시했다. 그런데 목극등이 돌아간 후 조선 사람들이 지시대로 물줄기를 따라 목책을 세우다가 뜻밖의 사실을 알게 됐다. 목극등이 지목한 물줄기가 사실은 두만강의 수원이 아니었던 것이다.

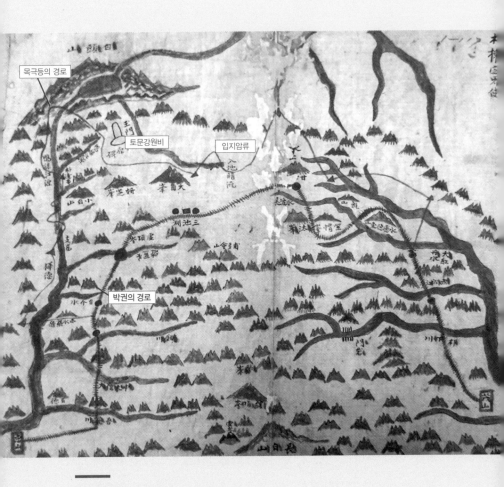

〈임진정계비도〉,《여지도》
서울대학교 규장각한국학연구원 소장

두 사람을 파견해 함께 살펴보게 했더니, 돌아와서 고하기를, "흐름을 따라 거의 30리를 가니 이 물의 하류는 또 북쪽에서 내려오는 딴 물과 합쳐져 **점점 동북쪽을 향해 갔고, 두만강에는 속하지 않았습니다.** 기필코 끝까지 찾아보려고 한다면 사세로 보아 장차 오랑캐들 지역으로 깊이 들어가야 하며, 만약 혹시라도 그들을 만난다면 일이 불편하게 되겠기에 앞질러 돌아오지 않을 수 없었습니다"라고 했습니다. 대개 청이 파견한 차사(목극등)는 단지 물이 나오는 곳 및 첫 번째 갈래와 두 번째 갈래가 합쳐져 흐르는 곳만 보았을 뿐이고, 일찍이 물을 따라 내려가 끝까지 흘러가는 곳을 찾아보지 않았기 때문에, 그가 본 물은 딴 곳을 향해 흘러가고 중간에 따로 이른바 첫 번째 갈래가 있어 두 번째 갈래로 흘러와 합해지는 것을 알지 못해, **그가 본 것이 두만강으로 흘러 들어가는 것인 줄 잘못 알았던 것이니, 이는 진실로 경솔한 소치에서 나온 것입니다. 이미 강의 수원이 잘못된 것을 알면서도 청의 차사(목극등)가 정한 것임을 핑계로 이 물에다 그대로 푯말을 세운다면, 하류는 이미 저들의 땅으로 들어가 향한 곳을 알지 못하는데다가 국경의 한계는 다시 의거할 데가 없을 것이니, 뒷날 난처해질 염려가 없지 않을 것입니다.**

-《숙종실록》38년(1712) 12월 7일

조선 조정은 당황했다. 원래 의도한 대로 압록강과 두만강으로 경계를 확정 짓는 데 성공했다고 안도하고 있는 참이었는데, 목극등이 두만강의 수원으로 지목한 물줄기가 엉뚱하게도 북쪽으로 흘러 청의 영역 안으로 깊숙하게 들어가서 그 끝을 알 수 없는 상황이 된 것이다. 더군다나 청 측 책임자인 목극등은 이미 조사를 마쳤다고 돌아가 버렸으

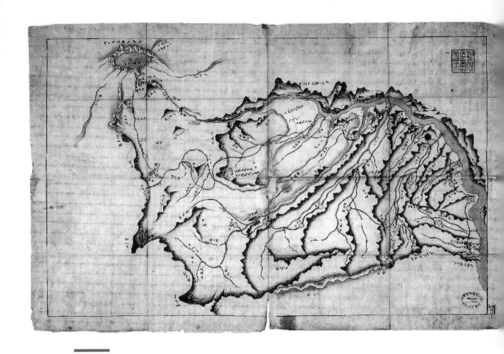

〈북관장파지도〉
국립중앙도서관 소장

니, 다시 바로잡기도 곤란한 상황이었다. 이 문제를 어떻게 처리해야
할지 논의가 분분했지만, 결국 우여곡절 끝에 조선 측이 판단한 진짜
두만강에 해당하는 물줄기 쪽으로 목책과 흙담 방향을 틀어 연결하는
형태로 마무리했다.

백두산정계비와 관련해 지금까지 논란이 되는 부분은 "서쪽은 압록
이 되고 동쪽은 토문이 된다"라는 구절이다. 서쪽으로 압록강이 국경
선이 된다는 것에는 이견이 없지만, '동쪽 토문강'의 실체가 문제다. 우

리나라에서는 이 토문강이 송화강 지류를 가리킨다고 주장하는 사람들이 적지 않다. 이는 간도 영유권 문제와도 밀접하게 관련돼 있는데, 백두산정계비에서 언급하는 '토문'이 송화강 지류가 돼야만 그 남쪽 지역에 해당하는 간도 전역이 우리나라 영토가 될 수 있기 때문이다.

하지만《숙종실록》내용을 면밀하게 살펴보면 이 주장을 인정하기는 어렵다. 조선에서는 시종일관 압록강과 두만강을 국경선으로 생각한 것이 분명하며, 이 입장을 관철하는 것을 목표로 청과의 정계 작업에 임했다.《숙종실록》을 보면 토문강이라는 용어와 두만강이라는 용어가 혼용되고 있지만, '토문'이라고 표현하든 '두만'이라고 표현하든 모두 지금의 두만강을 가리키는 것이 명백하다. 심지어 조선 정부는 목극등이 북쪽으로 흘러가는 엉뚱한 물줄기를 두만강의 수원으로 지목한 실수에 크게 당황하며, 국경선을 나타내는 목책과 토담을 세울 때 실제 두만강 지류와 이어지도록 자발적으로 수정하기도 했다.

다시 불거진
토문강≠두만강 논쟁

백두산정계비와 청과의 국경선 문제는 19세기 말에 이르러 다시 불거졌다. 청은 자신들의 발상지인 만주 지역을 보호하기 위해 봉금령을 내려 오랫동안 이곳에 사람이 살지 못하도록 했다. 그러다가 1880년 무렵 봉금령을 해제했는데, 이때 만주의 행정 체제를 정비하던 청 정부는 여진족이 오랫동안 땅을 비워놓고 있는 사이에 수많은 조선 사람이 두만강을 건너가 농사를 지으며 살고 있다는 사실을 알게 됐다. 이때 조선인이 정착해 살고 있던 곳이 바로 간도라고 부르는 지역이다. 청 입장에서 보면 이는 명백한 불법 행위였다. 이에 조선 정부에 청 영토에 무단으로 들어와 살고 있는 조선인을 모두 데려가라고 요구하는 한편, 아예 이들을 청나라 호적으로 편제해버리겠다는 강경한 태도를 보이기도 했다.

이에 조선과 청 사이에는 국경선을 재차 확정하기 위한 회담이 열렸다. 회담은 두 차례 열렸는데, 1885년 열린 제1차 회담을 '을유감계회담', 1887년 열린 제2차 회담을 '정해감계회담'이라고 한다. 이때 조선 측에서 내세운 책임자는 토문감계사 이중하李重夏였다. 제1차 회담 시 조선 측은 백두산정계비에 새겨진 '토문'은 두만강이 아니라 토문강이며, 이는 송화강 지류라는 주장을 펼쳤다. 조선 정부는 간도 지역에 건너가 살고 있는 십수만 명에 달하는 조선인을 청의 백성으로 빼앗기는 것을 원치 않았다. 그렇다고 이미 오랫동안 정착해 살고 있는 사람들을 일거에 조선으로 데리고 돌아오는 것 역시 현실적으로 곤란했다. 따라서 두만강 너머의 조선인 정착지가 원래부터 조선의 합법적 영토라는 주장을 펼친 것이다. 물론 청 입장에서는 결코 받아들일 수 없는 억지 주장이었다. 양쪽 주장은 평행선을 긋다 결론을 짓지 못하고 마무리됐다.

제2차 회담에서는 쟁점에 큰 변화가 있었다. 조선 측에서 '토문'이 송화강 지류라는 기존 주장을 포기하고, '토문강=두만강'이라는 청 측 주장을 인정한 것이다. 이렇게 된 데는 제1차 회담 당시 이중하 등이 청 측 조사단과 함께 백두산 일대에서 현지답사를 하며 획득한 정보가 중요한 역할을 한 것으로 짐작된다.

> 목극등이 나와 정계했는데, 이때 있었던 일은 〈북영강희임진정계등록
> 北營康熙壬辰定界謄錄〉에 기재돼 있습니다. 그때 오고간 길과 논쟁한 말
> 을 보면 오직 두만강을 경계로 삼았던 것입니다. 비변사 관문關文에 이
> 르기를 **"토문강은 중국어로 곧 두만강이다"**라고 했는데 이로써 알 수 있
> 습니다. **이 한마디를 보더라도 두강(두만강)을 경계로 삼은 것이 또한
> 분명합니다.**
>
> (중략)
>
> 비 동쪽으로부터 흙과 돌로 만든 작은 더미를 설치해 동쪽으로 두강의
> 수원에 이르렀지만, 두강 수원은 본래 이 골짜기에 접하지 않았으므로
> 완만한 비탈에 목책을 설치해 비 동쪽 골짜기와 연결해 놓고 이를 '토문
> 상원'이라고 불렀습니다. 지금은 수백 년의 사이를 두고 목책이 다 썩고
> 잡목이 울창하고 빽빽하게 되니 옛날의 경계 표식은 저들이나 우리나
> 모두 알아볼 수 없게 돼 오늘의 분쟁이 일게 된 것입니다. **이번에 입산하
> 는 길에 몰래 그 흔적을 찾아보았더니 과연 옛날의 표식이 수풀 사이로
> 아직 숨겨져 있는데, 다행히도 저들의 눈에 들키지는 않았습니다.** 일이
> 몹시 위태롭고 당황스러우므로 그 실상에 대해 감히 상세히 보고하지
> 않을 수 없습니다.
>
> ─ 이중하, 〈추후별단追後別單〉, 《토문감계土門勘界》

이중하는 1885년 제1차 회담 과정에서 백두산 현지답사를 한 후 조
선 조정에 보고서를 작성해 올렸다. 이에 따르면 적어도 이 시점에는

회담 책임자인 이중하 역시 '토문강＝두만강'이라는 사실을 명확하게 인지한 것으로 여겨진다. 이중하는 현지답사 중 숙종 대에 만들어진 경계 표식도 직접 확인했다. 하지만 이 표식은 당시 조선 측 주장과 달리 두만강 쪽으로 이어져 있었다. 그 때문에 이를 청인들이 알아챌까 봐 우려하기도 했다.

두 나라 국경선이 압록강-두만강이라는 것까지는 합의가 됐지만, 국경의 기준이 되는 두만강 상류의 지류가 무엇인지를 두고 논란이 발생했다. 이중하는 두만강 상류의 주요한 세 지류 중 가장 북쪽에 위치한 홍토수가 기준이 돼야 한다고 주장했고, 청 측은 가장 남쪽에 위치한 홍단수를 기준으로 하자고 했다. 하지만 홍단수 북쪽 지역에는 이미 100여 년간 살고 있던 조선인의 거주지가 존재했다. 결국 청 측은 홍토수와 홍단수 사이 중간에 위치한 석을수로 안을 바꾸었다. 하지만 이중하의 입장은 강경했다. 이중하는 "내 머리는 잘라 갈 수 있으나 우리 강역을 축소할 수는 없다"라고 일갈했고, 결국 조선의 홍토수 안과 청나라의 석을수 안은 팽팽하게 대립하다가 최종적으로 회담이 결렬되고 말았다. 이때 조선 측 대표였던 이중하의 강경한 태도는 현지답사를 통해 숙종 대에 조성된 목책과 토담의 흔적이 홍토수 쪽으로 이어진 것을 실제 확인했기 때문으로 볼 수도 있다.

조선 정부가 제2차 회담 때 기존 입장을 버리고 '토문강=두만강'을 인정한 데는 또 다른 의도가 있었을 것이라는 연구도 있다. 간도 지역이 청의 영토라는 사실을 인정하는 대신 이미 이곳을 생활 거점으로 삼고 있는 조선인 10만여 명의 생업을 감안해 이 일대를 조차지租借地로 인정받으려 했다는 것이다. 조차지는 조건을 붙여 땅을 임대하는 형태로서, 영토를 떼어주는 할양과는 다르다. 아편전쟁 이후 영국이 청나라로부터 홍콩을 받아내 정해진 기간 동안 운영하기로 한 것이 대표적인 조차지 운영의 형태라 할 수 있다. 그러나 국경을 획정하는 회담 자체가 결렬되면서 이러한 조선의 기획은 결국 성사되지 못했다.

이후 조선은 대한제국으로 바뀌며, 1903년 대한제국은 이범윤李範允을 간도 관리사로 파견하는 등 간도 지역에 대한 실력 행사와 행정 통제를 시도했다. 이는 청 입장에서 결코 용납할 수 없는 일이었기에 심한 갈등이 발생했다. 그러다가 1905년 분쟁의 한 축이었던 대한제국이 을사조약으로 일본에 외교권을 빼앗기게 됐다. 간도 문제 해결을 위한 권한이 일본 손에 넘어가게 된 것이다.

초기에는 일본도 대한제국의 기존 주장을 수용해 청나라와 대립했다. 간도를 대한제국 몫으로 가져오는 것이 이미 대한제국을 보호국으로 만들며 장악한 자신들의 이익과 부합했기 때문이다. 하지만 1909년 결국 일본은 청과 간도협약을 맺으며 남만주철도 부설권과 푸순撫順 탄광 채굴권 등을 확보하는 대가로 간도 영유권에 대한 청 측 주장을 모두 수용하기로 했다. 백두산 일대의 국경선 획정 문제도 기존에 청이 주장했던 대로 석을수 안을 그대로 수용했다. 대한제국의 이권을 포기하는 대신 이를 지렛대 삼아 일본의 실리를 극대화한 셈이다.

북한은 중국에 백두산을 팔아넘겼나?

우리나라에는 1909년의 간도협약은 불법적으로 외교권이 박탈된 상태에서 맺어진 것이라 원천 무효이며, 우리나라 동북쪽 국경선은 토문강에서 이어지는 송화강이 돼야 한다고 주장하는 이들이 존재한다. 하지만 이 주장은 숙종 대에 백두산정계비를 세우는 과정에서 조선인들이 일관성 있게 두만강을 국경선으로 인지했다는 점, 1887년 제2차 감계회담에서 조선 측이 '토문강=두만강'이라는 점을 결국 인정했다는 점을 전혀 고려하지 않는다는 점에서 큰 결함을 가지고 있다. 더 큰 문제는 1960년대 북한과 중국 사이에서 새롭게 맺어진 국경 조약을 전혀 염두에 두지 않고 있다는 점이다.

1962년 북한과 중국은 국경 문제를 정리하는 '조·중 변계조약'을 체결했고, 1964년에는 '조·중 변계조약에 관한 의정서'를 체결했다. 이때 두 나라는 압록강과 두만강 강폭의 중간선을 두 나라 국경으로 정하되, 국경선이 지나가는 강 가운데의 무인도는 모두 북한 영토로 인정하기로 했다. 이는 예민한 국경선 획정 문제에서 중국 측이 크게 양보한 것으로, 북한 측에 굉장히 유리한 내용이다. 한국전쟁 이후 중국과 북한이 서로를 혈맹으로 인식하고 있던 특수한 시기였기에 가능한 일이었다.

백두산 일대의 국경을 조정하는 데도 이러한 기조가 이어졌다. 중국은 북한 측 요구를 받아들여 가장 북쪽 홍토수를 두만강의 수원으로 인정했을 뿐 아니라, 백두산 천지도 절반가량 북한에 양도했다. 결국 북한은 이 조약을 통해 1909년 간도협약 때 형성된 국경선에 비해 280제곱킬로미터 정도 늘어난 영토를 확보할 수 있었다. 특히 백두산 천지를 절반이나 얻어낸 것은 주목할 만한 성과다. 이전까지만 해도 국경선 분쟁에서 천지 영유권에 대한 논란은 아예 존재하지 않았다. 백

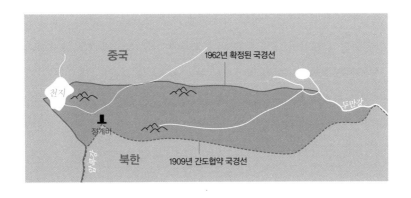

현재의 국경선과 백두산정계비의 위치

두산정계비는 천지에서 동남쪽으로 4킬로미터가량 떨어진 산 중턱에 세워졌기 때문에 이에 따르면 천지는 무조건 중국 영토일 수밖에 없다. 그럼에도 중국이 북한의 요구를 받아들여 천지를 절반이나 양보한 것이다. 이처럼 중국 측이 기존에 확보하고 있던 영토를 크게 내어준 조약이었기 때문에 당시 중국 내부에서도 협상 대표였던 저우언라이周恩來 총리가 북한에 지나치게 양보한다는 비판의 목소리가 나오기도 했다.

과거 냉전 시대 남한에서 만들어진 한반도 지도에서는 백두산 천지 전체가 한국 영토인 것으로 그려진 경우가 많았다. 하지만 이는 제대로 된 근거에 기반해 작성된 것이 아니었다. '백두산은 우리 땅, 천지도 당연히 다 우리 것'이라는 관념적이고 당위적인 사고의 소산이었다. 냉전 시대에는 조·중 변계조약의 실상에 대해 충분히 알려지지 않았기 때문에 북한과 중국이 천지를 반씩 양분하고 있다는 정보를 뒤늦게 접한 남한 사람들 중에는 앞뒤 사정을 모르고 분개하는 경우도 많았다. 한국전쟁에 참전한 대가로 북한이 중국에 백두산의 절반을 양도했다 거나 팔아넘겼다는 식의 이야기도 떠돌았다. 하지만 앞서 살펴본 것처럼 이는 사실과 부합하지 않는 낭설이다. 실상은 오히려 100퍼센트 중국의 영토였던 천지의 절반을 북한이 확보한 것이다.

간도, 백두산 그리고 '통일 한국'

우리나라에는 간도 영유권과 관련해 크게 두 주장이 존재한다. 첫째는 1909년 일본-청 간에 맺어진 간도협약이 원천 무효라는 것이며, 둘째는 북한은 헌법상 반국가단체이기 때문에 한반도 영토에 대한 합법적 권리가 없고, 따라서 1962~1964년의 조·중 변계조약도 무효라는 것이다. 그러나 간도협약의 무효성에만 집중한 첫 번째 주장은 1960년대 초에 체결돼 현재까지 실효적으로 작동하고 있는 조·중 변계조약의 존재를 전혀 고려하지 않은 것이기 때문에 애초에 의미가 없다. 그리고 두 번째 주장은 북한의 국가 정체성을 부정한다는 점에서 매우 큰 위험성을 내포하고 있다.

'두만강이 아니라 송화강 지류인 토문강'이 국경 기준이 돼야 한다는 주장은 《숙종실록》 등 당대 조선의 여러 자료를 보더라도 명확히 사실이 아니다. 1887년 제2차 조·중 감계회담 단계에서 조선 측도 이미 포기한 주장이었다. 따라서 만에 하나 차후 중국과 국경을 다시 획정하는 일이 발생한다 하더라도 '토문강=송화강 지류설'이 중국 측에 수용될 가능성은 전무하다. 게다가 1960년대 북한과 중국 사이에 맺어진 국경 조약은 양국의 특수한 동지적 관계를 바탕으로 북한에 유리한 형태로 체결됐다는 점을 이해해야 한다. 합리적 근거를 갖추지 못한 허망한 '토문강=송화강 지류설'을 주장하기 위해 이 조약의 실질적 성과를 무효화하는 것이 과연 현명한 행동일지 의문이다. 무엇보다 분명하게 말할 수 있는 것은 1960년대에 맺어진 조·중 변계조약을 무효화할 경우 다른 건 몰라도 백두산에서 가장 상징성을 가지고 있는 천지는 100퍼센트 중국 영역으로 되돌아갈 수밖에 없다는 점이다.

우리나라에는 간도와 만주 지역에 대해 환상을 가지고 있는 사람들이 많다. 이를 마땅히 되찾아야 할 우리 옛 영토라고 생각하는 이들도 있다. 하지만 정확한 사실에 기반하지 않은 영토적 욕망은 오히려 국익을 크게 해치는 정반대의 결과를 초래할 수도 있다.

우리 사회 일각에서 현실과 괴리된 상태에서 터져 나오는 당위적 주장과 달리, 북한은 유엔에 가입돼 있는 엄연한 독립 국가다. 만약 통일이 된다면 남한과 북한이 각각 맺은 국제 조약들은 모두 '통일 한국'이 계승해야 할 자산이 돼야 한다. 만약 '통일 한국'에서 새로운 국경선 획정 논의가 일어나더라도 남북한이 각각 독립 국가로서 체결했던 기존 조약과 국경선을 존중하는 자세를 기반으로 신중하게 진행돼야 한다.

참고문헌

김재영, 〈19세기 말 20세기 초 백두산에 대한 인식변화〉,《역사민속학》53, 2017

문상명, 〈고지도에 나타나는 백두산의 명칭과 표현〉, 한국고지도연구학회 학술대회, 2012

배우성, 〈누가 백두산을 우리 땅이라 하는가〉,《시사IN》10, 2007

안종욱·김명정, 〈백두산 부근 지도의 경계 표시 현황과 기원 탐색〉,《한국지리학회지》 6-2, 2017

이강원, 〈임진정계 경계표지 토퇴의 분포와 목극등 지도에 표시된 '수출水出'의 위치〉, 《대한지리학회지》52-1, 2017

이화자, 〈백두산 정계의 표식물 흑석구黑石溝의 토석퇴에 대한 새로운 고찰〉,《동방학지》162, 2013

정은주, 〈조선시대 고지도 속의 백두산〉,《기록인》21, 2012

고려 무신집권기
문사 3인의
생존 연대기

현
수
진

죽거나 도망가거나, 무신집권기의 문사들

> 무신란이 일어난 이후에는 병란兵亂으로 죽지 않으면 산림山林으로 도
> 망쳐 들어갔으니, 통달한 유학자와 이름난 선비 중 백에 한둘도 남은 자
> 가 없었습니다.
>
> -《고려사절요》권35, 공양왕 3년(1391) 6월

    1170년, 고려에서 무신정변이 일어났다. 무신정변은 문신에게 차
별받았다고 생각한 무신이 반란을 일으킨 사건을 말한다. 이 사건으로
인해 많은 문사文士가 살해되거나 도망가서 100명 중에 한두 명도 남
지 않았다고 한다. 문사, 즉 문신 관료 및 과거科擧 시험을 준비하는 예
비 문신 관료의 정치적, 사회적 위상이 높았던 예전과는 전혀 다른 상
황이 펼쳐진 것이다.

    여기서 의문이 생긴다. 한국 역사상 유일하게 무신이 권력을 잡은
시기, 무신집권기에는 이들만이 역사의 전면에 나설 수 있었을까? 결

론부터 말하자면, 그렇지 않다. 이른바 '무신집권기'에도 문신과 무신은 함께 살아가야 했으며, 함께 살아가고 있었다. 그렇다면 이들은 어떠한 방식으로 공존했을까? 또 그들이 공존할 수밖에 없었던 이유는 무엇일까? 이러한 의문을 해결하기 위해 무신이 권력을 잡은 이 시기를 살아갔던 대표적인 문사 세 명의 삶에 초점을 맞추고자 한다. 교과서에 나열된 무신집권자들의 이름을 외우는 것보다 훨씬 생동감 넘치는 이 시기 사람들의 실제 삶 속으로 들어가 보자.

출세를 둘러싼 욕망과 현실

아무리 험난한 시기라도 출세를 향한 인간의 욕망은 끊이지 않는 법이다. 무신이 권력을 잡은 이 시기에도 출세하려는 열망을 품은 문신은 있었다. 문신 관료가 되고자 하는 예비 문신도 여전히 존재했다. 비록 그들의 활동이 이전에 비해 위축됐던 것은 분명한 사실이라고 해도 말이다.

문신 관료는 이 시기에도 과거 시험을 통해 등용됐다. 무신집권기에 해당하는 19대 명종부터 24대 원종(총 104년)까지 사이에는 평균 1.59년에 1회씩 과거가 시행됐고, 1회 평균 30.5명이 급제했다. 그런데 이전 시기인 4대 광종부터 10대 정종(총 97년)까지 사이에는 평균 1.68년당 1회, 1회 평균 8.9명이 급제했고, 11대 문종부터 18대 의종(총 124년)까지 사이에는 평균 1.63년당 1회, 1회 평균 27.4명이 급제했다.[*] 이 수치를 비교해보면 무신집권기에 오히려 과거 시험을 더 자주 시행했고,

더 많은 사람이 선발됐음을 알 수 있다. 이렇게 과거 시험을 통해 선발된 문신 관료가 고위 관직에 올라가는 경우도 많았다. 또한 5품 이상 고위 관직을 역임한 조상의 후손에게 관직을 주는 음서蔭敍도 여전히 시행됐다. 무신집권기의 수많은 예비 문신은 여전히 문신 관료가 되기를 꿈꿨고, 과거와 음서를 통해 문신 관료가 됐다. 무신이 모든 나랏일을 좌지우지했다고 생각하는 일반적 통념과는 매우 다른 양상이다.

물론 관직을 얻고자 꿈꾸는 모든 사람이 출세할 수 있었던 것은 아니다. 어떤 사람은 20세라는 젊은 나이에 과거에 합격한 후 요직이란 요

이규보 영정
광복 이후에 그려진 이규보
영정(상상화)이다.
여주박물관 소장

직은 모두 거치며 출세 가도를 달렸다. 또 어떤 사람은 과거에는 급제했지만 관직에는 임명되지 못한 채 10여 년을 전전하다가 겨우 관직을 얻었다. 어떤 사람은 과거에 합격할 만큼 재능이 출중했으나 불행히도 낙방해 가난하게 살다가 쓸쓸하게 죽었다.

각각 조충趙冲(1171~1220), 이규보李奎報(1168~1241), 임춘林椿(?~?)의

---

*   박용운,《고려시대 음서제와 과거제 연구》, 일지사, 2000, 271~272쪽.

이야기다. 같은 시기를 살았고 같은 욕망을 가졌던 이 인물들이 서로 다른 길을 걷게 된 이유는 무엇일까? 그 삶의 궤적을 따라가 보자.

10대 소년들, 과거 급제를 꿈꾸다

조충과 이규보, 임춘에겐 공통점이 있었다. 바로 어린 시절부터 글솜씨가 매우 뛰어났다는 것이다.

> 어려서부터 배우기를 좋아하고 글을 잘 지었다.
> - 〈조충묘지명〉

조충은 어렸을 때부터 글솜씨가 좋았다. 게다가 기억력이 뛰어났다. 이것저것 가리지 않고 두루 공부하는 습관도 있었다.

조충만 그러했던 것은 아니다. 이규보 역시 어렸을 때부터 글을 잘 쓰는 것으로 명성이 자자했다. 겨우 열한 살의 나이에 숙부의 추천을 받아 고위 관직자들 앞에서 시를 지어 '재주 많은 아이奇童'라는 별명을 얻을 정도였다. 그는 공부를 계속해 유학 경전, 역사서, 제자백가諸子百家, 불경佛經 등 각종 고전을 한 번 보기만 하면 다 외워서 술술 쓰는 경지에 이르렀다고 한다. 임춘의 경우 겉으로 보면 깊이 생각하지 않고 글을 쓰는 것 같았지만, 정작 그의 글을 살펴보면 항상 핵심을 갖추었다고 한다.

10대 소년에 불과했던 조충, 이규보, 임춘의 글솜씨가 세간에 회자됐던 이유는 무엇일까? 그 실마리는 고려시대의 출세 조건에서 찾을 수 있다. 고려의 과거 시험은 논술형으로 출제됐기 때문에 이들처럼 글을 잘 쓰는 인물이라면 추후 과거 시험에 합격할 가능성이 컸다. 또한 과거에 합격한다면 출셋길에 오를 가능성이 높았다. 달리 말해 글짓기 능력은 권력 중심부로 다가가기 위해 중요한 조건 중 하나였다. 이 때문에 고려 사회에는 글솜씨가 뛰어난 이들을 선망하는 분위기가 있었다. 이는 무신이 권력을 잡은 시기에도 크게 달라지지 않았다. 이것이 10대 소년이었던 조충, 이규보, 임춘이 문사로서 출세할 수 있는 주요 통로인 과거에 급제하기 위한 글쓰기 실력을 연마했던 이유다.

세 사람 모두 어렸을 때부터 글을 잘 쓰기로 소문난 신동이었지만, 그들의 행로는 10대 시절부터 큰 차이가 났다. 집안 배경 때문이었다. 조충은 대대로 고위 관직을 역임한 문벌 가문 출신이었다. 아버지는 지금의 국무총리에 해당하는 종1품 문하시중까지 올랐고, 할아버지는 정7품에 해당하는 중앙 관직을 지냈다. 어머니 집안의 권세도 대단했다. 외증조할아버지는 주요 국정을 논의하는 재상직인 정2품 평장사를 역임했고, 외고조할아버지는 동북 9성을 쌓아 여진을 물리친 것으로 유명하며 종1품 문하시중을 역임했던 윤관尹瓘(?~1111)이다. 외할아버지는 과거에 급제한 뒤 사관인 직사관을 역임한 인물이었다.

조충은 친가로 보나 외가로 보나 당대에 이름난 가문 출신이었기 때문에 10대 시절부터 음서를 통해 관직에 진출할 수 있었다. 음서로 받는 관직은 대개 실질적인 업무가 없거나, 업무가 있더라도 하급 행정 실무를 수행하는 낮은 관직이었다. 하지만 관직에 진출할 수 있다는 것 자체가 지배층으로서의 특권이었다. 그런데다가 그는 공부를 잘했기 때문에 태학太學에 입학할 수 있었다. 그는 성품도 훌륭했다고 한

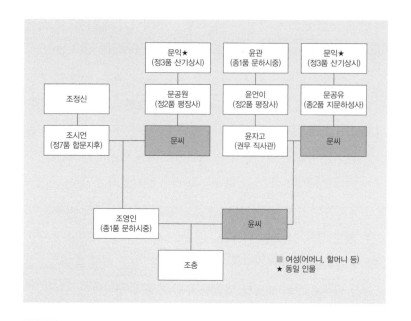

조충의 가계도

조충의 가계도에서도 확인할 수 있듯이, 조충은 대대로 고위 관직을 역임한 문벌 가문 출신이었다.

* 〈문공원묘지명〉, 〈문공유묘지명〉, 〈조충묘지명〉, 〈윤언이묘지명〉, 《씨족원류》를 참고해 작성.

다. 효성스럽고 우애가 깊어서 '효성스러운 아이孝童'라고 불렸을 정도 이니 말이다. 즉, 조충은 타고난 집안 배경, 명석한 머리와 따뜻한 성품 을 두루 갖춘 인물이었다.

그런 반면 이규보는 문벌 출신이 아니었다. 이규보의 아버지는 과거 에 급제한 후 정5품 중앙 관직을 역임한 인물이었고, 어머니는 울진(현 재 경상북도 울진군) 지역 하급 지방관의 딸이었다. 집안이 변변치 못하다고는 말할 수 없겠지만, 적어도 조충처럼 위세 당당한 가문 출신은 아니었던 셈이다.

그래서 이규보는 자신의 능력으로 출세하는 방법을 찾았다. 그 방법이란 바로 과거 시험이었다. 그는 16세인 1183년(명종 13), 18세인 1185년(명종 15), 20세인 1187년(명종 17) 세 차례에 걸쳐 과거에 응시해 관직을 얻고자 노력했다. 그러나 이규보는 세 번의 과거 시험에서 모두 낙방하고 말았다. 그가 어려서부터 문장으로 이름을 날렸다는 점과 유명한 사학私學 중 하나인 성명재誠明齋에서 공부하며 우수한 성적을 거두었다는 점을 고려해보면, 그가 실력이 없어서 연거푸 낙방했다고 보기는 어려울 것 같다.

그렇다면 이규보는 왜 과거 시험에서 떨어졌을까? 이규보의 문집인 《동국이상국집東國李相國集》에는 "술에 쏠려 멋대로 놀면서 마음을 단속하지 않았다. 오직 시 짓기만 일삼느라 과거 시험에 출제되는 글을 조금도 연습하지 않았다. 이에 계속 과거에 응시했어도 합격하지 못했다"라는 이야기가 전한다. 이 기록에 따른다면, 이규보는 모범생 조충과는 달리 재능은 있지만 방황하는 10대 시절을 보냈기 때문에 과거에 합격하지 못한 것으로 보인다.

한편 조충과 이규보보다 20여 년 정도 먼저 태어난 임춘은 본래 명망 있는 집안의 후손이었다. 임춘의 증조할아버지는 정4품 중앙 관직을 역임했고, 할아버지는 국왕을 가까운 거리에서 보좌하는 요직인 근시직近侍職을 역임했다. 또한 임춘의 큰아버지 임종비任宗庇(?~?)는 문한관文翰官을 역임한 인물이었다. 문한관은 국왕의 공식 문서나 외교 문서를 저술하는 관직이므로 실력과 명망을 갖춘 당대 최고의 엘리트

만 임명될 수 있었다. 이로 보아 임종비의 글쓰기 능력은 과거에 합격한 사람 중에서도 특출했다고 짐작할 수 있다. 임춘은 이러한 집안 배경으로 인해 어린 시절부터 수준 높은 교육을 받고 글쓰기 실력을 갖출 수 있었을 것이다.

그러나 임춘은 공부를 계속하기 어려운 상황에 맞닥뜨렸다. 그의 가문이 1170년에 일어난 무신정변 때 멸문지화滅門之禍의 위기에 처했기 때문이다. 이때 집안사람 대부분이 몰살됐다. 임춘 자신은 홀로 몸을 피해 겨우 화를 면했으나 한동안 수도 개경으로 돌아오지 못했다. 혹여나 개경으로 돌아갔다가 무슨 변고를 당할지 알 수 없었기 때문이다. 결국 임춘은 10여 년 가까이 지방을 전전해야 했고, 과거 시험을 제대로 준비할 겨를이 없었다. 이토록 다른 세 사람의 가문 배경은 그들의 미래도 바꾸어놓았다.

通字亦樂王某縣人軀幹魁梧經史百家無
不貫穿明宗聞其屬召登第累遷正言
轉考功郎中太子文學奉使如金會有微詰
拘留三年金人愛其才遣還後知西比面留
守事寬仁恭儉待人以信官至左諫議大
國子監大司成河人以文章鳴世屢擧不第
椿之亂閣門遭禍椿院身僅免卒窮天而
仲夫之亂閣門遭禍
死仁老集遺藁爲六卷目曰西河先生集行

《고려사》 권102, 〈열전〉 권15,
이인로 부附 임춘
임춘의 집안이 무신정변 때 화를 입었던 사실을 보여 준다.

승승장구 인생, 취업 준비 인생, 고시 낭인 인생

각기 다른 환경에서 성장한 세 사람은 판이한 20~30대 시절을 보냈다. 좋은 집안에서 태어나고 자란 조충은 시작부터 잘 풀렸다. 그는 스무 살이 되던 1190년(명종 20) 곧바로 과거 시험에 합격했다. 그뿐만이 아니었다. 당시에는 과거에 합격한 후 관직에 임용되기까지 상당히 오랜 기간을 기다려야 했지만, 조충은 20대라는 젊은 나이부터 요직이란 요직은 다 밟아 나갈 수 있었다.

조충은 중앙 관직으로는 정7품(합문지후), 정6품(호부원외랑), 정5품(공부낭중)의 행정 관직을 거치며 차례차례 승진했다. 스물여섯 살이던 1196년(명종 26)에는 국왕의 신임을 받아 금나라에 사신으로 파견됐고, 이 임무를 잘 수행해 스물일곱 살인 1197년(명종 27)에는 종4품 관직으로 승진했다. 조충이 관직에 오른 지 얼마 되지 않아 5품을 넘은 것은 매우 특별한 일이었다. 고려에서는 5품 이상이 되면 고위 관료로 인정받아 음서를 통해 자신의 후손에게 관직을 줄 수 있었기 때문이다. 평생 노력해도 5품은커녕 근처조차 못 가는 사람들이 많았지만, 조충은 20대에 5품 관직에 올랐다.

조충의 승승장구 인생은 30대에도 멈추지 않았다. 30대의 조충은 정4품 관직인 예부시랑, 병부시랑, 이부시랑을 역임했다. 현재의 정부 조직과 비교해보자면 예부는 교육부, 문화체육관광부, 외교부의 업무를 관장하는 곳이었고, 병부는 국방부에 해당하며, 이부는 인사혁신처라고 할 수 있다. 또 '시랑'이라는 관직은 현재의 차관에 해당한다. 즉, 조충은 30대라는 젊은 나이에 국가 주요 부서의 차관급 관직을 역임할 만큼 초고속으로 승진한 것이다.

조충은 무엇 때문에 이렇게 잘나갈 수 있었을까? 우선 조충 자신의 능력이 뛰어났다. 조충은 큰일이든 작은 일이든 모든 직무를 잘 처리한다는 평판을 들었으며, 그래서 관직을 옮길 때마다 훌륭한 명성을 얻었다고 한다. 게다가 조충은 외모가 뛰어나고 풍채가 훌륭하며 마음이 부드럽다고 평가받았다. 고려시대에도 공부 잘하고, 일 잘하고, 성품이 훌륭하고, 외모도 뛰어난 인물이 승진하기 쉬웠던 모양이다.

그렇지만 아무리 능력이 출중하더라도 그가 '잘나가는' 가문 출신이 아니었다면 이렇게 출세하기는 어려웠을 것이다. 조충 가문은 본래부터도 문벌에 해당했으나, 조충의 아버지 조영인趙永仁(1133~1202)과 긴밀한 관계를 맺고 있었던 최충헌崔忠獻(1149~1219)이 집권하면서 더욱더 권세를 떨쳤다. 조영인의 장남이자 조충의 형인 조준趙準(?~?)은 최충헌의 조카와 혼인했으며, 두 가문은 이 혼인을 바탕으로 인척 관계를 맺었다. 그리고 조영인은 자신의 인척이 된 최충헌의 정권 창출을 도왔던 것 같다. 1190년(명종 20) 종2품 동지추밀원사였던 조영인이 1196년(명종 26) 최충헌이 집권하자마자 권판이부사에 임명되고 그 이듬해에 판이부사에 임명된 사실이 확인되기 때문이다. 문신의 인사 실무를 담당하는 권판이부사와 판이부사는 권력의 핵심과 직결되는 관직이었다. 즉, 최충헌은 집권 직후 문신 인사를 관장하는 핵심 요직을 조영인에게 준 것이다. 이러한 점을 고려해 보면 조영인이 최충헌의 측근이었음을 짐작할 수 있다.

조영인이 문신 인사를 맡음으로써 권세를 누릴 수 있었던 이유는 최충헌의 통치 방식과 긴밀한 관련이 있다. 최충헌은 예전 무신집권자들과 달리 문·무신의 인사 행정을 담당하는 이부와 병부 관직을 중시했다. 그래서 그는 조영인처럼 자신과 가까운 문신을 이부와 병부 관직에 임명해 인사권에 영향을 끼치고자 했다. 1199년(신종 2)에는 자신이 직접 병부상서 지이부사에 올라 문무신을 전주銓注할 수 있는 법적 권한을 가졌다. 전주란 특정 관직에 관직 후보자를 추천하는 일이다. 본래 고려에서는 이부와 병부에서 전주를 시행해 국왕에게 보고하면 국왕이 해당 관료의 적합성 여부를 판단한 뒤 관직에 임명했다. 즉, 최종 인사권은 국왕에게 있었다. 그러나 이 시기 국왕은 인사권을 실제로 행사할 만한 권력을 가지고 있지 못했다.

> 신종 5년(1202), 최충헌이 자기 집에서 문·무신의 임명을 결정해 보고했다. 그러자 왕은 고개만 끄덕이고, 이·병부 판사들은 정당에 앉아서 검열만 할 뿐이었다. 최충헌이 인사를 멋대로 하며 혹은 좌우 측근에게 부탁하거나 혹은 뇌물을 바치고 아부하는 사람에게 모두 관직을 주었다.
> ─《고려사》권129, 〈열전〉 권42, 반역3, 최충헌

위 사료에서 묘사하는 상황처럼, 최충헌은 자기 집에서 인사를 결정할 정도로 강력한 권력을 누렸다. 권력에 가까이 가고 싶은 수많은 사람은 최충헌이나 그의 측근에게 뇌물을 바쳐야 했다. 최충헌이 관료 인사권을 실질적으로 장악한 것은 신의 한 수였다. 그는 이를 바탕으로 예전 무신집권자들에 비해 오랫동안, 안정적으로 권력을 유지할 수 있었다. 이러한 상황에서 최충헌의 측근들은 그의 권세를 믿고 위세를 부릴 수 있었다. 조충의 아버지 조영인은 최충헌의 중요한 측근 중 한 명이었다. 결국 조충은 당시 집권자인 최충헌과 정치적 관계가 깊은 가문 출신이었기에 젊은 나이부터 승승장구했다고 볼 수 있겠다.

그렇다면 최충헌과 별다른 인연이 없던 이규보는 20~30대 시절을

어떻게 보냈을까? 10대 시절 방황하며 연거푸 과거 시험에서 떨어졌던 이규보는 과거에 합격하려는 강한 염원을 품고 있었다. 꿈에서 과거를 관장하는 별인 규성奎星에게 장원급제할 것이라는 이야기를 듣고 이름을 '규보奎報', 즉 '규성이 알려주다'로 바꾼 것을 보면 말이다. 결국 이규보는 1189년(명종 19)에 시행된 과거 1차 시험 사마시에서 장원으로 합격했다. 그리고 이듬해에는 최종 시험인 예부시에 합격했다. 다만 이규보의 과거 성적은 그렇게 좋지 못했다. 시험 날 담당 관리가 이규보의 명성을 눈여겨보고 임금이 내린 술 네댓 잔을 마시게 했기 때문이다. 술에 취해 시험에 응시한 이규보는 글을 제대로 쓸 수 없었고, 결국 그저 그런 성적으로 과거에 합격하고 말았다.

여하튼 간에 합격은 합격 아니겠는가. 그러나 이규보는 조충처럼 과거에 합격한 직후부터 관직에 임명되지 못했다. 그에게는 자신을 관직에 천거해줄 적절한 인연이나 인맥, 특히 집권자인 최충헌과 연결된 인맥이 없었기 때문이다. 그래서 과거에 합격했으나 한량처럼 지내던 이규보는 말단 관직이라도 얻기 위해 구직 활동을 해야 했다.

> 만약 차마 친구를 버리지 못하신다면, 저의 허물을 숨겨주고 추한 것은 가려주어 벼슬길을 활짝 열어주십시오. 그대가 나의 이런 말을 그대의 장인이신 재상 최선에게 전해준다면 반드시 어떻다 어떻다고 하실 것입니다. 만일 장인께서 웃으며 고개를 끄덕이신다면 저의 다행일 것입니다.
>
> – 이규보, 〈낭중 조충에게 보내는 글(投趙郎中冲書)〉, 《동국이상국집》 권26

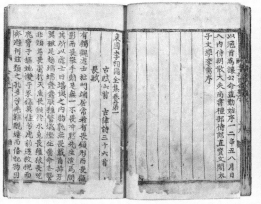

이 구구절절한 글은 30세 무렵 이규보가 조충에게 보낸 편지다. 그
들은 과거 시험에 함께 합격한 동기였지만, 조충은 이미 정5품 관직에
올라 있었고, 이규보는 아직 관직을 얻지 못한 처지였다. 이규보는 친
구 조충에게 부탁해 조충의 장인어른인 재상 최선崔詵(?~1209)에게 연
줄을 대고자 했다. 그를 통해 작은 관직이라도 얻을 수 있었다면 얼마
나 좋았겠는가.

이규보의 취직 노력은 일말의 성과를 거두었다. 1197년(명종 27)에
조충의 아버지와 장인어른이 그를 천거해준 것이다. 그들은 이규보를
우선 지방관으로 보냈다가 이후에 문한관으로 보내려고 했다. 문한관

은 글솜씨가 뛰어난 이규보에게 최적의 관직이었다. 게다가 매우 영예로운 관직이기도 했다.

이렇게 이규보에게도 벼슬길이 열리는 듯했지만, 하늘은 그의 편이 아니었던 것 같다. 이규보를 시기한 사람이 이규보의 천거 문서를 빼돌리고서 이를 잃어버렸다고 핑계 댄 사건이 발생했기 때문이다. 이 사건으로 인해 이규보는 결국 관직에 등용되지 못했다.

얼마 뒤 또 다른 기회가 왔다. 이규보는 32세 때인 1199년(신종 2)에 최충헌의 집에서 개최된 시 모임에 참석할 기회를 얻었다. 여기서 이규보는 시를 지어 최충헌의 마음을 움직였다. 그 결과, 그는 과거에 급제한 지 10년 만에 전주 지역 하급 지방관으로 임명됐다. 그러나 전주에서의 관직 생활도 오래가지 못했다. 동료와의 불화로 인해 1년 만에 파직됐기 때문이다. 결국 어렸을 때부터 뛰어난 글솜씨로 유명하던 천재 이규보는 다시 '취준생'으로 돌아가고 말았다.

임춘은 그보다 더 불운한 처지였다. 그는 벼슬길에 오르고자 세 번이나 과거 시험을 쳤으나 모두 합격하지 못했다.

> 해마다 헛되이 과거를 치는데
> 늙은 몸은 아직도 정정하기만 하네
> 과거는 본래 뛰어난 선비를 뽑는 것이니
> 공경公卿은 누구인들 재주 없는 이를 천거하리오
> – 임춘, 〈병중유감病中有感〉, 《서하집》 권3

글솜씨가 뛰어나기로 소문이 자자하던 임춘은 왜 과거에 합격하지 못했을까? 앞의 시에서 토로한 것처럼, 과거 시험의 목적은 뛰어난 선비를 뽑는 것이다. 따라서 인재를 선발하는 관리는 재주 없는 이(비재非才), 즉 잘못된 인재를 선발하면 안 된다. 그러나 무신이 집권한 당시에는 잘못된 인재를 천거하는 일이 비일비재했다. 아무

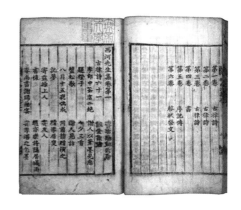

임춘의 《서하집》 일부
서울대학교 규장각한국학연구원 소장

리 재능이 뛰어나다고 한들 이러한 세태에서 어떻게 꿈을 펼칠 수 있었을까. 게다가 임춘은 젊은 시절 온 가문이 몰살될 뻔한 상황을 피해서 홀로 지방을 유랑하던 인물이었다. 이러한 상황에서는 안정적으로 벼슬길을 모색하기 어려웠을 것이다.

그러나 임춘은 고시 낭인 인생을 살면서도 관직의 꿈을 접지 않았다.

한미한 나의 이름을 기록하시고, 아울러 공의 추천서에 넣어주신다면, 하늘을 쳐다보든 땅을 굽어보든, 죽지만 않는다면 은혜를 보답하는 세월을 보내지 않겠습니까.

– 임춘, 〈김시랑에게 올리는 계(上金侍郞啓)〉, 《서하집》 권6

임춘은 여러 사람에게 자신을 관직에 천거해 달라는 편지를 보냈다.

그러나 임춘은 이규보처럼 영향력 있는 인물에게 연줄을 대지 못했던 것 같다. 이후 어떤 관직에도 등용되지 못했기 때문이다. 이 시대의 불운한 천재는 세상을 한탄하다가 30대 후반이라는 젊은 나이에 사망하고 말았다. 그의 묘지명에는 "성품이 고고해 세상과 어울리지 못했지만 자못 재능으로써 자부심을 품었다. 여러 차례 과거에 응시했으나 합격하지 못했다"라는 짧은 글귀만 남아 있다.

장수長壽와 부귀富貴, 삶의 교차로

조충과 이규보는 40~50대라는 중년기를 어떻게 보냈을까? 조충은 여전히 승승장구하는 인생을, 이규보는 여전히 취업 준비 인생을 보냈을까? 아니면 그들의 인생에 어떤 전환점이 찾아왔을까?

　평생 승승장구하는 삶을 살았던 조충에게도 실패가 찾아왔다. 조충은 46세 때인 1216년(고종 3)에 부원수로서 거란을 정벌했는데, 이 전쟁에서 대패했다. 그로 인해 그는 파직됐다.

> 만 리 달리던 준마駿馬 발 한 번 헛디디고는
> 슬피 소리 내어 울다가 계절 바뀌는 줄 몰랐네
> 만일 조보造父에게 다시 채찍을 쥐어준다면
> 전장을 누비며 오랑캐를 깨뜨릴 텐데
> ─《고려사》 권103, 〈열전〉 권16, 조충

조충은 만 리를 달리던 준마가 발을 한 번 헛디뎠다는 고사를 통해 자신의 처지를 표현했다. 조충에게 이 사건은 '슬피 소리 내어 울' 만큼 충격적이었다. 그도 그럴 만하다. 조충은 40대 중반에 이르기까지 큰 실패를 겪어본 적이 없었기 때문이다.

조충은 이 시에서 말을 잘 몰기로 유명했던 '조보'에 자신을 비유하며 한 번 더 기회를 달라고 피력했다. 그는 47세인 1217년(고종 4) 거란에 또다시 패배해 파직되는 아픔을 겪었지만, 이를 만회할 기회는 머지않아 찾아왔다. 같은 해 서북면병마사로서 도적 떼를 물리쳤고, 이듬해에는 자신에게 치욕을 안겨주었던 거란을 상대로 대승했다. 49세인 1219년(고종 6)에는 몽골군과 연합해 거란군을 격파한 후 개선했다.

조충이 전쟁에서 큰 공을 쌓고 돌아온 후, 그 위세는 더욱 높아졌다. 그러나 조충의 출세는 어디까지나 최충헌의 산하에서만 허용되는 것이었다. 조충의 명망이 최충헌의 허용 범위를 넘어서는 순간, 비호는 사라지고 견제만 남을 것이었다. 최충헌은 조충의 위세가 높아지는 것을 지극히 경계할 수밖에 없었고, 이에 개선한 장수를 맞아들이는 공식 의례를 중단하는 강수를 두었다. 그 대신 자신이 직접 장수들에게 연회를 베풀었다. 국왕의 공식적인 의례를 중단하고 자신의 사적인 의례를 시행함으로써 조충의 공을 무시했다. 게다가 최충헌은 공이 있는 사람에게 상을 주지 않아 원망을 많이 받았다.

그러나 당시에는 최충헌의 이러한 행위를 공공연하게 불평하기 어려웠다. 최충헌에 대한 불평이 그의 귀에 들어가면 어떤 처지가 될지 몰랐기 때문이다. 한번은 거란군과 싸웠으나 공을 인정받지 못한 자들이 술을 마시면서 최충헌에게 뇌물을 바치지 않으면 관직을 얻을 수 없다고 한탄한 일이 있었다. 그런데 이 일이 최충헌의 귀에 들어가자 마자 그들은 참수되는 신세가 되고 말았다. 이러한 공포 분위기 속에서 그 누가 최충헌을 공공연히 비난할 수 있었겠는가.

그러나 조충이 그때까지 쌓아온 정치적 기반은 최충헌에게 쉽게 죽임을 당할 정도로 얇지 않았다. 조충은 가문의 배경과 경험, 경륜, 공적 등을 바탕으로 고려 최고의 관직인 재추宰樞, 그중에서도 더 높은 재신에 임명됐다. 정당문학(종2품)과 동중서문하시랑평장사(정2품)라는 관직이 그것이다. 고려 전기에 재추는 보통 60대, 빨라야 50대가 돼야 임명될 수 있는 관직이었다. 조충이 40대라는 젊은 나이에 이를 달성한 것은 그가 여전히 최고 엘리트로서 삶을 영위했음을 말해준다.

이처럼 조충은 이른 나이부터 승승장구해 젊은 나이에 부귀영화를 모두 얻었다. 그렇지만 안타깝게도 그는 장수할 운명이 아니었던 것 같다. 그는 50세에 병이 들어 세상을 떠나고 말았던 것이다. 이러한 그의 인생은 "나가면 장수가 되고 들어오면 재상이 돼 반백 살이 되기 전에 공명과 부귀를 이뤘으니, 무엇이 한스럽겠는가. 공의 수명이 길지 못했으니, 동네 아이들과 마을 아낙네들이 오히려 □하도다"(□:결락)라는 묘지명 글귀로 축약된다.

조충과 달리 40세가 되도록 변변한 관직 한 번 얻지 못한 채 취업 준비 인생을 지속했던 이규보는 어떻게 살아갔을까. 다행히도 이규보의 인생에는 조금씩 볕이 들었다. 이규보는 40세 되던 1207년(희종 3)에 최충헌에게 바친 〈모정기茅亭記〉라는 글이 좋은 평가를 받아 직한림원에 임명됐다. 직한림원은 8~9품에 불과한 낮은 벼슬이었지만, 문한관이었으므로 영예롭게 인식되는 관직이었다. 향후 출세를 보장하는 관

직이기도 했다. 물론 이규보의 과거 동기인 조충은 40대에 이미 최고
위 관직인 재추에 임명된 상황이었지만, 40대까지 전전하던 이규보로
서는 비록 낮은 품계라 하더라도 문한관에 임명됐다는 그 자체가 희망
적일 수밖에 없었다.

　이규보에게 또 다른 희망이 찾아왔다. 최충헌의 아들 최우崔瑀
(?~1249)가 1213년(강종 2)에 연회를 크게 베풀어 높은 관직자들을 초
대한 일이 있었다. 당시 46세였던 이규보는 8품이라는 낮은 관직에 있
었으나 문장을 잘 짓는다는 명성이 워낙 자자했기에 이 연회에 초청됐
다. 최우는 이규보가 글을 잘 쓴다는 소문을 들었으나 직접 보지 못했
다면서 시 짓는 솜씨를 시험해 보자고 제안했다. 이는 이규보에게 최

우의 눈에 들어 출세할 수 있는 절호의 기회였다. 이규보는 최선을 다해 시를 지었고, 최우는 이 시에 탄복을 금치 못했다.

이규보에게 감탄한 최우는 그다음 날 아버지 최충헌을 찾아갔다. 그는 이규보를 소개하며 다시 그를 시험해보라고 부탁했다.

> 이규보가 부府에 이르자 최우가 최충헌에게 여쭙기를, "이 사람은 술을 마시지 않으면 시를 제대로 짓지 못합니다" 했다. (중략) 최우는 또 말하기를, "이 사람은 취한 다음이라야 시를 짓습니다"라 하고, 술잔을 번갈아 가면서 취하도록 마시게 한 뒤에 최충헌 앞으로 나아갔다. (중략) 이때 마침 뜰에서 왔다 갔다 하는 공작새가 있기에 최충헌이 이 공작을 시제試題로 삼고 금의琴儀를 시켜 운韻을 부르게 했다. 이규보가 40여 운에 이르도록 잠시도 붓을 멈추지 않으니 최충헌은 감탄해 눈물까지 흘렸다.
>
> – 이규보,《동국이상국집》연보

이규보의 시에 감동한 최충헌은 그에게 원하는 관직이 있으면 말해보라고 했다. 그러자 이규보는 "제가 지금 8품에 있으니 7품이면 만족합니다"라고 대답했다. 이에 놀란 최우가 이규보에게 더 높은 관직을 요구하라고 눈짓했으나, 이규보는 관직에 크게 욕심내지 않았다. 아마도 너무 많은 욕심을 냈다가 이마저도 얻지 못하면 어쩌나 하는 두려움이 있었던 것은 아닐까. 한때 세상을 발아래에 둘 정도로 자신만만하고 오만하던 이규보였지만, 오랜 '취준생' 생활이 그를 겸손하게 만들었던 것일까.

이규보는 최충헌이 죽고 최우가 정권을 잡은 1220년(고종 7)에 본격적으로 등용됐다. 그의 나이 53세였다. 일찍부터 이규보를 마음에 두었던 최우는 이규보를 요직에 등용했고, 이에 이규보는 55세 때 종4품(태복소경), 57세 때 정4품(장작감), 58세 때 정4품(좌간의대부)의 관직을 거치며 점차 승진할 수 있었다.

여기에서 확인할 수 있듯이, 최우도 아버지와 마찬가지로 문무신에 대한 인사권을 장악함으로써 권력을 유지했다. 그러나 최우는 아버지와 달리 그간 탈법적이었던 인사행정을 합법화하는 절차를 거쳤다. 자기 집에 '정방政房'이라는 공적 인사 기구를 설치한 것이 대표적이다. 아버지 최충헌도 자기 집에서 인사행정을 시행했지만 이는 어디까지나 탈법적 행위였던 반면, 최우는 이러한 인사행정 방식을 제도화함으로써 공적 권위를 부여했다. 또한 최우는 뇌물을 받고 인사를 시행하던 아버지와 달리 그 나름대로 체계적인 기준을 활용해 인사를 시행했다. 그렇다면 최우의 인사 기준은 무엇이었을까?

> 최우는 조정의 선비를 등급 매길 때 ① 문장에 능하고 행정에 능한 것(能文能吏)을 제일로 삼고, ② 문장에 능하지만 행정에 능하지 않은 것(文而不能吏)을 다음으로 삼고, ③ 행정에는 능하지만 문장에 능하지 않은 것(吏而不能文)을 또 그다음으로 삼고, ④ 문장과 행정에 모두 능하지 않은 것(文吏俱不能)을 하등으로 삼아서 손수 병풍에 써놓고 매번 전주할 때마다 참고해 등용했다.
>
> -《고려사절요》권18, 원종 원년(1260) 7월

최우가 정립한 기준은 고려 전기부터 이어져온 전통적 인사 기준이었다. 최우는 최충헌 시기의 인사에 불만이 쌓인 지배층을 다독이려는 목적에서, 또 훌륭한 인재를 자기 곁에 두려는 목적에서 이 네 가지 기준을 바탕으로 관료를 등용했다. 고려 전기부터 인정받은 인재상을 자신의 인사 기준으로 활용한 최우는 지배층의 반발을 최소화하는 동시에 그들을 자기 권력 구조 속으로 편입할 수 있었을 것이다. 이에 수많은 인재가 최우에게 접근하는 방식으로 자신들의 생존을 도모했다. 이규보는 이러한 시대적 분위기에 편승해 출셋길을 찾은 대표적 인물이었다.

달콤하지만 험난한 무신집권기

조충도 임춘도 장수를 누리지 못했지만, 이규보는 오래도록 살아남았다. 그는 63세에 모함을 받아 유배를 가기도 했지만, 65세에 유배에서 풀려난 이후로는 계속 고위 관직을 역임했다. 66세에는 정3품 추밀원 부사로 임명됨으로써 마침내 재추 지위에 올랐다. 67세에는 종2품 정당문학에 임명돼 그야말로 최고위 관직인 재신에 올랐다. 이후 이규보는 70세가 되자 관직에서 은퇴했지만, 74세인 1241년(고종 28)까지도 집에 있으면서 문한 업무를 계속 맡았다. 이규보만큼 글을 잘 쓰는 인물이 없었기 때문이다.

그러나 죽음은 누구도 피할 수 없는 법이다. 이규보는 74세인 1241

이규보의 묘
이규보는 고려가 몽골과의 전쟁에 대비해 강화도로 천도할 때 따라와
이곳에서 살다가 죽었다.
© 현수진

년 7월에 병석에 누웠다. 이규보를 총애한 최우는 명의를 보내 그를 치료하도록 했다. 이뿐만 아니라 이규보의 문집을 편찬해 그를 위로하고자 했다. 그러나 이규보는 문집이 완성되는 것을 보지 못하고, 9월 초이튿날 잠든 듯이 세상을 떠났다. 그는 버틸 만큼 버텨서 출세라는 욕망을 실현했다.

하지만 무작정 버틴다고 해서 누구나 성공하는 것은 아니다. 만약 임춘이 살아 있었더라면, 이규보처럼 버텼다면 영화로운 삶을 누렸을까? 그럴 가능성은 결코 크지 않았을 것 같다. 이는 조충의 아들과 조충의 과거 시험 동기였던 정종후井宗厚(?~?)의 만남을 통해 알 수 있다.

조충의 아들 조백기趙伯琪(?~?)는 약관의 나이로 과거에 급제한 후 어사가 돼 청풍현(지금의 충청북도 제천시)을 지나갔다. 이때 청풍현 지방관인 정종후가 무릎걸음으로 나와서 조백기에게 엎드려 절하며 말했다. "저는 공의 아버지와 같은 해에 과거에 급제했는데, 불운하게도 오랫동안 묻혀 있어 나이가 곧 칠십인데도 이 관직을 처음으로 얻었습니다." 즉, 정종후는 다 늙은 시점이 돼서야 고작 말단 지방관직에 임명돼 잘나가는 친구 아들에게 절이나 하는 신세였다. 조백기는 깜짝 놀라 그에게 두 번 절하고 다음과 같은 시를 지어주었다고 한다.

> 청삼青衫 입은 문밖의 흰 머리 노인
> 일찍이 내 아버지와 함께 과거에 급제했네
> 동기인 내 아버지는 재상 벼슬 거치고 귀하게 됐는데
> 나이 칠십에 청풍현감이라니 가련하다
> – 최자崔滋 편,《보한집》권하

아무런 뒷배가 없는 정종후나 임춘과 같은 이들에게 무신집권기는 어떤 시기였을까? 임춘이 이 나이까지 살아 있었다면 정종후와 같은 처지에 있지 않았을까? 누구에게는 달콤했지만, 누구에게는 험난한 시기였던 무신집권기. 이 시기를 살아갔던 문사들의 삶은 현재를 살아가는 우리에게도 그리 낯설지 않은 듯하다.

참고문헌 ────────────────────────

김당택, 《고려 무인정권연구》, 새문사, 1987
김창현, 《고려후기 정방 연구》, 고려대학교민족문화연구소, 1998
민병하, 《고려무신정권연구》, 성균관대학교출판부, 1990
박용운, 《고려시대 음서제와 과거제 연구》, 일지사, 2000
에드워드 슐츠 지음, 김범 옮김, 《무신과 문신: 한국 중세의 무신정권》, 글항아리, 2014
홍승기 외, 《고려무인정권연구》, 서강대학교출판부, 1995
황병성, 《고려 무인정권기 문사 연구》, 경인문화사, 2008

김효섭, 〈고려 무신집권기 지배층의 관료생활과 인간관계: 이규보를 중심으로〉, 《한국중세사연구》 57, 2019
_____, 〈무신집권기 최충헌 가계의 통혼과 그 정치적·사회적 기능〉, 《진단학보》 134, 2020
박용운, 〈이규보의 사례를 통해 본 최씨집권기 관제 운영의 실상〉, 《사총》 53, 2001
박재우, 〈고려 최씨정권의 권력행사와 왕권의 위상〉, 《한국중세사연구》 46, 2016
_____, 〈고려 최씨정권의 정방 운영과 성격〉, 《한국중세사연구》 40, 2014
변태섭, 〈고려후기 무반에 대하여〉, 《서울대학교 논문집 인문사회과학》 12, 1966 (《고려정치제도사연구》, 일조각, 1979 재수록)
유호석, 〈무인 집권기 과거제의 운영과 천거제〉, 《전북사학》 14, 1991
현수진, 〈고려시대 관인상의 형성과 변화: 능문·능리能文·能吏형 관인상을 중심으로〉, 《한국중세사연구》 51, 2017

식민지 시기
이광수의 친일 행위에 대한
두 가지 기억

김
태
현

이광수, 근대문학의 선구자?
VS 희대의 친일파?

> 혼자서 지옥에 떨어지는 것이 아니라 조선인 측에서 '내선일체'를 제창
> 함으로써 주관적으로는 그들이 무엇보다도 사랑한 동포를 자신이 떨어
> 진 것과 마찬가지의, 아니 그 이상의 지옥으로 떨어뜨리는 역할을 했다.
>
> – 미야다 세즈코 지음, 이형낭 옮김,《조선민중과 '황민화' 정책》, 일조각, 1997

   한국사에서 공과의 평가가 엇갈리는 인물은 여럿 있다. 그중에서 이
광수는 공과 과가 엇갈리는 대표적 인물 중 하나다. 고아였던 그는 입
지전적으로 출세를 했고, 2·8독립선언서 작성, 임시정부 독립신문사
사장, 귀국 후 자치운동, 문화운동 등에 참여하며, 독립운동과 합법운
동 사이에서 끊임없는 갈등과 선택의 기로에 놓여 있었다. 그리고 전
시체제기 선택의 갈림길에서 적극적 친일로 나섰다. 그야말로 하나의
성격으로 재단하기에는 복잡한 인간이라고 할 수 있겠다. 그럼에도 이

광수에 대한 평가는 '근대문학의 선구자'·'독립운동가'라는 공과 '친일'이라는 과로 나뉘어 있다. 그의 복권을 둘러싼 논쟁은 현재까지도 반복되고 있다.

이광수

장준하가 주도한 《사상계》에서는 1957년 11월 23일 '육당, 춘원의 밤'을 개최하며 '최남선과 이광수가 우리 문화에 남긴 족적을 회고하고 추념하는 의미'를 강조했다. 또한 장준하는 이광수와 최남선을 한국 문화와 문학 발전에 지대한 영향을 미친 지식인으로 치켜세우면서, 친일 행위는 언급하지 않았다.

2016년 한국문인협회는 이광수와 최남선의 이름을 내건 문학상 제정을 시도했으나, "문단 안팎에서 최남선과 이광수의 문학적 성과보다는 친일 문제를 중점으로 부각함으로써 이 상의 기본 취지가 크게 손상됐다"라며 "문학상 본연의 목적과는 관계없이 친일 문제에 대한 비판 여론으로 비화하는 상황이라면 굳이 이 상을 강행할 필요가 없다"라고 밝혔다.

1957년《사상계》의 행사 개최와 2016년 한국문인협회의 문학상 제정 시도는 친일이라는 과와 문학사적 위치에서 갖는 공을 분리해야 한다는 문제의식을 가지고 있다. "문학상 본연의 목적과는 관계없이"라는 언급이 이를 단적으로 보여준다.

그렇다면 이광수의 문학적 성과와 친일 행위를 어떻게 통합적으로 인식해야 할까? 여기서는 이광수가 조선 사회에 끼친 영향력을 기준으로 파악하고자 한다. 식민지 시기 이광수는 민족주의 계열에서 언론인·문학가·문화운동으로 상당한 명성을 축적하고 있었다. 현재 논객 중에 그에 비견할 만한 사람은 없다. 그러한 이광수가 1919년 2·8독립선언서를 작성한 지 30년도 채 지나지 않은 시점에서 조선인 학생들에게 "일본군에 지원해서 싸워라!"라고 했을 때 학생들은 어떠한 반응을 보였을까.

가야마 미쓰로, 조선 청년이여 일본군에 지원해라!

> 최후로, 조선 청년이여. 군은 특별지원병으로 나가라. 지원병에 나가지 못할 사정은 하나밖에 없다. 그것은 병약뿐이다.
> – 가야마 미쓰로, 〈조선 청년에게 고함〉, 《총동원》, 1940년 9월

'동우회 사건' 이후 전향한 이광수는 '내선일체'를 칭송하는 글을 일본어로 연달아 썼다. 내선일체란 '내'=일본, '선'=조선으로 조선인이 일본인에 동화돼야 한다는 주장이다. 그렇다면 조선인과 일본인의 권리와 의무도 동등해야 했다. 그런데 일본은 조선인이 의무를 우선 수행해야 권리를 줄 수 있다는 논리를 펼쳤다.

이와 같은 일본의 선전에 따라 조선인이 일본군을 위해 싸우면 일

본인과 같은 권리를 갖게 될 것이
라는 주장이 득세하기 시작했다.
대표적인 것이 징병제도다. 일본은
조선에 1938년 4월 '육군특별지원
병' 제도를 실시했고, 이 제도 실적
에 따라 징병제 실시를 고려할 것
이라고 했다.

　그러자 많은 조선인 지식인들이
지원병제도 성공이 징병제를 견인
하고, 곧 조선인의 권리와 의무가
일본인과 같게 된다는 일제의 논리
를 따라갔다. 그러한 주장의 대표

〈동포에게 고함(3)〉,《경성일보》
1940년 10월 3일

주자가 이광수였다. 그는《경성일보》에 연재한 〈동포에게 고함(同胞に寄
す)〉에서 노골적으로 조선인이 일본군에 지원해야 한다고 주장했다.

　그의 주장을 요약해보면 다음과 같다. "지원병에 나서면 징병제가
자연스럽게 안착된 후 조선인에게 의무교육과 참정권을 줄 것이다. 그
과정은 다음과 같다. 우선 조선인이 일본군 국방력 3분의 1을 담당하
게 될 정도로 지원한다면 징병제가 실시되고 참정권이 주어질 것이다.
그리고 참정권이 주어진다면 조선인 의원이 4분의 1 내지 3분의 1 정
도가 당선돼 조선인과 일본인의 차별이 없어질 것이다." 이광수는 지
원병제도가 성공해야 징병제 실시가 가능하다고 봤다. 그 목적은 조선
인의 일본 제국의회 진출이었다.

　이처럼 그가 인식한 민족 차별 해소는 징병제 의무를 바탕으로 한

참정권 획득이었다. 그 실마리는 지원병제도 성공이었다. 동우회 기관지 《동광》의 표지가 간디였고, 간디 평전을 연재했다는 점을 고려한다면, 징병제 의무를 바탕으로 한 참정권 획득 모델은 인도로부터 영향을 받았다고 볼 수 있다. 인도의 지도자이면서 제국의 협력자였던 자치주의자 간디의 양가성은 "제1차 세계대전 때 모병을 하고 자치령을 구걸했던" 대목에서 분명하게 확인된다. "스와라지Swaraj(정치적 자치)를 획득하기 위한 가장 쉽고 직접적인 방법은 제국 방어에 참여하는 것입니다. 제국이 쇠퇴하면 우리가 간직해온 소망도 같이 쇠퇴하게 됩니다"라는 논리로 간디는 '촌락마다 20명씩 모병하기' 슬로건을 내걸어 영국의 모병 요구에 협력했고, 이로써 영국은 인도인 수천 명을 확보해 자신들의 전쟁터에 내보낼 수 있었다.

이처럼 이광수가 조선인의 정치적 권리를 위해 군 복무와 참정권 획득을 연결 지은 건, 어찌 보면 논리적으로는 당연한 것이었다. 한편 참정권 획득을 통해 제도적으로 조선인 대표가 되고 싶었던 이광수의 욕망이 투영된 것이기도 했다. 즉, 조선인 의원을 대표하는 사람은 이광수 그 자신이었다.

그는 조선인 대표가 되기 위해 적극적으로 조선인에게 일본군 지원을 권유했다. "상류계급 사람의 애국심을 저울질하는 중대한 시금석", "설사 학생의 신분이라 할지라도 총을 잡고 전장에 설 마음가짐이 아니면 안 된다"라며 민족 차별을 해소하기 위해 예비 지식인층인 학생들에게 전쟁 참가를 촉구했다. 이러한 이광수의 기획은 1942년 5월 일본 내각회의 징병제 실시 결정으로 실현 가능성이 커 보였다.

특히 1943년 10월 일제는 '육군특별지원병임시채용규칙(학도지원병

제도'을 공포하면서 1944년 징병제 전면 시행을 앞두고 문과계의 조선
인과 타이완인 전문학생, 대학생을 군인으로 동원할 수 있는 길을 열
었다. 이것은 학생들이 일본군에 지원해야 한다는 이광수의 논리와 부
합한 것이었다.

학도지원병 대상인 조선인 전문대생이 많은 곳은 일본이었다. 그런
데 일본군에 지원하는 재일 조선인 유학생 수는 적었다. 그러자 당시
지원 창구였던 조선장학회는 조선의 유명 인사들을 통해 유학생의 지
원병 입대 촉구를 조선총독부에 요구했다. 조선총독부로부터 요청을
받은 이광수는《매일신보》에 학생들의 지원병 입대 촉구를 위해 발표
한 〈조선의 학도여〉에서 "특별지원병이라 부르시도다, 의무의 유무를
논하리"라며 조선인의 권리를 인정받기 위해서 특별지원병에 입대해
야 한다고 선전했다.

〈조선의 학도여〉가 실린 다음 날 조선총독부는 일본과 조선에 거주
하던 조선인 학생들을 학병에 지원시키기 위해 각 대학과 고등전문학
교 졸업자를 중심으로 경성에 본부를 둔 '선배격려단'을 조직했다. 같
은 달 8일 김연수, 최남선, 이광수 등 열두 명이 일진으로, 10일에는 장
문환을 단장으로 한 스물네 명이 이진으로 일본에 파견됐다. 그리고
같은 달 11일부터 조선 각 도에 선배들이 파견돼 학도병 지원을 독려
했다.

1943년 11월 11일 도쿄에 도착한 선배격려단은 도쿄, 교토, 오사카,
히로시마 등에서 가정 방문과 간담회, 강연회 등을 개최했다. 이러한
활동 가운데 이광수는 1943년 11월 14일 메이지대학에서 열린 '조선
학도 궐기대회'에 참가했다. 여기서 일본군에 지원하라는 이광수를 본

학생들은 어떠한 반응을 보였을까?

학도지원병,
미친놈이다! vs 민족의식이다!

> 미친놈들이로군, 아무리 일본 놈의 앞잡이가 돼 부귀영화를 누린다기로
> 동족의 청년들보고 저렇게 말할 수 있담.
> ─ 신상초,《탈출》, 녹문각, 1966

> 그 연설을 들으면서 나는 이광수를 친일이니, 나쁘게 생각하지 않았소.
> 오히려 그분에게 민족의식을 느낄 수 있었어요.
> ─ 〈춘원 이광수를 말하다… 92세의 김우전 전 광복회 회장〉,《조선일보》 2014년 10
> 월 20일

　1944년 2월 잡지《신시대》는 와세다대학 사학과의 임광철이 보낸 편지(〈입영에 제하여〉)를 게재했다. 그 내용은 "도쿄의 조선 학도는 지금 큰 흥분과 감격 속에 잠겨 있는 것 같습니다. (중략) 어떤 자는 금번 지원병이 하나의 계기가 돼 보다 완전한 의미의 내선일체가 완성된다고 주장하고 있습니다"라는 것이다. 임광철의 편지가 당시 이광수의 연설을 들은 학생들의 보편적 반응이었을까?

　선배격려단의 학병 권유는 유학생들에게 복합적인 반응을 불러일으켰다. 최남선과 이광수의 학병 권유 후기가 실린《조선화보》에서 사

회자인 마해송은 학생들이 이광수와 최남선을 존경하고 직접 만나 이야기를 하고 싶은 열망이 있다고 했다. 이광수와 최남선이 메이지대학의 '조선학도 궐기대회'에 온다는 소식을 들은 당시 학생들의 반응을 보면, "무서워도 보고 싶다는 마음과 명사의 생각을 듣는다는 양쪽 심경이 함께였다"(지창보), "이광수의 팬이었기 때문에 한눈에 보고 싶었다, 목소리가 듣고 싶었다"(임석선)와 같았다. 최남선, 홍명희와 함께 '동경 삼재'라 불린 명사 이광수를 직접 볼 수 있다는 기대감은 실로 대단했다. 그런데 학생들은 이광수가 당연히 민족을 위해 일본과 대항할 수 있는 논리를 펼칠 것이라고 생각했지만, 생각한 것과 달리, 그는 조선인이 일본군에 지원해야 한다는 연설을 펼쳤다. 이춘영은 "뜨거운 가슴을 두드리며 피눈물 맺힌 진전을 토로하고자" 찾아간 이들 '선배 명사'들이 "나가라 그리고 싸워 일본이 꼭 이겨야 한다"라고 했다고 회고했다. 실제 학병에 참가했던 사람들의 반응도 알아보자.

보성전문을 졸업하고 일본에 유학한 손만호는 "살아 돌아온다면, 일본이 패망한 그날 문약한 우리 조국을 위하는 중추적 역할을 할 수 있는 인재는 고된 시련을 겪고 살아남은 그들 중에서 나올 것이다. 그렇다면 우리들 4000명의 출정은 대국적인 면에서 볼 때 결코 헛된 희생만으로 그치지 않을 것이 아닌가"라고 감정을 피력했다.

이처럼 학병 경험자들은 자신들의 일본군 지원을 합리화하기 위해 연설한 조선인 지식인에 대한 판단을 유보하거나 변호했다. 한편 신상초처럼 '미친놈들'이라고 비판하는 학생도 있었으며, 김우전처럼 광복군에 합류했음에도 이광수에게 '민족의식'을 느낀 학생도 있었다. 이처럼 존경하던 선배들의 말과 행동에 실망한 학생, 저들도 어쩔 수 없지

《조선화보》, 1944년 1월
〈학병 권유차 동경에 간 최남선 이광수의 '동경대담'〉,《서정시학》17, 2007, 71쪽 수록

않은가 식으로 받아들인 학생, 거침없이 대드는 학생 등 반응은 각양각색이었다.

요컨대 이광수에 대해 학생들은 선망과 저주의 모순된 감정을 가졌다. 잘못된 말이라도 유명하고 존경받는 인물이 한다면 여러 해석을 낳기 마련이다. 즉, 이광수라는 명사가 저렇게 말했다는 건 어느 정도 일리가 있을 수 있다고 생각할 수 있는 것이다.

당시 선배격려단의 메이지대학 강연을 직접 들은 학생들의 수기가 꽤 남아 있다. 그중 일본군에 지원한 학생들은 일본군 학도지원병으로 제대한 학병(이하 학병 경험자)과 일본군 학도지원병에서 탈출해 독립운동 단체에 가담한 학병(이하 탈주자)으로 분류할 수 있다.

여기서는 탈주자의 기억을 알아보고자 한다. 탈주자는 적극적 친일 행위인 학도지원병 권유를 긍정적으로 봐줄 이유가 없는 사람들이었다. 대표적으로 일본군에 들어갔다가 탈주해 조선의용군으로 합류한 신상초가 그러하다.

신상초는 학병 지원을 권유하는 이광수를 '미친놈', '일본의 앞잡이'로 기억하고 있다. 또한 그는 선배격려단이 묵고 있는 숙소에 찾아가 "그렇게 좋으면 너네 자식이나 보내지 왜 우리보고 가라고 하나!"라며 따져 물었다. 이처럼 이광수의 학병 권유를 강하게 비판했다.

그런데 일본군에서 탈출해 광복군으로 합류한 전 광복회 회장 김우전은 다른 회고를 남겼다. 김우전은 《조선일보》와 인터뷰하면서 "그분을 존경했기 때문이죠. 소년 시절 춘원의 《흙》과 '그의 자서전'을 읽고 정말이지 감명받았기 때문이오. 지금은 내용을 다 잊었어요. 다만 그의 자서전에서 춘원이 오산학교 교사를 그만두고 치타(러시아 지역)로 떠나는 밤 학교에 와서는 아이들 신발을 가지런히 놓고 갔다는 구절이 기억나오"라고 회고했다.

또한 그는 이광수에게 민족의식을 느꼈다고 기억했다. 김우전이 인식한 이광수의 민족의식이란 무엇일까? 그는 "글쎄, 어려서부터 이분의 책을 읽어왔고 이분의 사상을 알고 있었기에 그랬을 거요. 학병 지원에는 일제 치하의 조선 민족 생존을 위한 것이다, 조선 민족이 살아남으려면 이렇게 할 수밖에 없다는 고민이 담겨 있었어요. 나는 그렇게 느꼈지만, 당시 다른 학생들은 어땠는지 몰라요"라고 기억했다. 김우전은 이광수의 작품관과 과거 민족운동 경력을 기준으로 그가 조선인을 위한다고 인식하고 있다.

그러면서 그는 "그 연설 중에 당신들이 희생하고 공을 세워야 우리 민족이 차별을 안 받고 편하게 살 수 있다. 조선 민족을 위해 전쟁에 나가라고 했어요. 학병을 종용하러 온 것은 틀림없는데, 내게는 좋은 면으로 들렸어요." 그는 이광수가 친일파지만 민족을 생각 안 한 것은 아니라고 말한다.

이러한 김우전의 인식은 이광수의 변명과 논리적으로 맥이 닿아 있다. 이광수는 1949년 2월 7일 효자동 자택에서 체포됐다. 체포된 이광수는 서대문형무소에서 간단한 예비 심사를 받고 수감됐다.

이광수는 제1부 조사부장 이병공에게 조사를 받았다. 그는 자신이 이미 변절해 스스로 회생하기로 결심했고, 친일 활동을 했다고 인정했다. 그러면서도 조선임전보국단과 일본 도쿄 학병 강연회 등 자신의 행적을 '민족을 위한 희생으로서의 친일'이라고 주장했다. 이렇게 주장함으로써 이광수는 조선인의 민족 차별을 해소하기 위한 민족의 대표로서 자신의 친일 행위를 합리화했다.

정리하자면, 1920~1930년대 이광수의 문화운동가·문학가·언론인으로서의 활동이 1940년대 이광수의 친일 활동을 인식하는 데 영향을 주었다. 학병들의 이광수에 대한 엉클어진 인식은 이광수가 '민족 지도자' 역할을 해주길 바랐기 때문이다. 이광수의 '명성'은 《흙》으로 대표되는 그의 작품과 이전의 여러 활동으로 만들어진 것이었다.

이러한 그의 명성이 친일 행위를 '조선인을 위한다'는 목적으로 인식되게 만들었다. 과거의 '명성'이 현재의 잘못을 가리는 역할을 한 것이다. 이것은 조직적 기반이 없던 이광수가 조선인 사회에 영향을 줄 수 있는 원인이기도 했다. 그러나 이는 자신이 가지고 있는 명성을 활용해 식민지 조선의 대표가 되고자 했던 개인의 욕망을 은폐하는 것이었다.

> 나는 내 이익을 위해서 친일 행동을 한 일은 없다. 벼슬이나 이권이나
> 내 몸의 안전을 위해서 한 일은 없다. 어리석은 나는 그것도 한민족을
> 위하는 일로 알고 한 것이다.
> -《나의 고백》, 춘추사, 1948

　이광수는《나의 고백》을 작성했는데 반민처벌법에 대응하기 위한
것이었다. 이광수는 1945년 8월 당시 자신이 머물고 있던 양주 사릉의
풍경을 묘사하면서 담담한 태도를 보인다. 해방을 맞은 자신의 감상
에 대해서도 "독립의 기회가 이렇게 쉽게 온 것이 큰 기쁨임은 말할 것
도 없거니와 조국이 전장이 되지 않고 만 것, 동포가 일본의 손에 학살
을 당하지 아니하고 만 것이 다 기쁜 일이었다"라고 절제해 썼다. 해방
과 동시에 민족의 지도자에서 길가에 주막을 짓고 앉은 이야기꾼이 돼
버린 이광수는 자신은 더 이상 과거에 대해 말할 자격도, 필요도 없다
고 말했다. 이광수는 자신이 비록 친일 협력 행위를 했지만, 마음속에
는 항상 '민족정신'이 있었음을 강조하려 했다. 특히 신변의 위협을 느
끼는 순간에도 제국 일본을 향해 자신이 민족주의자임을 숨기지 않았
다는 서술을 통해서 자신의 모습을 순교자처럼 묘사했다.
　그러나 '민족을 위한 희생으로서의 친일'이 이광수의 진심이었는지
는 알 수가 없으며 중요치 않다. 이광수는 자신이 조선인의 대표가 돼
야 한다는 '자의식 과잉'으로 학생들을 전쟁에 동원했고, 그들은 희생
됐다. 신상초의 "그렇게 좋으면 너네 자식이나 보내지 왜 우리보고 가

라고 하나!"와 같은 반응은 이광수 자신의 '희생'이 아닌 학생들의 희생을 바탕으로 했다는 점에서 그가 책임져야 할 과가 분명함을 보여준다.

참고문헌

강덕상 지음, 정다운 옮김,《일제강점기 말 조선 학도병의 자화상》, 선인, 2016
김윤식 편역,《이광수의 일어 창작 및 산문선》, 역락, 2007
류시현,《동경삼재》, 산처럼, 2016
미야다 세츠코 지음, 이형낭 옮김,《조선민중과 '황민화'정책》, 일조각, 1997
변은진,《파시즘적 근대 체험과 조선 민중의 현실인식》, 선인, 2013
신상초,《탈출》, 녹문각, 1966

류시현,〈태평양전쟁 시기 학병의 '감성동원'과 분노의 기억〉,《호남문화연구》52, 2012
조건,《전시 총동원체제기 조선 주둔 일본군의 조선인 통제와 동원》, 동국대학교 사학과 박사학위논문, 2015
허종,〈해방 후 이광수의 '친일문제' 인식과 반민특위 처리과정〉,《대구사학》119, 2015

'불도저' 시장이 만든
신기루,
중산층

김
재
원

신분도 계급도 없는 나라, 대한민국

> 지난해 말부터 아이들 사이에서 '엘사'라는 말이 돕니다. 정부가 공급한 임대주택에 사는 아이들을 조롱하는 말입니다. 몇 년 전 한국토지주택공사(LH)의 아파트 브랜드에 사는 이들을 속되게 '휴거'라고 놀리던 것이 변주된 겁니다. (중략) 빌라에 사는 아이들을 조롱하는 말도 등장했습니다.
>
> – 〈새해에는 임대주택 '엘사'란 말 없어지길〉,《한국경제TV》2020년 1월 24일

현재를 살아가는 대한민국 사람이라면 누구나 알고 있다. 이곳만큼 끔찍하게 서로를 나누고 장벽을 세우는 나라는 없다는 가슴 아픈 사실을. 요즘 대한민국 초등학교에는 '엘사(LH 임대아파트에 사는 사람)', '휴거(휴먼시아 거지)'라는 말이 유행처럼 번진다. 같은 아파드에 살고 있더라도 임대아파트에 거주하는 아이들과 함께 학교를 다닐 수 없다며 학교

를 바꿔달라 생떼를 부리는 나라,
놀이터를 같이 쓸 수 없게 장벽을
세우는 나라, 통학로를 따로 만드
는 나라. 이곳이 대한민국이다. 온
나라를 충격에 빠뜨리고는 빠르게
사라진 'IMF사태' 이후 중산층은
허무하게 무너졌고, 서로는 견고하
게 장벽을 쳤다.

　그러나 이만큼이나 견고한 벽 아
래 지금, 대한민국에 공식적으로 신
분제도는 없다. 형식적인 단어로서
는 남아 있지만(예컨대 학생 '신분') 흔
히 법제적 의미의 신분은 남아 있지
않다. 웃기는 일이다. 전근대 신분
의 벽만큼이나 서로 간에 커다란 장
벽을 치고 살아가는 이곳 대한민국

<무너진 중산층>, 《경향신문》 1998년
11월 20일

에 신분이 없다니 말이다. 이 나라의 더욱 신기한 점은 계급도 없다는
사실이다. 정확하게는 계급이라는 표현이 없어야'만' 한다. 계급이라는
표현을 함부로 썼다가는 당신도 북한을 추종하는 '종북 세력'으로 몰려
빨갱이가 될 수 있으니 말이다. 세상 천지에 이런 지상낙원이 있을까.
신분도, 계급도 존재하지 않고 만민이 평등한 세상이라니.

　여기 또 하나 대한민국 국민을 묶어주는 마법의 단어가 있다. 아니,
있었다. 바로 중산층이다. 한때 대한민국은 국민의 70퍼센트 이상이

스스로를 중산층이라는 계층 질서에 속한다고 믿었던 때가 있다. 냉장고, 세탁기, TV 등 백색가전으로 대표되는 상징적 소유물은 국민 스스로 중산층으로 인식하게 만들어주었다. 더불어 군부정권이 만들어낸 '마이카My Car, 마이홈My Home'이라는 담론은 내 차와 내 집만 있으면 언제든지 중산층이 될 수 있다는 믿음을 심어주었다. 신분도, 계급도 없는 이 땅에 두터운 '믿음의 계층 질서'만이 남게 된 것이다. 적어도 IMF 사태 이전까지는 그랬다.

국민의 70퍼센트가 스스로가 쟁취했다고 믿은 중산층이라는 계층적 기반은 전부 어디로 갔단 말인가. 그것은 정말 한낱 신기루에 불과했을까? 그렇다면 이렇게 허무하고 나약하게 무너질 신기루는 누가 왜 만들었으며, 어떤 과정 속에서 쌓아올려졌을까? 이 책에서 다루고 있는 시간 범위에서 놓고 보면 그리 오래전 일도 아니니 천천히 하나씩 살펴보자. 고작해야 50여 년 전 이야기니까. 1966년 어느 날 '불도저'라 불리던 한 남자가 서울시 시장으로 부임하고부터의 일이다.

중산층, 너는 누구냐

'불도저 시장' 이야기에 앞서 기왕에 중산층에 대해서 살펴보기로 했으니 기본 개념부터 살펴보자. 아주 간단히, 그것도 일반적인 역사적 과정에 빗대어 맛만 보자. 신분이니, 계급이니 하는 어려운 이야기는 다른 훌륭한 사회과학 책이 많으니 그런 책을 참고해도 좋다. 사실 중산층은 이해하기 어려운 개념이 아니다. 쉽게 설명하면 문자 그대로 사회계층의 중간 부분을 형성하는 자들, 즉 사회적으로나 경제적으로 중간에 위치한 자들을 뜻한다.

여기서 중요한 포인트 하나. 중산층이란 표현은 주로 지배층과 피지배층 사이에서 '절충적'이고 '조화적'인 기능을 수행하는 계층을 지칭할 때 사용된다는 점이다. 계층 간 갈등을 완충하는 역할이라고 하면 더 이해가 쉽겠다. 더불어 하나 더. 대개 자본주의 체제하 산업화된 사회에서 중산층은 대체로 육체노동보다는 정신노동에 종사하며 상대적으로 높은 학력을 동반하는 계층을 일컫는다. 쉽게 말해 대학물 먹고(1980년대 이전이라면 고등학교를 졸업하고) 흰색 와이셔츠를 입고 회사에 다니는 정규직 샐러리맨 정도라고 보면 된다.

중산층이 형성되는 시기는 산업화가 본격화되는 과정과 맞물린다는 사실이 중요하다. 왜냐하면 산업화가 진행되면 다양한 도시문제, 구체적으로는 빈부 격차나 계층 갈등 문제가 발생하기 때문이다. 이 과정에서 국가는 도시에서 발생하는 다양한 사회적 문제를 해결하면서 계층 갈등을 희석시키고 계층의식을 억제한다. 그렇게 중산층은 정권과 지배계층을 통해 만들어지는 측면이 강하다.

그럼 이제 서두에서 던진 질문 중 하나는 자연스럽게 풀렸다. 한국 사회에서 중산층이 논의되기 시작한 때는 경제성장이 본격화된 박정희 정권 시기라는 사실이다. 주지하다시피 박정희 정권 초기, 정확히는 제1차 경제개발계획이 시작되면서 국가의 산업화 전략은 도시를 중심에 놓고 진행됐다. 이는 도시 인구 증가와 더불어 양적 경제성장이라는 현상을 만들어냈다. 경제 규모가 커지자 매달 일정 규모 이상 월급을 받는 일부 노동자의 임금 수준은 높아졌고, 자연스럽게 경제성장 과정

〈민중당, 기조연설의 당 지침 설정. 중산층보호 주력〉, 《경향신문》 1966년 1월 19일

에서 이들의 역할에 사회적 관심이 쏠리게 됐다.

1966년 이른바 '중산층 논쟁'은 이러한 배경에서 시작됐다. 시작은 야당인 민중당의 1966년 기조연설이었다. 민중당은 스스로 당의 기본 성격을 '중산층 정당'으로 설정하고 '중산층의 이익을 대변'하기로 결

의까지 한다. 이에 뒤질세라 여당인 공화당 또한 기조연설을 통해 중산층 육성에 대한 비전을 제시하며 "한국의 근대화는 농민, 도시근로자를 포함한 안정된 '중산층의 확대'로 이루어질 것"이라고 주장했다.

같은 시기 박정희 대통령은 1966년을 '제1차 경제개발계획이 끝나는 해'라고 강조하면서 제2차 경제개발계획을 서둘러야 할 '획기적인 이정표'라고 규정했다. 덧붙여 이를 위해 '국민의 힘, 믿음의 사회'를 슬로건으로 내걸었다. 근대화 작업이 제2단계로 접어들었으며 이를 위해 '새로운 차원의 힘이 요청'된다는 뜻이었다. 공화당의 기조연설은 대통령이 연두교서에서 제시한 방향성에 맞춘 구체적 안이었다. 간단히 말해 '이제 근대화가 어느 정도 성공했으니, 요즘 유행한다는 중산층인가 뭔가를 중심으로 소득도 나눠 먹고, 그 친구들 좀 키워서 잘 좀 해보자' 정도의 가이드라인이 완성된 것이다.

중산층 육성 문제가 정치권에서 불거지자 지식인들도 비슷한 문제로 갑론을박을 주고받았다. 1966년 1월부터 《조선일보》, 《정경연구》(재단법인 한국정경연구소에서 1965년 창간한 사회과학 종합 월간지) 등을 중심으로 중산층과 관련된 사설과 논문이 논쟁하듯 쏟아져 나왔다. 한마디로 1966년 초 중산층은 한국 사회의 '핫 키워드'였다. 경제학자는 물론 사회학, 인문학 연구자까지 나서서 논쟁을 이어갔다. 논쟁의 핵심에는 이들을 육성할 방안도 있었지만, 주로는 이들의 역할에 방점이 찍혔다. 사회 갈등 절충이라는 역할이 바로 그것이다.

자연스럽게 박정희 정권은 양적으로 늘어가는 봉급생활자, 특히 화이트칼라 노동자에게 관심을 쏟기 시작했다. 그러나 정권에서 보인 관심의 본질적 이유는 사실 궁색했다. 사회 갈등 절충이라는 측면에서도 중산층을 만들어내야 할 이유가 있었지만, 그에 앞서 박정희 정권에게는 돈이 궁했기 때문이다. 도시에서 발생하는 다양한 사회문제 해결을 위해서는 현실적인 예산 수준에서 작은 투자로 큰 효과를 볼 수 있는 집단에게라도 사회적, 경제적 안정을 줘야 했다. 적게 투자하고 생색내기 좋은 타깃이 필요했던 것이다.

없는 살림에도 관리는 필요했고, 제한적으로나마 예산을 집행해야 했다. 이때 예산 투자 대비 성과가 높을 것으로 보인 타깃이 바로 매달 정기적으로 월급을 받고 일을 하는 봉급생활자였다. 꼬박꼬박 월급을 받을 수 있으니 그나마 쥐고 있는 돈이 있었고, 안정된 직장이 있으니 신용도 좋았다. 봉급생활이라는 그 자체가 신용이었다.

문제는 정권이 봉급생활자를 위한 정책만을 우선적으로 집행해야 하는 명분이었다. 정책의 우선순위는 그 정권의 지향점이자 나아가야 할 방향성을 뜻한다. 이 때문에 우선 배치된 정책에는 명분이 중요하다. 1960년대의 봉급생활자는 고작해야 서울을 중심으로 40퍼센트를 상회하는 정도였다. 서울이 아닌 도시와 시골에서는 여기에 절반도 되지 않는 수준이었다. 여기서부터 정권은 소수의 봉급생활자를 대상으로 한 사회적 안정망을 확보하기 위해 '중산층'이라는 용어를 적극적으로 가져다 쓰기 시작한다. '누구나 중산층이 될 수 있다'는 환상을 심어주기 시작한 것이다. 놀랍게도 '그래서 중산층이 몇 명이나 되느냐' 하는 숫자 따위는 더 이상 중요하지 않게 됐다. 이제 명분은 만들어졌다. 다음 순서는 누구를 '중산층'으로 호명하느냐였다.

중산층의 도시 서울,
불도저 시장을 만나다

중산층의 태동을 이야기할 때 공간적 핵심은 서울이다. 이 시기 서울시 인구 구조는 2차 산업의 관리직, 사무직 등 안정적 봉급생활자 비율이 전국에 비해 월등히 높아지는 추세(1969년 기준 약 46.9퍼센트)였다. 또한 기능직 생산노무자 또한 단순노무자를 웃도는 비율이었다. 평균임금 또한 다른 도시에 비해 두 배 가까이 높았다. 이미 1960년대 후반이 되면 봉급생활자가 서울시의 주요 인구 구성원으로 자리매김했음을 알 수 있다.

서울시는 교육 수준에서도 다른 지방도시나 농촌과 달랐다. 1966년 당시 대졸자 비율이 전국적으로 4.8퍼센트에 불과했던 것에 비해 서울은 18.5퍼센트였다. 중·고교 졸업자 비율도 전국이 30퍼센트인 데 비해 44.8퍼센트로 높은 상태였다. 서울에 거주하는 대졸자의 경우 전문·기술직이나 관리직, 사무직과 같은 고소득 직종에 종사했다. 고등학교를 졸업한 경우에도 생산직과 기능공처럼 안정적으로 봉급생활을 할 수 있는 직종에서 근무하는 경우가 대부분이었다. 확실히 지방과는 다른 사회구조로의 변화였다.

경제성장이 한창인 이 시기에 중산층은 경제개발 과정에서 대단히 중요한 존재였고, 사람들에게도 그렇게 인식돼야 했다. 중산층은 경제성장의 기수여야 했고, 성장의 상징이어야 했다. 그 때문에 박정희 정권은 이들을 어떤 방식으로 만들어내고 관리할지 빠르게 결정해야 했다. 이때 정권이 선택한 방법이 바로 '주택 공급'을 통한 관리였다.

정권의 목표가 지속적인 경제성장이라면 노동생산성을 향상시킬 수 있는 가장 효과적인 방법으로 '노동자의 주거 안정'이 필수였고, 이는 반드시 해결해야 하는 문제였다. 게다가 경제성장의 중추적 역할을 해야 할 중산층의 주거 문제는 더 시급히 해결해야 하는 문제였다. 문제는 성장하는 경제 규모에 맞지 않게 엉망진창인 서울시의 주거 수준이었다.

성장세가 이어지던 1960년대 중반 이후에도 서울시 주택 보급률은 50퍼센트 수준이었다. 자가 주택을 갖지 못한 사람은 셋방살이를 하거나 법적으로 개발이 제한된 구역에 무허가 주택을 지어 생활했다.

무허가 주택은 영세민만의 주거지가 아니었다. 직장이 종로에 있는데 버스도 서지 않는 시 외곽 지역에 집을 짓고 살 수는 없는 노릇이었다. 봉급생활로 제법 경제 형편이 좋은 사람도 도심의 무허가 주택에서 출퇴근을 해야 하는 환경이었다. 당시 서울시는 1인당 거실 면적이 2.3제곱미터(0.7평)로, 유엔에서 발표한 적정 면적 5.6제곱미터(1.7평)의 41퍼센트에 불과할 정도로 주거 문제가 심각했다. 이렇게 열악한 주거 환경 속에서 예비 중산층은 '체제 불안 요소'가 될 가능성이 점차 높아지고 있었다.

이때 서울시에 구원투수가 등장했다. 바로 '불도저'라 불리던 사나이, 김현옥이다. 서울시민의 '머슴'을 자처한 그는 육군 장교 출신으로 5·16군사정변 이후 47개월 동안 부산시장을 역임한 인물이었다. 그가 서울시장으로 발탁된 가장 큰 이유는 부산의 도시계획을 과감히 밀어붙여 박정희 대통령의 신임을 얻었기 때문이다. 박정희 대통령에게 '과감함'이란 무질서한 도시 미관을 '불도저'처럼 밀어버리고 새롭게 도시를 리빌딩rebuilding하는 것이었다. 김현옥은 이미 부산시장 시절 '불도저 시장'으로 불렸다. 그가 부임하자 서울시 예산 규모부터 달라지기 시작했다. 1965년에 비해 김현옥 시장이 부임한 1966년 예산은 1.8배 증가했다(75억 원→135억 원). 특히 주택 정책 부문에 추가 예산을 편성하기도 했다. 김현옥의 시정이 어디를 향해 있는지 명확히 보여주는 예산 편성이었다.

김현옥 시장의 주택 예산 증가에는 그 나름의 기준이 있었다. 그리고 그에게는 누구보다 선명한 목표가 있었다. 그는 1966년 취임과 함께 서울 시민을 '중산층'과 '영세 시민'으로 양분하겠다고 국회에서 발표했다. 특히 주택 정책 분야에서 이 구분을 노골화했다. 1966년을 기점으로 주택 문제 해결을 중산층과 영세 시민, 두 계층으로 구분해서 처리하겠다는 것이다.

그는 더 노골적으로 중산층의 주택 문제를 먼저 해결할 것이라고 당당히 이야기했다. 그가 말한 중산층은 누구였을까? 그의 계획을 꼼꼼하게 읽어보면 그 답을 알 수 있다. 김현옥 시장의 발표에 따르면 서울시는 부도심 지역에 4만 동의 주택을 건설할 계획이었다. 또한 입주자는 주택을 소유하지 못한 공무원과 직장인이 될 것이며 은행 대출금과 서울시 융자금을 합쳐서 주택을 마련할 수 있도록 지원하겠다고 했다. 주택 형태는 아파트로, 민간 자금에 의해 건설될 예정이었다.

쉽게 이야기하면 결국 서울시가 말하는 중산층이란 주택 구매가 가능한 '자기 능력'을 갖춘 사람이었다. 서울시가 주도해서 주택업자들과 함께 집을 지어주면 그 집을 구매할 수 있을 정도로 안정적인 경제 기반이 있는 사람을 중산층으로 호명해주겠다는 의미였다. 여기서 중요

〈13대 서울특별시장 된 김현옥 씨, 시민이 바라는 것부터 '일하는 머슴 되겠다'고〉,
《경향신문》 1966년 3월 30일

한 것은 자기 능력이다. 서울시가 말하는 자기 능력이란 매달 정기적으로 받는 봉급이었다. 왜냐하면 당시 일반적인 주택 구입 방식이 '월 납입'이었기 때문이다. 여기서 월 납입이란 30에서 60개월 사이의 시간을 주고 매달 일정 금액을 분할 납입하는 구매 방식을 뜻한다. 지금은 은행에서 한 번에 돈을 빌려 집을 구매하고 은행에 원리금을 갚는다면, 이때는 건설사에 직접 분납하는 방식이었다. 은행을 낄 수 없으니 집을 살 수 있는 문턱이 높을 수밖에 없었다.

이렇게 김현옥 시장은 서울시에서 중산층이 될 가능성이 있는 자들,

혹은 돼야 할 자들을 선택했다. 한국에서 중산층을 이야기할 때 주택 소유 여부를 반드시 묻는 것도 여기서부터 시작된다. 앞으로 펼쳐질 김현옥 시장의 공격적인 도시 정책은 수혜 계층을 명확히 밝힌 상태에서 시작됐다고 해도 과언이 아니다.

어중간히 '있는 놈'은 집 짓고 살기 힘들다

그런데 부도심 지역의 토지를 공급하고 민간업체에 맡겨 주택을 건설하겠다던 계획은 시작과 동시에 어려움에 봉착했다. 땅값이 폭등하면서 이를 감당할 수 있는 건설사도, 집을 살 수 있는 사람도 없어진 것이다. 그야말로 '미친 집값'이었다. 부동산 경기는 극도로 위축됐다. 서울 땅은 왜 이렇게 비싸졌을까? 간단하다. 바로 김현옥 시장의 개발 방식 때문이었다. 김현옥 시장이 국회에서 발표한 대로 부도심 지역은 토지 구획정리사업으로 토지 개발에 들어갔다. 이는 자연스럽게 땅값 상승으로 이어졌다.

이 과정을 알기 위해서는 일제 식민지 시기 경성의 토지 개발 방식을 이해해야 한다. 바로 토지구획정리사업의 연원이다. 식민지 시기 경성부는 예산이 부족해 토지 소유자에게 개발 비용을 부담하게 하는 방식으로 토지 개발을 진행했다. 특히 1940년대 전시체제기에는 토지 사업비를 지구 내 토지 일부를 매각한 공사비로 충당하는 방식을 이용했다. 이것이 토지구획정리사업이다. 토지 소유자가 자기 땅 일부를 팔아 공사비를 부담하는 방식이 언뜻 이해가 안 될 수도 있다. 하지만 사업 지구로 지정된 곳은 땅값 상승이 일반적이었고, 토지 소유자의 사업비 부담은 자연스럽게 줄었다. 간단히 말해 땅 주인이 일부 땅을 팔아 공사비를 '투자'하고 주변의 전체 땅값을 올려 수익을 얻는 것이다.

해방 이후에도 서울시는 예산 부족으로 인해 식민지 시기 방식을 그대로 이용할 수밖에 없었고, 김현옥 시정기에도 이러한 방식은 개선되지 못했다. 토지구획정리사업으로 토지를 개발한다는 뜻은 땅값 상승을 감내하겠다는 뜻이었다. 문제는 땅값이 감내할 수 없는 수준으로 오르기 시작하면서부터다. 역시나 문제의 출발점은 김현옥 시장이었다.

1966년 8월 15일 서울시청 앞에는 거대한 천막이 하나 들어섰다. 이른바 '대서울 도시계획 전시장'이라 불리는 천막이었다. 그 내부에는 서울시를 약 5000분의 1로 축소해놓은 거대한 모형물이 전시됐다. 이 전시장에는 그해 9월 15일까지 한 달간 총 79만 6998명의 서울 시민이 다녀갔다. 하루 평균 2만 4906명으로, 서울시 인구로만 계산했을 때 한 가구당 한 명 이상이 관람한 것이다. 이 전시가 땅값 폭등에 기름을 부었다. 서울시 의도에 앞서 "앞으로 개발될 곳은 여기요!"라고 땅값 상승을 부추기는 모양새가 돼버렸다. 1년 사이에 적게는 세 배(서교동 인근), 많게는 50배(영동1지구) 가까이 폭등했다. 100원 하던 땅값이 4000원이 되기도 했고, 2000원 하던 땅값이 1만 5000원으로 치솟기도 했다.

1960년대까지 이렇게 폭등한 땅값을 감당하면서 주택을 공급할 수 있는 대규모 건설사는 존재하지 않았다. 가장 큰 건설업체라고 해봐야 토목회사 수준의 회사였다. 민간 건설 업체는 일부 사례를 제외하고 서울시가 조성한 부도심지 택지에 적극적으로 주택을 공급하기 어려운 상황이었다. 심지어 가까스로 주택을 지었다고 해도 분양 가격은 의미가 없어져버릴 정도로 주택 가격 자체가 폭등했다. 봉급생활자가 감당하기 힘든 조건이었다.

도심 지역은 더 심각했다. 도심은 불도저가 닿기도 전부터 땅이며 건물이며 부도심과는 비교도 할 수 없을 만큼 비싸게 거래되고 있었다. 그럼에도 도심지 땅값 상승을 더욱 부추긴 사업이 하나 있다. 최초의 대규모 도심 재개발로 불리는 '돈화문-퇴계로 간 재개발 지구' 개발 사업, 이른바 '세운상가 개발'이었다.

세운상가가 건설되기 이전 '돈화문-퇴계로 지구'는 김현옥 시장이 보기에 도시 발전의 '암적인 존재'였다. 도심지 한가운데 있는 노른자 땅임에도 무허가 판자촌으로 가득해 개발이 힘든 곳이었기 때문이다. 김현옥 시장은 이 문제를 간단히 처리하기로 했다. 불도저로 밀어버리는 방법이다.

그다음은 쉬웠다. 이 공간은 민간 자본 약 20억 원을 유치해 고층 아파트로 재개발하기로 결정됐다. 상가 이름은 '세운상가', '조국근대화'와 '고급스러운' 서울의 상징으로 홍보하기에 딱이었다. 세운상가가 가진 개발의 상징성은 서울시가 앞으로 도심부를 어떤 공간으로 만들어 나갈지를 보여주는 본보기였다. 또한 서울시 도심 개발이 누구를 향할지도 명확히 보여주었다. 한마디로 '앞으로 판자촌 철거하고 아파트 짓는다. 준비들 해'라는 신호였다.

다만 이 청사진은 강남이 만들어지기 전까지의 약속이었다. 강남 개발이 시작되고 강북 개발이 억제되면서 옛 도심부 개발은 묶여버렸다.

1966년 8월 15일 서울시청 앞 광장에 마련된 '대서울 도시계획 전시장'
내부
서울사진아카이브 소장

1968년 완공을 앞둔 세운상가 모습
서울사진아카이브 소장

낮은 구옥舊屋 가운데 매머드처럼 솟은 세운상가는 곧 서울시의 흉물로 전락했다. 하루 만에 철거돼 쫓겨난 철거민의 원망 때문이었을까. 세운상가는 아직도 어울리지 않는 모습으로 구도심 한복판에 낡은 채 솟아 있다.

세운상가뿐일까. 이 밖에도 도심지에 있던 판자촌을 밀어버리고 민간에 불하돼 상업 시설, 고급 주택, 아파트가 건설되는 경우가 허다했다. 김현옥 시정기, 서울 도심은 공사판이었다. 밀려나는 사람들이 있는가 하면 그 땅을 채우는 자들이 있었다. 서울 도심은 그렇게 자본주의의 민낯을 적나라하게 보여주며 짧은 기간 동안 화려해져갔다. 높은 땅값은 더욱 높아졌다. 어중간히 '있는 놈'은 집 사기 힘든 세상이었다. 이렇게 김현옥의 중산층 만들기에 제동이 걸렸다.

시민아파트에 살 수 있는 '시민'의 조건

막혀 있던 중산층 빚어내기 프로젝트가 엉뚱한 곳에서 숨통이 트이는 일이 발생했다. 서울 도심의 무허가 판자촌들이 불도저에 의해 밀려나가는 와중에 떡고물을 주워 먹은 이들이 생겼다. 도심지에 직장을 둔 봉급생활자들이었다. 불도저 시장이 추진한 도심지 재개발 사업에는 '공원 용지 해제'와 용지 내 판자촌 철거 후 '시민아파트 건립'이라는 스테레오타입의 절차가 있었다.

문제는 도심의 공원 용지 중 정부가 직접 땅을 내주고 판자촌으로 만들어준 곳도 허다했다는 점이다. 해방과 전쟁을 겪은 후 서울 유입

인구는 날로 폭증했고, 이때 이를 감당할 수 없던 서울시는 일제가 방공호 건설을 구실로 비워놨던 도심부의 공원 공지를 무주택 시민의 주거지로 사용되도록 암암리에 눈감아주었다. 서울시는 이곳 주민에게 주민세를 비롯한 각종 세금을 부과하기도 했고, 주소지를 지정해서 관리하기까지 했다. 무허가라는 말이 우스울 정도였다.

서울시의 도시 개발 방향성이 명확해지자 불도저 시장은 이 공간을 그냥 두지 않았다. 주택지로서 활용도가 높은 도심부의 '명목상' 공원 용지를 어떻게든 이용해야 했다. 밀 때 밀더라도 도심에 진짜 공원이 있어야 되지 않겠느냐는 비판도 있었지만 허물어진 그 땅에 불도저 시장이 진짜 공원을 만들 리 없었다. 그 공간은 시민아파트라는 이름으로 공간 활용도를 한껏 높인 주거지가 돼버렸다.

여기서 던져야 할 질문이 있다. '시민'아파트에 살 수 있는 '시민'은 누구인가 하는 것이다. 애초에 김현옥 시장이 발표한 대로라면 시민아파트 입주권은 기존 무허가 판자촌 주민에게 1순위로 돌아가야 했다. 정말 그랬을까? 잠깐 한 시민아파트의 사례를 살펴보자.

'금화 지구'라 불리는 곳이 있었다. 이곳이 바로 시민아파트의 시작이었다. 시작에 걸맞게 이 공간은 기존에 거주하던 무허가 판자촌 주민이 입주할 주택이라고 대대적으로 홍보됐다. 여기서 조건이 걸렸다. 판자촌 주민이 아파트에 입주하려면 공동 부담금 5만 원 상당을 일시 지불하고 15만 원가량의 자비를 들여 내부 시설을 개별적으로 인테리어 하라는 조건이었다. 매달 내야 하는 수도세, 전기세, 관리비 4000원은 덤이었다.

금화 지구에 거주하던 철거민 대부분은 시장에서 노점을 하는 상인

〈중산층아파트 건립 공모 공고〉, 《경향신문》 1970년 3월 18일

이거나 막노동에 종사하는 저소득층이었다. 이들에게 금화아파트 입
주는 '하늘의 별 따기'였다. 금화아파트 입주 시기가 다가오자 아파트
입주권은 헐값에 시장에 나왔다. 그 입주권을 챙길 수 있었던 사람은
다름 아닌 봉급생활자였다. 매월 정기적으로 일정 금액의 집값을 납부
할 수 있고, 당장 20만 원 정도의 목돈을 마련할 수 있는 자들은 뻔했
다. 시민아파트에 입주할 수 있는 시민의 조건은 봉급받는 자들이었던
것이다.

더 노골적인 사례도 있다. '필동 3가 재개발 지구 사업'이다. 시민아

파트를 건설하기로 결정됐던 이 사업이 언제부터인가 시 행정의 변화로 이상한 방향으로 흘러갔다. 시민아파트 사업이 투기성 사업이 되고 있다며 이를 막기 위해 재개발 사업을 '공익 사업'화 해야 한다는 명분이 걸리기 시작했다.

서울시가 말하는 '공익'은 무엇이었을까? 여기서 눈여겨봐야 할 부분은 이후 변화된 아파트 이름이다. 필동시민아파트로 계획됐던 아파트 이름은 '중산층아파트'라는 이름으로 변경된다. 공익 사업이라는 점이 강조되면서 그 대상이 '시민'에서 '중산층'으로 변한 사실은 서울시 행정의 방향성을 명확히 보여준다. 1968년 당시 이 아파트는 실제 매매가가 200만 원 내외로, 주변 시세에 비해 상당히 고가였다. 52.8제곱미터(16평)를 기준으로 같은 시기 분양한 홍제동아파트 시세가 65만 원이었고, 상대적으로 호화롭게 건설된 동대문상가아파트 가격이 150만 원 수준이었으니 당시 중산층이 살 수 있는 집의 수준이라는 것이 어느 정도였는지 대략적으로 알 수 있다.

서울시가 '공익성'이라는 표현을 빌려 '중산층아파트'를 지은 것은 대단히 상징적이다. '누구를 위한 공익인가'라는 물음에 서울시 스스로가 답했다. 서울시가 바라본 공익성은 중산층의 주거 안정이었다. 그 때문에 김현옥 시정기 동안 서울시의 공익은 중산층에 편입되고 싶은 욕망이 강한 이들에게 한정적일 수밖에 없었고, 도심지 재개발을 통해 이들의 주거 안정을 유도해 중산층으로 안정적으로 편입될 수 있도록 했다.

이제 남은 것은 김현옥 스스로 내뱉은 부도심 주택 개발 사업이었다. 도심지 시민아파트는 어쩌다 얻어걸린 모양새였지만 부도심은 달랐다. 서울시장이 약속한 중산층을 위한 땅이었고, 서울시가 책임지고 주택단지로 개발해야 할 땅이었다. 국회에서 약속했으니 그냥 넘어갈 수도 없었다. 문제는 폭등한 땅값을 감당할 돈이 없다는 안타까운 현실이었다.

돈은 은행에 있습니다!
여러분, 주택에 투자하세요!

김현옥은 서울시장으로서 할 수 있는 모든 것을 했다. 불도저처럼 땅을 밀고 건물을 올렸다. 서울시내에는 고가도로가 올라갔고 여의도에는 윤중제輪中堤(강섬을 보호하기 위해 섬 주위에 만든 제방)가 완성됐다. 운이 좋았는지 강남으로 통하는 다리가 놓였고, 그 앞으로 부산으로 향하는 고속도로까지 깔렸다. 그를 끊임없이 괴롭히는 것은 역시나 지지부진한 부도심 개발이었다.

이때 박정희 정권이 엄청난 결단을 내린다. 주택 가격 안정을 목표로 땅값을 통제할 것인가, 시장에 맡길 것인가 하는 선택의 기로에서 정권은 후자를 택했다. 시장 의존성을 높이는 방법으로 문제를 해결하려 한 것이다. 이러한 정권의 선택은 단순히 서울시의 주택 건설 방향성만을 위한 것이 아니었다. 서울시로 대표되는 대한민국 도시 개발, 그중에서 주택 건설 방향성을 노정한 선택이었다. 서울시는 이를 선제적으로 주도하는 공간이라는 상징성을 가지고 있었다.

당시 도시 개발을 담당한 차일석 서울시 부시장은 '기업 투자를 통한 도시 개발'을 당당히 주장하며 한국 도시 개발 방법의 특징을, 첫째 지자체의 구획 정리, 둘째 민간에서의 건축이라 설명했다. 기업 경영 방식에 의해 정부가 우선 투자하고 이후 기업 투자를 적극 장려해야 한다는 주장이었다.

여기서 문제는 역시 돈이었다. 서울시도 기업도 올라버린 땅값을 감당할 돈이 없었다. 해결은 의외로 간단했다. 금융권의 개입이었다. 1967년 국민의 주택 마련 자금을 위한 정부기관의 하나로 만들어진 한국주택금고에 민간 자본이 투자하면서 1969년 한국주택은행으로 확장됐다. 주택은행으로의 변화는 곧 주택 금융 자본금에 민간 자본이 대량으로 투여되는 것을 의미했다.

결과는 뻔했다. 금융권에 기업 돈이 투자됐으니 새로운 투자처를 찾아야 했다. 자연스럽게 주택의 의미가 변하기 시작했다. 1969년 주택은행이 바라본 주택은 '경제성장에 공헌할 수 있는 생산적 투자의 한 형태'였다. 더 이상 주택은 주거'만'을 위한 노동 재생산 공간이 아니었다. 주택은 안정적인 자본 축적 수단으로 변화됐다. 정권에 의해서 '주택은 곧 투자다'라는 담론이 형성되기 시작한 것도 이 무렵이다.

그럼 투자는 누가 할 수 있었을까? 이 역시 뻔했다. 주택은행은 정권과 서울시가 예비적 중산층으로 분류한 봉급생활자에게 대출을 유도해 주택을 소유할 수 있도록 했다. 국가가 정책적으로 땅값 잡는 걸 포기하고 국민에게 은행에서 돈을 빌려 집을 사라는 뜻이었다. '이거 사면 나중에 돈 벌 수 있으니까, 빚을 져서라도 집 한번 사봐. 이건 투자야. 지금까지 언제 땅값 떨어진 적 있어?' 너무나 달콤했다. 집으로 돈을 벌 수 있다니.

기업 주도의 주택 건설 또한 주택은행 설립을 계기로 엄청나게 빨라졌다. 비싸더라도 집을 살 수 있는 사람이 늘었으니 기업 입장에서 투자하지 않을 이유가 없었다. 건설업은 낮은 이자를 가뿐히 뛰어넘는 새로운 투자처로 주목받았다. 시장성이 확보됐으니 문제될 것이 없었

〈마이홈〉,《동아일보》1970년 8월 17일

다. 게다가 서울시에서 친절히 부도심 개발이라는 명목으로 서울 도심 외곽 땅도 직접 갈아줬으니, 이제 건물만 올리면 되는 문제였다. 차츰 대형 건설사들이 등장하기 시작했다.

이러한 메커니즘의 주택 시장이 안정적으로 돌아가기 위해서 전제돼야 하는 부분이 있다. 중산층으로 편입될 자들의 주거 소유욕이 계속 자극돼야 한다는 점이다. 이를 위해 정권은 '1가구 1주택'이라는 말을 뿌려대기 시작했다. '돈 없어서 집을 못 샀어? 집이 있어야 중산층 될 수 있어. 돈을 빌려서라도 네 이름으로 집이 있으면 너는 일단 중산층이야. 집도 자산이니까.' 이렇게 정권은 금융권 대출을 통한 주택 '소유'를 권장하고 '마이홈'(1가구 1주택) 담론을 완성해 나갔다. 주택은행이 내건 '서민금융'은 명목에 불과했다. 현실은 고가의 월 납부 형식의 부금(적금)과 정기예금을 감당할 수 있는 자들을 위한 금융이었다. 역시

나 핵심은 '정기성'이었고, 이를 책임질 수 있는 자들은 봉급생활자들이었다.

이를 명확히 말해주는 통계가 있다. 주택은행에서 돈을 빌려 집을 구매한 사람들의 주택 면적이다. 1970년 당시 주택은행 대출자의 56.6퍼센트가 49.5제곱미터(15평)에서 66제곱미터(20평)의 집을 구매했고, 32.9퍼센트가 66제곱미터(20평)에서 82.6제곱미터(25평)의 집을 구매했다. 49.5제곱미터(15평) 이하의 집을 구매한 사람은 3.1퍼센트에 불과했다. 1970년 기준 영세민 주택이 33제곱미터(10평) 이하였음을 감안한다면 대략 어떤 사람들이 주택은행을 이용해 집을 구매했는지 알 수 있다.

사실 주택은행 설립으로 혜택을 가장 많이 받은 건 기업이었다. 박정희 정권은 주택은행 설립 이후 건설 경기 활성화를 목표로 기업에 건설업 투자를 권유하게 된다. 이는 비단 주택은행에 대한 투자만이 아니었다. 빈 땅에 적극적으로 집을 지으라는 뜻이었다. 1969년 이후 주택은행 대출을 통한 기업의 건설 투자가 급상승한 것은 이 때문이다.

안정적인 '쩐'의 유통, 불붙는 서울의 '심 시티Sim City'

돈 문제도 해결됐으니 이제 실제로 건물을 올리고 사람이 들어가 사는 일만 남았다. 자, 이제 어디에 건물을 올려야 할까? 김현옥 시장의 전투적인 추진력과 주택은행의 대출이 환상적으로 컬래버레이션돼 만들

〈여의도 시범아파트 입주자 모집 공고: 갖는 자랑, 사는 즐거움, 꿈이 있는 '마이홈'〉,
《경향신문》 1970년 8월 20일

어지는 공간, 바로 여의도와 강남이다. 시작은 김현옥 시정기의 '여의
도 및 한강변 개발 계획'이 본격적으로 추진되면서부터다.

　이 개발 계획 담당자의 표현을 빌리자면 여의도와 한강변은 "환멸
적인 도심지의 무질서를 해결하고 새로운 어배니티Urbanity의 창조"를
위해 개발되기 시작했다. 쉽게 말해 이곳은 근대화의 상징이자 새로운
서울의 얼굴이어야 했고, 개발 목적에서 표현된 것처럼 개발된 공간에
들어가 살 사람들은 새 서울을 상징하는 사람들이어야 했다. 바로 중

산층이다. 광활한 서울의 빈 공간은 그렇게 공사판이 돼갔다. 김현옥 시장이 시작한 이러한 사업의 방향성은 1970년 그가 퇴임한 이후에도 끊임없이 이어졌다.

여의도는 윤중제 공사 후 토지가 구획되고 정리되기 시작했다. 구획 정리가 한창이던 1970년 기업 투자 이전에 서울시 예산으로 시범아파트가 우선 건설된다. 여의도가 개발될 것이라는 시그널을 기업에게 준 것이다. 이후 여의도에선 건설 기업의 투자가 활발히 이뤄진다. 같은 방식의 개발은 여의도를 기준으로 강 오른편 변으로 확대된다. 동부이촌동, 압구정동, 반포동 등 여의도와 같은 매립지를 중심으로 개발이 진행되기 시작한 것이다. 투자 물결은 한강 물길을 따라 불같이 타올랐고, 분양권을 받기 위한 인파는 새벽잠을 포기하고 줄을 섰다.

영동, 그러니까 지금의 강남은 1970년대로 접어들어 중산층 중심의 '개발 바람'을 정면으로 맞게 된다. 정식 명칭은 '영동 제1지구 토지구획 정리사업'이다. 쉽게 말해 1차 강남 개발은 1966년 구획 정리 지구로 결정돼 2년 뒤인 1968년 사업 시행 허가가 떨어졌다. 현재의 양재동, 방배동, 서초동, 반포동 일대다. 총 1375만 2066제곱미터(416만 평)의 대규모 개발지였다. 사업 시행 허가가 떨어지자마자 제3한강교(한남대교)와 경부고속도로 건설이 확정되면서 서울시민의 주목을 한 몸에 받는 공간이 돼버렸다. 땅값은 요동치기 시작했고 고속도로를 건설하면서 주변 땅이 정리되기 시작했다. 이제 건설사가 집을 짓기 위한 삽을 뜰 일만 남았다.

강남이 건설 기업 투자를 성공적으로 이끌어낸 건 '영동 제2지구 토지구획정리사업', 즉 2차 강남 개발의 공격적 시행 덕분이었다. 1971

년 사업 시행 허가가 떨어지면서 강북 지역의 인구 분배를 목적으로 신시가지를 건설하려는 뚜렷한 목표까지 더해지게 된다. 총면적 1318만 165제곱미터(398만 평)으로, 현재의 강남구 청담동, 논현동, 역삼동, 삼성동, 대치동 등이 바로 이때 개발된 땅이다. 정권은 노골적으로 강남 개발을 촉진하려 했다. 강북의 유흥 시설과 백화점, 시장 등의 신·증설이 금지되면서 강남 개발을 위한 강북 억제책이 본격화된 것이다. 1975년에는 한강 이북 지역에 택지 개발 금지 조치가 취해지기까지 했으니 강남은 그야말로 황금 땅으로의 변화만을 앞두고 있었다. 땅값은 치솟았고, 중산층은 너나없이 짐을 싸들고 강을 건너 한강 이남으로 향했다.

중산층이 강남에서 찾은 집은 강북에서처럼 낡아빠진 주택이 아니었다. 네모반듯하게 한강을 바라보고 선 아파트였다. 강 건너 도심이라 불리던 종로와 광화문 인근의 개발이 국가로부터 금지됐고, 이에 따라 땅값은 폭등 중이었다. 내려와 살겠다는 사람들이 줄을 이었던 이유다. 대박의 조짐이 실제로 터지기 시작한 것은 반포아파트였다. 와우아파트 붕괴로 아파트를 기피하던 불신감은 아파트 가격이 치솟자 순식간에 해소됐다. 돈이 생명의 위협을 넘어선 것이다. 반포아파트의 성공이후 강남권에 대한 건설 기업의 과감한 투자는 줄지어 이어졌다.

강남에서의 성공은 잠실 개발로 이어졌다. 중산층이 꿈꾸는 이상적인 공간, '강남 3구'의 시작이다. 강남구, 서초구, 송파구까지 세 구가 묶여서 이야기되는 것은 단순히 집값이 높아서만이 아니다. 개발의 메커니즘이 같았기 때문이다. 지금 서울시에서는 상상할 수 없는, 개발의 시기에만 가능하던 메커니즘이다. 광활한 땅덩어리를 대상으로 한 정권의 과감한 구획 정리, 건설기업의 막대한 일괄 투자, 주변 지역의 개발 억제, 중산층이 감당할 수 있을 만큼의 공급가격이 완벽히 맞아떨어진 절호의 기회였다.

1960년대, 신기루를 좇는 사회의 원형을 만들다

1960년대 후반 한국 사회는 바야흐로 계층 간 갈등보다 중산층이라는 사회적 지위를 얻기 위해 집중해야 하는 구조로 전환되고 있었다. 중산층이라는 환상은 산업화 과정에서 만들어지는 계층 갈등을 최소화해주었다. 이러한 구조가 실현 가능했던 이유는 중산층으로 진입코자 하는 이들에게 국가가 나서서 무한한 혜택과 더불어 사회적으로 '성공'했다는 허상까지 심어주었기 때문이다. 그 혜택과 허상의 핵심에 주택 공급이 있었다.

같은 시기 서울시장을 역임한 김현옥은 이러한 상황 변화를 명확히 읽어냈다. 그는 정권의 정책 방향을 빠르게 파악하고 불도저처럼 일했다. 밀어낼 자들은 확실히 밀어내고, 빈자리에 누가 들어와야 하는지 정확히 알고 있었다. 그는 당당히 국회에서 중산층을 위한 주택을 먼저 개발할 것을 발표했고, 이후 그의 바람대로 서울은 중산층이 되고 싶은 사람들로 가득한 도시가 됐다. 이는 비단 1960년대 후반에 한정된 이야기가 아니라 현재진행형이다. 그만큼 김현옥의 그림자는 여전히 짙다.

한편 주택은행 설립 이후 주택은 시장에 맡겨졌고, 기업에 의해 대량으로 건설됐다. 그렇게 만들어진 주택을 소유한다는 것 자체가 계층 상승을 상징하게 된 순간 주택의 의미는 소유를 넘어 투자가 될 수 있었다. 이 변화는 곧 여의도와 한강변 개발 성공으로 이어졌고, 결국에는 강남과 잠실 개발을 만들어냈다.

이러한 박정희 정권의 주택 정책 방향성은 정권의 근대화 노선을 상징적으로 나타낸다. 현실에 엄연히 존재하는 계층 문제와 갈등을 중산층 진입이라는 욕망으로 희석하고 영세민 주택 문제처럼 정권이 적극적으로 개입하지 않으면 해결할 수 없는 문제에 대해서는 책임을 회피한 것이다. 사실 이러한 주택 정책의 방향성이 박정희 정권에서만 있었겠느냐만, 어찌 됐건 한국의 뿌리 깊은 전통과 같은 이 시스템의 오리지널리티는 1960년대 후반 박정희 정권과 서울시장 김현옥에 의해 완성됐다. 1970년대를 지나면서도 이 시스템은 변하지 않은 채로 서울의 개발 방향을 결정했다.

지금까지 살펴본 것처럼 시기마다 다르겠지만 적어도 고도 경제성장기에 서울은 중산층 이상의 계층을 위한 공간으로 변화했다. 이 글을 다 읽은 사람이라면 눈치를 챘겠지만, 중산층이란 사실 자기 힘으로(금융의 도움을 받더라도) 주택을 구매할 수 있는 계층이라는 대단히 추상적인 의미만을 가지고 있다. 당시 중산층이 된 혹은 되고 싶었던 사람은 집을 구매하려는 욕망, 집에 투자하려는 욕망에 적극적으로 빨려들어갔을 뿐이다. 그렇기 때문에 중산층은 신기루와 같다. 집값이 떨어져 욕망이 꺾이는 순간 중산층은 허무하게 무너질 허상일 뿐이다.

이런 문제 해결은 과연 현재 대한민국이 그 신기루를 어떻게 관리하려고 하느냐에 달려 있다. 어쩌면 서울은 그렇게, 여전히, 앞으로도 신기루를 좇는 자들을 위한 도시로 남게 될지도 모른다.

참고문헌

역사비평 편집위원회 엮음, 《논쟁으로 읽는 한국사》 2, 역사비평사, 2009

김백영, 《지배와 공간》, 문학과지성사, 2009

나리타 류이치 지음, 서민교 옮김, 《근대 도시공간의 문화경험》, 뿌리와이파리, 2003

도시사학회, 《도시화와 사회갈등의 역사》, 심산출판사, 2011

손정목, 《서울 도시 계획 이야기》 전5권, 2003

염복규, 《서울의 기원 경성의 탄생, 1910-1945 도시계획으로 본 경성의 역사》, 이데아, 2016

임지현·김용우 편, 《대중독재》 1, 책세상, 2004

정근식·이병천 편, 《식민지 유산, 국가 형성, 한국 민주주의》 2, 책세상, 2012

조희연, 《동원된 근대화》, 후마니타스, 2010

김대환, 〈도시사회 구조변화와 도시행정방향: 도시사회발전과 중산층의 역할〉, 《지방행정》 39, 1990

김아람, 〈1970년대 주택정책의 성격과 개발의 유산〉, 《역사문제연구》 29, 2013

김인철, 〈우리나라 도시중산층의 정치·경제적 행태와 사회안정: 서울·부산·대구·대전·광주 등 5개의 대도시 중류생활자들을 대상으로〉, 《한국정치학회보》 28, 1994

김재원, 〈1960년대 후반 서울시 주택정책과 '중산층' 문제 인식〉, 《한국사연구》 175, 2016

김종립, 〈청계고가도로 건설을 통해 본 1960년대 후반 서울의 도시 개발〉, 서울대학교 과학사 및 과학철학협동과정 석사학위논문, 2013

장세훈, 〈도시화, 국가 그리고 도시 빈민: 서울시의 무허가 정착지 철거 정비정책을 중심으로〉, 《사회와 역사》 14, 1988

허은, 〈박정희 정권하 사회개발 전략과 쟁점〉, 《한국사학보》 38, 2010

흉노의
왼팔을
잘라라!

원과 고려를
넘나든 비운의
정치가

첫 왕조의
마지막
순간

한국판
《삼국지》의
시대

독립운
민주주
임시정
선거제

나말여초,
그 주인공을
찾아서

일본 천황의
견마에서
대한민국의
절대자로

블스 오브
더 식민지식민지
조선의 조선과
#필수 마약 문제,
그 이면의
사람들

공작 __2__

완전히
새로운
한국사

흉노의 왼팔을 잘라라!
첫 왕조의
마지막 순간

최
슬
기

고조선, 이름부터 알고 보자

고조선은 한국사의 첫 장을 여는 중요한 위치를 차지하는 만큼 관심도 많고 그에 따르는 논란도 많다. 그러나 막상 이와 같은 열렬한 관심에 비해 고조선사를 구체적으로 밝혀내기 위해 동원할 수 있는 자료가 턱없이 부족한 탓에 '한국사의 첫 국가'인 고조선사는 때로 실제보다 과장되기도 하고 오해되기도 했다.

특히 '민족사'의 첫 장이라는 위상 때문에 식민지 시기로부터 현재에 이르기까지 각 시대가 당면했던 과제와 결부돼, 다시 말해 학문 외적인 요인에 의해 고조선사는 오롯이 이해되지 못하고 더욱 난맥상을 드러내게 됐다. 구체적으로 식민지 시기에는 식민사관의 하나인 '조선인과 일본인은 공통의 조상을 가진다'라는 일선동조론의 전제에 따라, 조선인에게 민족의 시조로 인식돼왔던 단군이 부정됐다. 또 조선은 반도적 특성으로 인해 늘 침략받아왔으며, '조선인 스스로 자주적인 역사 발전을 이루어낼 능력이 없다'라는 타율성론에 근거해 조선의 역사는 중국의 군현 설치 이후, 즉 한사군 시기로부터 시작됐다고 간주됐다. 그런가 하면 근래에 들어와 북한에서는 단군릉을 발굴했다고 하면서 단군을 실존 인물로 기정사실화하며 한국사의 상한 연도를 대단히 높이 끌어올리는 시도를 했고, 중국에서도 동북공정을 전개하면서 고조선을 중국의 지방정권으로 이해하려고 시도했다. 이처럼 고조선사는 가히 '국제적인 현대사'라고 부를 수 있을 만큼 현재까지도 뜨거운 주제다.

이와 같은 무수한 오해와 과장 속에서도 그것들을 하나씩 걷어내 가면서, 민족사의 '첫 장'이라고 여겨지는 고조선의 정체를 밝히기 위한 연구자들의 노력은 꾸준히 이어지고 있다. 지난 100여 년이 넘는 기간 동안 고조선 연구는 고조선의 중심지를 찾거나 위치를 비정하는 것과 같은, 공간적 범주를 밝히는 것이 우선 과제였다. 이후 고조선이라는 국가가 형성되는 과정에 대해 그리고 그렇게 만들어진 국가는 어떤 성격을 지녔는지에 대한 문제로 논의가 옮겨갔으며, 최근에는 중원 왕조와의 전쟁이나 교역 등과 같은 대외관계를 중심으로 고조선의 실체에 접근하는 연구가 이어지고 있다. 이와 같은 외부적 관점에서의 연구와 더불어, 고조선의 권력 구조라든가 정치 운영 시스템을 분석하는 등 내부 구조를 통해 그 정체를 밝히려는 연구도 서서히 진행되고 있다.

고조선과 관련한 흔한 오해들로는 위에 열거한 것 외에도 많지만, 그중에서도 가장 기본적인 것을 꼽는다면 바로 '국호'와 관련된 것이라고 할 수 있다. 국호 문제는 단순히 나라 이름을 어떻게 부를 것인가에 국한된 문제가 아니라 고조선의 역사나 정체성에 대한 이해와 깊이 관

련되는 문제이므로 자세히 살펴볼
필요가 있다.

'고조선古朝鮮'이라는 명칭은 '옛
(古) 조선'이라는 뜻으로, 이성계가
1392년에 건국한 조선과 구분하기
위해 그 이전에 있었던 조선에 '고
古'라는 글자를 붙여 근세의 조선과
고대의 조선을 구분한 것이라고 흔
히 알려져 있다.

그런데 이 고조선이라는 용어는
이성계의 조선 건국 이전, 즉 고려
후기 일연의《삼국유사》에 이미 등
장한다. 일연은《삼국유사》에서 '고
조선'이라는 명칭을 사용했는데,

《삼국유사》규장각본
《삼국유사》는 고조선(왕검조선)-
위만조선 순으로 서술돼 있다.
국사편찬위원회 소장

이는 바로 그다음 조목인 '위만조선' 이전의 조선을 가리키기 위한 것
이었다. 즉 이성계의 조선과 고대의 조선을 구분하기 위해서가 아니라,
위만조선과 그 앞에 있었던 조선을 구분하기 위해 옛(古) 조선이라고
한 것이다.

《삼국유사》'고조선'조에는 단군이 조선을 개국하고 나라를 다스리
다가 주나라 무왕이 기자를 조선에 봉하자, 단군은 장당경으로 자리를
옮겨 지냈고 아사달에 돌아와 산신이 됐다고 전한다. 이어서 '위만조
선'조가 서술되는데, 이와 같은 일연의 인식을 따라간다면 단군과 기
자가 포함된 고조선이 존재했고 그 뒤를 이어 위만조선이 들어선 것이

돼 고대의 조선은 2단계로 나뉘는 것을 알 수 있다.

한편《삼국유사》와 비슷한 시기에 저술된 이승휴의《제왕운기》는 고조선을 전조선(단군조선)·후조선(기자조선)·위만조선으로 구분해 3조선三朝鮮으로 인식하는 단초를 열었다. 이것이 우리가 흔히 고조선을 3단계로 구분해서 이해하는 지식의 기초가 되는 지점이다. 그렇다면 이와 관련해 현재까지 진행된 연구에는 어떤 내용이 있을까?

고조선이 단군, 기자, 위만이라는 이른바 통치자의 이름을 따라 3조선으로 나뉘어 불리게 된 것은 각각의 전승과 사서의 기록에 의거한 것이다. 사실 단군신화를 처음 싣고 있는《삼국유사》에도 '왕검조선'이라고 돼 있다. 엄밀히 말해 '단군조선'이라는 명칭이 보이기 시작하는 것은 조선 전기에 편찬된《동국사략》에서부터다. 이 단군조선은 주지하다시피 단군신화로부터 비롯된 것이다. 현재 우리 학계에서는 단군신화를 역사적 사실로 인식한다기보다, 단군신화가 '청동기시대의 문화를 배경으로 한 고조선의 성립'이라는 역사적 사실을 반영하는 것으로 인정한다. 단군신화에 보이는 토테미즘이나 제정일치와 같은 내용을 청동기시대의 흔적으로 이해할 수 있기 때문이다.

다음 기자조선은 '기자의 조선'이라는 뜻으로,《상서대전尙書大傳》에 기록된, "기자가 동쪽(조선)으로 갔다"라는 기자동래설에 기인한다.《상서대전》은 중국 고대 경전 중 하나인《상서尙書》에 전한(前漢) 사람 복생(伏生)이 편집과 주석을 가한 책이다. 그런데《상서대전》의 저본이 된《상서》에는 기자가 동쪽(조선)으로 갔다는 서술이 없는 반면, 그 주석서인《상서대전》에서 갑자기 기자가 동쪽으로 갔다는 서술이 등장하는 것이다. 이후《상서대전》이라는 문헌 자체가 가지고 있는 한계가 속속 밝혀지고, 기자동래설이 결국 중국 한나라 이후에 많은 사람에 의해 내용이 덧붙여지고 과장된 허구라는 것이 확인됨으로써 현재 이 설을 긍정하는 입장은 거의 없다. 이에 따라 '기자조선'이라는 명칭을 대체하기 위해 '개아지조선', '검조선', '크치조선', '한씨조선', '예맥조선' 등이 그 대안적 용어로 제기되기도 했다.

마지막 위만조선은, 그때까지 조선의 왕이었던 준왕을 몰아내고 왕이 된 위만의 이름을 붙인 명칭이다. 위만은 당시 중국의 혼란기를 틈타 많은 유이민流移民과 함께 조선 지역으로 넘어온 사람이다. 이에 사마천은《사기》에서 "조선의 왕, 만(위만의 이름)은 옛 연(燕)나라 사람이다"라고 기록했던 것이다. 이 '옛 연나라 사람'이라는 표현을 두고 위만이 중원 왕조 출신이기 때문에 위만조선을 한국사에서 배제하고자 했던 논의도 있었다. 그러나 중요한 것은 위만이 어느 지역 출신이냐가 아니라 망명 후 조선이라는 중심 집단을 이끈 수장으로서 위만의 정체성이 더 중요하다는 점이 지적되면서 현재는 위만이 통치한 조선도 한국사의 맥락에서 이해하고 있다.

요컨대 '고조선'은 본래《삼국유사》에서 위만조선과 구분하기 위해 썼던 말로, 이성계의 조선과 구분하기 이전부터 사용했던 것이다. 그리고 고조선사를 세 시기로 나누어 이해하는《제왕운기》의 관점이 현재 우리의 고조선 인식의 출발점이 됐다. 현재는 세 조선을 모두 합쳐서 고조선이라 부르기도 하고,《삼국유사》의 관점에 따라 고조선과 위만조선으로 구분하기도 한다. 최근에는 후자의 입장이 우세한 경향을 보인다.

지금까지 고조선을 이해하기 위해 국호에 대한 기초 정보를 알아보았다. 자, 이제부터 본격적으로 한국사의 첫 장을 장식하는 국가의 마지막 모습, 앞서 말한 이른바 위만조선의 멸망과 관련된 몇 가지 이야기를 들여다보도록 하자.

전쟁으로 망한 고조선, 그럼 전쟁은 대체 왜?

결론부터 이야기하면, 위만조선은 당시 중원의 패자로 자리매김하고 있던 한나라와의 전쟁에서 패배함으로써 멸망했다. 그렇다면 이 전쟁은 무슨 이유로 일어난 것일까? 이를 자세히 전하는 사료를 통해 하나씩 알아보자.

위만조선이 멸망에 이르는 과정에 대해 가장 구체적이면서, 당대의 자료라는 특징을 가지고 있는 것이 바로 사마천이 저술한 《사기》〈조선열전〉이다. 사마천이 역사 편찬 업무를 담당하는 태사공이 된 시기가 바로 위만조선과 한나라의 전쟁이 본격적으로 시작된 무렵(기원전 108)이었기 때문에 사마천은 바로 당대에 일어나고 있는 사실을 보고 듣고 정리해서 《사기》〈조선열전〉을 작성했을 것이다. 이에 따라 《사기》〈조선열전〉에는 위만조선이 멸망하는 과정, 즉 한나라와의 전쟁에 관련한 내용이 매우 상세하게 서술돼 있는데, 이는 마치 위만조선의 멸망을 기록하기 위해 작성했다고 할 수 있을 정도로 구체적인 특징을 보인다.

고조선은 스스로 남긴 기록이 없기 때문에 그 실상을 파악하기 위해서는《사기》〈조선열전〉과 같은 이웃 국가의 옛 기록을 참고할 수밖에 없다. 물론《사기》〈조선열전〉은 그 구체성과 당대성이라는 점에서 신뢰도는 높다고 할 수 있다. 그러나 이 사료를 독해하는 과정에서 우리는《사기》〈조선열전〉이 위만조선 이전의 역사보다 위만조선의 멸망 과정을 구체적으로 전달하는 데 상당한 지면을 할애하고 있다는 지점을 눈치채야 한다. 그러면서 한나라가 위만조선 침공을 어떻게 합리화하고 평가했는지에 대해서도 의식해야 한다.《사기》〈조선열전〉 자체가 이 전쟁의 명분과 근거를 철저히 한나라의 입장에서 서술한 자료이기 때문이다.

《사기》〈조선열전〉은 ① 위만조선 이전의 조선과 중국 여러 왕조의 관계 ② 위만조선의 건국 과정과 한나라와의 외교 관계 ③ 한무제의 조선 침략과 조선의 저항 ④ 한사군 설치와 군공의 처리 ⑤ 편찬자의 평가로 구성된다. ①과 ②에 해당하는 도입부는 고조선과 한나라의 전쟁을 서술하기에 앞서 왜 전쟁이 일어나게 됐는지를 설명한 부분으로, 조선 침공을 위한 정당성을 확보하는 서사구조임을 확인할 수 있다. 그럼 전쟁의 이유를 설명하는 ①, ②의 내용부터 살펴보자.

명분과 실상의 아슬아슬한 줄타기 (1)
-명분: 외신外臣인 듯 외신 아닌 외신 같은 너!

조선의 왕 만은 옛 연나라 사람인데, 그는 진말한초秦末漢初(진나라 말기, 한나라 초기)의 혼란기에 조선으로 망명해 잠시 자립했다. 이후 한나라가 안정되자, 위만을 '외신外臣'으로 삼아 그에 걸맞은 '의무'를 다할 것을 요구했고, 위만은 이에 대한 반대급부로 '군사의 위세와 재물(兵威財物)'을 얻게 됐다. 그런데 위만은 '외신으로서의 의무'를 다하지 않고 오히려 그 위세를 이용해 주변 세력을 복속시켰고 영역도 넓어지게 됐다. 뒤이어 위만의 손자 우거가 왕위에 올랐는데, 한나라에서 도망친 사람들을 꾀어내었고, 애초에 약속한 대로 한나라 황제를 뵈러 오지도 않았으며, 나아가 주변국이 한나라에 조공하려는 것 또한 가로막았다.

사료의 내용을, 전쟁의 이유에 집중해 행간의 의미까지 따져보면 대략 다음과 같다. 한나라의 입장에서 보면, 조선의 왕 만은 옛 연나라 사람으로 중국 왕조와 관련이 있기 때문에 한나라에 복속돼 있어야 했다. 그럼에도 중국의 혼란기를 틈타 자립했던 것이다. 이후 한나라는 그 정치가 다소 안정되고 나서 위만에게 '외신'의 지위를 부여하면서 그를 포섭했고, 위만은 이를 받아들여 다시 신하가 됐다. 그런데 위만조선의 세력이 점차 강대해지더니 '외신의 역할'을 이행하지 않기 시작했다. 이에 한나라는 버릇을 고쳐주기 위해 부득이 위만조선을 침공해 준엄하게 꾸짖게 됐다는 것이다.

지금도 마찬가지지만, 전쟁은 명분이 중요하다. 시기가 오래될수록, 동양의 전통시대로 갈수록 더더욱 명분이 중요하다. 유교적 도덕명분론에 입각해 왕도정치를 표방하는 황제의 덕치德治에 명분 없는 전쟁은 오점을 남길 수 있기 때문이다. 그런 면에서 한나라가 위만조선을 침공한 이유와 내세운 명분이 무엇인지, 그것이 과연 타당했는지 다시 꼼꼼히 살펴보자. 사료를 통해 간취되듯, 한나라의 침공 이유는 바로 위만조선이 '외신으로서의 의무를 이행하지 않았다는 것'에 있다. 그렇다면 '외신의 의무'란 무엇이며, 외신이 대체 어떤 것이기에 전쟁까지 일어나게 된 것일까?

한나라는 위만을 외신으로 삼으면서 두 가지 의무를 부과했다. 하나는 한나라 국경 밖의 오랑캐들(塞外蠻夷)을 지켜 변경을 노략질하지 못하게 하는 것이고, 다른 하나는 모든 오랑캐의 군장들이 황제를 뵙고자 하거든 막지 말고 보내주라는 것이었다. 앞의 의무는 오랑캐의 노략질을 막아내는 일과 관련되고, 뒤의 의무는 주변 오랑캐와 한나라가 소통하는 것을 보장하는 일과 관련된다. 이 두 가지 의무가 외신에게 주어진 것이라면, 그럼 외신이라는 것은 대체 무엇일까?

외신은 내신(內臣)에 대응하는 개념으로 내신이 한나라의 제후국을 가리킨다면, 외신은 한나라의 경계 바깥쪽(塞外)에 있는 정치 세력을 일컫는다. 지금까지 이루어진 논의에서 외신은 '중원 왕조에 귀속된 이민족 군장'으로 이해돼왔고 그 이민족들 중에서도 유력한 세력에게 외신의 지위가 부여됐다고 보았다. 한나라는 위만조선 이외에도 기원전 196년 남월(南越)을 외신으로 삼았고, 이어서 서역(西域)과 흉노(匈奴)에게도 외신의 지위를 부여하려고 했다. 물론 서역과 흉노를 외신으로 삼는 데는 실패했지만, 이들 여러 세력이 한나라에게 주변 오랑캐들 중 우월한 세력으로 인식됐음을 알 수 있다. 이 외신제도는 전한(前漢) 대 초기에만 국한해서 운용됐는데, 실상은 강제성이 없는 것이었기 때문에 군현제 도입 이후 사라졌다고 본다.

그런데 이와 관련해서 최근 종이 발명 이전에 서사 재료로 썼던 간독(簡牘)과 같은 출토 문자 자료가 발굴되면서 외신에 대한 이해의 폭이 넓어지게 됐다. 간독은 종이 발명 이전에 종이와 같은 역할을 했던 서사 재료로, 대나무 조각과 나무 조각이 있다. 그중 대나무로 만든 것을 죽간竹簡이라고 하거나 간략하게 '간'이라 칭하고, 일반 나무로 만든 것을 목독木牘이라고 하거나 간략하게 '독'이라고 했다. 이 둘을 합쳐 간독이라고 한다.

이 간독 자료를 통해 외신이라는 용어가 기존의 이해와 같이 전한 초에 국한되지 않고, 그 이전 진秦나라 때부터 확인되며, 적어도 전한 말까지 줄곧 중원 왕조 바깥의 오랑캐를 '전부 통칭'하는 데 사용됐음을 알 수 있게 됐다. 한나라가 주도권을 쥐고 상대방에게 신臣이라는 호칭을 강제한다는 점은 맞지만, 특정한 유력 군장에게만 외신의 지위를 부여한 것이 아니라 정치적 '친선 관계'를 맺을 수 있다면 '모든 오랑캐'를 외신의 대상으로 삼았다는 것이다. 그리고 이렇게 한나라와 맺은 외신의 관계는 형식적인 것일 뿐, 실질적인 상하·주종 관계가 아니었는데, 이 점은 《사기》〈서남이전西南夷傳〉의 "남월왕은… 명목상으로는 외신이지만 실제로는 한 주州의 군주입니다"라는 기록을 통해 재차 확인할 수 있다.

그렇다면 외신은 기존의 이해처럼 '중원 왕조에 귀속된 이민족 군장' 중에서 힘도 세고 잘사는 '유력한 오랑캐'에게만 부여되는 지위이자, 전한 대에만 잠시 운용된 것이 아니다. 외신제도는 한나라 이전부터 말기까지 존속했고, 또 친선 관계만 맺을 수 있다면 주변의 '모든 오랑캐'에게 외신의 지위가 부여됐다고 이해할 수 있다. 이는 결국 강제성도 없을뿐더러 형식적인 양국 관계를 드러내는 것일 뿐 상하·주종 관계도 아니라는 것이다.

나아가 그렇게 보면 '오랑캐'가 변경을 침범하지만 않고, 동시에 형식적인 군신 관계만 인정하면 외신이 되는 것이므로, 이러한 외신에 특수한 국제 질서가 담겨 있다거나 어떤 특별한 의무가 부과된 것으로 보기 어려워진다. 따라서 자연스럽게 한나라가 위만조선에게 부과했다는 '황제를 알현하라', '변경의 오랑캐를 지켜 노략질하지 못하게 하라'와 같은 외신의 의무 사항은 아예 처음부터 요구된 것도 아닐 가능성이 높다.

게다가 강제된 의무도 아니었을 뿐더러, 설사 외신인 나라가 이러한 요구를 이행하지 않았다고 하더라도 한나라는 이를 강제하도록 압력을 가할 수도 없었을 것이다. 왜냐하면 전한 초기는 내우외환으로 한나라 자신이 그 제후국인 내신들조차 제대로 제어하기 힘든 상황이었기 때문이다.

이러한 혼란기가 지나가고, 경제景帝 대에 오초칠국吳楚七國의 난亂이 평정되면서 왕권이 점차 강화되기에 이르렀다. 특히 무제武帝 대에 가면 내신에 대한 통제도 강화되는데, 바로 이때에 와서야 외신들에게 그 의무가 강화됐을 가능성이 있다. 다시 말해 앞서 얘기한 '황제를 알현하라', '변경의 오랑캐를 지켜 노략질하지 못하게 하라'와 같은 의무는 애당초 외신 개념에는 없었던 규약일 수 있고, 무제 대에 통제가 강화되면서 생겨난 새로운 제약일 수도 있는 것이다.

결국 한나라는 처음부터 그 외형이 결정돼 있던 것이 아니었음에도 침공의 근거를 찾기 위해 일단 외신으로서의 지위를 먼저 규정한 뒤, 위만이 외신이 된 시기와 크게 달라진 무제 대의 외신의 책무를 들이대면서 이를 지키지 않았다는 구실로 위만조선을 침공한 것이다. 다시 말해 '외신의 의무를 이행하지 않았다'라는 명분은 실질적으로는 그저 한나라가 전쟁을 일으키기 위해 만든 핑계였던 것이다. 이와 유사한 서사와 논리 구조가 바로 앞서 위만조선과 함께 외신이 됐다던 남월에게 동일하게 적용됐다. 한나라는 남월 정벌의 구실을 찾으면서 위만조선에게 구사했던 것과 똑같은 명분을 들이댄 것이다. 이로써 한나라가 삼은 전쟁 명분인 '위만조선의 외신 의무 불이행'은 전쟁을 위한 구실일 뿐이었다는 것이 더욱 선명해졌다.

명분과 실상의 아슬아슬한 줄타기 (2)
－실상: 외신인 네가 흉노의 왼팔이라니! 배신이야!

그렇다면 한나라가 위만조선과 전쟁까지 불사한 실제 이유는 정말로 무엇이었을까? 한나라는 왜 저런 명분까지 굳이 만들어내면서 위만조선을 침공했던 것일까? 이에 대해 기존의 연구에서는 경제적 이유를 가장 많이 지적해왔다. 즉 앞서 살펴보았던, 주변 여러 나라들이 한나라에 직접 알현하러 가고자 하는 것을 막고 방해했다는 기록에 주목한 것이다. 즉 위만조선이 한반도 서북 지역에 존재한다는 지리적 이점을 이용해 중계무역을 주도하면서, 그 남쪽에 존재했던 진辰과 같은 세력이 한나라와 직접 교역하는 것을 방해했기 때문이라는 것이다. 그런데 이 역시 큰 범주에서 외신의 의무 안에 들어가는 내용이므로 양국 관계만 보아서는 해결이 되지 않는다. 더 실질적인 이유는 다른 데서 찾아야 한다.

이 문제의 해결을 위한 실마리는 비슷한 시기의 사실을 전하는《한서》〈위현전〉에서 찾을 수 있다. 이 기록에는 한나라가 "동쪽으로 조선을 정벌해 현도, 낙랑(군)을 세워 흉노의 왼팔을 잘랐다"라고 하는 표현이 보인다. 한나라가 위만조선을 멸망시킨 것을 가리켜 "흉노의 왼팔을 잘랐다"라고 묘사한 것이다. 이는 마치 위만조선과 흉노 사이에 모종의 관계가 있었다고 말하는 것 같다. 그리고 '팔을 잘랐다'고 표현한 것을 보면 그 둘의 관계는 몸통과 팔처럼 매우 가까웠던 것 같다.

갑자기 나타난 흉노 그리고 흉노의 왼팔이라는 위만조선. 이들은 대체 어떤 관계였던 것일까? 안타깝게도 이를 구체적으로 전하는 자료는 없다. 다만 흉노에게 위만조선이 왼팔이었다고 하니, 누군가는 오른팔의 역할을 했을 것이다. 이 오른팔을 통해 왼팔의 위상을 한번 추적해보자.

앞서 흉노의 왼팔이 조선이었다는 기록에 뒤이어 바로 오른팔에 대한 설명이 보인다. 바로 서역西域이다.

> 서쪽으로 대완大宛을 정벌하고 (중략) 오손烏孫과 결탁해 돈황敦煌, 주천酒泉, 장액군張掖郡을 두어 (중략) **흉노의 오른팔을 찢어놓았다.**

여기에 보이는 대완, 오손 등은 한나라의 서쪽에 있던 서역 여러 나라 중 일부다. 서역은 구체적으로 흉노와 경제적 관계로 얽혀있었다. 흉노는 서역에 동복도위僮僕都尉를 설치해 그들에게 조세와 공물을 제공받으면서 경제적으로 의존하고 있었다. 한나라는 이 서역과 흉노의 관계를 단절시키는 것을 가리켜 흉노의 오른팔을 찢어놓았다고 표현한 것이다. 그렇다면 자연스럽게 흉노의 왼팔로 묘사된 위만조선의 위상은 서역이 흉노에게 미쳤던 경제적 영향력에 준하는 '어떠한 영향력'을 미칠 정도였다는 것을 감지해낼 수 있다. 그것도 썩 가까운 정도가 아니라, 상당히 중요한 관계였다고도 볼 수 있다. 그러니까 한나라는 위만조선과 서역, 이 두 나라를 각각 왼팔과 오른팔로 묘사하면서, 흉노와 이들의 관계를 다 끊고 자르고 찢어내 가면서 대응했던 것이다. 직접 타격하지 않고 팔다리부터 자르면서 접근했는지, 아니면 직접 타격을 먼저 하고 마무리로 팔다리를 잘라낸 것인지 선후 관계는 다음에서 살펴보도록 하고, 좌우간 이토록 전략적이고 단계적으로 대응해야만 했던 흉노는 한나라에게 대체 어떤 존재였던 것일까?

하늘이 세워준 흉노 대선우가 황제에게 삼가 묻는다. 무고하신가?
└ Re: 황제가 흉노 대선우에게 삼가 묻습니다. (중략)
무고하시옵니까?

흉노는 바로 '오랑캐(胡)'라는 개념을 탄생시킨 주인공이자, 대대로 한족에게 '유목민 트라우마'를 심어준 존재였다. 농경문화를 기반으로 국가를 운용한 중원의 한나라와 달리 흉노는 유목 경제를 기반으로 계절의 변화와 동물을 따라 이동하며 지내는 집단이었다. 흉노는 아이가 세 살이 되면 안장 없이 말에 태우는 훈련을 해서 기마에 능수능란했고, 특히 무시무시한 활쏘기 기법을 구사하는, 당시로서는 주변국이 가지지 않은 최강의 전투력을 자랑하는 집단이었다. 진시황제가 만리장성을 쌓은 이유도 북방의 흉노를 막기 위해서였고, 한무제가 장건張騫을 서역에 파견해 실크로드를 개척하게 한 것도 흉노 때문이었음은 널리 알려진 사실이다.

한나라를 막 건국한 고조高祖 유방劉邦은 자신을 동, 서, 북방에서 압박해오는 흉노를 정벌해보고자 기원전 200년에 전투를 감행했다. 그러나 고조는 이 전쟁에서 궤멸에 가까운 타격을 입고 7일 동안 고립돼 굶어 죽을 뻔하다가 흉노 선우單于(흉노의 군주를 부르는 칭호)의 연지閼氏(선우의 부인을 부르는 칭호)에게 막대한 뇌물을 써서 겨우 빠져나왔다. 진나라 말기 이후 혼란상을 극복하고 다시 중원을 장악한 패기 넘치던 고조가 흉노에게 그토록 창피하게 패배한 것이다. 이를 '평성平城에서 겪은 수모恥(평성의 치)'라고도 할 정도다. 이후 한나라는 흉노와 맞붙지 않으려고 했고 종실의 공주를 흉노 선우에게 출가시키고 해마다 다량의 비단, 곡물, 식료품을 바치는 조건으로 흉노와 화친을 맺게 되는데, 바로 이 방식들이 이후 수隋·당唐 등의 중원 왕조가 유목민을 회유하는 수단으로 자리 잡게 된다. 이때 유목민에게 시집간 여인들을 '화번공주花蕃公主'라고 부른다.

고조가 사망하고 그 부인인 여후가 어린 혜제를 대신해 섭정할 때, 흉노 선우는 여후에게 편지 하나를 보내왔다.

"나도 지금 혼자고 당신도 혼자인데, 우리 함께 살아봄이 어떻소?"

당시 한나라는 흉노를 '말할 줄 아는 원숭이' 정도로 멸시하고 있었다. 다만 너무 싸움을 잘하니 맞붙지 않는 것일 뿐. 그런데 태후에게 이런 모욕을 주다니. 그럼에도 한나라는 지난날 평성전투 패배의 기억 때문에 제대로 쏘아붙이지도 못하고 적당히 넘어가며 화친을 유지할 정도였다.

당시 자신만만하던 한나라가 이토록 목을 움츠리던 상대였던 흉노

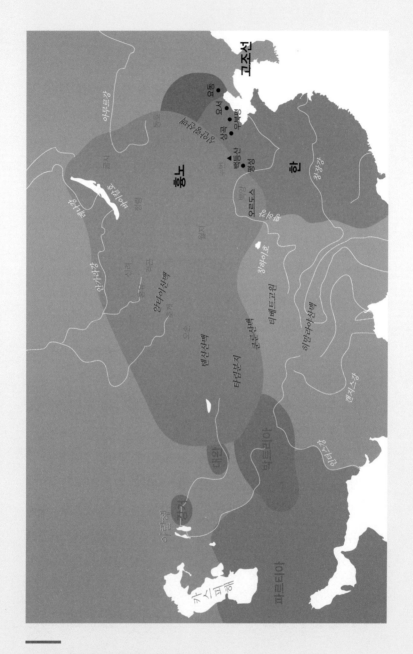

기원전 2세기경, 흉노제국과 한 그리고 위만조선

는 묵특冒頓(재위 기원전 209~기원전 174)이라는 불세출의 선우를 맞아 광대한 영역을 아우르며 거대 흉노 유목 제국을 건설했다. 흉노는 이미 한나라 건국 이전인 기원전 206년에 동호東胡를 격파, 남쪽 오르도스 방면의 누번樓煩과 백양白羊 격파, 진나라 때 몽염蒙恬에게 빼앗긴 하남 지역 탈환, 북쪽 바이칼호 방면으로 정령丁零, 격곤鬲昆 등의 유목민까지 대거 복속시켰다.

여후가 모욕을 당한 뒷 시기인 문제文帝 대에 흉노는 팽창 절정기에 도달, 서방의 월지月氏를 정벌, 묵특의 아들 노상老上선우 시기에 이르러 누란, 오손 등 서역 26개국을 전부 복속시켜 중앙아시아 일대를 석권하게 됐다. 신생국 한나라로서는 가히 두려워할 수밖에 없는 존재였던 것이다. 게다가 이들은 거의 매년 한나라를 침략했고, 한나라는 번번이 흉노의 요구를 들어줄 수밖에 없었다.

이렇게 흉노에게 시달리던 문제 대에 갑자기 한나라는 동쪽에서 느껴지는 이상한 기운을 감지했다. 이는 진무陳武라는 장군이 문제에게 "위만조선이 지금 험준한 요새와 군대를 방패 삼아 꿈틀대며 기회를 엿보고 있습니다. 속히 정벌해 복속시켜야 할 것입니다"라고 했다는 《사기》〈율서〉의 기록을 통해 알 수 있다. 문제 대는 위만조선이 한나라의 외신이 된 지 약 20여 년이 지난 시점이다. 그사이에 조선은 벌써 한나라에게 신경 쓰이는 존재가 된 것이다. 게다가 한나라는 흉노에 대응하느라 바쁜 와중에도 동쪽의 꿈틀댐에 촉각을 곤두세우고 있었다.

킬링 머신 한무제, 더는 못 참는다! 전면전이다!

문제, 경제 대를 지나며 꾸준히 국력을 축적한 한나라는 무제 대에 와서 적극적인 대외 팽창 정책을 폈다. '더 이상의 굴욕은 없다. 화근을 제거하자!'라는 방향으로 흉노를 향한 대외 정책 방침이 전면 수정된 것이다. 이는 호전적인 무제의 개인 성격도 작용했지만, 한편으로 그간 축적된 국력이라는 든든한 뒷배가 있었기에 가능한 것이기도 했다. 그리고 무엇보다 한나라와 흉노의 통치권 개념이 서로 다르다는 것을 무제 대에 와서야 깨달았기 때문이기도 하다.

한나라의 황제권은 황제에게 최고의 권위와 전제적 통치권을 집중하는 구조였다. 이에 한나라는 자신들처럼 흉노도 그럴 것이라고 생각하고 선우에게 진귀한 물품을 보내주어 선우의 권위를 세워주면, 선우가 그 위세를 이용해 흉노 전체를 통제할 수 있을 것이라고 여겼다. 그런데 유목민인 흉노의 권력 구조는 선우가 항상 전제권을 가지는 것이 아니라 약탈 혹은 전쟁을 벌일 때만 강력한 카리스마를 지닌 군사지도자로서 전투를 지휘하고, 평상시에는 평범한 사람들 가운데 한 사람으로 돌아가는 방식이었던 것이다. 이 때문에 아무리 화친조약을 맺어도 선우는 그것을 비준만 할 뿐, 이를 주변에 강제할 수 없었던 것이다. 실제로 화친조약을 어기고 다시 한나라의 변경을 침입했던 주체는 선우가 아니라 우현왕右賢王이나 한나라를 배반하고 흉노로 망명한 장군들이었다는 사실이 이를 잘 보여준다.

무제는 두 가지 방법으로 흉노를 몰아낼 계책을 세워 실행했다. 먼저 10여 년에 걸쳐 아홉 번의 전면 대격돌을 감행했다. 특히 기원전 119년의 전쟁이 규모 면에서 가장 컸고, 이 전쟁으로 한나라와 흉노 사이의 '대규모' 전투는 거의 마무리됐다고 볼 수 있다. 이를 통해 한나라는 드디어 흉노를 고비사막 이북으로 몰아냈다.

이렇게 흉노를 군사적으로 무력화한 뒤, 한나라는 흉노의 주변에서 그들을 지원하는 세력을 하나둘씩 없애 나가기 시작했다. 앞서의 격돌이 군사적 성격이었다면, 이는 흉노를 정치·경제적으로 고립시키려는 작전이었다.

먼저 서역 여러 나라 중 하나였던 오손을 회유함으로써 흉노를 지원하지 못하게 했다. 이어 한나라의 확장 정책에 따라 한의 남쪽에 있던 남월, 동월東越을 정벌했고, 연속해서 흉노의 서쪽에 있던 강羌과 흉노가 접촉하지 못하게 해당 지역에 한의 군현인 주천군酒泉郡을 설치했다. 이러한 일련의 정벌 과정이 종합적으로 서술돼 앞서 보았던 "서

한무제의 대외 정책과 방위

시기(기원전)	국가/지역	방위
135~109	서남이 정벌	서
127	흉노의 삭방(오르도스)을 빼앗고 삭방군 설치	남
119	흉노의 왼쪽 땅(左地: 상곡, 어양, 우북평, 랴오시, 랴오둥) 격파	동
117	오손 회유	서
111	남월 정벌	남
110	동월 정벌	남
	강과 흉노 차단을 위해 주천군 설치	서
108	조선 정벌	동
104	대완 정벌	서

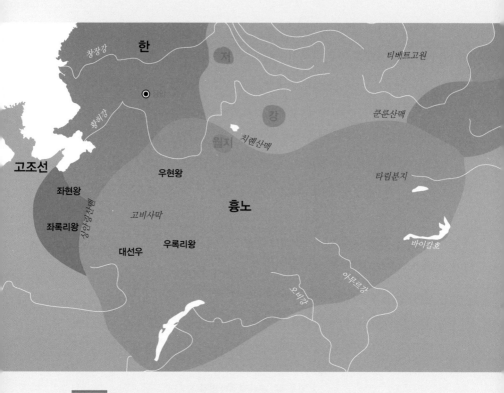

흉노 입장에서 본 기원전 2세기경 지도

흉노의 입장에서 오른쪽에 서역, 전방에 한, 왼쪽에 위만조선이 있다. 우리와 달리 흉노는
왼쪽을 더 중요하게 생각하고 숭상했다. 흉노의 군주인 선우 바로 밑에는 최고 지배층으로
좌현왕, 우현왕이 있었는데, 특히 좌현왕은 태자가 맡았다. 좌현왕이 다스리는 영역은
《후한서》의 기록에 따르면 왼쪽 땅(左地)이라고 표현되는데, 상곡, 어양, 우북평, 랴오시,
랴오둥 지역으로, 이곳은 묵특선우의 시기에 조선과 접했다는 기록이 있어 흉노와
위만조선의 지리적 접근성도 충분히 유추할 수 있다. 한편 기원전 119년에 있었던
한나라와 흉노의 전투는 가히 양국 간의 전투를 마무리 지었다고 할 수 있는 전쟁이었는데,
이 전쟁에 대해 《후한서》에서는 "흉노의 왼쪽 땅(左地)이 격파됐다"라고, 《사기》에서는
"이후 사막 남쪽에 흉노의 왕정이 사라지게 됐다"라고 묘사하고 있다. 그리고 한은 이
흉노의 왼쪽 땅을 격파하고 10년이 지난 기원전 109년에 흉노의 왼팔인 위만조선과
전투를 시작했다.

쪽으로 (중략) 흉노의 오른팔을 찢어놓았다"라는 기록으로 남게 된 것이다.

이와 같은 무제의 군사적·경제적 공격에 흉노는 경제적 기반은 물론 그 위신에도 커다란 타격을 입게 됐다. 그리고 무제의 대흉노 정책이라는 큰 그림에서 마지막 순서로 여겨진 곳이 바로 '흉노의 왼팔' 위만조선이었던 것이다.

이상의 내용을 종합해본다면, 한나라의 위만조선 침략 이유였던 '외신 의무 불이행'이란 명분은 껍데기였고, 알맹이는 사실 한나라 건국 초기부터 너무 견디기 버거웠던 흉노와, 그 흉노의 동쪽에서 서역에 준하는 영향력을 발휘한 위만조선의 관계를 끊기 위한 것이었다. 그저 양자가 밀접한 것만으로도 한나라는 대단히 신경 쓰였을 텐데 앞서 살펴봤듯, 위만조선은 진번을 비롯한 주변국들을 복속시켜 규모도 커지고, 한나라에서 도망친 사람들을 불러 모아 인구까지 늘려 나가며 무서운 속도로 국세를 키우고 있으니, 앞서 진무라는 사람이 언급했듯, 얼른 먼저 제압해서 후환을 남기지 말아야 할 존재로 인식했을 것이다.

이러한 저간의 사정으로 결국 한나라는 섭하涉河라는 사신을 위만조선으로 파견해서 외신의 책무를 똑바로 하라고 꾸짖었다. 하지만 당시 조선의 왕이었던 우거右渠는 끝내 이 명을 받들지 않았다. 이윽고 섭하가 한나라로 돌아가는 길, 그는 자신을 전송하러 나온 비왕裨王 장長이라는 사람을 찔러 죽이고 달아났다. 무제는 섭하를 칭찬하며 벼슬을 내렸고, 이에 원망을 품은 우거가 군대를 이끌고 한나라로 쳐들어가 섭하를 죽여버렸다. 전쟁이 시작된 것이다. 이렇게 촉발된 전쟁은 1년여간 지속됐다.

아, 이렇게 오래 끌 전쟁이 아닌데…

무제는 남월 정벌에서 활약했던 장군 양복을 조선에도 파견하면서 전쟁이 곧 끝나리라고 생각했을 것이다. 그런데 예상외로 위만조선은 육로와 해로로 진격해온 한나라 군대를 맞아 잘 싸운 정도가 아니라 연속 승리했다. 이렇듯 한나라의 장군들이 고전하자 무제가 개입해서 "군사의 위엄을 갖추고" 사신을 보내 협상을 진행하고자 했다. 이는 사실 협상이 아니라 군사적 권위로 으름장을 놓은 것으로 볼 수 있다. 협박을 받은 우거는 조선을 침공한 양 장군에게 항복하면 자신을 속여 죽일까 봐 두려웠기 때문이라고 해명하고 황제의 사절이 직접 왔으니 항복하겠다고 대응해 전쟁을 끝내려고 했다. 이에 사죄의 의미로 태자를 통해 말 5000필과 군량미를 한나라에 제공하기로 했다.

그런데 조선의 군사 1만여 명이 무기를 들고 이 물자 운반 행렬을 호위하며 양국의 경계까지 이르렀을 때 문제가 발생했다. 한나라 측에서 조선의 태자에게 '이미 항복했으니 무장을 해제하라'고 요구한 것이다. 무장 해제를 요구한 이유에 대해《사기》〈조선열전〉에는 "그들(조선)이 변을 일으킬까 봐 두려워"라고 적고 있다. 이런 요구를 받자마자 조선의 태자 역시 이들이 자신들을 무장 해제 하게 해놓고는 죽일까 봐 의심해 곧바로 뒤로 돌아 조선으로 가버렸다.

당시 이런 일은 흔하게 발생했다고 한다. 즉 흉노가 한나라에 거짓으로 항복하고 나서 변란을 일으켜 한나라 병사들을 죽인 경우도 있었고, 한나라가 남월을 정벌한 뒤 그들에게 항복했으니 살려주겠다면서 무장 해제를 하게 한 다음 살해하거나 포로로 잡아가는 경우도 있었던 것이다. 양측의 팽팽한 긴장감과 신경전, 결국 협상은 결렬됐다.

전쟁은 더 길어졌다. 전쟁을 치르는 한나라의 지휘관들 사이에서도 슬슬 계교計巧가 엇갈려 불협화음이 발생했다. 이에 무제가 한 번 더 개입해 또 사신을 보냈는데도 일은 틀어졌다. 잘만 유지하면, 전쟁은 승산이 있었을 수도 있다.

아니, 그런데 차츰 조선의 내부에서 투항 세력이 생겨나기 시작했다. 이들은 결국 조선의 왕 우거를 죽이고 한나라에 투항해버렸다. 그런데 조선의 왕이 살해된 다음인데도 수도는 함락되지 않았고, 우거의 신하였던 성기成己가 다시 맹렬히 한나라를 공격하는 등 마지막까지 있는 힘을 다해 싸웠고, 이에 한나라는 마지막 방책으로, 투항한 조선인들을 회유해 장군 성기를 죽이도록 시켰다. 마지막 전사 성기가 죽음으로써 위만조선과 한나라의 전쟁이 끝나게 됐고, 바로 이것이 첫 왕조의 마지막 순간이 됐다.

전쟁 경과를 찬찬히 뜯어보면, 위만조선은 전투력이나 조직력 문제로 전쟁에서 패한 것이 아니었다. 고조선의 멸망은 결국 한나라와 화친을 주도했던 세력과 계속적 항전을 주도했던 세력 간의 갈등 속에서 종국에는 화친을 주장했던 세력이 항전을 주장했던 우거를 제거하고 한나라에 투항한 결과였던 것이다.

그래서 둘이 무슨 관계야? 솔직히 말해봐

자, 그럼 이제 다시, 위만조선과 흉노는 구체적으로 어떤 관계였는지가 궁금하지 않을 수 없다. 꽤 밀접한 관계였을 것으로 짐작은 되지만 구체적인 내용을 전하는 직접 자료가 없어 계속 유추만 할 뿐이다. 그런데 이러한 유추에 도움이 되는 기록이 하나 더 있다. 앞에서 살펴봤듯, 전쟁 중 한나라 군대가 고전을 면치 못하자 무제가 개입해서 사신을 보내 회유했을 때의 장면이다. 이때 우거는 항복의 표시로 말 5000필을 제공하겠다고 했다.

한나라는 앞서 치렀던 흉노와의 전투에서 수천여 필의 말을 잃었고, 말이 부족하다는 이유로 흉노와의 전투를 잠시 휴전 상태로 둔 적도 있었다. 또 무제는 붉은 땀을 흘리며 하루에 천리를 달린다는 서역의 이름난 말, 한혈마汗血馬를 얻기 위해 대완을 정벌했던 전적도 있다. 그런데 위만조선이 말을 5000필이나 제공하겠다고 하니, 무제로서는 몹시 솔깃했을 것이다. 당시는 흉노와의 전쟁으로 말이 몹시 부족했던 시기였고, 동시에 기병 위주의 흉노를 상대하기 위해서 한나라 역시 기병의 역할이 대단히 중요한 시점이었다. 따라서 이 당시 말은 핵심 군수물자나 다름없었다. 게다가 5000필이라면 상당한 수의 재부였다. 동시에 이 기록은 5000필을 제공해도 괜찮을 만큼 위만조선에게 많은 말이 있었다는 것도 짐작할 수 있게 한다.

자, 생각해보자. 지금까지 한나라가 누구와 전쟁을 해왔던가? 바로 흉노다. 흉노와 전쟁을 하며 한나라에 말이 부족해졌다면, 이는 한나라만 겪은 어려움이었을까? 하물며 흉노의 왼팔이라는 위만조선에 이렇게나 많은 말이 있었는데, 전쟁 상대국이었던 한나라에도 제공하려던 말을, 흉노에 제공하지 않았다고 할 수 있을까? 한발 더 나아가 보자. 말은 유목민에게 부를 축적하는 수단이기도 하다. 유목민은 자신들의 말과 중원 왕조의 비단을 맞바꾸는 식으로 교역을 하곤 했는데, 이를 '견마무역絹馬貿易'이라고 한다.

주변 세력을 복속하고 성장세를 이어가던 위만조선 그리고 그 전개를 예의 주시하고 있는 한나라, 국초부터 한나라에 굴욕을 안겨주었던, 기병이 주 병력인 흉노. 만일 위만조선과 흉노가 핵심 군수물자와도 같은 말을 주고받았다면 한나라가 이를 가만히 두고 보고 있지만은 않았을 것이다. 이 논리를 연장한다면 위만조선과 흉노의 관계는 군사적 우호 관계가 전제된 사이였을 수 있다. 또 위만조선이 흉노를 후방에서 지원해줄 수 있는 세력이었을 가능성도 있다. 이는 거꾸로 위만조선이 이 흉노라는 든든한 뒷배를 믿었기 때문에 한나라와의 갈등 상황에서도 배짱을 부릴 수 있었던 것이 아닐까. 그리고 이것이 종래에는 서역을 경제적 영향력에 비견해 오른팔, 위만조선을 군사적 영향력에 비견해 왼팔로 묘사하게 된 것이 아니었을까.

현재까지 접근해볼 수 있는 위만조선과 흉노의 관계는 여기까지다. 더 구체적인 관계를 '교역 양상'에 집중해서 파악한 필자의 논문이 있는데, 이 글도 언젠가는 대중서로 실을 수 있는 날을 기다려보면서 다음의 참고문헌에 서지 정보를 밝혀둔다.

참고문헌

《사기》, 《염철론鹽鐵論》, 《한서》, 《삼국지》 인용 《위략》

권오중, 《낙랑군연구》, 일조각, 1992
니콜라 디코스모 지음, 이재정 옮김, 《오랑캐의 탄생》, 황금가지, 2005
이춘식, 《중국고대사의 전개》, 신서원, 1986

김병준, 〈한이 구성한 고조선 멸망과정: 《사기》 〈조선열전〉의 재검토〉, 《한국고대사연구》 50, 2008
김호동, 〈북아시아 유목국가의 군주권〉, 《동아사상의 왕권》, 한울아카데미, 1993
박대재, 〈고조선사 체계의 재인식〉, 《한국학논총》 50, 2018
박원길, 〈오르도스의 역사〉, 《몽골학》 2, 1994
채치용, 〈고조선의 멸망원인: 한의 대흉노정책과 관련하여〉, 중앙대학교 사학과 석사학위논문, 1999
최슬기, 〈위만조선과 흉노의 '예구穢裘' 교역〉, 《선사와 고대》 52, 2017

內田吟風, 〈古代遊牧民族の農耕国家侵入の真因-特に匈奴史上より見たる〉, 《北アジア史研究》 匈奴篇, 同朋舍出版部, 1975
沢田勳, 《匈奴(古代遊牧國家の興亡)》, 東方書店, 1996

한국판 《삼국지》의 시대
나말여초,
그 주인공을 찾아서

오경석

우리 마음속 나말여초의 주인공

지금으로부터 약 20년 전 TV에서 1000년 전의 역사를 다룬 대하드라마가 방영됐으니, 바로 〈태조 왕건〉이었다. 〈태조 왕건〉은 신라 말부터 고려 초까지 후삼국을 통일한 왕건의 이야기를 다루었는데, 최고 시청률이 60.2퍼센트나 나왔을 정도로 인기 있는 드라마였다. 따라서 〈태조 왕건〉을 본 사람에게 나말여초의 이미지는 드라마 속 수많은 인물이 보여준 나말여초였을 것이다. 실제로 이 드라마는 사료와 역사학계의 연구 동향을 반영하고 내레이션을 통해 합리적 추론을 제시하기도 하는 등 그 시대의 이미지를 제대로 그려내고자 했다.

그렇다면 지금 사람들은 나말여초 시기는 어떻게 기억할까? 놀랍게도 20년 전에 이 드라마를 보지 못한 사람들도 〈태조 왕건〉을 통해 나말여초 시기를 기억하고 있다. 현재 우리는 인터넷 커뮤니티와 동영상 사이트의 발달 덕분에 많은 '움짤'과 동영상을 통해 드라마 속 주요 장면을 마주할 수 있다.

이 드라마의 주인공은 궁예弓裔, 견훤甄萱, 왕건王建이다. 그러나 우리는 그 시대를 궁예의 시대, 견훤의 시대, 왕건의 시대로 배우지는 않는다. 나말여초 시기의 주인공은 따로 있다. 그것은 바로 '호족(豪族)'이라고 불리는 사람들이다. 드라마에서는 청주靑州(지금의 충청북도 청주淸州와는 명칭이 다른데, 이는《고려사》〈지리지〉에 따르면 태조 23년(940)에 변경된 것으로 확인된다), 나주羅州(지금의 전라남도 나주보다 훨씬 넓은 서남해 지역을 의미한다), 명주溟州(지금의 강원도 강릉 지역) 등의 지역 호족이 대표 인물로 등장했다. 7차 교육과정이 도입된 이후 역사교과서에서 이들은 신라 말에 등장했고, 군사력과 경제력을 소유하며 각 지역에 자리 잡았다고 서술됐다. 교과서에 따르면 이들은 왕건을 왕으로 추대하고, 후삼국통일에 주요 역할을 했다. 그리고 이들 호족은 문벌귀족-무신-권문세족으로 이어지는 고려 주요 지배 세력의 선두 주자로 인식되고 있다.

그런데 사실 당대 사람들이 이러한 지역 세력을 '호족'으로 부르지 않았다면? 그들을 '호족'이라고 부르는 것에 문제가 있다면? 그렇다면 우리가 지금까지 알고 있는 고려의 시작에 대한 인식을 바꾸어야 할지도 모른다. 지금부터 역사 용어로서 '호족'이 등장한 배경을 확인하고, 이를 통해 나말여초 시기의 주인공을 찾아보자.

누가 '호족' 소리를 내었는가!

'호족'이라는 용어는 1930년대 연구에서 처음 제시됐다. 이때의 호족은 나말여초에 등장해 지방에서 활동한 새로운 사회 세력이자 토지 소유자로, 신라 경주慶州에 거주하는 귀족과 대조되는 개념으로 묘사됐다. 그러나 1930년대에는 호족이라는 표현이 사료에 등장하는 '초적草賊', '도적盜賊'이라는 용어와 함께 사용됐고, 원시씨족제가 붕괴한 이후 생긴 씨족의 추장에게도 호족이라는 용어를 사용했다. 이것은 호족이라는 용어가 연구사에 처음 등장했을 때는 나말여초의 지방 세력을 지칭하기도 했지만, 그들을 지칭하는 용어로만 사용된 것이 아님을 보여준다. 또한 나말여초의 주인공들을 호족으로 불러야 하는 이유가 제시된 것도 아니었다.

1960년대부터는 '신라 말 중앙 귀족에 대립해 나타난 지방 세력'이 곧 호족이라는 인식이 등장하기 시작했다. 이때 등장한 호족이라는 용어는 나말여초에 등장한 지방 세력을 통칭하며, 해당 시기의 특징을 드러내기 위해 활용됐다. 다만 이때의 호족은 그들을 중심으로 하는 혈족 집단이라는 존재가 전제돼 있었고, 그것을 기반으로 가진 지방 유력자라는 의미를 담고 있었다. 그러나 이때의 호족 개념 역시 사료를 통해 면밀하게 증명된 것은 아니었으며, 당시에 부계 중심의 혈족 집단이 존재했을 것이라는 선험적 인식에 의해 도출된 것이었다.

그럼에도 호족은 나말여초의 지방 세력을 설명하는 용어로 점차 자리 잡게 됐다. 그리고 그 기원과 존재 양태도 본격적으로 검토되기 시작했다. 그 결과 신라 말에 성城을 거점으로 존재하는 부락의 '촌주村主'라는 수장이 주위 부락을 복속시킴으로써 대호족과 소호족, 호족과 촌주의 지배와 복속 관계가 생겼고, 이것이 여러 층으로 쌓여 고려와 후백제가 성립됐다는 주장이 제기됐다. 이는 곧 호족이 가진 지방에서의 기반이 강조된 것이었다.

이처럼 호족이라는 용어는 역사 연구를 진행하는 과정에서 등장했고, 이를 뒷받침하는 연구가 계속됐다. 그리하여 한국사 개설서에서 나말여초의 주인공은 호족이 됐고, 그들이 살았던 나말여초 시기는 '호족의 시대'가 됐다. 또한 사료에서 확인되는 나말여초의 유력 인물 대부분이 호족으로 규정됐으며, 호족이라는 틀 속에서 그들의 동향에 대한 개별 사례 연구가 쌓였다.

나아가 태조가 각 지방의 유력 세력인 호족의 딸들과 혼인함으로써 고려를 통치했다는 '태조의 혼인 정책'에 대한 연구가 이뤄지면서 고려 초 권력 구조와 정권의 성격은 '호족 연합 정권'으로 규정됐다. 즉 호족이 세우고 운영을 주도한 나라로 고려를 인식하기 시작한 것이다.

이러한 인식은 이후 진행된 다양한 연구를 통해서 보완됐다. 궁예와 후고구려後高句麗, 견훤과 후백제後百濟, 태조 왕건과 고려가 각각 호족과 어떠한 관계를 맺고 있었는가, 선종禪宗과 풍수지리설風水地理說은 호족의 사상적 배경으로서 어떠한 영향을 끼쳤는가 등에 관한 연구가 진행됐다. 이렇게 호족은 한국판《삼국지》의 시대라고 해도 될 만큼 많은 영웅호걸이 힘을 겨루던 시대였던 나말여초의 주인공이 됐다.

이러한 연구 성과는 국립국어원에서 제공하는《표준국어대사전》에도 반영됐다. 사전에서는 호족을 다음과 같이 설명한다.

① 재산이 많고 세력이 강한 집안.
② (역사) 통일 신라 말기·고려 초기에 지방에서 성장해 고려를 건국하는 데 이바지한 정치 세력. 대개 촌주村主 출신이며 고려의 중앙집권체제가 이루어지면서 중앙 귀족으로 편입되거나 향리로 전락했다.

호족을 ①의 설명으로 이해한다면, 호족은 지금도 존재한다. 뉴스에 언급되는 돈 많고 권력 있는 이들을 곧 호족으로 지칭할 수도 있는 것이다. 즉 역사적인 의미를 크게 담지 못한다. 그러나 ②의 설명으로 본다면, 호족의 활동 시기는 나말여초이고, 그들은 대개 지방 촌주 출신이며, 그들의 역할은 고려 건국에 이바지한 것으로 그 의미가 제한될 것이다. 물론 이러한 사전적 의미가 학계에서 통하는 의미와 정확히 일치하는 것은 아니지만, 현재까지도 연구에서는 대체로 위와 같은 맥락에서 호족이라는 용어가 쓰이고 있다.

그렇다면 과연 지금까지 살펴본 대로 나말여초의 주인공들을 호족이라고 불러도 될까?

'호족'은 사실 '호족'이 아니다?

신라 하대에는 중앙 진골 귀족의 왕위 계승 다툼으로 지방에 대한 통제력이 약해졌다. 이 과정에서 지방에 거주하고 있던 다양한 출신의 세력이 경제적, 군사적, 사상적 배경을 가지고 반독립적 형태로 자신의 세력을 키워 나가기 시작했다. 이들은 나말여초의 사회변동에 큰 역할을 했다. 그중 궁예와 견훤은 각각 옛 고구려 지역과 옛 백제 지역 호족을 통합해 후고구려와 후백제를 세웠다. 그 후 궁예 정권 아래에 있던 호족 출신 왕건이 궁예의 태봉 정권을 무너뜨리고 고려를 세웠다.

태조 왕건은 고려를 건국한 후 각지 호족들의 딸과 혼인하는 혼인 정책과 그들에게 왕씨 성을 내리는 사성 정책을 통해 호족의 지지를 얻었다.

이를 바탕으로 결국 신라의 항복을 받고 후백제와의 전쟁에서 승리함으로써 삼국통일을 이루어냈다. 이렇게 성립된 고려 초기 정권은 '호족 연합 정권', '호족 연합체 정권', '호족 연합적 (성격을 가진) 정권'이라고 볼 수 있다.

우리가 그동안 배운 나말여초의 상황은 위와 같다. 그런데 나말여초 호족의 활약상과 고려의 삼국통일에 관한 내용을 담고 있는《삼국사기》,《삼국유사》,《고려사》,《고려사절요》에서는 이 시기의 인물이나 세력을 '호족'으로 지칭한 것을 확인할 수 없다. 결국 공식 자료를 통해서는 나말여초의 주인공인 이들을 호족으로 지칭했다고 보기 어려운 것이다.

그렇다면 사료에서는 나말여초의 주인공들을 어떻게 불렀을까? 유력한 이들의 호칭 용례를 살펴보자.

군웅群雄, 초적草賊, 도적盜賊, 적괴賊魁, 적수賊帥, 구적寇賊, 두목頭目, 토호土豪, 성주城主, 장군將軍, 성수城守, 부수府守, 성수城帥, 지사知事, 웅호雄豪, 향호鄕豪, 호호豪戶, 호당豪黨, 호가豪家, 귀족貴族, 관족冠族, 호강豪强, 호우豪右, 호걸豪傑, 호척豪戚, 호족豪族, 추호酋豪 ….

당시 '호족'으로 지칭되던 이들은 사실 위와 같이 다양한 용어로 기록됐다. 이들 중 어느 범위까지를 호족으로 인정할 것인가에 대해서는 연구자마다 약간씩 견해의 차이가 있다. 그렇지만 연구 진행 과정에서 이들의 시기, 출신, 역할을 규정함으로써 호족이라는 역사 용어로 통칭

《고려사》 표지

영남대학교박물관 소장

《고려사절요》 표지

경기도박물관 소장

《삼국사기》 표지

국립중앙박물관 소장

《삼국유사》 표지

국립중앙박물관 소장

해온 것이다.

과연 호족은 이들을 통칭할 만한 용어인가? 이를 확인하기 위해 '호豪'와 '족族'의 의미를 한번 분석해보자. 먼저 족族을 《표준국어대사전》에서 찾아보면 "(몇몇 명사 뒤에 붙어) '그런 특성을 가지는 사람이나 사물의 무리' 또는 '그 무리에 속하는 사람이나 사물'의 뜻을 더하는 접미사"라고 설명돼 있다. 그리고 단국대학교에서 편찬한 《한한대사전》에 따르면 '혈연관계가 있는 친속親屬의 통칭, 성씨 등'을 의미한다고 돼 있다. 이는 족이 주로 혈연관계, 성씨의 집단을 지칭하는 것으로 여겨져온 것을 반영한 것이다. 그런데 나말여초에는 신라의 중앙 귀족을 제외하고는 성씨 사용이 일반적이지 않았다. 이는 나말여초의 유력 인물이라고 하더라도 반드시 특정 성씨를 가진 집단의 뒷받침을 받았다고 보기는 어렵다는 것을 의미한다. 따라서 호족은 보다 넓은 의미에서 '호의 무리', '호가 모인 집단' 정도로 해석이 가능할 것이다.

그렇다면 '호'는 무엇인가? 이 시기의 호를 사용한 몇 가지 용례를 살펴보자.

광종 13년(962), 이때 당대등 김예종은 마을의 호가豪家였다.
- 청주 용두사지 철당간 명문

성종 원년(982) 6월, (최승로가 지방관 파견을 건의하며) 지금 살펴보면 향호鄕豪들이 매번 공무를 핑계 삼아 백성들을 침탈합니다.
- 《고려사》 권75, 〈지〉 29, 선거 3, 전주

청주 용두사지 철당간 명문
충청북도 청주시 소재

성종 원년(982) 6월, (최승로가 집의 규모를 제한하자고 말하면서) 여러 주·
군·현 및 정·역·진·도의 호우豪右들이 경쟁적으로 큰 집을 짓습니다.

-《고려사》권85,〈지〉39, 형법 2, 금령

이상의 사료에서 쓰인 호의 용례를 살펴보면, 이는 대체로 마을, 즉 주州·리里·향鄕·군郡·현縣 등 지방에 있는 이들을 지칭했다. 이는 이 시기의 것으로 발견되는 다른 용례에서도 확인할 수 있다. 이를 본다면 당시의 사료에서 '호'는 대체로 '지방에 있는 세력가'라는 의미로 쓰였다고 추측할 수 있다.

성종 원년(982) 6월, (최승로가 광종光宗을 평가하며) 가깝거나 귀한 자를 편들지 않으시고, 항상 호강豪强을 억누르셨습니다.
- 《고려사》 권93, 〈열전〉 6, 최승로

성종 원년(982) 6월, (최승로가 경종景宗을 평가하며) 그러나 정체의 요체를 알지 못하셔서 오로지 권호權豪에게 (정치를) 맡기시어 해로움이 종친에게 미쳤습니다.
- 《고려사》 권93, 〈열전〉 6, 최승로

먼저 인용한 사례를 살펴보면, 호는 광종이 억누른 대상인데 그 대상이 반드시 지방 세력을 지칭했다고 보기는 어렵다. 물론 광종 대에 아직 존재하던 지방 세력을 호라고 지칭했을 가능성도 있다. 그러나 고려가 건국된 이후 30년이 지난 그 시기에는 상당수의 지방 세력이 중앙에 진출했고, 그들의 자제들이 이미 관직에 올라 자리를 잡았다. 따라서 여기서 '호강'은 광종 대에 이루어진 노비안검법奴婢按檢法 등의 왕권 강화 정책과 연관 지어 본다면 중앙에 세력이 있는 이들을 지칭한다고 볼 여지가 충분하다.

다음 사료는 경종이 광종 대에 참소를 입은 이들에게 복수를 허락했고, 집정執政 왕선王詵이 이를 이용해 아들인 천안부원낭군天安府院郎君과 진주낭군鎭州郎君까지 살해한 사건을 언급한 것이다. 여기서 집정은 정사政事를 전임하는 권력을 가진 자로 여겨지는데, 집정 왕선의 권력이 종친을 살해하는 데까지 이른 것이다. 이로 인해 왕선은 곧 추방됐고 복수가 금지됐지만, 집정 왕선을 가리키는 '권호'가 반드시 '지방'이라는 의미를 내포하는 것은 아님을 알 수 있다.

이를 통해 고려 초에는 호라는 용어가 반드시 지방이라는 의미를 내포했다고 보기 어렵고, 대체로 '유력가'를 의미했음을 알 수 있다. 그리고 구체적으로 호는 권세가 있거나 경제적 부 또는 군사력 등을 소유한 것을 의미했다. 따라서 호족이라는 용어는 학계에서 통용되는 역사 용어로서 의미를 규정하지 않는 한 나말여초에 활동한 지방 세력가를 통칭하는 용어로 활용하기에는 부족하다고 할 수 있다.

'호족'의 시기: 나말여초, 대체 언제까지야?

그렇다면 호족을 역사 용어로 이해할 때, 그 의미와 성격을 규정하는 첫 번째 조건인 시기를 살펴보자. 그동안의 호족에 관한 연구에서 다루었던 시기를 최대한으로 잡아본다면, 호족이 활동한 시기는 신라의 장보고張保皐가 등장한 시기부터 고려 경종 대까지로 볼 수 있다. 신라 말 해상 세력이었던 장보고는 호족 가운데 가장 이른 시기에 등장한 인물로 여겨진다. 그는 홍덕왕興德王 3년(828) 당나라에서 귀국해 완도에 청해진淸海鎭을 세워 해적을 소탕하고 해상무역에 관여하면서 막대한 부를 쌓았다. 이후 장보고는 청해진에서 쌓은 세력을 바탕으로 신라 중앙 정계에서 발생한 왕위 계승 다툼에도 관여해 신무왕(재위 839)을 옹립하는 데 성공하기도 했다. 이를 통해 장보고는 해상 세력으로서 지방에서 재산과 세력을 소유한 호족으로 분류됐음을 알 수 있다.

이렇게 신라의 중앙에까지 영향력을 미칠 정도로 세력이 컸던 호족은 후삼국이 패권을 다투던 시기를 지나 고려 초에 이르러 사라지고 말았다. 다만 호족이 사라진 시점은 분명하게 밝혀지지 않았다. 그러나 고려의 3대 국왕인 정종定宗, 4대 국왕인 광종 치세를 거치며 중앙에 진출한 호족 출신의 많은 인물이 숙청됐고, 5대 경종 대에 이르러서는 옛 신하 중 남은 사람이 40여 명밖에 없었다고 전한다. 고려가 건국된 지 60~70여 년 만에 고려 건국에 이바지해 중앙에 진출했던 호족이 대거 사라진 셈이다. 그리고 중앙에 진출한 호족 중 그나마 명맥을 유지한 이들은 중앙 세력으로 변모하는 데 성공했지만, 가세가 몰락한 이들도 적지 않았다. 즉 '호족의 시대'가 끝난 것이다.

그렇다면 나말여초에 등장해 고려 건국에 이바지했으나 중앙에 진출하지 않거나 못했던 이들은 어떻게 됐을까? 이들은 대체로 향리로 전락했을 것이다. 고려 정부는 태조 대부터 지방 행정조직을 설치하고 관원을 파견하면서 지방 세력을 통제하려고 했다. 특히 성종成宗 대부터는 주요 거점 지역인 12목牧에 상주하는 지방관을 파견하기 시작했고, 성종·현종顯宗 대에는 향리제도 개편이 이루어졌다. 이를 통해 10세기 말~11세기 초인 고려 현종 대 무렵에 이르러서는 나말여초에 등장한 호족이 중앙에 편입되거나 향리로 전락하는 과정이 마무리됐을 것이다.

다만 이와 관련해 1022년(현종 13)에 거란契丹의 침입으로 피란 갔을 때의 상황을 살펴보자.

> 왕이 창화현(지금의 경기도 양주시 일부)에 도착하자 어떤 향리가 이르기를 "왕께서는 제 이름과 얼굴을 압니까?"라고 했다. 이에 왕이 못 들은 척을 하자, 향리가 화가 나서 소란을 일으키고자 했다.
> -《고려사》권94,〈열전〉7, 지채문

경기도 양주는 고려의 수도 개경開京(지금의 개성)과 얼마나 멀리 떨어진 곳일까? 지도에서 확인하면 두 곳의 직선거리는 불과 40킬로미터밖에 안 되며, 지금의 서울에서 양평이나 용인 정도의 거리밖에 안 되는 곳이다. 개경에서 양주까지 부지런히 걷는다면 9~10시간이면 닿는 가까운 곳이다. 그런데 개경에서 얼마 멀지도 않은 지방의 향리가 국왕에게 이렇게 무례할 수 있을까? 비록 거란의 침입으로 인해 피란을 가는 상황이기는 했지만, 현종은 이렇게 건방진 향리를 단호하게 처단하지도 못하고 못 들은 척하고 넘겨버려야 했다. 이는 그들이 그곳에서 가지고 있는 세력 기반을 무시하지 못했기 때문일 가능성이 높다.

결국 고려 초에 이루어진 통제 조치에도 현종 초까지 중앙의 지배력이 수도와 가까운 지방에조차 강하게 침투하지 못했던 것이다. 이러한 향리는 나말여초에 활동하던 호족 혹은 그들의 후예일 것이며, 이들은 여전히 상당한 영향력을 지방에서 계속 유지하고 있었다고 볼 수 있다.

이처럼 호족의 등장과 퇴장을 통해서 본 나말여초 시기는 경종 대까지를 기준으로 삼는다면 대략 150년, 현종 초 또는 그 이후를 기준으로 삼는다면 대략 200년 정도의 긴 시간이었다. 고려 왕조가 918년부터 1392년까지 475년간 존속한 것을 생각한다면, 호족이 존재한 시기는 고려 왕조 존속 기간의 3분의 1 내지 절반에 해당하는 긴 시간임을 알 수 있다.

'호족' 세력: '호족', 무슨 출신이야!

나말여초의 호족에 관한 연구를 종합하면, 그들의 출신은 대체로 다음 중 하나에 속한다고 볼 수 있다.

① 신라 하대 중앙의 권력 다툼 속에서 몰락해 지방으로 내려간 중앙 귀족

② 지방의 실질적 지배자로서 토착 세력이라고 할 수 있는 촌주

③ 중앙에서 파견되거나 지방 관청에 있던 관리

④ 해상 활동을 통해 성장한 해상 세력

⑤ 신라의 군진을 배경으로 성장한 군진 세력

⑥ 도적 무리

⑦ (부유한) 농민

이 분류를 살펴보자. 혹시 성격이 너무나 다른 이들을 하나로 묶어서 불렀다는 의문이 들지 않는가. 우리는 보통 성격이 다른 여러 개를 통칭하려 할 때 최소 하나의 공통점을 찾아서 그것으로 이름 붙인다.

각자 다른 삶을 살고 있지만, 책을 읽는다는 공통점을 가진 사람들을 '독자'라고 통칭하듯이 말이다. 그렇다면 과연 위와 같이 출신과 명칭이 모두 다른 인물들을 '호족'이라고 불러도 될까?

호족으로 통칭됐던 이들의 공통점이라고 한다면 여러 연구에서도 이미 지적됐듯이 '나말여초 시기'라는 것과 '지방에 일정한 세력'을 가지고 있었다는 것밖에는 없다. 그러나 나말여초라는 시기로 제한한다면, 그 시기를 어디까지로 볼 것인지에 대한 문제가 있다. 또한 지방에 일정한 세력을 가진 존재라고 한다면, 나말여초 시기를 지나도 존재하며, 그들을 모두 호족이라고 부르지는 않는다. 일정한 세력이라는 것 역시 모호한 기준이 될 수밖에 없다.

'호족'으로 나말여초의 유력가를 통칭해도 되는가에 대한 의문은 1980년대부터 학계에서 제기돼왔다. 위에서 제시된 여러 출신의 호족, 특히 도적 무리, (부유한) 농민 출신 인물들은 그 출신이 명확하지 않은 경우가 많고, 그들이 거느리던 세력 규모 역시 추정하기 어려운 부분이 있다. 물론 나말여초의 유력가들은 자신을 따르는 일정한 군사력을 가지고 있었고, 이는 곧 그것을 뒷받침할 수 있는 경제력도 있었음을 의미한다. 그럼에도 유력가라는 것이 한 시기의 특성을 드러내는 명확한 기준이 될 수는 없다.

또한 가장 큰 문제로 지적할 만한 것은 호족이 역사상 사료에 기초한 용어가 아니라 연구자들이 사용한 역사 용어라는 점이다. 이와 같은 문제점 때문에 여러 연구자가 호족 개념에 관한 규정을 제시했지만, 어느 한 개념에 연구자 대부분이 동의할 만한 규정이 제시됐다고 보기도 어렵다. 한편에서는 호족 대신 다른 용어를 사용해야 한다는 주장이 제기되기도 했다.

이러한 문제 제기의 하나로 비교적 범위가 제한적인 지방 통치자인 '성주城主'와 '장군將軍'에 한정해 그들의 성격을 분석하려는 시도도 있었다. 또한 이들을 통칭하는 용어로 경제적 측면을 강조한 '호부豪富'라는 용어가 제시되기도 했고, 중앙 정계와 대비되는 세력으로서 '향호鄕豪'라는 용어가 제시되기도 했다. 이렇게 나말여초 인물들의 성격을 제한적으로 규정하려는 것은 그들이 가진 경제적, 군사적 기반의 성격에 집중하려는 시도로 볼 수 있다.

그러나 이와 같은 연구 성과에도 호족으로 지칭된 이후 이루어진 호족에 관한 연구 성과를 인정하는 선에서 호족은 여전히 '나말여초 시기에 활동한 지방 세력'이라는 의미로 관련 연구가 재생산되고 있다.

'호족'의 역할: 그들이 주인공인가?

나말여초에 지방에서 일정한 세력을 가지고 활동한 이들을 호족이라고 부르는 것에는 의문을 제기할 수 있다. 그러나 그 시기에 지방에 일정한 세력을 가진 사람들이 있었고, 그들이 다양한 성격을 가지고 있었다는 점은 부정할 수 없다. 그런데 과연 그들이 나말여초 시기의 변동을 이끈 주인공이었을까? 이를 검토하기 위해 고려 건국이라는 해당 시기의 중요한 정치적 변동을 살펴보자. 우선 고려 건국을 주도한 인물을 확인해보자.

왕건은 궁예 정권 아래에서 나주를 비롯한 여러 군현을 토벌하고 견훤의 군대를 물리치는 전공을 쌓았다. 그가 중앙에 있을 때는 일을 공정하게 처리함으로써 궁예를 비롯한 여러 사람의 신뢰를 받았다. 그러던 와중에 궁예의 폭정이 심해지자 홍유洪儒, 배현경裵玄慶, 신숭겸申崇謙, 복지겸卜智謙 등이 조용히 왕건의 집에 찾아와 그를 추대하고자 했다. 왕건은 처음에는 충의忠義를 내세우며 거절했으나 아내 유씨가 갑옷을 들고 와서 그에게 입히자 결국 장수들의 보좌를 받아 집을 나섰다. 이에 여러 사람이 달려와 합류했고, 이 소식을 들은 궁예는 이미 대세가 기울어진 것을 알고 도망가다가 백성에게 살해됐다.

이상의 내용은 고려가 건국되는 과정을 요약해 정리한 것이다. 여기서 지방에 근거한 세력을 바탕으로 중앙에 영향을 미친 호족을 발견할 수 있는가? 물론 왕건이 송악松嶽(지금의 개성)에 기반이 있었고, 그것을 바탕으로 그가 궁예 정권에 들어갈 때 발어참성拔禦塹城 성주가 됐다는 사실은 분명하다. 그러나 그가 왕으로 추대될 수 있었던 것은 그 이후의 전투에서 세운 공과 중앙에서의 행정 능력을 보여준 덕분이었다. 이는 견훤이 신라군으로서 활약했고, 그로 인해 모인 무리를 이끌고 주변 세력을 진압해 후백제를 세운 것과도 통하는 부분이 있다. 즉 가지고 있던 지방의 기반이 아니라 개인의 능력 인정을 통해 나라를 건국할 수 있었던 것이다.

또한 왕건을 국왕으로 추대한 장수 중 홍유는 의성부義城府(지금의 경상북도 의성) 사람으로 궁예 말년에 배현경, 신숭겸, 복지겸과 함께 장수가 됐으며, 고려 건국 이후 여러 전공을 세웠다. 배현경은 병졸에서 승진한 경주 사람이다. 신숭겸은 광해주光海州(지금의 강원도 춘천) 사람으로 무예와 용맹이 뛰어났다고 한다. 복지겸은 출신이 밝혀져 있지 않다. 이 중 배현경과 신숭겸, 복지겸의 옛 이름은 각각 백옥삼伯玉三, 능산能山, 복사귀 또는 사궤砂瑰로 성을 사용하지 않았을 가능성이 크다.

앞에서 확인할 수 있듯이 고려 건국을 주도한 출신이 밝혀진 인물 중에서 '지방 세력가'라고 할 만한 인물은 확인하기 어렵다. 출신이 명확한 인물 가운데 경주 유력 성씨가 아니었던 배현경의 사례에서 볼 수 있듯이 이 시기 주요 인물이 반드시 해당 지역의 유력자였다고 보기는 어렵다. 또한 이들의 젊었을 때 이름은 오히려 그들의 신분이 높지 않았음을 보여주고, 궁예 정권에서 기병 장수였던 것으로 보아 군사적 능력으로 성공했음을 알 수 있다.

이뿐만이 아니다. 고려에서는 국왕이 총애하던 신하나 국왕을 보좌하는 데 큰 공로가 있던 이들이 죽으면 국왕의 사당에 함께 신주를 모셨는데, 태조 사당에는 앞의 네 장수 외에 유금필庾黔弼과 최응崔凝이 모셔져 있다. 북계 토벌 및 후백제와의 통일 전쟁에서 큰 전공을 세운 유금필은 평주平州(지금의 황해도 평산) 출신으로 태조를 섬겨 마군장군馬軍將軍이 됐다. 이는 앞의 네 장수와 유금필이 기병을 다루는 군사적 능력이 있었음을 보여준다. 또한 왕건이 궁예에게 역모를 일으킬 마음이 있다고 의심받을 때 그에게 거짓 자복을 권해 화를 면하도록 도와준 최응은 황주黃州(지금의 황해도 황주) 사람이다. 그 역시 어려서부터 공부를 잘하고 글짓기를 잘한다는 자질을 인정받아 출세했으며, 태조 대에도 이러한 능력을 바탕으로 공을 세워 사당에 배향될 수 있었다. 두 인물 역시 자신의 능력을 입증해 출세할 수 있었음을 알 수 있다.

이상의 검토를 통해 몇 가지 사실을 알 수 있다. 태조 왕건은 지방에 세력 기반을 가진 호족 출신으로 볼 수 있지만, 그는 자신의 능력을 인정받고 이를 기반으로 고려를 건국할 수 있었다. 또한 고려 건국이라는 정치적 변동을 주도하고 건국 이후 태조의 치세에 주도적 역할을 한 이들도 지방에 세력을 갖추고 있다고 보기 어렵거나 설령 있다 하더라도 이를 기반으로 활약한 사실을 확인하기는 어렵다.

물론 앞의 인물 외에도 고려의 개국공신 가운데 상당수의 호족이 포함됐을 것이라는 연구가 있다. 또한 호족이라는 틀이 이미 제시된 상황에서 유금필 같은 인물의 출신 지역이 바다와 가까우면 해상 세력이었을 것이라는 등의 연구 결과도 축적돼 있다. 고려 초 정권에 참여하고 《고려사》〈열전〉에 기록된 이들 중에서 왕건의 경우처럼 '호족'이라 부를 만한 인물이 없었던 것은 아니다.

다만 고려 건국 이후 호족은 주인공의 자리를 잃어 갔을 것이다. 왜냐하면 고려에 호족 출신이라고 할 만한 인물이 있었다고 해서 이들이 고려 건국을 주도했다고 보기 어렵고, 이후에도 그들이 호족이라는 성격을 가지고 국정 운영을 주도해 나갔다고 보기는 어렵기 때문이다.

앞으로의 '호족'은?

지금까지 나말여초의 주인공인 호족을 살펴보았다. 호족은 나말여초 시기 지방에서 일정한 세력을 바탕으로 주요 역할을 한 이들을 통칭한 용어였으나 실제로는 그 성격이 매우 다양해서 하나의 단어로 통칭하기 어렵다. 이뿐만 아니라 이들은 사료에서 매우 다양한 용어로 지칭됐고, 호족이라는 용어는 단순히 '세력가'라는 의미만 있으므로 이들을 통칭하기에 부족한 점이 있다. 또한 이들은 고려 건국을 주도하지도 못했고, 건국 후 이들이 국정을 주도해 나갔다는 근거도 찾기 어렵다. 결국 우리는 실제로는 없고 책 속에만 있는 이들을 그 시대의 주인공으로 기억하고 고려마저도 그들의 나라인 것처럼 이해한 것이다.

호족이 아니라면 그 시기를 이끈 인물들을 어떻게 불러야 할까? 본래 역사 용어는 당대에 쓰인 것을 사용하는 것이 원칙이다. 만약 특정 용어를 만들어서 사용하게 된다면, 자칫 색안경을 씀으로써 해당 시대의 특징을 오해하게 만들 수 있다. 당시 유력한 인물 대부분을 호족으로 지칭해온 것이 이러한 오해를 보여준다. 그러나 이에 대한 고민이 계속되고 있고, 비록 호족이라는 틀 속이지만 이들의 다양한 실체도 밝혀지고 있다.

아직은 해답을 내리기 어렵다. 그러나 지금 우리가 호족을 주목해야 할 이유는 충분하다고 생각한다. 먼저 호족이라는 틀로 인해 감춰진 많은 매력적인 인물들이 존재한다. 이들의 다양한 성격은 상상의 나래를 펼치기에 충분한 재료가 될 수 있다. 〈태조 왕건〉에서 왕건과 유금필, 신숭겸, 박술희朴述希를 《삼국지》의 유비, 관우, 장비와 같이 의형제로 설정한 것은 가공 가능성을 보여준다. 그리고 〈태조 왕건〉에서 보여준 궁예, 견훤, 왕건의 성장 이야기와 그들 캐릭터는 여전히 매력적이다.

특히 한국사에서 지방에 있는 여러 인물이 나말여초 시기만큼 주목받는 상황은 손에 꼽을 정도다. 신숭겸에 대한 축제와 여러 행사가 대구광역시, 전라남도 곡성, 강원도 춘천 등에서 경쟁적으로 열리는 것

신숭겸 유적
대구광역시 소재

을 생각해보면, 역사 속 인물이 가지는 현재의 가치는 충분하다. 우리 역사상 손에 꼽힐 만큼 혼돈의 시기에 등장했던 다양한 사람들의 삶을 주목한다면, 분명 수많은 영웅이 등장하는《삼국지》보다 재미있는 나말여초 시기를 마주할 수 있을 것이다.

참고문헌

김갑동,《나말여초의 호족과 사회변동 연구》, 고려대학교 민족문화연구소, 1990
박용운,《고려시대사》, 일지사, 2008
신호철,《후삼국시대 호족연구》, 개신, 2002
이기백,《한국사신론》, 일조각, 1967

김용섭,〈전근대의 토지제도〉,《한국학입문》, 1983
문경현,〈호족론〉,《고려사연구》, 경북대학교출판부, 2000
浜中昇,〈신라 말기·고려 초기의 성주·장군에 대해서〉,《이우성교수 정년기념논총》상, 1990
윤경진,〈나말려초 성주의 존재양태와 고려의 대성주정책〉,《역사와 현실》40, 2001
윤희면,〈신라하대의 성주·장군〉,《한국사연구》39, 1982
이순근,〈나말여초 지방 세력의 구성형태에 관한 일연구〉,《한국사연구》67, 1989
_____,〈나말여초 호족 용어에 대한 연구사적 검토〉,《성심여자대학교 논문집》19, 1987
채웅석,〈고려전기 사회구조와 본관제〉,《고려사의 제문제》, 1986
최종석,〈나말여초 성주·장군의 정치적 위상과 성〉,《한국사론》50, 2004
하현강,〈고려왕조의 성립과 호족연합정권〉,《한국사》4, 1974

旗田巍,〈高麗王朝成立期の府と豪族: 郡縣制度の性格の一端〉,《法制史研究》10, 1960

원과 고려를 넘나든 비운의 정치가,

충선왕

현수진

복수국적자 충선왕

1275년(충렬왕 1) 9월 어느 날, 고려 왕과 원元나라 공주 사이에서 아들 왕원王謜(이후 '왕장王璋'으로 개명)이 태어났다. 훗날의 충선왕이다. 그는 비교할 상대를 찾기 어려울 정도로 고귀한 혈통을 타고났다. 아버지 충렬왕은 고려의 왕이었고, 어머니 제국대장공주는 세계를 제패한 몽골제국 칭기즈칸의 증손녀이자 원나라를 건국한 황제 세조 쿠빌라이 카안의 막내딸이었으니 말이다. '황제'는 중국 왕조의 최고지도자를 지칭하는 표현이며, '카안qa'an'은 쿠빌라이 때부터 몽골제국의 최고지도자를 지칭하는 표현으로, '칸khan'의 상위 개념이다. 즉 쿠빌라이는 중국 왕조인 원나라의 최고지도자이자 몽골제국의 최고지도자로서의 위상을 가진 존재였다. 왕원은 이러한 쿠빌라이의 외손자였다.

이렇게 고귀한 혈통을 타고난 왕원은 세 살이라는 어린 나이에 세자로 책봉돼 고려의 왕위 계승자임을 확인받았다. 충렬왕에게는 이미 고려인 부인과의 사이에서 낳은 아들이 있었지만, 왕원이 세자가 되지 않으리라 의심한 사람은 한 명도 없었다.

세자 왕원은 고려에서 유년 시절을 보냈지만, 어머니가 몽골인이었으므로 원나라에 가서 쿠빌라이 카안을 알현할 기회가 있었다. 왕원은 네 살 때 원나라에 처음 갔는데, 쿠빌라이 카안을 비롯한 원나라 황실 어른들이 그를 매우 귀여워했다고 한다. 원나라 태자비는 그에게 '이지르부카益智禮普化'라는 몽골 이름을 지어주기도 했다. 고려인이자 몽골인이었던 왕

원 세조 쿠빌라이 카안 초상화

원은 지금으로 치면 복수국적자였던 셈이다.

이처럼 고려인이자 몽골인으로 태어난 왕원이 다시 원나라에 간 것은 15세인 1289년(충렬왕 15)이었다. 왕원은 몇 달간 원나라에서 체류하며 그곳에서 자신의 포부를 펼쳐야겠다는 생각을 했던 것 같다. 이후 그가 고려의 왕이 될 때까지, 아니 고려 왕이 된 이후에도 원나라에서 많은 시간을 보낸 것을 보면 말이다. 그는 1290년(충렬왕 16) 3월에 고려로 돌아온 뒤 같은 해 11월에 다시 원나라로 떠났다. 이번에는 1년하고 몇 달쯤 체류하다가 1292년(충렬왕 18) 5월에 돌아왔다. 그해 7월에 다시 원나라로 떠나서 약 3년 뒤인 1295년(충렬왕 21) 8월에 돌아왔다. 또다시 같은 해 12월에 출국해 1297년(충렬왕 23) 6월에 고려로 돌아왔고, 세 달 뒤인 10월에 원나라에 갔다가 1298년(충렬왕 24) 1월에 고려로 돌아왔다. 원나라에 주로 체류하다가 잠깐 고려로 돌아오는 생활을 반복한 셈이다. 왕원은 청소년 시절을 주로 원나라에서 보내면서

고려인이자 몽골인으로서의 이중적 정체성을 형성해 나갔을 것이다.

그러면 고귀한 혈통을 타고난 왕원의 능력과 성품은 어떠했을까? 《고려사절요》에 따르면, 그는 총명하고 강직하며 과단성이 있었다고 한다. 그래서 쿠빌라이 카안은 그를 기특하게 여겼다. 다음 일화를 살펴보자.

> (원나라) 황제가 왕원을 침전으로 불러들여 묻기를, "무슨 책을 읽었느냐?"라고 하자,
>
> (왕원이) 대답하기를, "(중국의 역사서인)《통감》을 읽었습니다"라고 했다.
>
> 황제가 말하기를, "역대 제왕 중에 누가 현명하더냐?"라고 하자,
>
> (왕원이) 대답하기를, "한나라 고조와 당나라 태종입니다"라고 했다.
>
> 황제가 또 물어보기를, "한나라 고조와 당나라 태종 중에서 누가 과인과 같겠는가?"라고 하자,
>
> (왕원이) 대답하기를, "신이 나이가 어리니 무엇을 알겠습니까?"라고 했다.
>
> 황제가 말하기를, "그렇구나. 재상에게 물어보고 오너라"라고 했다.
>
> -《고려사》 권3, 〈세가〉 33, 충선왕 총서

이는 1292년(충렬왕 18)에 있었던 할아버지와 손자 간의 대화다. 물론 평범한 조손 사이의 대화는 아니다. 할아버지는 세계 제국인 원나라 황제였고, 손자는 차기 고려 왕위 계승자였기 때문이다. 쿠빌라이는 장차 고려 왕이 될 손자를 불러서 자신을 황제로서 어떻게 생각하는지 물어보았다. 한나라 고조와 당나라 태종처럼 통치를 잘하기로 유명한

역대 황제와 자신을 비교한다면 어떠하냐는 질문이었다. 쿠빌라이는 정치 수업의 일환으로 이 질문을 제기했을 것이다.

왕원은 열일곱 살 때 원나라 반역자인 카단哈丹의 토벌을 요청하는 등 정치에 적극 참여한 경험이 있었다. 게다가 그는 중국 역사를 열심히 공부했으므로 이 질문에 대답할 능력이 충분했다. 그렇지만 이 질문은 어떻게 대답하든 난감한 것이었다. 할아버지가 저 황제들보다 뛰어나다고 대답하면 아첨한다는 소리를 들을 것이고, 그렇다고 저 황제들이 할아버지보다 뛰어나다고 대답한다면 그의 기분을 상하게 하지 않겠는가. 왕원은 이러한 난감한 상황에 어떻게 대응했을까? 나이가 어려서 모른다고 하면서 그 상황을 재치 있게 피해버렸다. 그리고 쿠빌라이는 난감한 상황에 적절하게 대응하는 그를 기특하게 생각했다.

이 일화에서 보듯이 왕원은 총명할 뿐만 아니라 정치적 감각도 뛰어났다. 그는 이러한 자질을 바탕으로 세계의 중심이었던 원나라를 경험하며 정치적 역량을 키워 나갔다. 고귀한 혈통에다 능력까지 갖춘 왕원은 이후 고려와 원나라 양국을 좌지우지하는 정치가이자 권력자로 성장한다. 하지만 그는 너무나도 강했던 위상 때문에 도리어 순식간에 권력을 잃고 저 멀리 티베트로 유배 가는 고초를 겪어야 했으며, 결국 불행하게 삶을 마감해야 했다. 고려와 원나라의 결합이라는 역사적 환경 속에서 탄생한 인물이자, 그러한 환경을 자유자재로 활용한 인물, 충선왕의 삶의 궤적을 따라가 보자.

권력을 위한 필수 코스,
원나라 공주와의 결혼

왕원은 어렸을 때부터 정치에 관심이 많았다. 이러한 면모는 그가 아홉 살이었을 때 아버지 충렬왕이 사냥하러 나가자 백성들은 곤궁한데 왜 아버지는 사냥 가느냐고 따졌다는 일화를 통해 알 수 있다. 게다가 그는 고려와 원나라 양국 조정에서 벌어지는 치열한 정쟁政爭을 지켜보며 자랐다. 언젠가는 자신이 이 정치 일선에 뛰어들어서 권력을 움켜쥐어야겠다는 생각을 했던 것일까. 그는 권력을 향한 강렬한 야심을 품었다.

1295년(충렬왕 21) 8월, 21세의 왕원은 원나라에서 고려 왕세자로 책봉받고 고려에 돌아온 것을 시작으로 본격적인 정치 행보를 내디뎠다. 그는 귀국 직후 고려의 최고행정기구이자 국정의결기구인 도첨의사사를 비롯해 밀직사, 감찰사, 중군 등 주요 국가기구에서 최고직을 역임했다. 고려에서 세자가 관직을 받는 것은 특이한 일이었다. 또한 그는 아버지 충렬왕에게 요청해 관리들의 인사에 직접 관여하기도 했다. 그는 이러한 과정을 거치며 자신의 정치적 영향력을 점차 확대해 나갔다.

세자 왕원이 이처럼 고려 정계에서 부각될 수 있었던 이유는 때마침 아버지 충렬왕의 정치적 위상이 낮아진 것과 깊은 관련이 있다. 당시 고려 왕의 정치적 위상은 원나라 정세와 긴밀히 연관돼 있었다. 바로 전해인 1294년(충렬왕 20)에 쿠빌라이 카안이 사망하고 성종 테무르 카안이 황제로 즉위했다. 충렬왕은 쿠빌라이와 친밀했던 반면 테무르와는 사이가 좋지 않았다. 충렬왕이 원나라에 대한 영향력을 상실한 것은 이 때문으로 보인다.

왕원에게는 권력 기반을 한층 더 강화하기 위한 필수 코스가 남아 있었다. 바로 원나라 공주와의 결혼이었다. 원나라를 세운 몽골인은 개인적이고 가족적인 관계인 결혼을 통해 집단 간의 정치적 제휴를 맺는 관습이 있었다. 이렇게 결혼을 통해 연결된 두 집단 혹은 그 구성원은 '쿠다(quda)'라고 불리는 아주 강한 유대 관계를 맺었다. 고려 왕실과 원나라 황실은 충렬왕과 제국대장공주의 결혼을 통해 이러한 유대 관계를 형성했다. 충렬왕은 이 결혼을 통해 원나라 황제의 사위인 '부마駙馬'로서 황실 구성원으로 인정받을 수 있었다. 게다가 충렬왕은 원나라를 세운 쿠빌라이의 사위였으므로 원 황실 내 서열도 매우 높았다. 차기 황제를 결정하는 회의인 '쿠릴타이'에 참여할 자격이 있을 정도였다.

이러한 결혼의 의미를 고려해볼 때, 왕원은 아버지가 그러했듯이 원나라 공주와 결혼해 원 황실의 부마 자격을 얻어야 했다. 그는 칭기즈 칸과 쿠빌라이 카안의 직계 후손이었으므로 이미 아버지에 비해 혈통상 절대 우위를 점하고 있었다. 여기에 원 황실 부마라는 자격이 더해진다면 운신의 폭이 넓어질 것임은 두말할 나위도 없었다. 아버지 충렬왕의 입장에서도 이 결혼을 반드시 성사시켜야 했다. 결혼은 개인 대 개인, 가문 대 가문 차원을 넘어서 고려와 원나라라는 국가 간 관계를 안정시킬 수 있는 가장 효과적인 방법이었기 때문이다.

왕원은 원나라 공주와 결혼하기 위해서 1295년(충렬왕 21) 12월에 원나라로 떠났고, 이듬해 11월에 쿠빌라이의 증손인 부다시린寶塔實憐

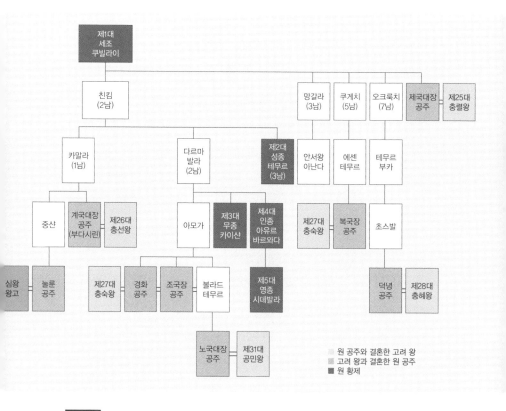

고려 왕실과 원 황실의 가계도

공주(계국대장공주)와 결혼했다. 부다시린 공주의 아버지 카말라甘麻剌는
쿠빌라이의 차남인 친킴眞金의 장남이었다. 쿠빌라이의 장남이 일찍
사망해 친킴이 사실상 장남이었으므로, 왕원은 쿠빌라이 적손의 딸과
결혼한 셈이 된다. 그는 이 결혼을 통해서 원 황실의 부마, 그중에서도
적손의 부마가 됐다.

왕원과 부다시린 공주의 결혼식은 성대하게 치러졌다. 원나라의 여러 왕과 공주, 대신들이 모두 잔치에 참석했다. 이날 잔치에는 고려인 사위를 들이는 만큼 고려의 전통 과자인 유밀과를 사용했다. 저물녘에 이르러 술이 오르자 고려의 악관들에게 음악을 연주하도록 했다. 세자 왕원은 결혼식 날 황제에게 백마 81필을, 그다음 날 태후에게 백마 81필을 바쳤다. 태후는 양 700마리와 술항아리 500통으로 또다시 연회를 베풀어주었다. 고려와 원나라의 공고한 정치적 결속을 의미하는 이 잔치가 얼마나 성대하게 치러졌는지 짐작할 수 있는 대목이다. 이제 왕원은 혈통, 능력, 원나라 공주와의 결혼까지, 고려에서 최고가 될 모든 것을 갖추었다. 남은 것은 계기였다.

1297년(충렬왕 23) 5월, 아들의 결혼식에 참석한 후 고려로 돌아온 제국대장공주가 얼마 지나지 않아 사망했다. 왕원은 이 기회를 계기로 권력을 잡고자 했다. 6월에 고려로 돌아온 세자 왕원은 어머니의 장례를 치른 직후, 어머니가 아버지 충렬왕의 애인 때문에 사망했다고 하면서 충렬왕의 측근 세력을 대거 숙청해버렸다.

왕원은 아버지의 수족을 정리한 이후인 10월에 다시 원나라로 갔고, 이듬해인 1298년(충렬왕 24) 1월에 고려로 돌아왔다. 같은 달, 왕원은 아버지 충렬왕에게서 왕위를 넘겨받아 즉위했다. 그가 바로 충선왕이다. 이 시점을 고려해보면 그가 어머니 장례를 치르고 아버지의 측근 세력을 숙청한 뒤 곧바로 원나라로 간 이유는 자신의 왕위 계승을 요청하기 위해서였다고 생각할 수 있다. 현재로서는 충선왕이 언제부터, 또 무슨 이유로 아버지를 제치고 왕위에 오르고자 했는지 정확하게 알기가 어렵다. 그렇지만 그에게 아버지가 죽을 때를 기다려 왕위

고려 충렬왕비 제국대장공주 고릉 입석상
제국대장공주의 무덤 앞에 세워진 석인(입석상)을 찍은 일제강점기 유리건판 사진이다.

개성시 여릉리 고릉동 소재, 국립중앙박물관 소장 사진

에 오를 생각이 없었다는 점은 확실하게 알 수 있다. 그리고 그가 어머니의 죽음이라는 애달픈 사건마저도 왕위에 오를 기회로 활용했다는 점도 알 수 있다.

공주와의 불화가 불러온 파국

1298년, 24세의 나이로 왕위에 오른 충선왕은 그동안 구상하던 정책을 의욕적으로 펼쳤다. 충선왕이 추진한 정책은 크게 두 가지다. 첫 번째는 정방政房 혁파였다. 정방은 관직 후보자를 선발하는 권한을 소유한 인사기구로, 무신집권기에 만들어진 후 지속적으로 인사 폐단의 근원으로 지목됐다. 두 번째는 관료제도 정비였다. 충렬왕은 원나라의 명을 받고 천자天子국인 원나라의 관료제도와 격格이 같았던 고려의 제도를 제후국의 그것으로 일부 바꾸었는데, 충선왕은 그 개혁의 불완전성을 비판하며 고려의 제도를 완전한 제후국의 그것으로 바꾸려고 시도했다. 그는 이러한 방식으로 아버지 충렬왕의 정치를 부정하고자 했다. 그리고 그 대안으로 원나라에서 시행된 정치 개혁을 다방면으로 참고해 고려의 정치를 개혁하고자 시도했다.

이러한 충선왕의 개혁 의지는 다소 엉뚱한 문제 때문에 좌절됐다. 바로 충선왕과 결혼한 원나라 부다시린 공주와의 불화였다. 이유는 알 수 없지만, 충선왕과 부다시린 공주는 애초부터 사이가 좋지 않았다. 충선왕이 결혼한 이후 공주와 '부부의 도리(夫婦之道)' 맺기를 꺼려했다는 기록을 참고해보면, 그들은 거의 잠자리를 갖지 않았던 것 같다.

사실 충선왕은 부다시린 공주와 결혼하기 이전에 이미 네 명의 부인이 있었다. 공주는 충선왕이 그들 때문에 자신과 잠자리를 하지 않는다고 생각했다. 그중에서도 공주의 눈에 거슬린 사람은 충선왕이 가장 사랑한 부인인 조비趙妃였다. 조비는 당대 최고의 권세가 조인규趙仁規(1237~1308)의 딸로, 1292년(충렬왕 18)에 충선왕과 결혼했다. 조인규는 능숙한 몽골어와 중국어 실력을 바탕으로 등용돼, 1298년(충렬왕 24)에는 지금의 국무총리에 해당하는 시중 자리에 있던 인물이다.

부다시린 공주는 조인규의 딸인 조비를 질투했다. 여기서부터 비극이 시작됐다.

> 공주는 왕비 조씨가 (충선왕의) 총애를 독차지하는 것을 질투해 매우 노여워했으므로, 위구르 글자로 편지를 써서 코코부카와 코코다이 두 사람에게 맡겨 원나라에 가서 태후에게 알리도록 했다. (중략) 그 편지에 모함해 말하기를, "조비가 공주를 저주해 왕이 (저를) 사랑하지 못하도록 합니다"라고 했다.
>
> -《고려사절요》권22, 충렬왕 24년(1298) 4월

1298년 4월, 부다시린 공주는 조비의 저주 때문에 남편에게 사랑받지 못한다는 내용의 편지를 원나라에 보냈다. 충선왕은 이 사실을 알고 후환이 두려워 충렬왕에게 도움을 요청했다. 충렬왕은 직접 공주의 처소로 행차해 공주를 위로해주었다. 그렇지만 별로 소용은 없었다. 이미 원나라에 이 편지가 들어갔으니 말이다. 이 사실을 알게 된 원나라 조정에서는 난리가 났다. 원나라 황실의 공주를 먼 이국땅으로 시집보냈

더니, 홀대하다니! 이는 원나라의 자존심을 건드리는 일이었다.

공주는 즉각 조치를 취했다. 공주는 5월에 조비의 아버지인 조인규를 비롯해 그의 아내, 아들, 사위를 모조리 옥에 가두었다. 공주의 독자적인 행동이었다. 얼마 뒤에는 원나라 사신이 고려에 와서 조비를 수감했다. 6월에는 조인규를 국문하고 원나라로 압송했으며, 그의 아내는 고문에 못 이겨 거짓으로 자복했다. 결국 이 사건은 사건 당사자인 조비가 원나라로 잡혀가면서 일단락됐다. 공주의 위세가 어

조인규 사당기 탁본
충선왕 폐위의 발단이 됐던 조비의
아버지는 당대 최고의 권세가
조인규였다.
국립중앙박물관 소장

떠했기에, 공주의 편지 한 통에 고려의 가장 권세 있는 집안이 이렇게까지 초토화됐을까.

이 사건은 단순히 조비 집안의 몰락으로만 끝나지 않았다. 같은 해 8월, 원나라가 충선왕을 폐위하고 충렬왕을 복위시킨 것이다. 충선왕이 왕이 된 지 불과 7개월 만의 일이었다. 왕위가 아버지에서 아들로, 아들에서 아버지로 다시 전해진 전례 없는 사건이었다.

충선왕이 폐위된 표면적인 이유는 독단적 처사와 경험 부족이었다. 그러나 실질적인 이유는 다른 데 있다. 예전 연구에서는 충선왕이 즉위한 후 시행한 정치 개혁이 '반원反元'적이어서 폐위됐다고 보았다. 그

러나 최근에는 충선왕의 정책이 반원적이지 않았다는 견해가 제시됐다. 아울러 충선왕 폐위의 주요 요인으로 그의 정치 지향보다는 공주와의 불화를 꼽는다. 그만큼 고려와 원나라의 관계에서 결혼이 중요했음을, 또 고려 왕에게 부마로서의 지위가 중요했음을 알 수 있다. 충선왕은 쿠빌라이의 후손이라는 사실에 도취돼 원나라 부마로서의 지위가 얼마나 중요한지 간과한 것이 아닐까.

원나라의 황위계승전에 참여해 천하를 누비다

충선왕은 폐위된 직후 원나라로 소환됐다. 그는 아버지 충렬왕이 사망해 다시 왕위에 오를 때까지 약 10여 년 동안 원나라에서 생활했다. 충선왕은 이 오랜 시간 동안 무엇을 했을까? 다음의 자료에서 실마리를 찾아보자.

> 충선왕이 원나라로 가서 숙위宿衛(황제, 왕, 공주 등 주요 인물 근처에 머무르며 그를 지키는 일)한 것이 총 10년이었다. (원나라) 무종과 인종이 황제가 되기 전에, 충선왕과 함께 잠들고 일어났으며, 밤낮으로 서로 떨어지지 않았다. 충렬왕 33년(1307) (원나라) 황제 성종의 조카인 아유르바르와다愛育黎拔力八達(훗날 인종) 태자가 (중략) 충선왕과 함께 계책을 세워 카이샨海山(훗날 무종)을 맞이해 황제로 세웠다.
> ─《고려사》권33, 〈세가〉33, 충선왕 즉위년(1298) 8월

충선왕은 권력을 갈망하는 인물이었다. 20대 중후반이라는 패기 넘치는 나이이기도 했다. 그러한 충선왕에게 폐위 이후 행보는 어쩌면 정해져 있었을지도 모른다. 바로 차기 원나라의 황위계승전에 참가하는 것이었다. 당시 원나라 황제는 성종 테무르 카안이었는데, 누가 다음 황제가 될지 알 수 없는 상황이었다. 성종의 아들이 황태자로 세워진 지 반년 만에 사망했기 때문이다. 이에 황제가 될 가능성이 있는 여러 인물이 떠올랐다. 대표적 인물이 쿠빌라이 카안의 손자이자 테무르 카안의 사촌인 안서왕 아난다阿難達와, 쿠빌라이의 증손자이자 테무르의 조카인 카이샨이었다.

이처럼 아난다와 카이샨이 대립하는 상황에서 충선왕은 카이샨을 지지했다. 카이샨 및 그의 친동생인 아유르바르와다의 '케식(겁설怯薛)'으로 그들을 호위한 것이다. 케식이란 몽골의 카안, 왕, 부마, 공주, 후비의 근위 부대로, 몽골에서는 케식으로서 숙위한 인물을 측근 세력으로 활용하는 관행이 있었다. 몽골인이기도 했던 충선왕에게는 정치적 동반자의 케식으로서 숙위하며 권력 기반을 쌓는 몽골식 관행이 자연스러웠을 것이다.

충선왕의 정치적 선택은 옳았다. 1307년 테무르 카안이 사망하자 카이샨-아유르바르와다 형제가 안서왕 아난다를 제치고 권력을 잡은 것이다. 형제는 우선 힘을 합쳐 아난다를 몰아낸 이후 향후 권력 분배에 관한 모종의 약속을 체결했고, 그 결과 카이샨이 황제에 올랐다. 이 사람이 바로 원나라 무종이다. 이 약속은 충선왕의 말년을 결정하는 중요한 정치적 배경으로 작용했으므로, 조금 뒤에 자세히 살펴보자.

충선왕은 원나라 무종의 즉위에 기여한 공을 인정받아 1308년(충렬왕 34)에 심양瀋陽(지금의 중국 랴오닝성 선양시 일대)과 요양遼陽(지금의 중국 랴오닝성 랴오양시 일대) 지역을 통치하는 심양왕瀋陽王에 책봉됐다(1310년 '심왕瀋王'으로 개칭). 고려의 왕위는 잃었지만, 또 다른 왕위를 얻은 셈이다. 고려인이자 몽골인으로서 향후 다시 고려 왕이 될 예정인 충선왕은 이 경험을 통해 커다란 깨달음을 얻었다. 권력은 원나라에서 나온다는 사실 그리고 자신의 권력을 유지하고 강화하기 위해서는 원나라 황제와 개인적으로 긴밀한 관계를 유지해야 한다는 사실이 그것이다.

충선왕은 원나라의 황위계승전에 참여하는 동시에 고려의 정치에도 영향력을 끼치려고 했다. 이러한 충선왕의 의도를 보여주는 대표적 사례는 1299년(충렬왕 25)에 벌어진 한희유韓希愈(?~1306) 무고 사건이다. 충선왕 측근인 인후印侯(1250~1311)와 김흔金忻(1251~1309) 등이 충렬왕 측근인 한희유가 원나라에 대한 반역을 도모했다고 무고해 충렬왕을 반역 사건에 연루시킨 일을 말한다. 충렬왕에게는 다행스럽게도 얼마 후에 이 사건이 무고라는 점이 밝혀졌으나, 언제 다시 이러한 공격이 들어올지 모르는 상황이었다.

충렬왕은 아들 충선왕의 정치적 공격에 효과적으로 대응할 방안을 생각해냈다. 부다시린 공주를 충선왕과 이혼시키고 다른 사람과 재혼시킨다는 계책이었다. 재혼 상대자로는 고려 왕실의 일원인 왕전王琠 (?~1307)을 점찍었다. 사료에 따르면 충렬왕은 용모가 아름다운 왕전에게 고운 옷을 입고 자주 왕래하도록 해 공주의 눈에 띄게 했으며, 공주는 마침내 왕전을 사랑하게 됐다고 한다.

그런데 충렬왕은 부다시린 공주의 이혼과 재혼이라는 계책을 1301년(충렬왕 27), 1303년(충렬왕 29), 1305년(충렬왕 31) 총 세 차례에 걸쳐 시도했다. 쿠빌라이의 후손이라는 혈통적 배경과 그 지위에 상응하는 경제적 기반을 소유한 공주는 고려의 왕위 후계 구도에 영향을 미칠 수 있는 자신의 정치적 지위를 자각하고 있었으며, 이를 바탕으로 충렬왕의 이혼 및 재혼 계책에 동조했다. 그러나 이 시도는 결국 충선왕의 반격과 충렬왕의 포기로 실패했다. 이 사건은 결혼이 고려와 원나라의 관계를 규정하는 데 얼마나 중요했는지를 잘 보여준다.

쿠빌라이의 외손이자
태조의 후손이라는 정체성

1308년(충렬왕 34) 7월, 아들인 충선왕과 왕위를 다투는 등 평탄한 삶을 누리지 못했던 충렬왕이 병들어 사망했다. 향년 73세였다.

충선왕은 아버지의 부고를 듣고 급히 고려로 귀국했고, 같은 해 8월에 고려 왕으로 즉위했다. 두 번째 즉위였다. 그 결과 충선왕은 고려 왕 지위와 심양왕 지위를 함께 가지게 됐다. 즉 고려 왕이자 심양왕으로서 고려와 심양, 요양 지역을 아울러 통치하게 된 것이다. 충선왕은 쿠빌라이의 외손이라는 혈통에 힘입어 원나라의 황위계승전에 참가해 심양왕이라는 지위를 얻어낼 수 있었다.

다른 한편으로 충선왕은 고려 내에서는 그 누구도 침범할 수 없는 정치적 상징성을 가진 태조 왕건의 후손이었다. 고려에는 '용의 후손龍孫'인 태조의 후손만이 왕위에 오를 수 있다는 관념이 존재했다. 이 관념은 고려 국왕의 권위를 보장하는 중요한 장치 중 하나였다. 충선왕

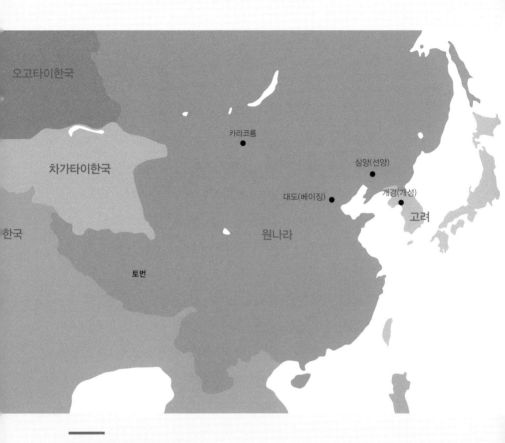

당시 고려와 원나라의 주요 지역
카라코룸은 몽골제국의 초기 수도이고, 대도(지금의 중국 베이징)는 원나라의 수도다.
개경(지금의 개성)은 고려의 수도다. 한편 충선왕은 원나라 무종을 옹립한 공로로
심양왕(이후 '심왕'으로 개칭)으로 책봉됐다.

은 자신이 쿠빌라이의 외손이자 태조의 후손이라는 정체성을 가졌음을 아주 잘 알고 있었고, 이 정체성을 정치 활동에 적극 활용하고자 했다. 이러한 충선왕의 정체성은 다음의 자료에 잘 나타난다.

> 옛날 우리 태조께서 삼한을 통일해 큰 이름을 끝없이 빛내시고 기업을 서로 이은 것이 지금까지 381년이다. (중략) 나 소자는 다행히도 예전 황제(원 세조 쿠빌라이 카안)의 외손자이고, 또 황제와 황태후의 보살핌을 입어 공주와 함께 즐거워했으며, 마침내 이곳에 (왕으로) 왔다.
> -《고려사》권33,〈세가〉33, 충선왕 즉위년(1298) 1월

충선왕은 삼한三韓을 통일한 태조의 후손이자, 원나라 황제 쿠빌라이 카안의 외손자이며, 원나라 공주의 부마로서, 마침내 고려 왕이자 심양왕이 된 사람이었다. 그는 각각의 정치적 위상이 복합적으로 결합됐을 때 나타나는 강력한 정치 권력을 분명히 인식하고 있었다. 그래서 그는 복위 후 시행한 일련의 개혁 정책에서 고려와 원나라의 정치적 유산을 적극 활용하고자 했다.

이러한 충선왕의 의도는 그의 복위년 개혁에서 잘 드러난다. 이번 개혁의 중점은 재정 정책이었다. 충선왕은 상인을 보호하거나 시장을 확장하는 등 적극적인 상업 정책을 펼쳤다. 또한 국가 재정을 확보하기 위해 양전量田 사업과 소금 전매제를 실시했다. 양전 사업은 세금을 걷기 위해 세금의 기반이 되는 토지를 측량하는 것을 말하고, 소금 전매제는 국가가 소금의 생산과 유통에 관한 권리를 소유하고 그 수익을 세금으로 걷는 제도를 말한다. 그는 무역을 통한 세입 증대를 꾀하기

위해 정부 부서를 개편하기도 했다.

충선왕은 이러한 개혁을 시행할 때마다 태조 대의 정치적 관행과 원칙을 언급했다. 태조의 위상이 절대적이었던 고려에서 그의 권위에 의탁해 명분을 얻고자 했기 때문이다. 한편으로 그의 재정 정책은 원나라 무종의 그것과 깊은 관련이 있었다. 다시 말해 충선왕은 개혁 정책의 명분은 고려 태조에게서 찾고, 실제는 원나라 제도에서 찾았다. 그는 태조의 후손이자 쿠빌라이의 외손, 고려인이자 몽골인이라는 각각의 정체성을 분명히 자각하고 이를 자신의 정치 행위에 활용했다.

그런데 사실 충선왕의 입장에서는 그 각각의 정체성을 구분하지 않았을지도 모른다. 타자의 시선에서, 후대의 시선에서 볼 때는 고려인과 몽골인이라는 정체성이 구분될 수도 있겠지만, 처음부터 그렇게 태어나고 자란 그에게는 복합적인 정체성이 자연스러웠을 것이기 때문이다.

두 왕위를 저울질하다

충선왕은 고려의 왕으로 복위한 지 불과 3개월 뒤인 1308년 11월에 다시 원나라로 돌아갔다. 그는 이후 1313년(충선왕 5) 3월 아들 충숙왕에게 고려 왕위를 전할 때까지 계속 원나라에서 생활했다. 고려 국왕의 업무는 고려에 체류하는 측근 신료들에게 '전지傳旨(왕의 명령서)'를 보내서 처리했다. 즉 왕은 외국에 있으면서 자신과 친한 신료들에게 편지를 보내는 방식으로 정치를 운영한 것이다. 지금 상식으로는 이해하기 어려운 일이다. 당시에도 충선왕의 측근 세력이 고려 국내에서 대단한 권세를 얻고 그에 따른 폐단이 일어나기도 했던 만큼, 평범한 일은 아니었다.

충선왕이 이와 같이 독특한 정치 운영 방식을 택한 이유는 무엇이 었을까? 그 이유는 그가 자신의 권력을 유지하고 강화하기 위해서 원나라 황제와의 개인적 관계가 중요하다는 점을 깨달았기 때문이다. 애초에 충선왕이 고려 왕과 심왕(1310년 심양왕을 심왕으로 고침)이라는 두 왕위를 겸하며 강력한 권력을 손에 쥘 수 있었던 이유도 원 황제 무종의 옹립과 긴밀한 관련이 있었다. 몽골인은 개인적으로 형성한 관계를 정치적 측근으로 활용했고, 가까운 거리에서 이를 경험한 충선왕으로서는 원나라 황제와의 관계를 지속적으로 강화해야만 했다.

게다가 충선왕이 원나라에 반드시 머물러야만 하는 상황이 발생했다. 고려인 출신으로 원나라의 지방 행정기구인 요양행성의 장관을 지내고 있던 홍중희洪重喜(?~?)가 그를 정치적으로 공격했기 때문이다. 홍중희는 심왕으로서 요양 지방 통치권을 확보한 충선왕 때문에 자신의 기득권을 잃을까 봐 염려했다. 그는 이러한 심리에서 충선왕 한 사람이 두 왕위를 겸하는 것이 적절하지 않다고 비판했다. 충선왕은 이러한 정쟁이 진행되는 상황에서 원나라를 떠나기 어려웠을 것이다.

충선왕은 홍중희의 공격을 피하기 위해 다른 방책을 고안했다. 자신이 원나라에 체류할 수 있는 근거인 심왕의 지위는 유지하고, 고려 왕의 지위는 아들에게 물려주되, 고려 왕으로서의 정치적 실권은 자신이 장악하는 방법이었다. 이를 실현하기 위해 1310년(충선왕 2) 1월 아들인 세자 왕감王鑑(?~1310)에게 고려 왕위를 물려주려고 시도했다. 그러나 이 시도는 신료들의 반대로 실패했다. 세자 왕감은 불과 몇 달 뒤인 5월 충선왕에게 살해되고 말았다.

충선왕은 계속해서 고려로 돌아가라는 압박을 받았다. 홍중희에게 정치적 공격을 받았기 때문만은 아니었다. 원나라의 내부 정세 변화와도 관련이 있었다. 충선왕이 원나라에서 황위계승전에 참가했을 때 카이샨 형제는 형인 카이샨이 먼저 즉위한 후 동생 아유르바르와다를 황태자로 삼고, 아유르바르와다가 황제가 되면 카이샨의 아들을 황태자로 삼기로 약속했었다. 이처럼 형제와 숙질叔姪이 번갈아 가며 황위를 계승하는 방식은 전통 중국 왕조에서는 매우 드물었지만, 칭기즈칸 일가가 대몽골제국을 공유한다는 관념을 갖고 있던 몽골인에게는 큰 문제가 되지 않았다. 이 약속에 따라 카이샨이 먼저 황위에 올라 무종이 됐던 것이다.

그런데 1311년(충선왕 3) 1월에 무종이 갑자기 사망하고 동생 아유르바르와다가 황위에 올라 인종이 되면서 문제가 생겼다. 충선왕은 무종보다는 인종과 더 친밀했으므로 향후 정국 동향에 대한 기대가 컸을 것이다. 그러나 무종과 인종 중에서 인종을 지지하던 어머니 다기쯤근태후와 그의 측근인 권신 테무데르鐵木迭兒가 인종 즉위 후 권력을 잡았고, 인종의 다른 측근을 견제하려고 했다. 그 과정에서 그들이 충선왕을 고려로 돌려보내려고 강하게 압박했다고 판단된다. 결국 충선왕은 선택의 기로에 섰다. 원나라에서 버틸 것인가, 고려로 돌아갈 것인가. 그는 고려 왕위와 심왕위를 가지고 원나라에서 버티기에는 현실적으로 어려운 상황에 처해 있었고, 그렇다고 고려로 돌아간다면 자신이 여태까지 쌓아온 권력 기반을 버려야 하는 상황을 마주했다.

이제현 초상화
이제현은 충선왕을 따라
원나라에 체류하며 당시
유행하던 성리학을 고려로
들여오는 데 힘쓴 인물이다.
이 초상화는 이제현이
원나라에 있을 때인 1319년에
원 화가인 진감여陳鑑如가
그려준 것이다.
국보 제110호, 국립중앙박물관 소장

충선왕은 원나라에서 버티기로 결정했다. 이를 위해 자신은 심왕 위만 가지고 아들에게 고려 왕위를 넘겨주었다. 1313년(충선왕 5), 그렇게 해서 즉위한 고려 왕이 바로 충숙왕이다. 그러나 충선왕은 고려 왕위를 넘겨주었을지언정 고려 왕으로서 권력을 넘겨줄 생각은 추호도 없었다. 충숙왕을 견제하기 위해 총애하는 조카 왕고王暠(?~1345)를 고려 세자로 삼은 것이다. 또한 자신이 고려 국왕이었을 때처럼 전지를 통해 중요한 인사와 처벌을 처리하게 했다. 한편으로는 원나라 수도에 학문 연구 기관인 만권당萬卷堂을 설치하고 인종과 친한 유학자들과 교류하면서 정치 기반을 확고히 했다.

그러나 이러한 충선왕의 행위는 현재 고려 왕인 충숙왕의 불만을 야기했다. 충숙왕은 20세의 나이에 왕위에 올랐고, 아버지의 간섭에서 벗어나 자신이 직접 통치하고 싶어 했다. 그래서 충숙왕은 부왕으로부터 고려 국왕의 권력을 찾아오기 위해 측근 세력을 형성하고자 노력했다. 하지만 이러한 노력은 충선왕에게 지속적으로 차단당했다. 게다가 1316년(충숙왕 3)에 충선왕이 심왕위를 조카 왕고에게 물려주면서 충숙왕은 더욱더 정치적 압박을 받게 됐다. 심왕이면서 고려 왕세자인 왕고가 고려 왕위도 차지하려고 꾀했기 때문이다. 충숙왕은 1318년(충숙왕 5)에 부왕의 측근 세력을 제거하기 위해 개혁 정책을 시행했지만, 끝내 아버지 충선왕의 그늘에서 벗어나지 못했다.

천하를 꿈꾼 충선왕의 일장춘몽一場春夢

권력은 열흘 만에 지는 꽃과 같다고 했던가. 한때 고려 왕위와 심왕위를 겸하고 원나라와 고려를 넘나들며 정치 활동을 펼친 충선왕에게도 위기가 닥쳤다. 발단은 1320년(충숙왕 7) 1월, 충선왕과 친밀하던 원나라 황제 인종의 죽음이었다. 인종은 본래 형 무종의 아들을 황태자로 세우기로 약속하고 황제가 됐지만, 정작 자신이 황제가 되자 그 약속을 지킬 마음이 없어졌다. 그래서 어머니인 다기 태후와 권신 테무데르의 도움을 받아 자신의 아들을 황태자로 책봉했다. 얼마 뒤, 인종이 36세라는 젊은 나이에 사망하고 그의 아들이 황제가 됐으니, 그가 영종 시데발라다.

다기 태후와 권신 테무데르는 영종 시데발라가 유약하다고 생각해서 그를 지지했지만, 정작 그는 그리 호락호락한 인물이 아니었다. 다기 태후는 영종 시데발라를 지지한 것을 후회했고, 자신의 측근 세력을 중심으로 영종 폐위를 모의했다. 그러자 다기 태후의 오랜 측근이자 정치적 협력자이며 애인이던 테무데르가 태후를 배반하고 영종에게 반란 모의를 밀고했다. 이 사건을 계기로 다기 태후는 실각했고, 테무데르가 권세를 얻었다. 당시 다기 태후와 정치적으로 친밀하던 충선왕도 이 사건에 휘말렸다. 충선왕에게 토지와 노비를 빼앗긴 적이 있어 깊은 원한을 품고 있던 고려 출신 환관 임바얀투구스任伯顏禿古思가 이 틈을 타서 테무데르의 아들에게 뇌물을 바치며 충선왕을 적극 모함했다.

그 결과 충선왕은 그동안 쌓은 권력 기반을 전부 잃은 것은 물론이고 머나먼 토번吐蕃(지금의 티베트) 지역으로 유배 가는 처지가 됐다.

1320년(충숙왕 7) 12월에 발생한 일이다. 한때 원나라 조정의 중심에서 천하를 꿈꾸던 충선왕이 척박한 토번 땅으로 유배될 것이라고 생각이나 했을까. 그 뒤로 이제현을 비롯한 고려 신료들이 원 황제 영종에게 충선왕을 돌려보내 달라고 여러 차례 간청했지만 상황이 나아질 기미는 보이지 않았다. 원 황제의 총애를 받은 심왕 왕고가 충선왕과 충숙왕을 모두 견제했기 때문이다.

> 최성지와 이제현이 원의 관료에게 글을 바쳐 말했다. "(중략) 저희 늙은 심왕(충선왕)은 공주의 아들이며 세조의 친외손자입니다. (중략) (토번과) 고국의 거리는 만여 리였는데, 가파른 절벽은 매우 험난해 열 걸음 중 아홉 걸음은 넘어졌고, 겹겹이 쌓인 눈과 얼음은 네 계절 동안 한결같다가도 푹푹 찌는 듯이 더웠습니다. 도적이 몰래 일어나자 가죽배로 강을 건넜고, 외양간이나 들에서 자면서 반년 동안 험난한 길을 거쳐 그 지역에 도착했습니다. 보릿가루를 먹으며 흙집에 거처했으니, 고통스러웠던 상황은 이루 다 말할 수조차 없습니다."
>
> -《고려사절요》권24, 충숙왕 10년(1323) 1월

충선왕은 머나먼 토번 땅에서 말로 다 할 수 없이 고생하다가 1323년(충숙왕 10) 9월 사면됐고, 12월에 원나라 수도 대도大都(지금의 중국 베이징시 일대)에 도착했다. 그는 그 뒤로 다시금 정계 일선에 나서려고 이런저런 노력을 다했지만, 토번에서 너무 고생한 탓인지 약 1년 반 뒤인 1325년(충숙왕 12) 5월 세상을 떠나고 말았다. 향년 51세였다.

고려 태조의 후손이자 원나라 황제 쿠빌라이의 외손인 충선왕은 타

고난 혈통과 능력을 바탕으로 최고 권력을 꿈꿨다. 고려 왕이라는 하나의 지위에만 만족하지 않았고, 원의 황위계승전에 참가해 심왕이라는 또 다른 왕위를 얻었다. 이를 바탕으로 원나라 정계 한복판을, 천하를 손안에 두고자 했다. 그렇다고 해서 그가 단순히 권력에 대한 야망만으로 행동한 인물은 아니었다. 그 동기에 얼마나 진정성이 있었는지는 알 수 없지만, 원나라에서의 경험을 토대로 고려 내부의 적폐를 해소하고자 적극 노력했기 때문이다. 그러나 결국 충선왕은 비운의 정치가로 생을 마감하고 말았다.

참고문헌

김창현,《고려후기 정치사》, 경인문화사, 2017
김호동,《몽골제국과 고려》, 서울대학교출판문화원, 2007
이명미,《13~14세기 고려·몽골 관계 연구》, 혜안, 2016

이승한, 《혼혈왕, 충선왕》, 푸른역사, 2012
이한수, 《고려에 시집온 칭기즈칸의 딸들》, 김영사, 2006

고병익, 〈고려충선왕의 원무종옹립〉, 《역사학보》 17·18, 1962
김광철, 〈14세기초 원의 정국동향과 충선왕의 토번 유배〉, 《한국중세사연구》 3, 1996
_____, 〈고려 충선왕의 현실인식과 대원활동〉, 《역사와 경계》 11, 1986
김성준, 〈고려후기 원공주출신 왕비의 정치적 위치〉, 《한국중세 정치법제사연구》, 일조
　　　각, 1985
김창현, 〈충선왕의 탄생과 결혼, 그리고 정치〉, 《한국인물사연구》 14, 2010
김형수, 〈충선왕의 복위와 복위교서의 성격〉, 《대구사학》 56, 1998
김혜원, 〈여원왕실통혼의 성립과 특징: 원공주출신왕비의 가계를 중심으로〉, 《이대사
　　　원》 24·25, 1989
김호동, 〈울루스인가 칸국인가: 몽골제국의 카안과 칸 칭호의 분석을 중심으로〉, 《중앙
　　　아시아연구》 21-2, 2016
박재우, 〈고려 충선왕대 정치운영과 정치세력 동향〉, 《한국사론》 29, 1993
박종진, 〈충선왕대의 재정개혁책과 그 성격〉, 《한국사론》 9, 1983
변은숙, 〈고려 충선왕대 정치개혁과 정치세력〉, 《명지사학》 13, 2002
이강한, 〈고려 충선왕·원 무종의 재정운용 및 '정책공유'〉, 《동방학지》 143, 2008
_____, 〈고려 충선왕의 국정 및 '구제' 복원〉, 《진단학보》 105, 2008
_____, 〈고려 충선왕의 정치개혁과 원의 영향〉, 《한국문화》 43, 2008
이기남, 〈충선왕의 개혁과 사림원의 설치〉, 《역사학보》 52, 1971
이승한, 〈고려 충선왕의 심양왕 피봉과 재원 정치활동〉, 《역사학연구》 2, 1988
이익주, 〈14세기 전반 고려·원관계와 정치세력 동향: 충숙왕대의 심왕옹립운동을 중심
　　　으로〉, 《한국중세사연구》 9, 2000
_____, 〈충선왕 즉위년(1298) '개혁정치'의 성격: 관제 개편을 중심으로〉, 《역사와 현
　　　실》 7, 1992
이정란, 〈고려 왕가의 용손의식과 왕권의 변동〉, 《한국사학보》 55, 2014
_____, 〈충렬왕대 계국대장공주의 개가운동〉, 《한국인물사연구》 9, 2008
장동익, 〈신자료를 통해 본 충선왕의 재원활동〉, 《역사교육논집》 23·24, 1999
정용숙, 〈원공주 출신 왕비의 등장과 정치세력의 변화〉, 《고려시대의 후비》, 민음사,
　　　1992
최윤정, 〈14세기 초(1307~1323) 원 정국과 고려〉, 《역사학보》 226, 2015

독립운동과 민주주의, 임시정부 선거제도

임동현

장면 1)

2014년 10월 헌법재판소가 지역구 선거구별로 인구 편차가 세 배 이상 나는 현재 상황을 헌법 불일치라고 판정하면서, 선거제도 개편에 대한 논의가 본격화됐다. 2015년 2월 중앙선거관리위원회가 나서서 정당 득표율에 따라 국회 의석을 배분하는 연동형 비례대표제를 선거제도 개혁안으로 권고까지 했지만, 2016년 총선 전 선거제도 개혁은 실패했다.

장면 2)

2019년 4월 국회선진화법 통과 이후 7년 만에 벌어진 동물국회, 아수라장을 뚫고 패스트트랙(신속처리안건) 지정으로 선거법 개정안이 국회 안건에 상정됐다. 당시 국회에서는 제1야당의 점거로 인해서 쇠지레와 망치가 등장하고, 국회 사무실이 점거되자 법안을 제출하기 위해 팩스도 이용했다. 여전히 국회에서는 선거법 개정을 둘러싼 갈등이 계속되고 있다.

이 두 장면은 2014년부터 시작된 선거제도 개편과 관련해 우리 사회에서 있었던 일이다. 선거제도 개편이 이렇게 쉽지 않은 이유는 민주주의 국가에서 선거는 국민이 주권을 행사하는 과정이기 때문이다. 국민은 선거로 국민의 대표를 직접 뽑고, 그 대표들에게 정치권력과 권력의 정당성을 만들어준다. 그래서 흔히들 선거를 '민주주의의 꽃'이고, '주권 행사의 시작'이라고 한다. 선거를 어떻게 운영하고, 선거제도를 어떻게 구성하는지가 그 나라 민주주의의 경험과 성격을 보여준다. 한국 현대사에서도 민주주의를 지킨 중요한 순간에 선거제도에 대한 이야기가 있었다. 3·15부정선거에 저항해서 일어난 4·19혁명, 직선제 쟁취를 위해서 일어난 6월 항쟁 등이 대표적이다.

이처럼 민주주의와 선거는 떼려야 뗄 수 없는 사이다. 그렇다면 우리 역사 속에서 민주주의와 선거는 어떤 모습이었을까? 그 순간으로 가기 위해서는 생각보다 조금 더 멀리 가야 한다. 바로 대한민국임시정부가 태어난 1919년이다.

첫 번째 민주공화정의
첫 번째 선거제도

1919년 3월 1일 식민지 조선에서 전국적인 만세시위운동, 즉 3·1운동이 일어났다. 3·1운동은 식민지 시기 역사에서 모두가 알고 있는 가장 중요한 사건이다. 남녀노소는 물론 한반도의 거의 모든 계층과 계급이 참여한 전국적 독립운동이었다. 그래서 역사가들은 3·1운동으로 한국

독립운동사에 민족民族이, 민중民衆이 또는 시민市民이 등장했다고 말한다. 이 글에서는 이 모든 것을 포괄하는 개념으로 '민民'을 사용하고자 한다. 한국독립운동사에 '민'이 전면적으로 등장하면서 대중운동과 사회운동도 본격적으로 전개됐기 때문이다.

한편 '민'의 전면적 등장은 그동안 이야기만 됐던 민주공화정이 수립되는 계기가 됐다. 3·1운동 이후 국내외에 다양한 임시정부가 수립됐다. 대표적으로 상하이에 대한민국임시정부, 연해주에 대한국민의회 그리고 국내에 한성임시정부 등이 있었다. 이 정부들은 조선왕조와는 다른 민주공화정을 지향했다.

정치체제로서 공화정은 고대 그리스·로마 시대에도 존재했다. 로마는 제국으로 더 유명하지만, 이탈리아반도 통일, 포에니전쟁 승리, 지중해 제패 등은 공화정 시절 업적이다. 그러나 로마공화정은 원로원을 중심으로 한 소수 집단이 권력을 가진 과두제寡頭制 정부였다. 일반 시민이 권력을 가지는 근대적 의미의 민주공화정은 1789년 프랑스혁명과 함께 새롭게 등장했다. 민주공화정은 개항기를 거치면서 조선에 들어왔다. 새로운 정치체제인 민주공화정을 수용한 조선은 이후 민주공화정을 세우기 위해서 많은 노력을 했지만, 아쉽게도 근대 민주공화국을 성립시키지 못하고 일제의 식민지가 됐다. 그러나 식민지가 된 이후에도 민주공화정을 세우기 위해서 끊임없이 노력했고, 마침내 3·1운동으로 정치적 주체인 '민'이 등장하면서 여러 임시정부가 세워지는 결실을 맺게 됐다.

하지만 임시정부 수립은 결실인 동시에 새로운 고민의 출발점이었다. 국내외에 세워진 여러 임시정부를 통합해서 미주, 러시아, 중국, 국내 등 각 지역에서 활동하는 다양한 독립운동 세력을 총괄하는 통합 정부를 세워야 했다. 그리고 독립운동이라는 냉혹한 현실 속에서 민주주의에 기초한 정부를 구성해야 했다. 독립운동을 이끌어 나갈 지도 기관 구성과 새로운 민주주의 정부 구성이라는 두 개의 과제를 풀어나가야 했다.

대한민국임시정부는 어떻게 이러한 문제들을 해결하려고 했을까? 우선 통합 정부를 세우기 위해서 상하이의 대한민국임시정부와 연해주 대한국민의회가 통합을 진행했다. 하지만 통합은 순조롭게 진행되지 않았다. 결국 대한민국임시정부와 연해주 대한국민의회의 통합은 1919년 9월 이동휘로 대표되는 한인사회당 등 일부만이 대한민국임시정부에 참여하는 불완전한 형태로 마무리됐다. 여전히 임시정부에 통합되지 않은 독립운동 세력이 존재했다. 이제 대한민국임시정부는 대내외적으로 정부의 정당성과 독립운동 진영의 대표성을 확보해야 했다.

대한민국임시정부는 '대한민국임시헌장'(1919년 4월 11일 제정·공포, 이하 '제1차 헌법'(1919)) 제1조에서 "대한민국은 민주공화제"라고 하여 민주주의 정부 지향을 분명히 했다. 그리고 제2조에서 임시의정원이 정부를 운영한다고 했다. 임시의정원은 현재 국회에 해당하는 국민 대표 기구다. 국민 대표가 모여서 정부를 운영한다는 민주주의 정부의 가장 기초적인 원칙을 헌법에 반영했다. 그런데 언제 국민의 대표를 뽑아서 임시의정원에 보낸 것일까?

3·1운동이 일어나고 한 달 뒤 상하이 프랑스 조계지 진선푸루金神父路 22호에 식민지 조선의 독립운동가들이 모였다. 이들은 이곳에서 정

임시의정원
독립기념관 소장

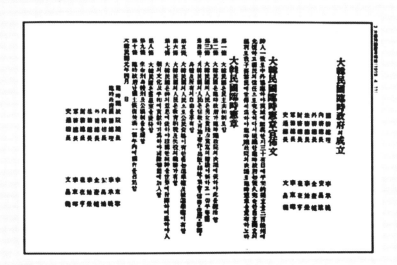

〈대한민국임시헌장〉

부 수립을 위한 회의를 진행했고, 4월 10~11일 각 지방 대표들로 의회를 구성하고, 의회 명칭을 '임시의정원'으로 정했다. 이렇게 열린 제1회 임시의정원 회의는 국가 체제, 정부 형태, 헌법 등을 정하는 제헌의회 역할을 했다. 제1차 헌법(1919)도 이때 제정됐다. 그렇다면 제1회 임시의정원 회의에 참석한 각 지방 대표들은 누구였을까?

제1회 임시의정원 회의에 참석한 사람은 신채호, 여운형, 이회영, 조소앙, 이동녕, 현순, 이광수, 김동삼 등 총 29명이었다. 이들은 동제사와 신한청년당 등에서 활동하는 상하이 지역 독립운동가들이었다. 당시 상하이에는 중국에서 일어난 신해혁명의 영향으로 민주공화국 건설에 뜻을 가진 독립운동가들이 많이 활동하고 있었다. 문제는 지방 대표들이라고 했지만 반 이상이 서울과 경기, 충청 지역 출신이었다는 것이다. 지방 대표라기에는 지역적 불균형이 심했다. 무엇보다 이들은 선거로 선출된 의원이 아니었다.

국민의 대표를 선출하는 방식에는 여러 가지가 있지만, 민주주의 정부에서 국민의 대표를 선출하는 가장 보편적인 방법은 선거다. 선거는 국민이 주권을 행사해서 국민의 대표에게 정치적 권력을 부여하고, 그 권력의 정당성을 만들어주는 과정이다. 그래서 많은 국가에서 시민혁명 이후 선거를 통해서 국민의 대표를 뽑고, 국민의 대표들이 새로운 정부를 수립했다.

3·1운동은 전국적 항쟁이었지만 안타깝게도 식민 지배를 종식하지는 못했다. 일제의 식민 지배가 확고한 상황에서 선거를 하는 것은 불가능했다. 새로운 정부는 독립운동 과정 속에서 독립운동가들이 건설할 수밖에 없었다. 독립운동을 이끌어 나가는 민주주의 정부. 이것이

대한민국임시정부가 가진 현실이었고, 동시에 특징이었다. 하지만 정부를 수립한 이후에도 민주주의 정부로서 정당성을 확보하기 위해서 선거는 필요했다. 임시정부 수립 이후 상하이에 도착한 독립운동가들도 초대 의원들의 대표성에 문제를 제기하면서 선거제도를 정비해서 의원을 다시 뽑아야 한다고 했다.

제1차 헌법은 선거권과 피선거권을 명시했지만, 의원 선출에 관한 법적 규정이 없었다. 1919년 4월 25일 대한민국임시의정원법(이하 임시의정원법)이 제정되면서 선거제도의 기본적인 틀이 마련됐다. 이후 '대한민국임시헌법'(1919년 9월 11일 제정, 이하 '제2차 헌법'(1919)) 개정과 헌법 개정에 따라 대한민국임시의정원법(1919년 9월 15일 제정, 이하 개정 임시의정원법)도 개정되면서 임시정부의 첫 선거제도가 법적인 정비를 마쳤다. 초기 선거제도의 특징은 다음과 같다.

1. 인민주권의 원칙 반영
2. 국내외 지역별 선거 실시. 국내 선거구는 경기도·충청도·전라도·경상도·함경도·평안도·강원도·황해도 8곳, 국외 선거구는 중국 교민·미주 교민·러시아 교민 지역 3곳, 총 11곳
3. 의원 정원은 총 57명
   1) 국내 선거구: 남북 도는 의원 6명(경기도, 충청도, 전라도, 경상도, 함경도, 평안도), 단일 도는 의원 3명(강원도, 황해도)
   2) 국외 선거구: 중국과 러시아는 의원 6명, 미주는 의원 3명
4. 의원 임기는 개정을 거치면서 2년에서 종신제로 변경
5. 의원 자격 심사 실시. 선출된 의원은 임시의정원에 당선 증명을 제출,

'독립운동을 이끌어 나가는 민주주의 정부'를 잘 보여주는 특징이다. 그중에서도 주목할 만한 특징 중 하나가 중국, 미주, 러시아 등 해외 교민 거주 지역이 선거구에 포함된 점이다. 해외 교민이 투표권을 갖는다는 점에서 현재 재외 국민투표와 비슷해 보이지만, 투표권만이 아니라 그 지역의 대표를 뽑아서 보낸다는 점과 식민 지배 과정에서 흩어져버린 해외 한인까지 모두 통치 대상으로 삼았다는 점이 특별하다. 그리고 세 지역은 모두 중요한 독립운동 활동 지역이었기 때문에 더더욱 임시정부에 해당 지역 대표가 참여해야 했다.

또 주목할 만한 특징은 의원 임기가 종신제라는 점이었다. 처음에는 의원 임기가 2년으로 정해졌지만 개정 과정에서 임기 규정이 사라졌다. 1944년 헌법 개정에서 의원 임기가 3년으로 정해질 때까지 종신제는 오랫동안 유지됐다. 의원 종신제였기 때문에 선거는 사임하거나 해임된 의원들의 보궐선거로만 진행됐다. 임시정부가 의원 종신제를 유지한 이유는 무엇일까?

임시의정원은 의원 수를 유지하는 데 어려움을 겪었다. 의원 정원을 채우지 못했고, 정원을 채우지 못하니까 법안을 통과시키기 위한 정족수도 부족했다. 하지만 더 큰 문제가 있었다. 선출된 의원들이 해임으로 계속 교체됐다. 1919년 5개월 동안 세 차례 진행된 임시의정원 회의에서 해임 의원은 평균 열두 명이었다. 정원을 채우지도 못하는데 의원 정원의 20퍼센트 정도가 계속 교체됐다. 해임 이유는 정확히 알기 어렵지만 의원 스스로 사직을 요청하기도 하고, 선출된 의원이 상하이에 도착하지 못해서 해임되기도 했다. 한참 뒤에 일어난 일이지만 상하이를 떠나 충칭까지 정부가 이동했던 시기 등 독립운동이라는 현실을 고려한다면 임기제보다는 종신제가 현실적인 선택이었다.

마지막으로 의원 자격 심사가 있다. 상상을 해보자. 우리가 뽑은 국회의원이 국회에서 자격 심사를 받아야 하고, 국회에서 의원 등록을 결정한다면, 당장 우리 머릿속에는 '내 투표권은? 시민으로서 내 권리는?'이라는 의문이

의원 당선증

떠오를 것이다. 임시의정원법에서는 원래 당선 증명서 제출만 규정했지만, 개정 임시의정원법에서는 임시의정원 의장이 정한 의원들이 당선 증명서를 심사해서 등록하게 했다. 방금 우리가 머릿속에 떠올린 문제 제기를 당연히 독립운동가들도 했다. 의원 지격 심사가 국민의 선거권 침해라는 문제 제기가 있었고, 이 문제를 놓고 1924년 제12회 임시의정원 회의에서 논쟁이 벌어졌다.

조완구 의원은 선거로 뽑힌 순간부터 자격과 권리를 갖기 때문에 심사 등록은 의원을 선출한 인민의 권리 침해라고 주장했다. 반면에 조상섭 의원은 선거만으로는 완전한 권리가 없고, 의원 심사를 진행해야 권리가 생긴다고 반박했다. 주장의 근거는 임시정부가 독립운동을 이끄

는 지도 기관이었기 때문이다. 친일파나 밀정 등 부적격한 의원의 유입을 막아야 했기 때문에 의원 자격 심사가 방파제 역할을 한 것이다. 오랫동안 논쟁한 결과 독립운동이라는 현실을 인정하는 방향으로 결론이 내려졌고, 의원 자격 심사는 임시정부 운영 기간 내내 유지됐다.

초기 선거제도의 불완전한 운영

1919년 4월 25일 임시의정원법이 만들어지고, 첫 선거가 실시됐다. 그리고 선거로 뽑힌 임시의정원 의원들이 제4회 임시의정원 회의부터 참석했다. 어떻게 선거를 진행했을까? 그리고 선거는 잘 치러졌을까? 초기 임시의정원 선거 과정은 임시정부 내무부령 제4호(1919년 12월 23일 제정)를 통해서 살펴볼 수 있다.

우선 임시의정원법에 따라 임시의정원에서 보궐선거를 요청하면 임시정부가 각 선거구에 임시선거회를 조직해서 선거를 진행했다. 투표는 무기명으로 후보자 중 한 명만 뽑았다. 하지만 현실적으로 국내 선거구에서는 선거가 불가능했다. 그래서 임시선거회를 독립하기 전까지 국외 또는 필요한 지점에 설치한다는 단서 조항이 있었다. 이 단서 조항을 근거로 상하이 한인 자치단체인 '상해대한인거류민단'에서 출신 지역별로 선거회를 조직해서 선거를 실시했다. 상하이 지역 한인만을 대상으로 제한적이지만 직접선거를 실시한 것이다. 하지만 해외한인 중 가장 소수인 상하이 한인이 국내 8개 선거구 의원을 선출했기 때문에 오히려 과잉 대표라는 문제가 생겼다. '소수인의 천행擅行', '한

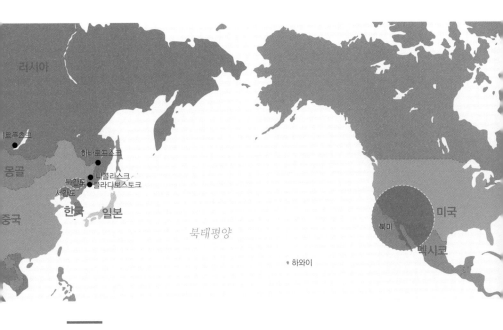

국외선거구 현황

지방의 부분적 행위'라는 비판도 받았다.

중국, 미주, 러시아 등 국외 선거구는 좀 더 세분화해서 운영했다. 중국은 서간도 세 명, 북간도 세 명의 2개 구역으로, 러시아는 블라디보스토크 두 명, 니콜리스크(지금의 우수리스크) 두 명, 하바롭스크 한 명, 이르쿠츠크 한 명의 4개 구역으로 구성했다. 미주는 선거구 규정은 없지만 1921년 대한인국민회 북미 총회 선거를 통해서 살펴보면 북미(미주, 멕시코) 2인, 하와이 1인의 2개 선거구 구성을 추정할 수 있다.

국외 선거구는 직접선거를 실시했다. 하지만 국외 선거구의 모든 선거가 제대로 진행되지는 않았다. 우선 러시아 선거구에서는 임시정부와 러시아 지역 독립운동가들의 갈등으로 임시정부 운영 기간 동안 단한 명의 의원도 선출하지 못했다. 미주와 중국에서도 의원을 선출하지 못할 때가 있었고, 의원을 선출하더라도 재만임시국민대회(중국), 국민회 중앙총회, 하와이 총회(미주) 등 간접선거를 통해서 뽑은 경우도 있었다. 이처럼 불완전한 선거제도는 오히려 임시정부의 정당성을 흔드는 원인이 됐다.

'국민의 대표'에서 '독립운동가들의 대표'로

1920년대 초 임시정부의 위상이 흔들리기 시작했다. 독립운동 노선을 둘러싼 대립이 일어났고, 이승만 대통령의 위임통치 청원* 문제로 이승만 반대 운동도 일어났다. 임시정부에 참여했던 독립운동가들이 임시정부를 떠나거나 심지어 반임시정부 운동을 전개하기도 했다. 결국 임시정부 내외의 모든 독립운동가가 모여서 임시정부를 새롭게 만들자는 국민대표회의 개최 운동이 일어났다.

독립운동가들은 임시정부를 놓고 새로운 지도 기관 구성(창조파), 임

---

*　이승만은 한국의 즉시 독립이 불가능하다는 판단하에 국제연맹에 위임통치를 청원했다. 이승만은 파리강화회의 참석이 어려워지자 측근 정한경의 위임통치 청원서를 미국의 월슨 대통령에게 제출하자는 제안을 받아들여 1919년 3월 3일 청원서를 비서실장에게 전하고, 같은 해 3월 16일 기자회견을 열고 미국이 국제연맹의 위임을 받아 한국을 통치해달라는 위임통치 청원서를 공개했다.

시정부 개혁(개조파), 현상 유지(임시정부 옹호파) 등으로 의견이 나뉘었다. 국민대표회의는 임시정부 개혁에 대한 뚜렷한 성과를 내지 못하고 결렬됐다. 하지만 국민대표회의 개최는 선거제도에 결정적 전환점이 됐다. 정부의 대표성과 정당성에 대한 인식이 전환되는 계기였기 때문이다.

우선 임시의정원과 국민대표회의는 논리적으로 양립이 불가능했다. 국민의 대표 기관인 임시의정원이 있는데 독립운동의 방략을 논하기 위해서 별도로 대표 회의체를 구성하는 자체가 임시의정원의 존재와 기능을 부정하는 행동이다. 임시정부 옹호파는 국민대표회의 개최 자체가 위법이라고 반발했다. 하지만 소수가 선출한 임시의정원 의원보다 100명 이상으로 구성된 독립운동 단체 대표가 더 대표성을 갖는다는 비판을 막지는 못했다. 결국 국민대표회의는 개최됐고, 국민대표회의 개최는 그 자체로 임시정부의 불안정한 선거로 뽑힌 '국민의 대표'보다 독립운동가들의 대표가 더 대표성이 있다는 인식 변화를 보여준다.

국민대표회의 종료 이후에도 이러한 인식 변화는 계속됐다. 1924년 7월 제12회 임시의정원 회의에서 윤기섭, 윤자영 등 20명의 의원 명의로 '독립당 대표회의 소집 건의안'을 제안했고, 같은 해 9월 '독립당 대표회의 소집 간장'을 공포했다. 독립당 대표회의는 정부 지정 대표와 100인 이상으로 조직된 독립운동 단체 대표들이 모이는 회의였다. 하지만 독립당 대표회의는 실현되지 않았다. 독립당 대표회의 개최에서는 임시정부의 위상을 강화하기 위해서 독립운동 단체 대표를 소집하려고 했다는 사실에 주목해야 한다. 결정적으로 1925년 1월 임시정부 학무총장 조상섭이 임시정부를 떠나 있던 안창호에게 보낸 편지를 보면, 법제 개혁안을 논의하고 있는데 임시의정원 의원들이 임시의정원을 조직할 때 독립운동 단체를 기본으로 하자는 논의가 있다고 전하고 있다. 정부 정당성과 대표성의 근거가 변한 것이다.

이러한 변화는 '대한민국임시헌법'(1925년 4월 7일 개정, 이하 '제3차 헌법'(1925))에 반영됐다. 인민주권의 원칙이 사라지고, 헌법 제3조에서 광복운동 중에는 '광복운동자', 즉 독립운동가가 인민을 대리한다고 했다. 헌법 내용이 바뀌면서 선거제도도 크게 변했다. 선거 방식을 직접선거에서 독립운동가들이 조직한 지방의회, 아니면 해당 지역에 본부를 둔 독립운동 단체에서 선거하는 간접선거로 변경했다. 독립운동가들은 지방의회를 조직해 임시의정원 의원을 선출할 권리를 가졌다. 독립운동가들이 인민의 선거권을 대행하는 대행선거제도였다.

제3차 헌법(1925)은 '광복운동 중'이라는 한시적 조건을 붙였지만 선거권을 독립운동가로 제한하고 대행하게 했다. 임시정부가 선거권을 제한한 것은 민주주의 원칙에서 보면 비판받을 수 있는 변화였다. 하지만 당시 《독립신문》은 제3차 헌법을 이전보다 발전한 헌법으로 평가했다. 《독립신문》은 혁명 사업, 즉 독립운동을 할 때 '혁명당원이 중추'가 되는 게 소련공산당, 중국국민당의 사례를 봤을 때 일반적이라고 했다. 인민주권의 원칙에 대해서는 '어떻게 한인을 다 독립당원으로 간주할 수 있느냐'고 반문했다. 이처럼 독립운동의 현실을 고려할 때 불가피한 조치였다고 봤다. 이러한 평가가 가능했던 이유는 국민대표회의 개최를 계기로 정부의 정당성과 대표성의 근거가 점차 '독립운동가들의 대표'로 변했기 때문이다.

민족의 대표, 주권의 주체, 민족유일당

제3차 헌법(1925) 개정 이후에도 임시정부는 떨어진 위상과 권위를 회복하지 못했다. 국민대표회의 결렬 이후 미주로 떠났다가 돌아온 안창호는 임시정부의 위상을 강화하고 독립운동 세력을 통합하기 위해서 1926년 민족유일당 운동을 벌였다. 민족유일당 운동은 사회주의와 민족주의 진영의 대립을 해소해 유일 정당을 수립하고, 당이 주체가 돼 임시정부를 운영(이당치국以黨治國)하자는 운동이었다. 민족유일당 운동은 코민테른의 아시아 식민지 지역에서는 계급 해방보다 민족 해방이 선행돼야 한다는 입장에서 전개된 민족통일전선 운동과 1924년 중국 국민당과 공산당의 국공합작 성공에서 큰 영향을 받았다.

임시정부도 독립운동 최고 기관으로서의 지위를 회복하기 위해 민족유일당 운동에 적극적으로 참여했다. 민족유일당 운동과 이당치국론을 적극 수용해 1927년 4월 11일 '대한민국임시약헌'(이하 '제4차 헌법'(1927))을 개정했다. 제4차 헌법(1927)은 "광복운동자의 대단결인 당이 완성된 때에는 국가의 최고 권력이 이 당에" 있다고 명시했다. 제1차 헌법(1919) 때는 국민의 대표 기관인 임시의정원이 정부를 운영했지만 제4차 헌법(1927)에서는 정부 운영의 중심에 유일당이 있었다. 이당치국론의 영향이다.

민족유일당 운동과 이당치국론은 선거제도에 또 한 번 변화를 가져왔다. 제4차 헌법(1927)은 인민주권 원칙을 복구했다. 선거 방식도 간접선거에서 직접선거를 원칙으로 하는 국내외 지역별 선거 방식으로 복귀했다. 큰 틀에서 제2차 헌법(1919)으로 돌아갔다. 하지만 독립운동가의 선거권 대행은 사라지지 않았다. 여전히 "광복 완성 전에는 국권이 광복운동자 전체에 있음"이라는 조문은 남았다. 선거가 불가능하던 국내 선거구는 이제 상하이 지역 한인들 대신에 임시정부 소재지, 상하이에 있던 독립운동가들이 출신 지역에 따라 각 해당 선거구의 선거권을 대행했다. 직접선거지만 제한선거였다.

제3차 헌법(1925)과 제4차 헌법(1927)의 선거제도는 독립운동가들이 선거권을 대행한다는 점은 같았다. 결정적인 차이점은 인민주권 원칙의 유무였다. 인민주권 원칙을 고려한다면 독립운동가들의 대행선거는 불가능한 것이다. 그렇기 때문에 현실적인 이유로 대행선거제도를 선택한 제3차 헌법(1925)은 인민주권 원칙을 삭제했다. 그렇다면 제4차 헌법(1927)에서 인민주권 원칙은 어떻게 부활할 수 있었을까? 제3차 헌법(1925)과 제4차 헌법(1927) 사이에 민족유일당 운동이 있었고, 민족유일당 운동이 이당치국론을 근거로 했다는 점에 주목해보자.

이당치국론의 핵심은 당이 실질적으로 정부를 운영하면서 주권을 행사하는 주체가 되는 것이다. 당이 국민을 대신해서 주권을 행사한다는 개념이 중요하다. 1926년 임시정부 국무령에 취임한 홍진은 〈당적 결속이 유일의 생도生道〉(《독립신문》 1926년 11월 18일)에서 "독립당의 당적운동은 일국가 일민족의 대립적 정신을 대표한 신국민의 집합체이며, 주권 행사의 단위가 된다"라고 했다. 민족유일당 운동에 참여한 독립운동가들도 당이 주권 행사의 단위가 된다고 생각했다. 정부의 정당성과 대표성의 근거가 국민의 대표에서 독립운동가들로 변했다가 이제는 민족유일당이 된 것이다.

하지만 민족유일당 운동은 사회주의 진영과 민족주의 진영의 대립을 무마하지 못하고 결국 실패했다. 민족유일당 운동 실패 이후 1930년 민족주의 진영의 통일을 목표로 임시정부의 기초 정당으로서 한국독립당이 만들어졌다. 한국독립당은 이당치국론을 바탕으로 임시정부를 운영했다. 임시정부는 한국독립당이 임시정부의 중심 기관이고, 전체 민족의 대리 기관이라고 했다. 그리고 독립이 될 때까지 민족 주권은 한국독립당원에게 있다고 했다. 한국독립당원들이 임시정부의 주요 인사라는 점을 고려한다면 한국독립당원, 즉 임시정부에 참여하는 독립운동가들이 민족 주권을 대리하고 있다는 말이다.

이처럼 이당치국론은 '독립이 될 때까지', 즉 독립운동 기간이라는 한정된 기간 동안 민족 주권을 독립운동가들이 대행하고 있다는 사실을 전제하고 있다. 그래서 이당치국론은 인민주권 원칙과 독립운동가들의 대행선거가 서로 충돌하지 않게 만들어주는 논리적 근거가 됐다. 이당치국론이 전제가 되면서 인민주권 원칙과 독립운동가들의 선거권 대행이 모두 제4차 헌법(1927)에 들어가게 됐다.

이러한 논리 개발이 필요했던 이유는 서두에서 말했던 두 가지 과제, '독립운동을 이끌어가는 민주주의 정부'가 가진 현실적인 한계 때문이다. 임시정부는 해외에서 독립운동을 전개했지만 민주공화정을 지향했기에 국민의 선거로 뽑힌 대표가 필요했다. 하지만 식민지라는 현실에서 직접선거는 불가능했다. 그리고 국민대표회의, 민족유일당 운동 등이 실패하면서 독립운동의 최고 지도 기관이라는 임시정부의 위상도 약해져갔다. 민족혁명당처럼 임시정부에 비판적인 정치 세력도 존재했다. 국내외 지역별 선거구에서 선출된 대표로 정부를 구성한다는 민주공화제 원칙을 유지하면서 임시정부를 지키기 위해서는 현실적으로 임시정부에 참여하는 독립운동가들의 선거권 대행이 불가피했다. 이당치국론은 민주공화정의 이상과 독립운동의 현실 사이에 발생하는 괴리를 해결해주는 이론적 근거였고, 대행선거는 제도적 결과물이었다.

대행선거제도를 현실화하자, 민족혁명당의 선거제도 개편안

1932년 윤봉길 의사 의거와 1937년 중일전쟁 이후 임시정부는 상하이를 떠나서 멀고도 험난한 이동을 했다. 고난의 이동 시기에도 대행선거제도는 유지됐다. 하지만 임시의정원에 참여하는 의원 수는 적었다. 1939년 치장綦江(중국 쓰촨성 충칭시 남쪽)에 도착하고 나서야 어느 정도 임시의정원 규모를 회복했다. 1940년 9월 충칭重慶에 새롭게 자리 잡은 임시정부는 해방이 될 때까지 그곳에서 정부를 운영하게 됐다.

충칭에 자리를 잡은 이후 대한민국임시정부는 기존의 일당 체제에서 다당제로 변화했다. 1940년 10월 대한민국임시약헌을 개정하면서 이당치국론의 근거였던 "광복운동자의 대단결인 당이 완성된 때에는 국가의 최고 권력이 이 당에 있음"이라는 조문을 삭제했다. 그리고 1940년 11월 조선민족해방동맹이 임시정부에 참여하고, 임시정부에 줄곧 참여하지 않던 민족혁명당이 1941년 12월 임시정부 참여를 결정했다. 이제 임시정부는 한국독립당만의 정부가 아니라 명실공히 중국

에 있는 민족주의 좌·우파를 망
라하는 정부가 됐다.

임시정부를 둘러싼 환경이 변
화하면서 선거제도 개편에 대한
논의가 다시 시작됐다. 1942년
10월 25일 제34회 임시의정원 회
의에서 처음 등원한 민족혁명당,
조선혁명자연맹, 조선민족해방
동맹 등에 속한 새로운 의원들이
헌법 개정을 요구했다. 헌법 개
정의 핵심은 선거제도였다. 그러
나 대행선거 자체는 개정 대상이

김원봉(1946)

아니었다. 새롭게 임시정부에 들어온 의원들도 독립운동의 현실을 고
려했을 때 대행선거는 불가피하다고 생각한 것 같다. 문제는 선거권을
대행하는 독립운동가의 범위였다. 민족혁명당은 독립운동가들의 대행
권을 규정하는 조문에서 "임시정부 소재지에 교거僑居하는"이라는 구
절을 수정해야 한다고 요구했다. 이 조문으로 임시정부 소재지인 충칭
에 있는 독립운동가들만이 선거에 참여했기 때문이다.

민족혁명당은 충칭에 있는 소수의 독립운동가들을 제외하고 후방,
전방, 적후, 미주에 있는 독립운동가 그리고 전선에서 직접 적과 전투
하고 있는 독립운동가들의 선거권과 피선거권이 상실됐다고 주장했
다. 헌법에는 독립운동가 전체가 주권을 대리한다고 했지만 실제로 각
지역 독립운동가들에게는 아무런 주권이 없다고 했다.

민족혁명당은 지역별 선거구 방식도 비판했다. 대행선거제도하에서 지역별 선거는 충칭에 있는 독립운동가들이 출신 지역에 따라 선거를 진행했다. 하지만 충칭에 있는 독립운동가들만으로 선거를 하니 어떤 도는 후보자가 없고, 어떤 도는 후보자가 넘쳐났다. 그래서 민족혁명당은 현재 선거제도로는 충칭에 있는 소수의 정부일 뿐 각지에 있는 독립운동가들에 기반한 정부가 아니라고 비판했다. 따라서 선거구 제도를 개혁해서 각지의 독립운동가들에게 선거권과 피선거권을 주어야 한다고 했다.

선거제도를 개편하기 위해서 민족혁명당은 세 가지 선거구제도를 제안했다. 일본과 전투를 하고 있는 군대에 선거권과 피선거권을 보장해주는 군대 특별선거구, 중국에 있는 독립운동가와 동포를 대상으로 하는 정부 소재지 특별선거구, 마지막으로 미국, 러시아 등지에는 보통선거구 설치를 주장했다.

군대 특별선거구는 충칭이 아니라 각 전선에서 일본군과 직접 전투에 참여하고 있던 독립운동가들의 선거 참여를 보장하기 위해서였고, 정부 소재지 특별선거구는 충칭의 독립운동가들만 참여하는 명목뿐인 지역별 선거구를 현실에 맞게 중국 내 독립운동가와 동포를 대상으로 하는 선거구로 바꾸자는 것이다.

미국, 러시아 등 국외 선거구는 원래 대행선거 적용 대상이 아니었다. 대행선거는 국내 선거구에만 적용해야 했다. 하지만 1942년 제34회 임시의정원 회의에서 조완구 내무부장이 중국 선거구도 대행선거를 시행하고 있다고 밝혔고, 미주의 경우에도 미주 의원인 김구가 현재 대행선거를 시행하고 있다고 밝혔다. 이처럼 국외 선거구가 당시 규정에 맞게 운영되지 않았기 때문에 이러한 문제를 해결하기 위해서 충청에 있는 독립운동가들로 대행선거를 하지 말고 규정대로 보통선거를 실시하자고 했다.

민족혁명당은 선거제도를 현재 상황에 맞게 바꾸고 충청 중심의 선거권을 미주, 러시아, 중국 등 각지로 확대하는 개혁안을 제시했다. 이 개혁안에는 한국독립당이 중심이 됐던 임시의정원을 개편하기 위한 의도도 있었다. 선거제도 개편은 언제나 정치권력 재편을 의미했다. 선거제도 개편을 둘러싼 논쟁은 오래 이어졌다. 오랜 논쟁의 결과 민족혁명당의 현실적인 선거제도 개편안은 채택되지 않았다. 대신 이전에 명문화되지 않았던 독립운동가에 대한 규정이 들어갔고, 국외 선거구에서 시행되던 대행선거도 명문화됐다. 의원 임기도 3년으로 제한됐다.

명분 대신 현실적인 선거제도를 계획했던 민족혁명당의 선거구 개편안에 대한 반발도 적지 않았다. 우선 군대 특별선거구에 대해서 이미 독립운동가들이 대행권을 행사하는 우대를 누리고 있는데, 특별히 군인을 우대해서 특별선거구를 설치할 수 없다고 했다. 군인이 정치투쟁에 개입하거나 군벌이 등장하는 것을 경계한 것이다. 군에 대한 문민 통제를 염두에 둔 비판이었다.

미주와 러시아의 보통선거는 솔직히 현실을 인정했다. 러시아에서는 대행선거도 못 하는데, 과연 미주와 러시아에서 보통선거가 가능한지 반문했다. 만일 미주와 러시아에서 선거가 실패하면, 오히려 임시정부 소재지 의원만이 정부를 구성하기 때문에 진짜 충청 정부가 돼버릴 것이라고 반박했다.

마지막으로 정부 소재지 특별선거구에 대해서는 국내 여덟 개 선거구로 대표되는 전국성全國性을 유지해야 한다고 주장했다. 앞에서 미주와 러시아의 보통선거를 반대하면서 말한 진짜 충칭 정부가 돼버릴 것이라는 우려도 전국성을 고려한 것이다. 명목뿐이지만 국민의 대표로 구성된다는 점은 중요했다. 민족혁명당이 제시한 세 가지 특별선거구는 독립운동 진영의 최고 기관을 구성하는 가장 현실적인 선거 방법이었지만 국민의 대표로 구성된 민주공화제 정부라는 점에서는 명분이 떨어진다는 비판이었다. 결국 명목뿐인 국내외 선거구였지만 국내지역구의 대표성을 지키는 방향으로 정리됐다.

민족혁명당의 비판처럼 대행선거제는 임시정부 소재지에 국한돼 운영됐기 때문에 독립운동가들의 광범위한 참여를 보장하지 않았다. 대행선거제도 운영은 한국독립당으로 대표되는 임시정부 옹호 세력 이외의 정치 세력을 배제하는 역할을 했다. 하지만 다른 한편으로 대행선거제도는 형식적이었지만 국내외 선거구제를 통해서 전국을 대표한다는 정당성의 근거가 됐다.

임시정부만의 독특한 선거제도, 대행선거

선거는 유권자가 국민을 대표하는 국가기관의 구성원을 선임하는 정치 행위이자 동시에 국민의 주권 행사 과정으로 국가권력 창출과 권력의 정당성을 만들어낸다. 그래서 선거제도에는 해당 국가의 민주주의에 대한 이해와 경험이 반영된다. 대한민국임시정부는 독립운동을 지도하는 최고 지도기관 역할을 하면서 새롭게 건설되는 민주공화국의 기초도 만들어야 했다. 이 과정은 쉬운 길이 아니었다. 정부라는 형태는 때로는 독립운동에 적합하지 않았다. 그래도 임시정부는 정부의 정당성을 확보하고, 국민의 대표로 구성된 임시의정원을 만들기 위해서 선거제도를 운용했다. 그렇게 만들어진 대행선거제도는 완벽한 민주공화정 선거라고 하기에는 분명히 한계가 있지만, 독립운동 기간 동안 민주주의의 이해와 경험이 반영된 임시정부의 독특한 선거제도였다.

참고문헌

김희곤,《대한민국임시정부 I 》, 독립기념관한국독립운동사연구소, 2008
박찬승,《한국독립운동사》, 역사비평사, 2014
윤대원,《상해 시기 대한민국임시정부 연구》, 서울대학교출판부, 2006
조범래,《한국독립당연구》, 선인, 2011

김영범, 〈대한민국임시정부와 민족유일당운동〉,《대한민국임시정부 수립 80주년 기념
　　논문집》하, 1999
윤대원, 〈국민대표회의 이후 개조파의 정국쇄신운동과 국무령제의 성립〉,《역사연구》
　　7, 2000
＿＿＿, 〈참의법의 '법명' 개정과 상해 임시정부〉,《한국독립운동사연구》44, 2013
이재호,《대한민국 임시의정원 연구》, 단국대학교 사학과 박사학위논문, 2011
이현주, 〈1942년 조선민족혁명당의 임시의정원 참여와 노선투쟁〉,《한국독립운동사연
　　구》33, 2009
＿＿＿, 〈대한민국 임시의정원의 성립과 위상변화(1919~1922)〉,《대한민국임시정부
　　수립 80주년 기념논문집》상, 1999
정상우, 〈대한민국 임시정부 헌법의 헌정사적 의의: 정부형태를 중심으로〉,《대한민국
　　임시정부의 현대사적 성찰》, 2010
조동걸,〈대한민국임시정부의 헌법과 이념〉,《대한민국임시정부 수립 80주년 기념논문
　　집》상, 1999
조철행,《국민대표회 전후 민족운동 최고기관 조직론 연구》, 고려대학교 사학과 박사학
　　위논문, 2011

갱스 오브
더 식민지
조선의 밀수

김태현

현재에는 밀수라고 하면 신의주, 신의주라고 하면 밀수를 연상시킬 정
도로 유명해졌다.

- 〈신의주의 밀수〉,《경무휘보》344, 1934

밀수의 도시 신의주, 시라소니도 밀수꾼?

신의주에 거주하던 이성순은 달리는 열차의 손잡이를 잡고 순식간에
올라탄 다음 열차가 역에 도착하기 전에 뛰어내리는 '도리노비'의 귀
재였다는 설이 있다. 그런데 원숭이도 나무에서 떨어지듯이, 그는 도리
노비 중 열차에서 떨어졌다. 이 실수로 '못난 호랑이 새끼'라는 뜻의 시
라소니(표준어는 스라소니)라는 별명을 얻었다.

최인규가 만든 영화 〈국경〉(1939)은 신의주의 압록강을 배경으로 한
다. 영화는 이곳의 밀수단 두목과 그의 애첩 그리고 그녀를 사랑하는
부하 사이에 벌어지는 사건을 다루고 있다. 줄거리는 영화 〈달콤한 인

생〉(2005)의 내용과 비슷하다. 애첩(김소영 분)은 두목(이금룡 분)에게서 벗어나려고 하나 두목은 놓아주지 않았다. 그때 두목의 애첩을 짝사랑하던 부하(전택이 분)는 그녀와 함께 탈출을 시도한다. 밀수 조직원들이 이들을 추격하자 부하는 그들을 때려눕히고 그녀와 함께 국경을 넘는다.

이와 같이 시라소니 이야기나 영화의 모티브가 될 만큼 신의주에 밀수가 많았던 이유는 무엇일까? 이를 알기 위해서는 식민지 시기의 '신의주-안둥(지금의 중국 랴오닝성 단둥)' 지역(이하 '신-안' 지역)을 알아야 한다. '신-안' 지역은 결빙기에 도보로 압록강을 건널 수 있을 정도로 지리적으로 가까웠다. 게다가 1911년 압록강철교가 완성되고 조선과 만주 사이에 직통 열차가 개통되면서 국경의 관념은 옅어졌다. 이처럼 옆 동네 마실 나가듯이 월경이 손쉬워서 밀수도 왕성했다. 1927년 7월 21일 신의주세관이 철교를 통한 좁쌀 운반 밀수를 단속하자 빈민들이 탄원할 정도로 밀수는 신의주 빈민들 생계에 필수적인 상황이었다. 빈번한 물물 거래와 밀수로 인해 차라리 관세장벽을 허물자는 주장이 나올 만큼 '신-안' 지역은 동일 생활권으로 인식됐다. 이러한 지리적 특성으로 신의주에는 밀수업자와 밀정이 조선에서 제일 많다고 할 정도로 흔했다. 요컨대 시라소니 '도리노비' 설과 영화 〈국경〉은 이러한 현실을 반영한 것이다.

1920년대 후반부터 밀수단, 밀수 갱Gang이라고 불리는 존재들이 활개를 치기 시작했다. 본래 밀수는 밀수입과 밀수출을 모두 포괄하는 의미인데, 당시 밀수는 대부분 신의주에서 안둥(지금의 단둥)으로의 밀수출을 의미한다고 할 정도였다. 예컨대 일본의 척무성 과장은 "1930년대 초반 '신-안'의 수로 수출 중 90퍼센트가 밀수품일 정도로 밀수가

압록강철교 전경
국립중앙박물관 소장

공공연하다"라고 했다. 또 신의주세관의 감시과 관리는 "단체로 다니면서 갱과 같은 악랄함을 떨치고, 상품은 고무신과 면포의 수출이라든지, 은과 설탕과 성냥이라든지, 주로 돈벌이가 큰 것을 목적"으로 한다며 밀수 조직을 비판했다. 이처럼 악랄한 밀수 조직은 왜 생겼을까?

밀수 갱단의 탄생

> 신의주-안둥에 거주하는 조선인 중 약 3할이 직접·간접으로 밀수에 의존해서 생계를 유지했다고 해도 과언이 아니었다.
> -〈밀수 단속으로 실업 1천 명〉,《경성일보》1931년 2월 28일

조선총독부는 조선 북부 개발을 위해 남부 지방의 노동력을 북부 지역으로 이주시키고자 했고 가난한 농민은 일거리를 찾아 도시로 이주했다. 그 결과 함경도와 평안도로 유입되는 인구가 급격히 늘었다. 이와 함께 신의주에는 특히 쇼와제강소 설치에 대한 기대감으로 1929년 12월부터 1930년 2월 말까지 조선인이 1800명 이상 몰려들었다. 주택 공급, 취업, 의료 서비스 제공 등이 취약하던 신의주에서는 이주민 실업 문제가 심각해졌다.

그런데 1932년 9월 만주 안산에 쇼와제강소를 설립하기로 결정됐다. 그러자 신의주에서는 실업 문제가 극심해졌고, 조선인은 날품팔이와 일용직으로 근근이 살아야 했다. 심지어 그런 생활을 견디지 못하고 자살을 선택하는 조선인도 있었다.

일제의 대중국 밀수를 풍자한 만평

《The China Weekly Review》 1936년 5월 16일

당시 신의주로 가면 밀수로 먹고살 수 있다는 소문이 났고, 실업으로 인해 하루하루 먹고살 길이 막막했던 조선인은 이 지역으로 가서 밀수업에 가담했다. 요컨대 조선인에게 생계유지 수단으로 떠오른 것이 밀수품 운반업이었다. 대부분의 조선인 밀수품 운반업자는 신의주 미륵동과 민포동에 거주했다. 미륵동과 민포동은 신의주 제방 밖에 있는 모래밭이나 다름없는 매우 빈곤한 지역이었다. 그래서인지 이 두 지역의 별명은 '밀수 소굴'이었다.

게다가 1928년 이후 중국이 관세자 주권(아편전쟁 이후 후먼조약으로 중국은 수입 상품에 일괄적으로 5퍼센트의 정률 관세를 부과했고, 난징 정부 수립 이후 관세자주권 회복이 외교에서 중요한 과제로 떠올랐다)을 점차 회복하면서, 수입품 관세가 상승했다. 그러자 화주-청부인-운반업자 구도의 '대규모·조직적' 밀수단이 성행했다. 화주는 신의주와 안둥의 유력한 일본인과 조선인 잡화상이었으며 운반업자 대부분은 조선인이었다. 일본의 뤼순 조차지를 관리하면서 만주 지역에 영향을 끼치고 있던 관동청은 운반업자 조직을 다른 직업이 없는 '무뢰한 운반 조직'으로 파악했는데, 이들은 밀수품 운반업을 하지 않고는 생계를 이어 나갈 수 없을 정도로 빈곤했다. 요컨대 다른 직업이 없는 전업 밀수품 운반업자가 형성된 것이다.

이들의 조직을 살펴보면, 밀수품 운반업에 종사하는 조선인은 2000여 명이었고 운반업자는 조직당 300여 명으로 구성됐다. 운반업자들은 특정한 두목 아래서 행동했고, 두목은 조직의 지도권을 아들에게 물려주었다. 이러한 조직 형태가 〈국경〉에 나오는 밀수단의 모티브가 되지 않았을까.

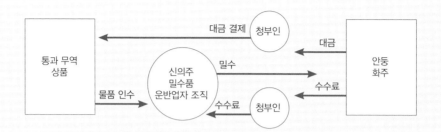

밀수 방법은 다음과 같았다. 안동 화주에게 대금을 받은 청부인이 신의주로 가서 밀수 상품을 전부 구매한 다음 물품을 보세 창고 혹은 사재 창고에 보관했다. 그다음 밀정이 신호를 주면 보관된 물품을 운반업자 100여 명이 조직적으로 운반했다. 이때 그 모습은 마치 잘 훈련받은 병사와 같았다.

찌더운 여름날의 햇빛을 받고, 선선한 바람을 쏘이려 신의주 강안을 산보하는데 세관 앞 강 위에 40척의 배에 손에 곤봉을 들고 등에는 면포를 병대가 배낭 메듯이 진 **수백 명의 장정**이 탄 것을 볼 수 있다. 그들은 밤이 늦게 배를 저어 압록강철교 밑을 지나 상류로 올라가 안동세관원의 수가 적은 틈을 엿보아 가지고 뱃머리를 돌려 안동세관(이곳 밖에는 배 댈 곳이 드물다) 쪽으로 빨리 간다.

- 〈밀수계의 이면 자기 이익만을 취해, 야반출동 대부분 강을 넘어가〉, 《동아일보》 1934년 1월 2일

운반업자의 수입은 건당 1원에서 최대 2원이었다. 이것은 당시 기술직인 전신 공사 인부, 석공의 수입보다 많았다. 그러다 보니 밀수 단속을 강화할 경우 지방 경제가 혼란해지고 운반업에 종사하는 주민들이 생업을 잃는다고 할 정도였다. 이처럼 '무뢰한 운반 조직'의 밀수업은 신의주 빈민층의 주요 생계수단으로 자리 잡았다. 그런데 밀수는 안둥해관(중국의 세관 명칭)의 통관 절차를 명백히 위반하는 행위였다.

압록강을 활보하는 밀수 갱단

당시 신의주 건너편의 안둥은 남만주철도주식회사의 부속지가 설정된 지역이었다. 부속지는 일본이 중국 지역에 설치된 철도를 관리하겠다는 명목으로 설정한 곳이었다. 그런데 일본은 철도 관리뿐만 아니라 치안, 행정 등에도 간섭했다. 따라서 밀수 단속에는 안둥의 중국 관원과 일본의 부속지를 관리하는 영사관, 남만주철도주식회사, 관동청의 권력이 중첩돼 있었다.

이런 상황에서 일본의 대중국 수출 증진에 '신·안' 밀수가 도움이 됐기 때문에 안둥 부속지의 일본 영사관이나 경찰관은 밀수를 단속할 이유가 없었다. 결국 신의주에서 건너오는 수십여 명에서 100여 명에 이르는 밀수품 운반업자를 중국 해관원 10여 명이 단속해야 하는 상황이었다.

그러자 밀수 과정에서 조선인과 안둥 해관원의 충돌이 잦았다. 앞서 언급한 것처럼 당시 안둥 부속지는 일제의 행정구역으로 중국 해관원이 비무장 상태로 밀수업자를 막을 수밖에 없었다. 따라서 충돌이라기보다는 운반업자의 일방적인 공격에 가까웠다.

예를 들어 1930년 10월 20일 조선인 운반업자가 해관원을 곤봉으로 구타하거나 단도로 상해를 가하는 일이 벌어졌다. 그전인 1930년 5월 17일에는 조선인이 고무신 열 상자(가액 600원, 지금의 약 700만 원)를 밀수하다가 중국 해관원 배와 충돌하면서 조선인 두 명이 익사했는데, 그러자 다른 조선인들이 이에 분노해서 중국 해관감시소를 습격해 중국 돈 500해관량(지금의 약 300만 원)의 기물을 파손했다. 당시 밀수품은 대부분 일본 상품이었다. 따라서 부속지의 단속 기관인 안둥의 일본영사관 경찰관은 조선인과 해관원의 충돌을 방관하거나 운반업자를 체포하더라도 곧 돌려보냈다. 이처럼 신의주의 밀수출이 일본 상품 수출에 도움이 됐기 때문에 밀수품 운반업자들은 안둥 일본영사관의 비호를 받았다.

한편 중국(장제스의 난징 정부)에서는 조선인에게 해관감시소가 습격당한 일은 중국 입장에서 엄청난 치욕임을 강조하며 비판하는 논조의 언론 보도가 쏟아졌다. 난징 정부는 일본 정부와 조선총독부가 밀수를 비호하고 있다고 비난했다. 또한 난징 정부는 일본과 조선총독부에 밀수 단속 법령 제정까지 요구했다. 하지만 일본 상품 수출 증가에 도움이 되는 밀수를 일본이 적극적으로 단속할 리 없었다.

게다가 만주사변이라는 혼란을 틈타 밀수는 더욱 격증했는데, 마치 '자유 지대' 같다고 할 정도였다. 여기에 사변 이후 격증한 도보 밀수까지 합치면 총액은 500만 원(지금의 약 600억 원) 이상일 것으로 추정됐다. 대표적 밀수품이던 면직물은 1931년 1월 신의주에서 수출된 것의 금액이 31만 6978원(지금의 약 40억 원)인데 안둥에서 수입하면서 지급된 금액은 0원이었다. 요컨대 1931년 1월에 당시 신의주에서 수출된 면직물은 모두 밀수품이었던 셈이다.

만주사변기의 밀수 상황을 보면, 밀수업자들은 도끼를 들고 중국 해관원을 위협하거나, 중국 단속선에 250원(지금의 약 300만 원)에 달하는 피해를 입혔다. 1931년 10월 1일 중국 해관원이 조선인 밀수업자의 손목을 구타하자 조선인들이 중국 해관원을 집단으로 보복 폭행했고, 같은 해 10월 22일에는 조선인이 중국 해관원에게 돌을 던졌다. 게다가 같은 해 12월 15일에는 조선인이 빼앗긴 밀수품을 탈환하기 위해 감시소 창문 창살을 구부려 바리케이드를 만든 다음 감시소 직원을 감금하는 일이 벌어졌고, 안둥 해관원이 세금을 부과하려고 하자 밀수업자가 수출감시소를 파괴하고 달아난 사건도 있었다.

당시 안둥 해관원의 보고서를 보면 밀수 인원은 대략 100명에 달했다. 특히 경찰관과 해관원이 부족해 사실상 이들을 막기가 불가능하다는 보고가 많았다. 심지어 1931년 12월 1일에는 밀수단이 곤봉을 가지고 사실상 야간에는 압록강 일대를 점거하고 있어 해관원이 손을 쓸 수 없다고까지 보고했다.

보고서에 따르면 1932년 2월 10일 해관원이 압록강 중앙에서 밀수 화물을 적재한 썰매를 압수하려고 하자 밀수업자가 썰매용 곤봉으로 머리를 내리쳐 해관원을 제압하고 밀수품을 하역했다. 그런데도 출동한 일본 경찰관은 방관할 뿐이었다. 1932년 2월 19일에는 조선인 128명이 면포 3048포, 귤 400상자 분량의 밀수를 시도했는데, 일본은 달랑 경찰관 한 명을 보내는 등 사실상 밀수를 묵인하기도 했다.

해관의 무력으로는 밀수 단속이 불가능했고 무장한 일본 경찰관의 힘이 필요했지만, 앞서 언급했듯이 일본은 인원 부족을 핑계로 100여 명의 밀수단이 보여도 경찰관 한두 명만 파견할 뿐이었다. 파견된 경찰은 허공에 권총을 쏘는 정도의 위협을 주는, 매우 소극적인 단속에 그쳤다. 신의주의 밀수 상품이 대부분 일본 상품이었기 때문에 밀수 성공은 일본의 수출 증진을 의미했다. 따라서 일본은 '신-안' 밀수를 사실상 장려하는 것이나 마찬가지였다.

또한 조선총독부 역시 운반업자에게 설득과 자진 신고라는 '온건한 수단'만을 사용했다. 요컨대 일본 상품의 대중국 경제 침략이라는 측면에서 밀수품 운반업자는 제국과 조선총독부로부터 간접 지원을 받는 셈이었다. 특히 조선총독부는 운반업자 3000여 명을 단속하면 실업 문제가 더욱 격증할 것을 우려했다. 그러나 위법적인 밀수 행위로 실업 문제를 완화하는 것은 그 자체로 불안정한 해결책이었다.

만주국 수립이 부른
신의주 밀수 갱단의 쇠락

1932년 3월 1일 만주국 건국 이후 조선에서 어떤 것을 만주에 가지고 와서 팔더라도 3~5배의 이득을 얻을 수 있다고 할 정도로 만주와 조선의 물가 차이는 심했다. 또한 조선인의 생활난은 더욱더 심각해져 도리어 밀수는 격증했다. 대표적인 밀수품인 면포가 압록강 변에 3000 상자나 쌓여 있을 정도였다.

그런데 만주국은 재정 수입의 약 40퍼센트를 관세 수입에 의존하고 있었으므로 밀수는 만주국 재정에 큰 타격이었다. 일본의 중국 경제 침략의 일환이었던 신의주에서의 밀수는 이제 만주국 재정 악화, 만주에 진출한 일본 기업 발전에 위협을 주는 상황으로 바뀐 것이다. 그러자 만주국 민정부 경무국장(지금의 경찰청장)은 만주국 세금 수입에 밀수가 큰 손해를 끼치고 있다며 엄중히 단속할 것을 공포했다. 이에 맞춰 관동청은 만주국 건국 이후 경찰관 증파와 세관원에게 경찰권 부여, 헌병대의 원조, 만주국경비대 파견, 프로펠러 추진 방식의 배에 기관총 적재까지 고려했다. 그리고 만주국 재정부는 대표적인 밀수품인 면포에 대해서 1932년 9월 1일부터 재정부령 제276호를 포고하고, 21일부터 면포에 대한 단속령을 공포했다.

신의주세관은 운반업자와 단속원의 잦은 충돌을 방지하고자, 감시소 여섯 곳을 증설하고, 10여 명 규모의 밀수 단속 전담반을 만들었다. 추가로 쾌속선 네 척을 더하고 기존 밀수 단속 전담반을 10여 명에서 54명으로 증원했다. 이것은 사실상 신의주세관과 만주국 세관이 밀수 공동 단속을 결정한 것이다.

한편 신의주경찰은 조직적 밀수를 '신-안' 지역 치안의 암으로 인식했다. 신의주경찰은 조직적 밀수 단속을 강화하겠다고 발표했고, 신의주에서 장사하는 면포 상인 명부를 작성해 이들을 관리하고자 했다. 그런데 신의주경찰은 밀수 운반업자를 적극 단속할 경우 불만이 생겨 공산주의 사상이나 폭동 등으로 이어질 것을 우려했다. 평안북도청 관료는 신의주에서 적극적으로 밀수 단속을 하게 되면, 밀수 운반업으로 생계를 꾸려 나가는 빈민의 생계 문제가 심각해질 것을 지적했다. 하지만 구체적인 해결책을 내놓지는 못했다. 따라서 만주국의 단속 강화 요구에 대해서 신의주경찰은 충돌을 미연에 방지하는 소극적 대처를 할 수밖에 없었다. 사실상 방치한 것이다.

즉 만주국 내 '밀수취체령'(밀수단속령)을 공포해 압록강에서는 '무관용 단속'이 활발했지만, 신의주 지역 밀수 단속은 안둥 단속 관계 관헌과의 충돌을 미연에 방지하는 수준이었다. 이처럼 만주국은 재정 문제 악화를 방지하기 위해 단속을 강화했고, 신의주 관계 관헌은 단순히 치안 유지를 위해 운반업자를 통제했다. 신의주에서 밀수업자를 적극적으로 단속하기 시작한 것은 1937년 중일전쟁 이후 통제경제가 강화되면서부터다. 그 이전까지는 앞서 언급한 것처럼 만주국 세관과 밀수업자의 충돌을 미연에 방지하는 치안 유지에 머물렀다.

한편 만주국 민정부 경부국장이 엄중한 단속을 예고한 뒤 일본이 접수한 안둥세관(해관에서 세관으로 명칭 변경)은 총기를 소지할 수 있었다. 안둥세관원은 밀수를 막는 것이 만주국의 위신을 세우는 일이라고 생각하며 적극적으로 총기를 사용했다. 이때부터 야간에 총성이 나면 모두 밀수 단속 때문이라고 할 정도로 안둥세관원과 경찰관은 밀수 단속에 총포를 적극 사용했다. 이로써 생계유지를 위해 밀수품 운반업에 종사하던 조선인들은 무관용 단속에 의해 목숨을 걸고 밀수를 해야 하는 상황에 놓이게 됐다.

만주국 단속원의 발포로 조선인이 사망하는 사고가 잇따라 일어났다. 운반업자 수십 명이 밀수품을 가지고 안둥에 상륙하려고 할 때 세관원의 총격으로 다치거나 사망하는 일이 속출했다. 특히 결빙기에 많은 썰매로 대규모 밀수를 하는 경우 총살 사건이 자주 발생했다.

1932년 6월 21일 배 세 척에서 면포를 하역하던 조선인 수십 명에게 경찰관이 사격을 가해 두 명 사망, 두 명 중경상, 한 명은 행방불명됐다. 또한 1933년 8월에는 밀수 도중 발각돼 도주하다가 19명이 익사했고, 조직적 밀수가 격감하던 1936년 8월에는 운반업자 25명이 익사하거나 행방불명됐다. 그야말로 무주공산에 마치 자유무역처럼 행해지던 밀수는 이제 사선을 넘는 일이 됐다.

생존을 위협하는 만주국의 무관용 단속에 대해 운반업자들은 크게 세 가지 방식으로 대응했다. 첫째, 충돌 회피다. 총격에 의한 사망자와 부상자가 많아지면서, 안둥 관헌에게 발각되면 뱃머리를 돌릴지 말지에 대해 심각한 고민을 해야 할 정도가 됐다. 대표적인 사건을 예로 들자면, 밀수 도중 안둥경찰관을 발견한 박치목은 그대로 안둥 부두에 상륙하자고 했고, 장재련은 돌아가자고 주장했다. 그때 홍재봉이 박치목을 갈고리로 쳐서 살해한 사건이 일어났다. 요컨대 박치목의 주장처럼 그대로 안둥에 상륙한다면 총격을 받을 수 있는 상황이었기 때문에 홍재봉이 박치목을 살해한 것으로 보인다. 이처럼 만주국 수립 전에 공격적이던 운반업자들은 최대한 안둥의 단속 관헌과 충돌을 회피하고자 했다.

둘째, 단속 관헌에게 뇌물을 주는 것이다. 안둥경찰서는 면포 상인 여러 명을 취조하면서 봉황성경찰관에게 밀수를 묵인하는 조건으로 운반업자 두목이 뇌물을 건넨 사실을 밝혀냈다.

이처럼 만주국의 무관용 단속으로 목숨을 잃을 수도 있다는 위협 속에서 운반업자들은 만주국의 단속 관헌을 최대한 피하거나, 뇌물 증여를 통해 생존이 보장되는 상황에서 밀수를 하고자 했다.

셋째, 밀고자와 단속 관헌에 대한 복수가 있다. 만주 세관원과 운반업자의 갈등은 조선인과 안둥세관원의 갈등으로까지 번졌다. 안둥세관원은 밀수 혐의가 있다며 마구잡이로 폭행했고, 심지어 여성의 음부 검사도 서슴지 않았다. 게다가 밀수품을 검사한다는 명목으로 조선인의 집을 쑥대밭으로 만들었고, 탐정견을 풀어 무고한 조선인을 물게도 했다. 이 같은 단속은 강 위에서뿐만 아니라 일상적 통로인 압록강철교에서도 무차별적으로 이루어졌다. 이에 대해서 평북도회 장기식 의원은 탐정견으로 많은 조선인이 희생되고 있는데도, 조선총독부가 방임하고 있다고 비판했다. 그는 일본이 만주국과 조선의 민족 협화를 표면에 내걸면서도 실상은 만주 통치를 위해 조선인을 희생시키고 있다고 언급했다. 이처럼 조선인 사회는 무관용 밀수 단속에 불만이 많았다.

이런 상황에서 운반업자 약 100여 명이 화물열차 단속을 위해 신의주역에 하차한 안둥세관원 네 명을 폭행하는 일이 일어났다. 이들은 안둥세관원의 무관용 단속에 원한을 품고 복수를 한 것이었다. 또한 밀수단은 만주국 세관선을 침몰시키기도 했으며, 신의주로 업무 차 방문한 안둥세관원을 무차별 폭행하기도 했다. 밀수단을 사살한 안둥 세관원을 폭행하는 등의 복수도 끊이지 않았다. 외면적으로는 단속 관헌을 두려워하고 피해야 할 대상으로 봤지만, 내면에는 그들에 대한 커다란 적대 감정이 있었다.

적대 감정은 밀고자에게도 표출됐다. 밀수품 운반업자 김옥한 등은 면포를 밀수하다 발각돼 물품을 모두 압수당했다. 김옥한은 신경도가 밀고해 발각됐는데, 이 사실을 안 김옥한이 그를 구타했고, 결국 이 사건으로 구속됐다. 또한 운반업자의 가족 100여 명이 칼과 곤봉을 들고 안둥세관의 밀정으로 밀수를 밀고한 사람을 발견하는 대로 칼로 찌르고 곤봉으로 구타하는 사건이 일어나기도 했다. 앞서 신의주경찰서에서 밀수를 적극 단속한다면 지역의 치안이 불안정해질 것을 우려했는데, 현실로 나타난 것이었다. 그러나 이 같은 사건은 일제의 대중국 수출 증진이라는 변수가 사라지고 만주국의 재정 확보가 우선시되면서 '대규모·조직적' 밀수가 격감하자 자연스레 줄어들었다,

운반업자들은 충돌 회피, 뇌물, 복수 등의 방식으로 대응했지만, 만주국의 밀수 무관용 원칙과 관세 인하까지 겹쳐서, 밀수 수수료와 목숨을 맞바꿀 만큼의 유인 효과는 사라졌다. 따라서 1935년 이후부터 조직적 밀수 운반업은 격감하기 시작했으며, 중일전쟁 이후 조선 내 물자 통제가 강화되면서 그야말로 대놓고 하던 '대규모 조직적' 방식의 밀수는 사라졌다.

조직적 밀수 운반업은 사라졌지만 빈민의 생계유지로서 밀수는 여전히 이뤄졌다. 만주국과의 시세 차익을 노린 소규모 밀수, 금 밀수, 은 밀수 등 형태는 다르지만 여전히 신의주 빈민들은 밀수업에 종사했다. 밀수는 국가 간의 경계를 넘는 행위로 여러 이해관계가 중첩된 일이었다. 특히 신의주 빈민의 생계유지 수단인 밀수는 일본의 이해관계에 따라 변했으며, 그것은 시기와 상황에 따라 제국의 이해관계와 중첩되기도 하고 균열을 내기도 했다.

참고문헌

김태현, 〈신의주·안동 간 밀무역 단속 전개과정과 조선총독부의 대응(1928~1932)〉,《한국사연구》183, 2018

이은희, 〈일제하 조선·만주의 제당업 정책과 설탕유통〉,《동방학지》153, 2011

이은자, 〈중일전쟁 이전 시기 중국의 국경도시 안동의 이주민 교류와 갈등의 이중주〉,《중국근현대사연구》62, 2014

姚景芝·薛鵬志, 〈日本策动朝鲜浪人对中国东北的走私〉,《河南师范大学学报》33. 2006

식민지 조선과 마약 문제, 그 이면의 사람들

윤서인

마약! 무엇이, 어떻게, 왜
'문제'가 됐을까?

'마약'이 뭐기에, 우리는 이 하나의 단어에서 익숙함(?)과 위화감을 동시에 느끼는 것일까? SNS의 바다를 떠돌다 보면 꼭 한 번쯤 마주치게 되는 '마약○○' 광고는 한 번 쓰면 빠져나올 수 없는 제품의 '중독성'을 강조하기 위한 수사로서 '마약'이라는 단어를 사용한다. 이게 수사가 아니라면? 각종 범죄와 비리와 폭력과 밀매 카르텔이 떠오른다. 그런데 마약은 동시에 연구용, 의료용으로 꼭 필요한 진통제이자 마취제의 역할을 하기도 한다.

마약은 중독성이 있고 신체에 위해를 가하며 끝내 개인과 사회를 병들게 하는 '상식'의 선 밖에 놓인 위험한 물건처럼 보인다. 그런데 가만 보면 술과 담배는 의존성도 강하고 심각한 신체적 피해를 주지만 마약류의 범주에 들어가지 않는다. 이는 이미 사회적으로 널리 사용되고 있으며, 또 판매를 통해 이익을 얻는 집단이 많아 적극적인 규제를 하기 어렵기 때문이다. 일반적으로 '마약'은 그 자체로 술과 담배를 넘어서는 해로움을 지닌다고 규정된다. 이러한 관념은 어디서부터 시작되는 것일까? 정말 마약이 술과 담배보다 해로운 것일까?

'마약'은 양귀비(罌粟)나 코카나무 잎 등에서 추출한 성분을 바탕으로 하는 약물의 총칭이다. '마약'과 더불어 대마, 향정신성의약품(LSD, 필로폰 등)을 포함해 지칭하는 경우에는 '마약류'라고 하는 것이 정확하다. 오래전부터 인류는 이런 신비로운 식물을 천연 진통제로 사용하거나 환각 효과를 통해 '신'을 만나는 등 제의적 목적으로 사용해왔다. 환각 효과와 진통 효과를 가지고 있는 이들 식물 사용에 대한 국가 차원의 규제는 미약하거나 존재하지 않았다.

마약류 '오남용' 문제는 근대 이후 권력의 시야에 포착돼 규제의 대상이 됐다. 그 이유로는 두 가지를 들 수 있다. 첫째, 마약류는 화학의 발달과 피하 주사기 발명에 따른 새로운 발명품이었다. 약물학의 발달은 고대로부터 의료용 혹은 주술적 용도로 사용돼온 아편이나 코카 잎과 같은 천연 마약으로부터 다양한 새로운 화학 합성 마약 생산을 가능하게 만들었다. 둘째, 근대 이후 '중독(addiction)'이 문제시되기 시작했다. 계몽 시대를 거치며 중독은 인간의 욕망과 정신을 이성의 의지로서 제어할 수 없는 자들의 것이라 여겨졌다. 19세기 말에 이르면 중독이 질병, 나아가 사회악의 부정적 의미를 함의하게 됐다.

자본주의 세계에서 약에 취해 해롱거리는 사람은 적절한 노동력을 공급하지 못하는 존재였다. 더 나아가 중독자들은 마약을 손에 넣기 위해 각종 범죄를 저지르는 파렴치한으로 여겨졌다. 생산자와 소비자를 연결하는 브로커는 마약이 가져다주는 금전적 이득을 노리고 시장에 뛰어들었다. 이렇듯, 마약은 근대적 노동인구의 노동생산성을 저해하는 부정적 요소이자 사회 안정화를 저해하는 원인으로 새롭게 지목될 요소를 다분히 갖추고 있었다.

약물의 대량 생산이 가능해지고 세계 무역 시장이 확장됨에 따라 '문제아'가 된 마약류를 둘러싸고 국제적 논의가 시작된 것은 어찌 보면 자연스러운 순서였다. 최초로 마약류로 인식돼 규제의 대상이 된 것은 아편阿片이었다. 양귀비에서 채취되는 아편은 양귀비꽃이 진 후 열리는 큼지막한 씨방 표면을 살살 긁을 때 나오는 유액을 모아 건조해서 만든다. 이렇게 제조된 아편은 흡연을 위한 아편 연고나 의약용 아편 혹은 모르핀 등의 원료로 쓰인다. 아편은 섬세하고도 집약적인 노동이 뒷받침돼야 만들 수 있는 상품이었다. 하지만 양귀비 씨방을 통째로 갈아 생아편生阿片을 추출할 수 있는 방법이 개발되면서 아편 생산량은 비약적으로 증가했다. 이에 비례해 생산지와 소비지에 대한 제국주의의 '이중 착취' 또한 점차 증가했다. 가령, 영국은 인도에 아편 전매를 실시하고 상품의 판로 확대를 위해 중국 시장에 진출했다. 아편전쟁의 서막이었다.

아편전쟁, 마약 문제를
수면 위로 떠올리다!

아편전쟁은 마약 문제를 국제적 문제로 만들었다. 중국과의 무역 불균형을 타개하고자 했던 영국은 그 수단으로 인도산 아편 판매를 선택했

손으로 아편 유액을 채취하는 모습
손으로 양귀비의 씨방 표면을 긁어내면 유액이 나온다.
하얀색의 아편 유액을 햇빛에 건조하면 진한 갈색으로 굳어진다.
이를 '생아편'이라 부른다.

조선총독부 전매국 편, 《조선의 전매》, 조선총독부 전매국, 1941

다. 영국으로부터 아편이 폭발적으로 유입되면서 중국의 은銀 유출도 가속화됐다. 문제의 심각성을 느낀 중국은 대영 아편무역에 강경한 입장을 취했다. 영국은 이에 대응하기 위해 군사적 행동도 불사했다. 아편전쟁의 발발이었다. 이처럼 아편은 열강이 피침략국으로부터 착취한 것을 다른 피침략국에게 되팔 수 있는 좋은 자원이었다. 열강의 영향력 확장을 위해 좋은, 동시에 '비도덕적인' 수단이 바로 아편이었던 셈이다. 그 때문에 아편과 아편무역을 둘러싼 이해관계는 아편전쟁의 당사국인 중국과 영국 간의 이해관계만을 반영하는 것은 아니었다. 열강은 영국의 인도에서의 아편 생산과 중국으로의 아편 수출을 보며 '저건 좀 규제를 해야겠어'라는 생각을 했다.

이처럼 아편을 둘러싼 문제는 '마약류(Narcotic drugs)' 규제의 필요성을 인식하도록 만들었다. 아편전쟁을 통해 국제사회는 마약류 규제를 국제적 협력 없이 한 나라의 강력한 의지나 노력만으로는 이룰 수 없다는 교훈을 얻었다. 이러한 흐름을 주도한 국가는 영국의 '영원한 라이벌' 미국이었다. 아편을 필두로 하는 마약 유통을 규제함으로써 영국을 견제하고자 한 것이다. 1909년 13개국이 참가한 상하이 국제아편위원회(Opium Commission)를 시작으로 1912년 헤이그, 1925년 제네바에서 각각 아편국제협약이 체결됐다. 이에 따라 팽창과 침략의 수단으로 활용되던 마약류에 대한 국제적 규제 논의가 본격화됐다.

마약에 크게 덴 중국에 인접해 있는 한반도 또한 마약 문제와 이에 대한 논의에서 자유로울 수 없었다. 중국과 국경을 접한 조선은 아편전쟁의 전개와 경과를 목도하며 중국의 혼란과 피해가 아편 때문인 것으로 평가했다. 이에 대한제국은 아편 흡연을 엄중히 관리하고자 했다.

하지만 사람과 아편은 국경을 넘나들었다.

> 지금은 아편연阿片煙같이 독한 물건을 경향京鄕 간에 먹는 사람이 많다
> 하니, 청국에 폐단 되는 것을 보면서도 이 버릇을 배우는 것은 우리가
> 항상 남의 속국 노릇 하던 비루한 기상으로, 청국 사람이 하는 일은 좋
> 은 줄만 알고 배우는 모양이니 가련한 인생들이로다.
> – 〈아편연폐단〉, 《독립신문》 1898년 7월 30일

아편중독 문제의 심각성을 인식한 조선의 엘리트는 아편 흡연 방지
를 촉구했고, 정부는 고시와 법규를 통해 아편연(아편 담배)을 단속하고
자 했다. 1905년 《형법대전刑法大全》을 통해 아편연 또는 아편을 피울
수 있는 기구에 관한 수입과 제조·판매 등을 금지하는 조항을 발포했
다. 위반자에게는 징역 15년의 중형이 부과됐다.

1910년 일제가 조선을 식민지화함에 따라 아편과 마약에 대한 단
속 문제는 조선총독부의 일이 됐다. 아편연 단속 역시 계속됐다. 처음
에는 기존 《형법대전》에 근거해 처벌했지만, 1912년 '조선형사령朝鮮刑
事令' 발포에 따라 아편에 관련된 범죄는 일본 형사법에 의거해 처벌하
게 됐다. 이제 아편연을 수입, 제조 또는 판매하거나, 판매목적으로 이
를 소지한 자는 6개월 이상 7년 이하의 징역에, 아편을 피운 자는 3년
이하의 징역에 처하도록 규정됐다.

식민지 조선의 아편과 마약 단속

아편전쟁 이후 동아시아의 마약 문제는 국제사회의 이목이 집중되는 이슈였다. 물론 중국이 뜨거운 감자였지만 일본이라고 이 문제에서 자유로울 수는 없었다. 일본은 중국에 인접한 국가지만 아편 문제에 대해서는 '깨끗하다'는 점을 들어 먼저 선을 긋고자 했다. 오리엔탈리즘적이며 인종주의적 발언을 선점한 '탈아입구脫亞入歐'의 언설로 '우리는 저들과 다른 문명국'임을 선전한 것이다. 이와 같은 발상은 '동양 민족을 지도해야 한다'는 일본제국주의의 논리와도 부합했다. 이는 식민지인 조선의 아편마약 관리의 본격적인 시도로 이어졌다.

> 아편 먹는 자를 소관 관청에서 조사해 허가하는 동시에 아편을 살 때마다 그 관청의 허가를 얻는 법이니, 이것을 간단히 말하면 첫째는 아편 먹는 자의 목숨을 구제하고자 함이오, 둘째는 도적을 감하도록 함이며, 또 모르핀과 코카인 등도 현재 약용으로 판매를 허가했으나 조선 사람 중에는 그 약을 아편과 같이 쓰는 고로 당국에서 엄중히 단속하는 것이다.
> - 〈아편 파는 이유를 잘못 생각하지 말 일〉,《매일신보》1914년 1월 27일

총독부 기관지인《매일신보》는 조선에서의 아편 흡연 폐단을 일소하기 위해 아편 전매를 구상하고 있다고 밝혔다. 전매專賣는 국가가 국고 수입을 위해 어떤 재화의 판매 혹은 생산과 제조까지 독점하는 일을 말한다. 실제로 전매는 국가가 상품을 독점해 통제할 수 있다는 점에서 수입원으로서의 역할과 상품 통제 역할을 동시에 할 수 있는 제

도다. 그런데 1910년대 조선에서의 아편 전매 시행 논의는 '통제'보다는 '수입'에 초점이 맞추어져 있었다. 1914년 당시 조선총독부는 '재정 독립 계획'을 구상하고 있었다. 이때 조선총독부는 타이완과 랴오둥반도 남단에 위치한 일본 조차지인 관둥關東에서 추진되고 있는 아편전매제에서 수입 창출에 대한 힌트를 얻었다. 가령 타이완의 전매 사업을 보면, 연초煙草 외에도 아편·장뇌樟腦·주류酒類 등의 전매 사업이 규모를 갖추고 있었으며 수익성도 좋았다. 이 가운데 식민지 타이완 전매 사업의 전반기를 주도한 것은 1899년 신설된 아편전매제였다. 이처럼 조선에서 아편을 통제하는 일은 중요했지만, 조선총독부는 수입원으로서 아편에 더 주목했던 것이다.

한편 1914년은 제1차 세계대전이 발발한 해다. 이에 따라 전쟁에 이용되는 약품 가격이 폭등했다. 아편을 원료로 하는 모르핀은 전장에서 사용되는 대표적인 진통제다. 그런데 일제는 아편 공급은 인도·페르시아·터키 등에, 모르핀과 같은 약품 공급은 독일에 많이 의존하고 있었다. 하지만 수입 아편은 비쌌고, 독일에서 수입하던 약품도 전쟁 때문에 공급선이 끊겨버렸다. 이에 따라 일본 내에서 약품 자급이 필요하다는 인식이 대두됐다. 나아가 약품을 자체적으로 조달할 수 있다면 여러모로 남는 장사가 될 것이기도 했다.

식민지 조선에서 아편 전매가 정책으로서 본격적으로 궤도에 오르기 시작한 것은 제1차 세계대전 종전 이후부터였다. 일본은 이제 국제연맹(League of Nations)의 일원이 됐고, 아편을 포함한 마약 문제를 더 이상 자의적으로 해결할 수만은 없는 입장이 됐다. 조선총독부는 1919년 6월 '조선아편취체령朝鮮阿片取締令'을 발포했다. 이때, 취체取締는

'단속'이란 뜻이다. 이로써 아편에 관련된 일체의 단속은 경무총감부警務摠監部(이후 조선총독부 경무국警務局)에서, 아편의 수급·감정과 지정 제약자에게 판매하는 등의 사무는 총독부 재무국財務局(이후 전매국專賣局)이 담당하게 됐다. 한편 관官으로 수납된 아편은 특정한 제약회사를 통해 모르핀과 같은 마약류로 생산, 판매될 수 있도록 했다. 지정 제약회사로는 다이쇼大正제약주식회사가 선정됐다. 이로써 식민지 조선에서는 총독부의 아편 전매와 사기업의 모르핀 독점 생산이라는 구도가 확립됐다.

그런데 아편 전매는 애당초 기대한 것과 달리 수익원으로서 역할을 제대로 하지 못했다. 애초에 조선에는 아편 소비와 아편 시장이 중국에서만큼 활성화돼 있지 않았다. 처음 아편에 관한 법이 제정될 때부터 처벌이 무거웠던 것도 이에 일조했다. 또한 조선에서의 아편 생산은 총독부가 기대한 것만큼의 성적을 거두지 못했다. 전후 평화 회복과 동시에 유럽에서 남아도는 저렴한 약품이 유입돼 약품 가격이 하락함에 따라 총독부가 양귀비 재배자에게 아편 대금으로 지불하는 배상 금액이 낮아졌다. 재배자의 입장에서 양귀비를 재배해 아편을 생산하는 경제적 이점이 사라지게 된 것이다. 특히 토양의 질이 좋다고 평가됐던 한반도 남부 지역의 경작자들은 양귀비 재배 대신 훨씬 수입이 좋은 다른 작물로 갈아탔다. 이로써 1910년대 총독부가 아편 전매를 통해 도모한 세입 증가 계획은 달성되지 못했다.

아편전매제는 1920년대 중반 대대적으로 전개된 총독부의 행정 정리를 피하지 못했다. 1924년 전매국 관제官制가 개정됨으로써 아편에 관련된 모든 사무는 전매국 사무에서 삭제됐다. 1926년부터는 '전매제도를 채택하지 않으면 세계의 아편 정책에 역행'하는 것이라 하여 경찰의 단속을 중심으로 하는 아편전매제도가 다시 부활했지만, 총독부 전매국이 이에 관여하지는 않았다. '판매'보다 '단속'이라는 목적이 훨씬 강화된 것이다.

조선에서의 마약 독점 기업, 마약을 밀매하다!

아편 전매가 아편 생산의 '통제'에 보다 중점을 두게 된 가운데, 지정 제약회사인 다이쇼제약이 문제가 됐다. 조선에서 생산되는 아편 수량은 감소하고 있었고, 다이쇼제약이 제조하는 모르핀 총량 또한 이와 더불어 줄어들고 있었다. 일본 내에서 모르핀 생산 허가를 받은 호시星 製제약주식회사 등은 일본 정부의 지원으로 상대적으로 저렴한 가격에 외국산 아편을 구입할 수 있었지만, 조선에서는 이것이 불가능했기에 다이쇼제약은 불리한 조건에서 마약류 생산을 진행할 수밖에 없었다. 엎친 데 덮친 격으로, 일본에서 생산하는 모르핀만으로도 일본과 조선의 수요를 충분히 만족시키는 상황이었다. 총독부가 주도한 마약 생산 체계에 포함된 다이쇼제약은 식민지 내 생산 독점이라는 특권을 누렸지만, 작은 규모의 조선 시장에서 각종 제재를 받게 됐고, 그 때문에 새로운 생존 방법을 모색해야 했다.

한편 조선총독부는 조선 유일의 지정 제약회사인 다이쇼제약을 보호하기 위해 당분간 마약 수입을 중단하기로 했다. 대신 의약용 모르핀 제조에 이용되는 중간 재료인 '조제 모르핀'을 랴오둥의 관동청關東廳으로부터 들여오려고 했다. 당시 관동청은 관할 구역 내에서 위법적으로 유통되는 조제 모르핀 때문에 골머리를 앓고 있었다. 원칙적으로는 몰수된 약품을 전부 소각 처리해야 했지만 그러기엔 이 약물의 '가치'를 무시할 수 없었다. 그렇다고 하릴없이 창고에 계속 쌓여가는 조제 모르핀을 두고 볼 수만은 없었다.

모르핀은 생아편-조제 모르핀-정제 모르핀이라는 제조 과정을 거쳐 상품인 염산 모르핀으로 출하된다. 생산용 아편이 부족한 조선으로서는 조제 모르핀을 들여와 모르핀을 생산하는 것이 유리했다. 말하자면 조선총독부와 관동청은 서로의 수지가 맞아떨어진 셈이다. 조선총독부는 친히 다이쇼제약과 관동청의 거래를 승인하는 이유서까지 작성했고 거래는 무사히 성립되는 것처럼 보였다.

관동청과 다이쇼제약이 거래하기로 한 조제 모르핀은 약 227킬로그램 정도였다. 그런데 1926년 바다를 건너 인천세관에 도착한 것은 227킬로그램의 모르핀이 아닌 9킬로그램의 모르핀과 218킬로그램의 탄산마그네슘이었다. 218킬로그램의 모르핀이 해상에서 증발했을 리 없다면, 조제 모르핀이 관동청 관할 구역 안에서 이리저리 거래되고 있었을 것은 불 보듯 뻔한 일이었다. 이 사건은 희대의 밀매극으로 세간의 입에 오르내렸다. 제국의 마약 수출입을 비롯해 제국 내 이출입移出入에도 관여하던 일본 외무성은 조선총독부에 다이쇼제약 사건에 대해서 도대체 어찌 된 영문인지 따져 물었다. 하지만 조선총독부는 '본 총독부 관할 지역에서 일어난 밀매가 아니기 때문에 이미 관동청에서 수사에 착수했으며, 자신들은 뭘 어떻게 할 수 없다'고 발뺌했다. 한편 밀매에 가담한 다이쇼제약의 지정을 취소할지에 대한 논의가 이뤄졌으나, 마찬가지로 조선 내에서 벌어진 일이 아니라는 이유로 반려됐다.

1차 밀매 사건 이후 다이쇼제약의 경성 지점장이 교체됐다. 하지만 다이쇼제약은 여전히 생존을 위한 활로가 필요했다. 지정 제약회사로서 팔 수 있는 물건은 여전히 부족했다. 이것이 다이쇼제약의 밀매 사건이 한 번으로 그치지 않은 이유다. 다이쇼제약의 두 번째 모르핀 밀매 사건은 1927년 오사카에서 조선으로 모르핀 밀반입을 시도하던 것이 적발돼 세상에 알려졌다. 수사 결과 새로 부임한 경성 지점장 외 세 명이 1926년 8월부터 1927년 6월에 이르기까지 총액 14만 2807원 30전어치의 모르핀을 밀수해왔다는 사실이 드러났다. 《동아일보》의 보도에 따르면 밀매 규모는 무려 20만 원에 달했다. 단순 비교를 하자면, 1920년대 연평균 총독부 아편 전매 순익의 열 배에 달하는 규모다. 당시 쌀 10되의 가격이 3.6원이었음을 생각하면 그 규모를 대충 짐작할 수 있다.

다이쇼제약의 2차 밀매 사건은 확실히 '조선 내'에서 일어난 일이었다. 이에 총독부는 1927년 4월 1일부터 1928년 3월 31일까지 다이쇼제약의 지정 취소에 대한 심의를 진행할 수밖에 없었다. 하지만 심의를 진행하던 가운데 다이쇼제약에 대한 10년의 지정 기간이 만료됐고, 결국 지정 취소가 아닌 지정 만료 형태로 계약은 해지됐다.

요컨대 총독부는 수익을 올리기 위한 아편 정책을 구상하는 가운데 마약 생산과 관리 면에서는 부분적인 '외주화'를 계획했다. 하지만 예상했던 것과 달리 아편 전매를 통한 수익은 나지 않았고 정책을 바꿀 필요가 생겼다. 이 과정에서 총독부와 외주를 담당한 다이쇼제약의 이

해관계는 달라질 수밖에 없었다. 다이쇼제약은 자사의 이익을 위해 조선을 거점으로 조직적 밀매를 도모하다가 두 차례나 적발됐다. 이는 1920년대 총독부의 아편과 마약 관리 정책이 '실패'했음을 의미한다.

마약 관리 정책의 새로운 전기를 구상하는 조선총독부

이제 조선에서 누가 모르핀을 공급할 것인가? 다시 새로운 회사를 지정해 관리하자는 의견도 있었지만, '다이쇼제약 밀매 사건'이 의미하는 것은 자명했다. 영리회사가 모르핀류를 생산하고 유통하는 일을 담당하게 되면 직접적인 관리와 단속이 곤란했고, 모르핀중독자 치료와 금알禁遏(눌러 못하게 함)에 지장이 생기지 않는다고 보장하기 어려웠다. 이에 지정 제약회사에 아편을 불하해 모르핀을 제조하게 하는 제도는 폐지됐다. 그 대신에 1928년 조선총독부에서 직접 모르핀류를 제조하고 판매하기로 결정됐다. 이는 마약을 관에서 관리하는 것이 통제에 보다 적절할 것이라는 국제사회의 의견이 반영된 최초의 사례이기도 했다. 인천에 있는 전매국 담배 공장 부속지에 마약 제조 공장을 세울 것이 결정됐고, 예산을 올리고 시공을 하는 데 시일이 걸려 마약류 생산은 1930년부터 시작됐다.

한편 1930년에 제정된 '마약류 중독자 등록규정麻藥類中毒者登錄規程' (이하 '등록규정')은 처음부터 조선총독부의 마약 생산과 더불어 논의됐다. 그전에 먼저 '등록규정' 제정 이전 시기 조선의 마약중독 문제와 조

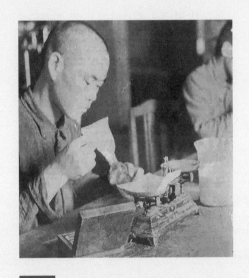

완성된 마약 약품을 병에 담는 모습
조선총독부 전매국 편,《조선의 전매》, 조선총독부 전매국, 1941

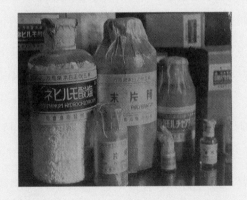

조선총독부 전매국에서 생산된 모르핀과 의약용 아편
조선총독부 전매국 편,《조선의 전매》, 조선총독부 전매국, 1941

선총독부의 대응을 살펴보자. 마약중독 문제는 식민지 시기 전 기간에 걸쳐 꾸준히 언론에 언급되고 있었다. 신문지상에서 마약을 하는 데 필요한 돈을 마련하기 위해 절도를 하는 것도 모자라 심한 경우 살인 강도를 저질렀다느니, 유치장에 구류된 중독자가 주사를 놓아달라고 경관을 때렸다느니, 가족을 팔아먹었다느니, 가산을 탕진해 부랑자가 됐다느니, 그렇게 떠돌다가 대로변에서 굶어 죽거나 동사했다느니 하는 기사들을 심심치 않게 찾아볼 수 있다. 이러한 가운데 마약중독자를 관리할 필요가 제기되기 시작했다. 1920년 12월 총독부령 제194호로 '모르핀 코카인 및 그 염류 취체에 관한 건'을 제정해 수이출입輸移出入에 대한 허가제를 채택했다. 하지만 '모르핀 코카인 및 그 염류 취체에 관한 건'은 조선 내의 밀매에 대한 규정을 포함하지 않는 등의 허점이 존재했다. 그 때문에 1926년까지 총 세 차례 부령을 개정해 조선 내에서의 부정 취인取引(거래)의 경우 또한 100원 이하 벌금 또는 구류 처분 규정을 마련하거나 규제하는 약품의 범위를 확대하는 등의 조치를 취했다.

한편 1920년대 중반부터는 몇몇 도道에서 중독자 치료소를 설치해 중독자의 '치료 갱생'이 실시됐다. 하지만 이 시기 치료 갱생은 본격적인 치료보다는 마약 오남용의 폐해를 가르치는 방식의 '정신교육'이 강조되는 형태로 이루어졌다. 치료 시일 또한 2~3일가량 되는 단기간에 불과했다.

조선총독부의 위생 당국 또한 중독자 치료에 주목했다. 1927년 경기도 위생과장인 스오 마사스에周防正季가 개발한 치료제 '안티모루'가 중독자 치료에 효과가 있는 것으로 밝혀지자, 조선총독부는 국비國費

로 약 2만 원을 지원하는 등 치료 사업에 박차를 가했다. 국고보조금을 통해 중독자가 무료로 치료를 받을 수 있게 됨에 따라 자발적으로 치료를 받고자 하는 사람들이 나타났고, 이들을 대상으로 한 수용 치료가 집중적으로 이루어졌다. 한편 범죄를 저질러 유치장에 갇힌 사람들에게는 강제 치료가 실시됐다.

그럼에도 중독자 관리의 실효는 미미했다. 1920년대 마약류 중독자 총수는 매년 증가하는 양상을 보인다. 조사 과정에서 정확도가 높아져 증가 수치를 온전히 실제로 받아들이기에 무리가 있다는 지적도 있지만, 그것과는 별개로 중독자 실제 수는 집계의 배 이상에 달할 것으로 보는 시각이 당시에도 지배적이었다.

조선총독부는 마약 문제가 해결되지 않는 원인을 어떻게 파악했을까? 조선총독부는 단속이 이루어지고 있는데도 밀매매가 발생한다는 점, 마약중독자의 약품에 대한 욕구를 등한시해왔다는 점을 원인으로 파악했다. 즉 이 두 가지를 해결하면 마약 문제를 해결할 수 있다고 보았다. 총독부는 새로운 정책의 전기를 구상하기에 이르렀다. 마약 생산 공장을 지어 조선의 마약 공급을 일괄적으로 통제하는 동시에 중독자의 마약 수요를 정당한 수요로 인정하는 방식을 논의하기 시작한 것이다.

이때 중독자를 정당한 수요자로 보고 이들을 '등록'하는 형태의 관리 정책은 마약류 생산 관리 정책과 보조를 같이해야만 했다. 마약 공급이 제대로 통제되지 않은 상태에서 정당 수요자를 인정하는 것은 밀매매와 마약 남용 확대를 조장하게 될 가능성이 컸기 때문이다. 즉 등록제도를 보완하기 위해서는 마약류 생산과 공급을 총독부가 통일적으로 관리하는 마약 생산 논의가 필수적으로 선행돼야 했다.

'근원적 퇴치', 중독자 등록과 치료

앞서 살펴본 바와 같이, 조선총독부는 중독자 '등록'을 통해 수요 규모를 파악하고 나아가 마약 생산 공장을 지어 공급을 통제함으로써 마약 문제 전반을 관리하고자 했다. 마약 생산 공장이 완공돼 약품을 생산할 수 있게 된 1930년부터 중독자 등록과 치료가 함께 실시되기 시작했다. 등록제도를 필두로 한 조선에서의 마약 관리 정책은 극동에서의 아편과 마약류 문제, 특히 중국 문제에 대해 국제사회에서 일제에 가해지고 있는 의혹을 일소하기 위한 하나의 방책으로서 '유의미한 대사업'으로 자리하고 있었다. 즉 조선에서 전개된 마약류 관리 정책은 '마약류 규제'라는 국제사회의 시류에 따라 발맞추고 있는 제국의 마약 문제에 대한 입장을 선전할 수 있는 도구이기도 했다.

이제 등록 중독자는 경찰서장의 감독 아래 지정된 치료를 받아야 했다. '등록규정'에서 지정하는 마약(類) 중독자는 '모르핀, 코카인 및 그 염류의 취체 규칙에서 정하거나 이를 준용準用하는 약품의 만성중독자'를 이른다. 치료가 필요하다고 규정되는 집단이 형성된 것이다. 등록 후 치료는 수용 치료와 외래 치료의 두 가지 방식으로 이루어졌다. 중증 중독자, 극빈자 혹은 단속의 필요로 감시가 필요한 자 등은 수용 치료 대상으로 특정됐다. 이처럼 총독부는 치료 방법을 강구하면서도 만성중독자를 사회에서 격리하고 일정한 장소에 구금하려 했다.

수용 치료를 받지 않는 등록 중독자도 존재했다. 수용 치료를 할 수 있는 인원이 매우 적었기 때문이다. 수용 치료 인원이 적은 것은 예산 문제에서 기인했다. '등록규정'이 제정된 초기 단계에서 총독부는 매년 2000여 명을 치료할 계획을 세웠다. 하지만 예산 삭감과 그에 따른 지원 가능한 중독자 수 삭감으로 말미암아 1929년과 1930년에는 계획한 인원의 절반인 1000여 명에게 치료를 실시하는 데 그쳤다. 나아가 해가 갈수록 예산은 점점 더 삭감됐다. 예산 삭감은 수용 치료 인원 축소로 이어지고 있었다.

그렇다면 수용 대상자가 아닌 사람들에 대해서는 어떤 방식으로 '치료'가 이루어졌을까? 이들에 대해서는 의사의 지도 아래 일정한 양의 약품을 공급하는 것이 허락됐고 동시에 점차 약품 양을 줄이는 점감요법漸減療法이 채택됐다. 수용 시설을 늘리기 위해서는 더 많은 비용이 필요했기 때문에 현실적으로 모든 중독자를 수용 시설에 격리할수는 없었다. 이 가운데 중독 치료 예산은 점차 줄어들었다. 또한 시료施療 환자(무료로 치료를 받는 환자)가 거의 대부분을 차지하는 상황에서 수용 치료 확대는 사실상 불가능했다. 1930년부터 1933년까지 총 수용 인원 4496명 가운데 시료 환자는 4318명으로 전체의 96퍼센트를 점할 만큼 수용 인원의 거의 대부분을 차지하고 있었던 것이다. 그 때문에 진료 후 약품을 지급하는 방식의 외래 치료를 확대하는 방침이 채택됐다.

조선총독부 통계 연보에 나타난 '조선총독부 의원과 도립 의원 통계'를 통해 외래 환자의 규모를 살펴보자. 1930년부터 1932년까지 3년간 아편 및 모르핀중독으로 치료를 받은 인원은 총 2만 3890명이었다. 이 가운데 입원 환자 240명을 제외한 2만 3650명이 외래 환자였다. 연도별 입원 환자 수는 크게 차이를 보이지 않으나 '등록규정'이 시행된 1930년에만 외래 환자가 1만 8872명, 1931년과 1932년에도 외래 환자가 각각 2774명, 2004명인 것은 이전 시기에 비해 그 수가 폭발적으로 증가했음을 보여준다.

독자치료소와 수용 환자 영정(상상화)
《매일신보》1931년 10월 22일

외래 치료를 받는 중독자에 대해서는 의사가 직접 투약을 하는 것이 원칙이었다. 하지만 사유가 있거나 약품을 직접 지급해도 '위험하지 않을 것'이라 판단되는 중독자에 한해 의사의 재량에 따라 며칠분의 약품을 주거나, 약제사藥劑師를 지정해 필요한 약품을 구매할 수 있도록 했다. 중독 증상이 경미한 사람에게는 별다른 치료를 실시하지 않기도 했다.

그렇다면 총독부의 중독자 관리는 '성과'를 거두었을까? 1930년 '등록규정'이 실시된 이후 중독자 감소치는 소폭에 불과했다.

수용 인원의 90퍼센트를 상회하는 인원이 매년 전치 퇴소할 만큼 수용 치료는 그 '성적'이 좋았다. 하지만 중독자의 상당수는 치유 후 재중독에 빠졌다. 1931년부터 1933년까지 전치 퇴소자의 36.7퍼센트가

연도별 전 조선 등록 중독자 총수

연도	1927	1928	1929	1930	1931	1932	1933	1934	1935	1936	1937	1938
인원	5,370	4,159	3,515	5,094	3,778	4,044	4,628	3,076	315	44	34	9

* 출처: 朝鮮総督府 警務局,《朝鮮警察概要》, 1940, 135쪽.
* 비고: 1930년 중독자 총수를 3278명으로 집계하는 통계도 있으나 5094명으로 집계하는
경우가 더 많으므로 이 수를 반영했다.《朝鮮警察概要》에서도 5094명으로 집계했다.

전 조선 마약류 중독자 수용 치료 성적표

	수용 인원	중도 퇴소	전치 퇴소	재중독자 (전치 퇴소 대비)	전치자 (전치 퇴소 대비)	불명 (전치 퇴소 대비)
1931	946	67	880	289(32.8%)	393(44.7%)	198(22.5%)
1932	1,384	74	1,293	545(42.2%)	564(43.6%)	184(14.2%)
1933	1,291	86	1,162	389(33.5%)	559(48.1%)	214(18.4%)
계	3,621	227	3,335	1,223(36.7%)	1,516(45.5%)	596(17.9%)

* 출처: 朝鮮總督府 警務局,〈道警察部長會議參考票〉,《道警察部長會議書類(昭和十年二冊
ノ内一)》, 1935, 600쪽.
* 비고: 수용 인원/중도 퇴소/전치 퇴소의 인원 합계가 부합하지 않는 것은 이월이 있기 때
문이다.

재중독된 것으로 파악된다. 심하게는, 총독부 경무국의 기관지인《경
무휘보警務彙報》에 실린 한 글에 따르면 전체 중독자 가운데 60퍼센트
에서 80퍼센트 정도가 재중독에 빠졌다. 재중독 문제가 심각했음을 알
수 있는 대목이다.

나아가 '등록규정'은 실제 중독 증세를 보이는 인원을 정확하게 파

악할 수 없다는 한계를 가지고 있었다. '부끄러워 등록을 하지 않은 자들'이 존재한다는《동아일보》의 언급은 중독자에 대한 사회적 인식을 반영한다. 당국 또한 실제 중독자 총수는 총독부에서 파악한 수의 배 이상은 될 것으로 보았다. 신규 유입, 재중독 환자, 누락 인원을 포함한다면 중독자 수는 더 많았을 것이다.

수용 치료 대상으로 구분되지 못한 환자에게 약품을 지급하는 방식에도 문제가 있었다. 새로운 방식의 밀매매가 등장한 것이다. 일부 등록 중독자는 외래 진료를 통해 받을 수 있는 본인 분량의 마약보다 더 많은 양을 입수한 후, 남는 마약을 재판매했다. 중독자로 등록되지 않은 사람들이 이렇게 마약을 구매할 수 있게 되자, 치료용 마약 공급이라는 미명 아래 사실상 음지에서 약품 유통을 조장하는 것이 아니냐는 비판이 일기 시작했다. 등록제도는 마약 사용을 조장하기 때문에 '중독자를 만연시키는 악惡제도'이므로 이를 철폐해야 한다는 주장까지 제기됐다. 이처럼 외래 진료 확장 실시는 보다 많은 중독자를 대상으로 점감요법을 실시한다는 목적을 가지고 실시됐지만, 공급 관리의 미비는 음지에서 마약 유통을 활성화시키는 원인이 된 것이다.

총독부는 마약류의 공급과 유통 통제를 위해 중독자 등록과 마약전매제도를 실시했지만 마약 밀매매는 여전히 성행했다. 이처럼 정책 자체는 유통 측면에서 한계를 지니고 있었으며, 효과적으로 그 수요를 줄이는 것에도 실패했다. 총독부가 밀매매를 마약류 문제가 근절되지 않는 가장 중요한 원인으로 지목하고 이를 통제하고자 했지만, 마약류 유통을 관리하는 단속 규정과 수요를 근본적으로 줄일 수 있는 방안까지 재정비하지는 않았기 때문이다.

조선인 마약중독자, 중국인 아편중독자

여전히 마약 중독 문제에 조선이 골머리를 앓고 있는 가운데 마약류 관리의 제도상 '흠결'은 결국 취체 법령의 미비라는 비판에 직면하게 됐다. 1934년 조선마약중독자예방협회朝鮮麻藥中毒者豫防協會를 설립하고, 1935년 '조선마약취체령朝鮮麻藥取締令'을 발표한 것은 조선의 마약 문제를 관리하기 위한 하나의 정책적 전기였다.

조선마약취체령은 제령制令으로 발포됐고, 이에 따르면 일제의 식민지와 점령지 가운데서도 조선에서 가장 강한 처벌을 가하고 있었다. 조선은 밀수이출입에 대해 최대 5년의 징역 혹은 5000원의 벌금형을 선고할 수 있도록 했다. 이는 조선에서 마약 문제가 심각하기 때문이라고 언급된다. 그런데 관동주의 경우 인구 100만 명당 모르핀 이용량은 1929년 113.19킬로그램, 1930년 91.67킬로그램, 1931년 68.89킬로그램으로 나타나고 있다. 1930년 말 현재 인구 21만 5463명을 기준으로 연간 마약 소비량을 추산해보면 약 19.75킬로그램가량이 된다. 같은 해 인구 2000만 명을 상회하는 조선에서 의약용 및 등록 중독자에게 교부하는 마약의 정당 수요량이 24.98kg임을 고려하면 관동에서의 소비량이 조선보다 많음을 짐작할 수 있다. 문제의 '심각성'을 놓고 말한다면, 다른 식민지와 점령지에서도 현지에서 실시하고 있는 아편 규제만큼의 강도로 마약 규제를 실시하는 것이 타당해 보이지만, 그렇지 못했다. 국제연맹을 탈퇴한 시점이었지만 국제조약을 이행할 필요가 있기 때문에 조선에서 처벌의 수위를 높인 것 또한 중요한 이유로

꼽히지만, 조선마약취체령 제정 이유가 단순히 국제조약 때문이었다면 처벌 강도가 이렇듯 다른 식민지나 점령지에 비해 '독보적'일 필요는 없었다.

이는 조선에서의 마약 시장 및 마약 유통이 다른 지역에서보다 강하게 통제돼야 한다는 일제의 인식을 반영하는 것이었다. 조선의 마약 문제는 일본으로 파급될 가능성이 있는 것으로 비춰졌다. 기본적으로 중독 문제는 '노동계급의 문제'로 인식되는 경향이 있었다. 모르핀은 가격이 저렴하고 비교적 손쉽게 접할 수 있었다는 점에서, 사용 시간이 오래 걸리고 비싼 아편에 비해 접근성이 높았기 때문이다. 조선인 마약 노동자는 조선 내에서의 단속보다 일본 도항渡航 시보다 적극적으로 단속됐다. 1920년대 일본으로의 도항저지제도渡航沮止制度가 강화되는 과정에서 모르핀중독자의 이주는 철저히 금지됐다. 내지로 도항하는 조선인 노동자 문제의 특수성 가운데 마약 문제가 자리하고 있다는 인식은 공공연한 것이었다.

조선인, 특히 하층 조선인 간에 아편 모르핀중독 환자가 많은 것은 널리 알려진 사실이다. 이것에 관한 정밀한 통계를 들 수 있는 것은 없지만 1925년의 범죄 통계에 따르면 330건의 많은 수의 사건으로 보면 조선인의 아편 모르핀 상습자는 적지 않음을 엿볼 수 있다. 내지(일본)로 도항하는 조선인 노동자들은 대개 무지해 이들이 모르핀중독에 빠지는 것을 상상하기는 어렵지 않다. 오사카부의 특고과원(반체제 단체와 인물을 사찰 및 탄압하던 일본의 비밀경찰 '특수고등경찰' 소속을 의미함—필자)이 말한 바, 재주在住 조선인 단속에 가장 곤란하고 또 가장 귀찮은 문제는 이 모르핀중독 환자를 취급하는 것에 있다고 한다. 아편 흡인, 모르핀 주사가 인체에 해로우며 인도상 중대한 것은 말할 것도 없다. 그러나 전적으로 다른 풍속 습관 아래 키워져온 (중략) 내지(일본) 도항의 조선인 노동자 문제에 관계해 주의해야 하는 것임은 틀림없다.

- 야마다 후미오山田文雄, 〈조선인노동자문제〉, 《조선경제의 연구 제2책》, 경성제국 대학, 1928

1930년대 대공황 이후 실업난의 가중과 도일 조선인 노동자의 일본 정주화定住化는 조선의 마약 문제 논의를 진전시키는 데 기여했다. 실제로, 1934년 6월 말 현재 도쿄에 거주하는 조선인 4만 751명 가운데 마약중독자는 약 3000명으로 총수 가운데 7퍼센트를 차지했으며, 그중 대부분은 노동자인 것으로 파악된다. 또한 일본 전국에 걸쳐 거주하는 조선인 가운데 적어도 1만 명 내외의 중독자가 있는 것으로 집계됐다. 특히 조선인 노동자와 마약중독의 관련성에 대한 논의는 조선인 노동자가 주로 유입되는 오사카大阪를 비롯한 간사이關西 지역에서 활발하게 전개됐다. 마약 중독 문제는 내지에서도 '조선인', '노동자' 계층의 문제로 국한되는 것이었다. 그리고 마약 중독 문제는 범죄 발생 문제와 직결됐다. 반면 일본에서의 일본인 중독 문제는 의사 등의 '상위계층' 사이에서 발생하는 문제이기 때문에 범죄와 같은 사회문제와 거리가 먼 것으로 인식됐다

한편 조선인 노동자 가운데 마약중독자가 많다는 인식은 조선에 거주하는 중국인 노동자 가운데 '아편쟁이'가 많다는 식의 담론과 유사했다. 중국인 거리는 범죄의 소굴로, 이곳에 거주하는 중국인은 거의

일본으로 도항하기 위해 부산에 모여든 조선인 노동자
《조선일보》 1929년 8월 10일

모두가 마약중독자로 인식돼 구축의 대상으로 상정됐던 것이다. 중국인 노동자에 대한 '아편중독자' 정체화는 당시 노동자 시장에서 중국인에 의한 조선인의 구축이 사회적 문제가 되고 있었던 시대상황과 맞물린다. 이처럼 '중독'의 문제를 민족성·종족성과 연관 지어 이들을 구축해내야 한다는 발상은 일본만의 전유물이 아니었다. 중독자라는 '낙인'은 제한적인 노동시장에서 '이방인'을 몰아내야 한다는 생각과 그 흐름을 같이했던 것이다.

"인간 취급을 못 받는 아편쟁이!"

마약 이용자가 조선에서 일본으로 유입될 경우 일본 사회를 위험에 빠뜨리는 요인이 된다는 인식은 나아가 조선이 마약류 문제에서 일종의 '방파제'로 기능해야 한다는 구상으로 이어졌다. 또한 일본 내 노동시장에서 타민족으로 정체화되는 타자인 조선인 노동자를 구축해야 한다는 주장에 당위를 제공하는 역할을 했다. 달리 말하자면, 조선에서의 마약 관리를 둘러싼 논의는 내지에 마약 문제가 침윤하지 않도록 조선이 방파제로서 작동해야 한다는 점과 더불어 일본 내의 실업 문제에 따른 일본인 노동자와 조선인 노동자의 경합이 표출되는 지점이었다.

일본에서 조선인 마약중독자를 '처리'하기 위해 채택된 방식 가운데 하나를 살펴보자. 1925년 시모노세키에서는 조선인 마약중독자가 많다는 점을 들어 이들을 모두 고향으로 돌려보내기로 결정했다.

> 일본 시모노세키에 재주在住하는 조선인 모히(모르핀―필자 주) 중독자를 조선의 원적지로 송환하기로 결정했던바 지난 26일에는 그 선발대 20인이 연락선으로부터 부산에 상륙했다고 한다. 우리는 이 기괴한 정책의 내용을 이해하기가 지극히 어렵다. (중략) 모르핀 중독자 자신을 위한다는 것보다도 그러한 무리가 처하는 사회와 그 지방인地方人을 위해 두고 볼 수 없는 보안상 혹은 형사 정책상 또는 국민 위생상 어느 필요에 기인된 것이라고밖에 더 다시 볼 수 없다.
> ― 〈'모히'중독자 송환을 보고〉, 《동아일보》 1925년 11월 29일

이상은 중독자 송환에 관한 사설의 일부다. 이 글을 쓴 사람은 오직 일본에서의 조선인 중독자 구축이 목적이었으며, 그 때문에 돌아가는 선상에서 마약을 하든 본적으로 돌아간 뒤 일자리를 찾든 당국자들이 하등의 관심을 보이지 않고 있음을 비판한다. 일본 사회에서 격리돼야 하는 존재는 조선 사회에서도 격리돼야 한다. 이들을 왜 우리에게 떠넘기는가? '잠재적 범죄자'인 마약 환자를 격리 구금해야 한다는 배제의 기제는 조선총독부 차원에서뿐만 아니라 조선 사회 내부에서도 작동했던 것이다.

조선인 마약중독자 송환이 문제시된 지 10년 가까이 지난 후에도 중독자들은 여전히 '조선 사회에서도 격리돼야 하는' 존재였다. 1934년 9월 《동아일보》에 실린 기사의 일부를 보자.

> 나병癩病(한센병)은 공중보건상 악영향을 끼칠 뿐만 아니라 강한 전염력으로 말미암아 미치는 해독이 그 극에 달하므로 전선全鮮 나예방협회가 설립돼 환자들을 소록도로 몰아놓고 치료하게 한 후 그 효과가 자못 양호해 호평이 자자한 이때에 전염하는 방면은 나병과 같지 않다 할지라도 사회에 미치는 해독은 오히려 그보다 심한 모르핀중독자를 근절하지 아니하면 안 된다는 물의가 일반 사회에 가득차고 있는 이때에 경무국에서는 이 역시 나예방협회와 같은 것을 조직해 금년부터 그들의 박멸을 기하기로 했다. (중략) 중독을 근본적으로 근절하자면 나병 환자 모양으로 어떠한 외딴 섬에 집어넣어가지고 몇 해가 되든지 완치를 기다려 내놓게 하고 전연 완치될 희망이 없는 환자는 일생 동안이라도 섬 속에 가둘 예상이라 한다.

중독자 '박멸' 요구가 경무국의 '격리' 논의로까지 이어지고 있음을 확인할 수 있다. 이들은 혐오의 낙인이 찍힌 '사회적 타자'였다. 마약중독자, 특히 모르핀중독자는 스스로 몸을 찌르는 귀신이라는 뜻의 '자신귀刺身鬼'라 불렸다. 이상의 논의는 예산 문제 때문에 실행에 옮겨진 것 같지 않지만, 총독부와 조선 사회가 자신귀를 바라보는 시선을 보여준다. 이들은 격리 대상이자 외딴 섬으로 추방해야 할 '나癩환자'에 비견되는 존재였다. 모르핀중독은 '전염' 측면에서 한센병과 같지 않은 것으로 인식됐다 할지라도 '사회에 미치는 해독은 오히려 그보다 심하기 때문'에 중독자들은 격리돼야 하는 집단으로 상정됐던 것이다. 이렇듯 중독자들은 범죄자이자 '예비범죄자로서의 환자'로 규정됐고, 이들을 재사회화하기 위해, 또 동시에 이들로 인한 폐단을 일소하기 위해 사회로부터 분리시켜야 한다고 봤다. 요컨대, 마약중독자는 사회와 떨어진 특수한 공간에 '수용'돼야 할 위험한 사람으로 규정됐다.

이처럼 중독자를 수용해야 한다는 주장은 중독 치료 논의에서 중요한 위치를 점하게 됐다. 조선마약취체령 제정 이후 마약류중독자 관리도 새로운 국면을 맞이했다. 당국이 외래 치료가 효과가 적을뿐더러 부정 취인의 여지가 있다는 점을 인식한 것으로 보인다. 이에 수용 치료를 중심으로 한 단기적 근절과 더불어 외래 치료를 축소하는 방침이 채택됐다.

그렇다면 실제로 어떤 사람이 마약을 이용했을까? 마약중독자 가운데는 치료받아야 하는 질병을 가지고 있음에도 의료 이용 혜택으로부터 멀리 떨어져 있던 사람들이 포함돼 있었다. 의료 전문가의 처방 없이 의약품을 이용하는 것은 자칫하면 부작용을 낳을 수 있는 '위험'한 행위이기 때문에 지양돼야 했지만, 많은 조선인은 마약의 진통 효과에 의지했다. 모르핀은 위장 질환이나 자궁 질환, 신경계통 질환의 진통제로 사용됐다. 만성적 의료 빈곤 상태인 조선 사회에서 의료기관에 비해 상대적으로 접근하기 쉬운 마약과 같은 방법을 찾아 질병의 고통을 달랬던 것이다. 이 과정에서 마약에 중독되는 경우가 많았다. 하지만 당국은 조선 사회에 의료 이용의 기회가 주어지지 않았다는 점을 언급하는 대신 사회의 위생 인식이 발달하지 못했기 때문에 사람들이 마약에 빠지는 것이라고 여겼다. 마약을 이용하기 시작해 종국에 중독에 빠지는 사람 가운데 많은 수가 의료 이용에서 배제된 이들이었는데도 불구하고 말이다.

아편쟁이. 유치장 안에서 절도나 강도범한테까지 인간 취급을 못 받는 아편쟁이!—그러나 그런 아편쟁이가 됐다는 것이 지금의 그에게는 특별히 문제인 것 같지는 않다. 이놈이 아편쟁이라고 걸레로 얼굴을 때리고 침을 뱉고 발길로 허리를 걷어차도 자기는 오히려 태연히 견뎌 나갈 자신이 있을 것 같다. 제 뒷잔등에 모르핀 환자라는 간판을 둘러지고 종로 한복판을 싸다니는 것쯤은 아무것도 아닐 것같이 생각된다.
그보다 더 중한 것, 그러기 때문에 그보다 더 두려운 것, 더 슬픈 것, 더 쓰라린 것, 그것은 살덩어리가 썩어가는 그런 사소한 것이 아니라, 공포가 한 걸음 물러설 때 슬픔과 한가지로 왈칵 달려들어 비로소 경호의 전몸뚱이를 붙들어버린 '마음'의 문제였다. 마음의 성곽이 무너져가는 것,

조선의 양귀비밭과 양귀비 씨방에서 유액을 채취하는 노동자

조선총독부 전매국 편,《조선의 전매》, 조선총독부 전매국, 1941

이것을 걷잡으려는 노력이 없어지는 것을 눈앞에 볼 때에 경호는 비로소 제가 무엇인가를 주시하게 되는 것이었다.

- 김남천, 〈요지경〉, 《조광》, 1938

등록규정이 제정됨에 따라 '중독자'는 공인된 '합법적 존재'가 됐다. 동시에 권력은 그들을 중독자로 낙인찍어 구분 짓기를 정당화했다. 중독자는 노동 능력을 상실해 근대의 자본 노동시장에 적합하지 못하고 범죄를 유발하는 존재이기 때문에 '망국亡國의 독毒'으로 인식됐다. 나아가 중독자는 그 특성으로 인해 '재사회화'가 불가능한 존재로 여겨졌다. 이러한 배제의 레토릭이 등록이라는 폭력적 방식을 통해 '공인된 폭력'으로 드러나게 된 것이다. 조선인 사회 내부에서도 중독자는 구축돼야 하는 대상으로 여겨졌다.

사회적 배제는 이들의 정신까지 감금했다. 가장 확실하게, 또 가장 안전하게 이들을 분리해야 한다는 논의가 진행되는 가운데 열악한 노동 상황의 문제나 마취제에 의존하게끔 만들었던 빈약한 의료 시스템의 문제가 지워진 것이다. 언제나 그랬듯이 구조적 모순에 가장 먼저 그리고 가장 아프게 닿아 있는 사람들은 사회적으로 배제된 사람들이었다.

이처럼 총독부의 마약류 관리 정책은 한 개인을 둘러싼 환경과 삶의 방식이 '질병'에 보다 취약한 상태를 만들어낸다는 점에서, 이들이 처한 배경에 대한 구조적 접근을 사상한 정책이었다. 1935년 조선마약취체령이 시행됨에 따라 중독자 수가 급감하는 것을 확인할 수 있다. 하지만 이는 단지 공급 격감, 등록 중독자 일소라는 표면적 성공일 뿐이고, 그런 가운데 조선의 중독자는 '중독자', '범죄자'의 이름을 달고 사회에서 '낙오'됐다. 조선총독부가 인정하는 마약의 '정당한 사용자'가 일소—掃되다시피 했음에도 1937년 중일전쟁 발발과 조선총독부 전매국의 아편 수납량 증가, 아편과 마약 판매 대금 증가 및 수출 증가는 무엇을 의미하는 것일까? 이처럼 식민지 시기 마약 문제의 이면에는 조선인이 마주하고 있던 식민지의 현실이 자리잡고 있었고, 이들을 둘러싼 논의는 해방 이후의 과제로 남게 됐다.

참고문헌

구라하시 마사나오 지음, 박강 옮김,《아편제국 일본》, 지식산업사, 1999
마틴 부스 지음, 오희섭 옮김,《아편》, 수막새, 2004
박강,《20세기 전반 동북아 한인과 아편》, 선인, 2008
박경식,《조선인 강제연행의 기록》, 고즈윈, 2008
오후,《우리는 마약을 모른다》, 동아시아, 2018
정태헌,《일제의 경제정책과 조선사회》, 역사비평사, 1996
조성권,《마약의 역사》, 인간사랑, 2012
최정기,《감금의 정치》, 책세상, 2005
하워드 웨이츠킨 지음, 정웅기·김청아 옮김,《제국과 건강》, 나름북스, 2019

문명기,〈대만, 조선총독부의 전매정책 비교연구: 사회경제적 유산과 "국가"능력의 차
    이〉,《사림》52, 2015
박강,〈1910년대 조선총독부 아편정책의 실상〉,《한국민족운동사연구》84, 2015
박윤재,〈조선총독부의 지방 의료정책과 의료 소비〉,《역사문제연구》13, 2009
송윤비,〈식민지시대 모르핀 중독 문제와 조선총독부의 대책〉, 서강대학교 사학과 석사
    학위논문, 2010
신의기,〈마약류 지정기준에 관한 연구〉,《형사정책연구원연구총서》1, 2003
오미일,〈일제강점기 경성의 중국인거리와 '마굴魔窟' 이미지의 정치성〉,《동방학지》
    163, 2013
이경훈,〈아편의 시대, 아편쟁이의 시대: 현경준의〈유맹〉에 대한 몇 가지 고찰〉,《사이》
    4, 2008
조석연,《한국 근현대 마약 문제 연구》, 한국외국어대학교 사학과 박사학위논문, 2018
한순미,〈나환과 소문, 소록도의 기억: 나환 인식과 규율체제의 형성에 관한 언술 분석
    적 접근〉,《지방사와 지방문화》13-1, 2010

일본 천황의 견마에서
대한민국의
절대자로

_ 욕망 군인 박정희 반역전

김재원

욕망의 정점에 섰던 한 인간에 대한 접근

흔히 우리는 근대 사회를 사회적 유동성이 증대해 계층 상승 욕망이 전 사회적으로 물든 시대로 기억한다. 한 사회 혹은 한 국가가 근대화됐다는 것은 신분제가 무너졌음을 의미하며, 이는 곧 '기회의 평등'을 뜻한다. 그러나 기회가 평등해졌음은 실재하는 사회적 불평등을 무색게 한다는 면에서 '진실'과는 거리가 멀다. 평등은 능력별 위계 서열화로 이어져 현실 속에 존재하는 불평등을 감춘 채 무한 경쟁만을 극대화한다. 이로 말미암아 명목상 '평등'이 전제가 된 근대 국가는 국민으로 하여금 다양한 방식으로 욕망을 배출하라고 요구한다. 그것이 경제적 성공에 대한 욕망이든, 사회적 지위 획득에 대한 욕망이든 말이다. 욕망은 마치 개인의 능력에 따라서 성취 여부가 결정되는 것처럼 보인다. 사회적 지위가 신분에서 능력으로 교체된 것처럼 보이는 것은 이 때문이다. 이 신비하고 매력적인 색안경을 통해 국가는 국민에게 계층 상승을 욕망하고 사회적 성공을 꿈꾸라고 주문을 건다.

여기 흥미로운 한 인간이 있다. 계층 상승 욕망의 정점에 있는 혹은 있는 것처럼 보이는 사람, 바로 박정희다. '빈민의 아들'에서 큰 칼을 찬 군인을 넘어 대통령 자리에 앉았던(심지어 이를 넘어서고자 했던) 박정희는 한국 근대화의 상징이자, 성공의 아이콘이다. 놀라운 인생 역전 드라마의 주인공 박정희는 대중의 욕망을 자극했고, 근대화의 꿈을 선동했다. 그는 과연 어떤 욕망을 품었고, 그 욕망의 시작은 언제부터였을까?

박정희 전前 대통령

한 개인을 통해서 거시적 역사상을 복원하는 일은 어쩌면 위험한 접근일 수 있다. 개인의 삶을 따라가다 보면 그 인물의 입장에서 모든 것을 이해하게 되고, 결국 구조에 대한 이해나 비판을 목적으로 하는 역사 연구의 가치를 해칠 수 있기 때문이다. 결국 개인에 집중된 연구는 한 인물의 '영웅화' 혹은 '악마화'라는 극단적 결론에 이르게 될 여지도 있다.

이 글은 한 개인의 삶과 선택에 집중하지만 그 개인을 이해하고자 쓴 글은 아니다. 결국 박정희라는 인물은 당대의 구조와 체제 내에 구속된 인간에 불과했으며, 그의 선택도 마찬가지였다. 다만 거대한 구조 속에서 선택할 수 있는 다양한 보기 중에서 박정희라는 인물이 선택한 답은 무엇이었고, 왜 그러한 선택에 이르게 됐는지를 살펴보는 일은 중요하다. 그 구조의 최상단에 도달한 사람이고, 결국엔 그 구조를 재생산할 수 있는 지위에 올랐던 사람이기 때문이다.

우리는 여기서 그의 욕망에 집중할 것이다. 다른 무엇보다도 그를 움직인 것은 성공, 그중에서도 계층 상승에 대한 끝없는 욕망이었다. 결과적으로 그의 욕망은 그를 여러 번 변화시켰다. 한적한 시골 마을 교사에서 칼을 찬 만주군으로, 천황의 군인에서 남조선노동당 소속 반란군으로, 좌익 계열에 발을 담근 군인에서 '반공 쿠데타' 수장으로의 변화다. 참고로 이 글은 박정희를 다룬 많은 연구 중에서도 황병주의 〈박정희와 근대적 출세 욕망〉이라는 논문에 많은 빚을 지고 있다.

그럼 이제 본격적으로 근대인을 움직이는 강력한 키워드, 근대 이후의 사회구조를 유지해주는 핵심 기제인 계층 상승 욕망을 박정희라는 인물을 통해서 확인해보자.

욕망이 태동한 그때 그 시절, 권력관계를 체득하다: 박정희의 유년 시절

박정희는 1917년 11월 14일, 경상북도 선산군 구미면 상모리에서 박성빈과 백남의의 5남 2녀 중 막내로 태어났다. 박정희가 어머니에 대해 가진 기억은 아련하다. "학교 다니는 나보다도 더 고생을 하는 분"이자 박정희를 위해 "시계도 없이 새벽 창살을 보시고 일어나서 새벽밥을 짓고 도시락을 싸"던 분이었다.

이에 반해 아버지란 존재는 무능력한 가장의 이미지가 컸다. 아버지 박성빈은 "소시에 무과 과거에 합격해 효력부위란 벼슬"을 받았지만

"부패 정치에 환멸을 느끼고 반항도 해 20 대에는 동학혁명에도 가담했다가 체포돼 처형 직전에 천운으로 사면"된 사람이었다. 그에게 각인된 아버지의 이미지는 "가사에 관심이 적고 호주(술을 많이 마심)로 소일하면서 이래저래 가산도 거의 탕진"한 사람이었다.

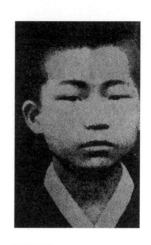

유년 시절 박정희
박정희도서관 소장

가정에서 사실상 아버지로서의 역할을 했던 사람은 셋째 형 박상희였다. 박정희가 살던 상모리는 구미면에서도 8킬로미터 떨어진 외진 지역이었고 주변에 제대로 된 교육기관이 없었다. 그럼에도 박정희는 아홉 살이 되던 해 구미보통학교(지금의 구미초등학교)에 입학하게 되는데, 그의 선택에 결정적 영향을 미친 사람이 바로 박상희였다. 전체 가구 수가 90여 호밖에 되지 않는 마을에서 박정희 이전에 보통학교에 다닌 이는 박상희밖에 없었다. 사정이 그렇다 보니 박정희에게 셋째 형 박상희는 자연스럽게 롤 모델이 됐다.

살던 동네를 보나, 출신 집안을 보나 박정희에게는 출세를 위해 동원할 수 있는 자원이 대단히 빈약했다. 그랬기 때문에 그에게 보통학교 진학은 인생에 찾아온 첫 번째 기회였고, 학교는 곧 그 기회를 펼칠 수 있는 장이었다. 기회의 장에 선 그는 기회를 놓치지 않았다. 보통학교 시절 성적이 이를 분명히 말해준다. 거의 전 과목에서 10점 만점에 9점 이상을 받았으며, 8점을 받은 것은 3학년 때 수신·도화·체조가 전부였다. 1·2학년 때는 우등상을, 5학년과 6학년 때는 우등상과 정근상을, 3학년 때부터는 반에서 급장(반장)과 수석을 독점하다시피 했다. 그야말로 우등생이었다.

학교라는 공간은 박정희에게 '권력관계'를 처음으로 경험하게 해준 곳이라는 점에서 중요하다. 박정희의 학창 시절에서 흥미로운 지점은 같은 학교 학생들에게 보인 폭력적 태도다. 박정희가 급장을 지낸 3학년 때부터 6학년 때까지 급우들 중 그에게 맞지 않은 아이가 드물 정도로 그의 '권력형 폭력'은 심각했다. 1919년까지도 합법적으로 태형이 남아 있던 식민지 조선에서 권력이 휘두를 수 있는 '폭력'이 의미하는 것은 무엇이었을까? 학교라는 '사회의 축소판'에서 급장이라는 권력을 쥔 박정희가 취한 폭력적 행위는 당대 사회적 분위기를 그대로 반영한 것이다. 박정희는 누구보다 빠르게 계층의 사다리 위에 선 '권력'의 핵심 기제를 배워갔고, 활용하는 방법을 체득해갔다. '악바리'라는 별명으로 불린 박정희는 친구들에게는 두려운 존재로서 군림하려 했고 일본인 교사에게는 귀여움을 받는 학생이었다. 이는 능력별로 수직 질서를 관철하는 근대 교육기관의 구조적 권력 효과를 체득한 결과였다.

박정희의 학창 시절 기억 중 독특한 점은 이미 이 시절부터 군인에 대한 동경심을 키웠다는 부분이다. 그러나 그의 동경심은 단순히 군인이 아니라 영웅에 대한 숭배로 연결된 듯하다. '일본의 역사적 위인들'이나 '이순신', '나폴레옹' 등에 대한 박정희의 관심은 군인을 넘어 수직적 위계질서 끝에 섰던 이들에 대한 동경으로 이어졌다. 보통학교 시절 권력을 이해한 그에게는 대단히 자연스러운 선택이었을 것이다. 교육기관에서 체득한 수직적 위계질서 원리는 곧 능력과 힘이었고, 이

배움은 앞으로 펼쳐질 그의 인생에 중요한 영향을 미치게 된다.

교사가 된 박정희,
학교 밖 권력 질서를 갈망하다

구미보통학교를 졸업한 박정희 앞에는 여러 선택지가 놓여 있었다. 그가 살던 동네만을 기준으로 봤을 때 박정희의 보통학교 졸업장은 상당히 높은 이력이 될 수 있었다. 그래서 그의 아버지는 집안 살림을 핑계삼아 상급학교 진학을 만류했다. 그러나 형 박상희는 박정희의 진학을 적극 권했다. 당시 박상희는 구미보통학교를 나온 것이 학력의 전부였지만 《동아일보》 구미지국장을 할 정도로 지역 엘리트로서 활동하고 있었다. 박정희는 아버지가 아닌 롤 모델인 형의 선택을 따라 대구사범학교 진학을 결정한다.

박정희가 구미보통학교를 졸업할 당시 구미보통학교는 총 11회까지 졸업생을 배출했고, 졸업생 중 대구사범학교에 합격한 사람은 박정희뿐이었다. 별도의 학비 부담이 없고, 전원이 기숙사 생활을 할 수 있는 대구사범학교는 경북 지역의 가난한 수재들이 모이는 곳이었다. 상급학교로 진학을 원하지만 고등보통학교(지금의 중학교와 고등학교를 합친 식민지 시기 중등교육기관)에 갈 수 없는 이들이 선택할 수 있는 최선의 길이었던 것이다.

대구사범학교의 교육은 가난하면서도 우수한 조선인 학생을 '황국신민 정신'이 투철한 교사로 만드는 것이었다. 당시 대구사범학교는 교

문경보통학교 교사 시절 박정희(윗줄 가장 오른쪽)
《월간조선》, 2017년 1월호

사 사관학교라고 불릴 만큼 학칙과 규율이 엄격했다. 박정희는 이때 자연스럽게 근대적 규율 시스템을 습득하게 된다.

그러나 박정희는 5년 동안의 사범학교 생활에 매우 불만족한 것 같다. 심지어 그에게 사범학교 생활은 '우울'한 기억이었다. 이후 삶의 궤적으로 유추컨대 사범학교가 지향하는 인재상은 그가 선망해 마지않던 영웅의 삶과는 달랐다. 집안의 경제적 조건에 맞춘 선택이었을 뿐 그의 사범학교 진학, 즉 교사라는 직업은 스스로 꿈꿨던 장래희망과는 맞지 않았다.

그의 사범학교 시절 성적과 학적부가 박정희의 이상과 현실의 괴리를 잘 설명해준다. 성적은 1학년 때 97명 중 60등, 2학년 때 83명 중 47등, 3학년 때 74명 중 67등, 4학년 때 73명 중 73등, 5학년 때 70명 중 69등으로 결코 우수하다고 볼 수 없는 수준이었다. 결석도 매우 잦았는데, 연평균 수업 일수 중 결석 일수가 20퍼센트 정도를 차지했다. 학적부에 기재된 인물평이 대단히 인상적인데, 2학년 때는 "음울하다", 3학년 때는 "빈곤, 활발하지 않음, 다소 진실성이 부족함", 4학년 때는 "활발하지 않음, 불평 있음, 진실성이 부족"하다는 평가다. 이러한 사범학교에서의 성적 부진은 단순히 교육이라는 일이 그의 적성에 맞지 않았음을 말해준다.

박정희에게 사범학교라는 공간이 알려준 가장 중요한 교훈은 엉뚱한 것이었다. 바로 위계화된 계층 질서 속에 담긴 식민-피식민 차별 구조에 대한 이해였다. 식민 질서의 사다리로 높이 올라갈수록 차별이 뚜렷하게 보일 수밖에 없다는 것을 비로소 파악한 것이다. 그가 꾸었던 꿈의 한계를 확인한 곳이 바로 사범학교이자, 학교라는 공간 그 자체였다. 아무리 노력해도 일본인을 뛰어넘을 수 없음을, 결국 식민지 조선에서는 식민지민에 불과하다는 점을 몸으로 파악하는 과정이었다.

박정희는 식민지적 우울을 가득 안은 채 1937년 3월 대구사범학교를 졸업하고 문경보통학교 교사로 부임하게 된다. 당연한 결말이겠으나 그의 교사 생활은 순탄하지 않았다. 스스로도 문경에서의 교사 생활을 대단히 불만족스러워했다. 결국 박정희는 교사로 부임한 지 3년째 되던 1939년 가을 교사 생활을 접는다. 그에게 교사 생활은 학교라는 공간 속에 일본인 교사, 조선인 교사 간 위계가 존재함을 다시금 깨

닫는 기간에 불과했다. 학교라는 울타리 안에서조차 조선인 교사에겐 올라갈 수 있는 계층에 한계가 있었다. 하지만 식민지 조선인 박정희는 이를 넘어서고 싶었다.

그가 교사 생활을 접게 된 이유에 대한 흥미로운 두 가지 기억 혹은 증언이 존재한다. 첫 번째는 대구사범학교 동기생 권상하의 기억이다. 문경보통학교로 데라도 시학(지금의 장학사)이라는 사람이 연구수업 시찰을 나왔다고 한다. 시찰 이후 이어진 술자리에서 데라도 시학과 문경보통학교 교장이 교사 신분이던 박정희의 장발을 문제 삼았고, 박정희가 그 이야기에 반발해서 술잔을 던지는 등 소동을 벌인 후 사표를 썼다고 한다. 당시 규정상 보통학교 교사는 머리를 짧게 깎게 돼 있었지만 박정희만 장발이었다고 한다. 그러나 장발인 박정희의 당시 사진은 없다. 한마디로 왜곡된 기억이다.

두 번째 이야기는 당시 박정희의 제자였던 이순희의 증언이다. 마찬가지로 이 기억도 시학이 방문한 것으로 시작한다. 학교로 시학이 온다고 연락이 와서 3학년 여학생들이 옷을 차려입고 정류소 앞에 도열해 기다리고 있었다. 이때 박정희는 학교에서 교사 신분으로 시학을 의전하지 않고 나팔을 불고 있었다. 급사가 가서 내려오라고 해도 말을 듣지 않았다. 이를 지켜보던 일본인 교사들이 박정희를 집단 구타했고, 박정희가 '복수하겠다'며 제자에게 5원을 빌려 만주로 갔다는 이야기다.

이순희의 증언을 통해 알 수 있는 단편적인 사실이 있다. 먼저 박정희가 일본인 시학에게 좋지 않은 감정을 가지고 있었다는 점이다. 이는 그의 사범학교 동기생 권상하의 기억에서도 드러나는 사실이다. 또 다른 하나는 조선인 교사로서 당해야 했던 치욕이다. 박정희에게는 이미 학교 생활에서 체득한 식민지 위계질서의 사다리가 시학의 방문으로 극대화돼서 나타난 것으로 보인다. 일본인 교사에게 직접 구타를 당했다는 증언은 사실관계를 떠나 증언자인 이순희에게도 내재돼 있는 조선인 교사와의 차별적 위치에서부터 나오는 기억이 아니었을까?

결정적인 이유가 어찌 됐든 박정희는 3년간의 짧은 교사 생활을 마감하고 단신으로 만주행을 선택한다. 일본인을 넘어설 수 없음에 좌절했던 박정희가 선택할 수 있는 길은 다양했다. 독립운동에 투신하게 되는 과정에도 비슷한 서사가 존재하게 마련이다. 또는 보다 적극적으로 내선일체를 주장하며 조선인의 일본인화를 주장하는 사상가가 될 수도 있다. 그럼에도 박정희가 선택한 길은 왜 하필 만주였을까?

욕망 군인의 출발, 만주행을 선택하다

청년 박정희가 떠난 곳은 만주, 정확히는 만주국 군관학교였다. 훗날 박정희가 소위 계급장을 달고 문경에 돌아와 "왜 만주군관학교에 들어가게 됐느냐?"라는 질문을 받았을 때, 그는 "긴 칼 차고 싶어서 갔다"라고 단순 명쾌하게 대답했다. 그럼 박정희는 단순히 군인이 되고 싶어 만주로 간 것일까?

박정희의 만주행을 이해하기 위해서는 당시 만주가 조선인에게 어떤 공간이었는지를 먼저 살펴봐야 한다. 1931년 만주사변 이후 만들어진 만주국은 태생부터 독특한 국가였다. 흔히 '괴뢰국'이라 표현될 만큼 일본제국주의 체제에 종속된 국가로서 식민지적 특징을 가지면서도 한편으로는 만주인(중국인)의 나라였다.

그 때문에 만주국 내 조선인의 위치도 특이했다. 조선은 일본의 식민지였고, 이에 따라 조선인은 공식적으로는 일본인이어야 했지만 식민지 조선인이 식민 종주국 일본인과 동등한 권리를 누릴 수는 없었다. 그러나 만주국에서 만주국의 실질적 통치기관이었던 관동군이 만주국 통치를 위해서 '오족협화(만주족, 한족, 몽골족, 한국인, 일본인의 협력과 평화)'를 내세웠고, 한편으로 조선의 실질적 통치기관인 조선총독부는 '내선일체'를 내세웠다. 이 과정에서 만주국 내에서 조선인의 위치는 '2등 국민화' 된다. 1등과 2등만이 있을 때 2등은 언제나 후순위지만, 다양한 종족 사이에서 2등 국민으로 대우받을 땐 입장이 조금 달라진다.

물론 '2등 국민'이라는 자격마저도 소수의 조선인에게만 해당됐다. 예를 들어 만주국 관리 중 조선인 비율은 5.9퍼센트였다. 또한 중앙육군훈련처(펑텐군관학교), 육군군관학교(신징군관학교)에 입학한 조선인은 48명으로 이들 중 24명은 1941년부터 일본육군사관학교에서 교육을 받았다. 소수지만 분명 만주국은 기회의 땅으로서 성공을 위해 만주국으로 자발적으로 넘어가는 사람들이 있을 수밖에 없었다.

바로 이 소수의 성공한 '인간'이 수많은 조선인의 만주행을 자극했다. 만주국 내에서 만주인(중국인)보다 상대적으로 우월한 '2등'이라는 지위는 식민지 조선에서 차별의 피해자여야만 했던 조선인에게 매력적일 수밖에 없었다. 이른바 '만주 붐'은 그렇게 탄생했다. 정확한 통계는 연구마다 다르지만 1930년대 만주로 이주한 조선인은 약 70만 명에 이른다. 그중 78퍼센트가 1930년대 후반에 이주했다는 사실은 '만주 붐'의 실체를 실감케 한다.

박정희는 '만주 붐'이라는 당대 식민지 조선 사회의 거대한 흐름 속에서 만주로 향했다. 다름 아닌 '성공'을 위해서였다. 그러나 만주국은 욕망의 땅이면서 동시에 '위험한 공간'이기도 했다. 당시 만주는 일본 제국의 관동군, 일본인 관료 엘리트로 상징되는 통치 주체들과 이에 저항하는 장제스의 군대, 팔로군, 조선인 독립군이 공존하고 있었다. 그뿐 아니라 마적, 첩자, 아편 밀매업자, 사기꾼 등 다양한 인간 군상이 뒤엉켜 사는 무질서의 공간이기도 했다. 만주로 이민한 조선인에게 만주국은 마냥 성공한 '2등'의 위치에서 안정적으로 존재할 수 있는 공간이 아니라는 뜻이다. 따라서 만주에서 무엇으로 성공할 것인지가 더 중요했다.

여기서 박정희 개인의 욕망이 폭발한다. 그의 선택은 '큰 칼 찬 군인'이었다. 그것도 독립군이 아닌 만주군, 더 나아가서는 일본군이 되고자 했다. 박정희는 1940년 신징군관학교 제2기로 입학한다. 신징군관학교의 정식 명칭은 만주국 육군군관학교다. 1939년에 만주국 수도 신징에 설치된 4년제 군관학교로, 쉽게 말해 만주국 육군 장교를 교육하는 기관이다.

여기서 주목해야 하는 부분은 만주국 내 군인의 위치다. 만주국 운영의 핵심에는 관동군이 있었다. 군에 의해서 돌아간다는 뜻이 꼭 전쟁'만'을 위한 국가임을 의미하지는 않는다. 관동군에 의해서 만주국은 고도의 근대 국가로 거듭나기 위한 그 나름의 계획을 가지고 있었다. 1937년부터 시작된 이른바 '만주 산업 개발 5개년 계획'은 이를 잘 보여준다. 군은 전쟁을 준비하고 전투를 수행함은 물론 국가의 장기적인 발전 계획과 통치 시스템을 구축하고 있었다. 군이 곧 국가 운영의 주체였다. 박정희가 관동군의 이러한 특징을 파악하고 입학을 결정했는지는 알 수 없다. 다만 박정희는 대단히 간절한 마음으로 군관학교 입학을 원했다.

> 일본인으로서 수치스럽지 않을 만큼의 정신과 기백으로 일사봉공할 굳건한 결심입니다. 확실히 하겠습니다. 목숨이 다하도록 충성을 다 바칠 각오입니다. (중략) 한 사람의 만주국 군인으로서 만주국을 위해, 나아가 조국(일본)을 위해 어떠한 일신의 영달도 바라지 않고, 멸사봉공, 견마의 충성을 다할 결심입니다.

군관학교 입학을 탄원하는 박정희의 혈서
〈혈서, 군관지원: 반도의 젊은
훈도로부터〉,《만주신문滿洲新聞》
1939년 3월 31일
민족문제연구소 소장

혈서를 보면 큰 설명이 필요 없을 정도로 박정희가 군관학교 입학을 얼마나 원했는지 잘 알 수 있다. 왜 만주로 향했는지, 왜 군관학교로 갔는지 단 한 번도 명쾌히 이야기하지 않았지만(혹은 할 수 없었지만) 선택의 시기와 만주라는 공간이 가진 특징 그리고 혈서를 통해 충분히 유추가 가능하다. 결국 그는 '조선인'이라는 신분적 약점을 '만주군'(더 나아가 '일본군')이라는 새롭게 만들어진 신분으로 극복하고자 했던 것이다. 그 극복 과정에서 '조선'은 버려야 할 가치였다.

박정희의 군관학교 입학은 다소 늦은 편이었다. 당시 그의 나이 23세로 5년제 사범학교를 마친 후 3년간 교사 생활을 한 후에 군관학교에 입학했기 때문에 중학교 과정을 마치고 곧장 입학한 다른 학생들보다 대여섯 살 많은 편에 속했다. 그럼에도 박정희의 군관학교 생활은 이전의 사범학교 생활이나 교사 시절과는 달랐다. 그야말로 '모범적'인 학교 생활이었다. 다른 무엇보다 졸업 시 우등상을 받았다는 사실만으로도 박정희의 군관학교 생활을 유추할 수 있다.

박정희에게 군관학교 입학은 계층 상승 사다리의 출발선에 불과했다. 이제 그 사다리의 정점에 다다르지 않으면 삶의 의미가 없었다. 만주국이라는 공간은 그 사다리의 정점으로 다가갈 수 있는 기회를 줬다. 박정희는 만주국이 만들어놓은 티끌과도 같은 기회를 포착했고, 충실히 사다리 끝으로 이동 중이었다. 그러나 박정희는 현실적으로(혹은 본능적으로) 스스로 그 끝에 다가설 수 없음을 너무도 잘 알고 있었다. 결국은 만주국도 식민지였고, 그 사다리의 끝은 일본인 차지였다. 조선인 박정희는 언제나 기껏해야 2등이어야 했다.

그래서인지 1942년 3월 신징군관학교를 졸업할 당시 박정희의 선서는 애처롭다. "대동아공영권을 이룩하기 위한 성전에서 나는 목숨을 바쳐 사쿠라와 같이 훌륭하게 죽겠습니다"라는 그의 선서는 목숨을 건 충성 서약이 있어야 그나마 2등 국민으로라도 사다리 위에서 버틸 수 있음을 보여준다. 만주국 신징군관학교를 우수한 성적으로 졸업한 박정희는 이를 발판 삼아 일본 육군사관학교 3학년에 편입했다. 일본 육사로의 편입은 당시 만주인과 조선인 생도 중에서 성적이 좋은 사람에게 베풀어지는 일종의 특전이었다. 박정희에게 이 사건은 확고한 '2등'의 위치를 부여받는 순간이었다.

예비 소위 시절 박정희

박정희의 일본 육사 생활은 만주의 군관학교 생활과 크게 다르지 않았다. 여전히 박정희는 모범적인 생도였다. 육사 교장이었던 나구모 주이치가 기억하는 박정희(다카키 생도)는 "태생은 조선"이지만 천황에게 바치는 충성심은 "보통의 일본인보다 훨씬 일본인다운" 생도였다. 박정희에 대한 당시 육사 교장의 평가는 그의 치열한 학교 생활이 무엇을 넘어서고자 했는지를 분명히 보여준다. 일본인이 될 수 없는 조선인으로서의 한계를 뛰어넘고자 한 것이다. 닿을 수 없는 욕망을 품었던 일본 육사 생도 박정희는 그렇게 일본군이 돼갔다.

1944년 4월 일본 육사 57기로 졸업한 박정희는 견습 군관 신분으로 관동군이 됐다가 그해 7월 소위 신분으로 '만주군 제6군관구 소속 보병 제8단(이하 보병 제8단)'에서 근무한다. 박정희가 보병 제8단에서 정확히 어떤 임무를 맡았는지에 대해서는 증언자마다 다르다. 소대장으로 근무하며 팔로군 토벌에 직접 나섰다는 이야기가 있는 반면, 단장의 부관실에서 작전참모 역할을 하는 을종 부관 겸 부대의 깃발 관리 임무를 맡았다는 증언도 있다. 박정희와 보병 제8단에서 함께 근무한 중국인 동기생 가오칭인이나 조선인 선임 장교 신현준 상위, 방원철 중위 등의 증언으로 미루어보아 그가 독립군 토벌이나 팔로군 토벌에 직접 나섰을 가능성은 낮다. 사실 그가 보병 제8단에서 어떤 임무를 맡았는지는 이 글에서 중요한 논점이 아니다.

다만 세간에 떠도는 허무맹랑한 유언비어에 대해서는 짚고 넘어가도록 하자. 박정희가 만주에서 근무할 당시 여운형이 조직했던 건국동맹에 참여했을 것이라는 주장이나 임시정부의 광복군 비밀공작원이었다는 주장 등에 대한 부분이다. 박정희의 인생을 관통하는 하나의 굵직한 신념이 있다면, 그것은 사다리 끝에 닿고자 하는 '상승 욕망'이다. 박정희가 어렵사리 따낸 일본군 소위라는 타이틀은 그에게 엄청난 자부심이었다. '죽음'으로 천황에게 보은하겠다던 박정희의 진심은 조선의 독립이라는 가능성이 낮은 변수로는 꺾을 수 없는 것이었다. 그렇게 박정희는 일본군 장교로서 일본제국주의와 함께 패망을 맞았다.

일본군 박정희의 1945년, 또 다른 군인의 삶을 살아가다

1945년 8월 어느 날 만주군 보병 제8단 장교 박정희는 일본제국주의의 패망 소식을 듣는다. 박정희를 비롯해 보병 제8단에 같이 근무하던 조선인 장교들은 무장해제 상태로 베이징으로 향했다. 도착한 만주군 장교들은 학병으로 끌려갔던 청년들을 비롯해서 만주국에서 생활하던 조선인과 뒤섞이게 된다. 흥미롭게도 이 과정에서 만주군 장교 일부가 광복군 제3지대에 편입돼 1946년 5월이 돼서야 '해방 조선'으로 귀국하게 된다. 일본군에 소속돼 밥벌이를 하던 군인들이 일본군에 맞서 싸운 독립군이 돼버린 것이다. 박정희가 귀국하는 과정에서 광복군에 편입됐던 사실은 이후에도 지속적으로 문제가 된다. 박정희뿐만 아니라 많은 일본군 소속 조선인이 광복군으로 둔갑해 식민지 시기에 독립운동을 했던 것처럼 '유공자' 대우를 받는 일도 있었다. 어쩌다가 이런 일이 벌어졌을까?

해방 직후 임시정부는 중국에 주둔하고 있던 일본군 소속 조선인을 광복군으로 편입시켰다. 이는 당시 임시정부와 중국 국민당과의 관계 유지를 위한 조치였다. 승전국 지위를 받은 중국 국민당의 장제스는 일본 총사령부에 일본군 무장해제 후 소속 조선인 전원을 광복군으로 편입하라는 명령을 시달하게 된다. 일본군 입장에서도 중국군에 항복한 후 조선인 군인에 대한 처리에 부담을 느끼고 있었고 이에 따라 자연스럽게 방출 이후 귀국이라는 방법으로 광복군 입대를 권유했다.

이후 임시정부 소속 광복군은 세 개의 본 지대에 더해 일곱 개의 잠편 지대(임시로 편성한 부대)를 추가로 설치해 모두 열 개의 지대를 각 1만 명씩의 사단으로 편성 후 귀국시켜 국군의 모체로 삼으려 계획한다. 광복군의 수는 곧 남한으로 귀국한 임시정부 출신 정치인(한국독립당 소속)의 영향력을 의미했고, 이를 통해 남한 내에서 권력을 공고히 하려는 의도였다.

그러나 이 계획은 중국과 미국에 의해서 저지된다. 중국은 광복군이 공산당 군대인 팔로군에 합류할 것을 우려했고, 미국은 한반도 남부의 군 규모가 커지면 소련과의 신탁통치 논의가 원활하지 않을 수도 있다는 점을 우려했기 때문이다. 문제는 여기서 터졌다. 광복군은 순식간에 대규모로 확대 개편됐지만 미국의 반대로 활동이 제약된 상태에서 한국독립당의 행정 능력으로는 대규모 광복군을 제대로 관리할 수 없게 된 것이다. 결국 광복군이라는 '명함'만 남발한 채 수십만 명의 '허위 독립군'만 양산됐다. 무장해제 이후 베이징에서는 최용덕을 지대장으로 한 '북평잠편지대'가 설치된 상태였고, 베이징으로 이동했던 박정희를 비롯한 관동군 소속 조선인 장교들도 광복군에 소속된 상태였다. 황당하게도 이 혼란한 틈바구니 속에서 일본제국을 위해 싸우던 이들이 광복군이라는 경력을 얻은 채 '화려하게' 귀국할 수 있게 돼버렸다.

화려한 귀향도 잠시, 박정희는 고향에서 별다른 활동을 하지 못했다. 임시정부가 그렸던 큰 꿈이 제대로 실현되지 못했고, 확대 개편된 광복군이 곧 국군으로 재편되는 일도 없었기 때문이다. 그러던 중 1946년 1월 육군사관학교의 모체가 되는 조선경비사관학교가 창설됐다는 이야기를 듣게 된다. 박정희는 그해 9월 서울로 올라가 조선경비사관학교에 제2기로 입학한다. 처음부터 다시 시작이었다. 생각해보면 그는 군인이 아니었더라도 교육자 신분으로 살아갈 수 있었다. 그럼에도 그는 결국 다시 군인의 길을 선택한다. 한번 맛본 권력의 단맛을 내려놓기 힘든 까닭이었을까? 어쨌든 해방 이후 놓인 첫 번째 선택지에서 그가 선택한 길은 다시 '군인'이었다.

1946년 12월 조선경비사관학교를 졸업한 박정희는 소위로 임관해 춘천 제8연대에 배치된다. 이후 1947년 9월 조선경비사관학교 중대장이 되는데, 이때 '경력직'으로 이직한 박정희는 중위를 거치지 않고 곧장 대위로 승진한다. 일본군으로 활동한 경력이 인정된 것이다. 이곳에서 박정희는 소령까지 진급하면서 연일 승승장구한다. 1948년 8월 대한민국 정부가 수립되자 그해 9월 1일부터 조선경비대는 대한민국 국군으로 편입됐고, 조선경비사관학교는 육군사관학교로 개칭했다. 박정희는 이제 공식적으로 대한민국 육군사관학교 출신 장교가 된 것이다. 완벽한 신분 세탁이었다.

잘나가던 박정희에게도 속사정은 있었다. 해방 직후 그의 삶을 '이력서'로만 보면 외길 인생을 걸어온 것처럼 보이지만, 그는 해방 정국에서 한곳에 집중 투자하는 어리석은 짓을 하지 않았다. 식민지 시기에 정규직 교사 생활을 박차고 만주국으로 떠났던 박정희가 아닌가. 그는 주판을 굴릴 줄 아는 사람이었다. 좌와 우로 갈라져 치열하게 대립하던 어지러운 남한의 해방 정국에서 박정희는 양쪽에 줄을 댄다. 인생을 건 도박판이 펼쳐진 것이다. 그는 이 도박판에서 제법 안전한 선택을 한다. 그의 선택은 조선경비대 장교이면서 '남조선노동당(이하 남로당)' 당원이라는 이중적 신분 취득이었다. 어울리지 않는 두 신분 사이에는 '누가 이길지 아무도 모른다'는 박정희의 상황 판단이 강하게 자리 잡고 있었다.

남로당원 vs 국군 박정희, 선택의 기로에 서다

박정희가 남로당과 관계를 맺게 된 것은 1946년 대구 10월 항쟁 당시 경찰에 의해 사망한 형 박상희와 관련이 있다. 박상희는 식민지 시기부터 좌익 계열에서 항일운동을 해왔다. 박상희는 해방 이후 당시 선산군 민주주의민족전선(이하 '민전') 사무국장 겸 인민위원회 내정부장을 역임한, 지역에서 꽤 거물급 정치인이었다. 박상희는 1946년 이른바 '9월 총파업' 직후 10월 초 좌익 계열 인사들과 구미경찰서를 공격하고 경찰서장을 비롯해 열여섯 명을 유치장에 감금하는 일에 가담한다. 이후 10월 6일 해당 지역에 경찰이 들이닥쳤고, 도주하던 박상희는 경찰의 총에 맞아 사망한다.

박상희의 죽음을 목격한 누이 박재희에 따르면 박상희는 "이불에 둘둘 말린 피투성이"가 된 채로 "총 세 발을 맞"아 숨을 거두었다. 형이 죽을 당시 경비사관학교에서 교육을 받고 있던 박정희는 장례식에 내려가 보지도 못했고 아무에게도 그런 내색을 비추지 않았다고 한다. 어렸을 때부터 가장 따랐던 형 박상희의 죽음이 박정희에게 어떠한 영향을 미쳤는지는 알 수 없다. 이와 관련해 박정희가 공식적으로 언급한 적도 없다.

그러나 박정희는 여수·순천사건 과정에서 체포된 뒤 쓴 자술서에서 남로당에 입당하게 된 동기로 박상희의 유족을 남로당 군사부 책임자인 이재복이 "잘 보살펴주고 있었"고 본인에게도 《공산당 선언》 등의 책자를 주"면서 형의 원수를 갚아야 한다며 남로당 가입을 권했기 때문이었다고 진술했다. 가족의 죽음은 분명 박정희의 판단에 일정한 영향을 줬을 것임에 틀림이 없다. 하지만 형의 죽음만으로 박정희의 남로당 가입을 설명하기엔 부족하다. 무엇보다 지금까지 그가 살아온 인생의 경로와 어울리지 않는다. 그럼 왜 남로당에 가입했을까?

여기서 잠깐 박정희가 남로당에 가입하는 시점에서 해방 직후 남한

여수·순천사건
국사편찬위원회 소장

의 정세를 파악할 필요가 있다. 해방 이후 남한은 북한에 비해서 좌익
운동 기반이 상대적으로 우위에 있을 뿐만 아니라 우익 계열 정치인
에 비해 좌익 계열 정치인은 청년층 사이에서 지지 기반 또한 넓었다.
이는 식민지 시기부터 이어져온 공간적 특징이었다. 좌익 계열 정치인
은 해방 직후 만들어지기 시작한 남한의 다양한 조직 내에서 세력을
확장해 나갈 수 있었다. 한마디로 1946년 '9월 총파업' 이전까지는 남
한에서 좌익 세력이 우익 세력보다 정치적으로 유리한 위치에 있었던
것이다.

　9월 총파업을 기점으로 좌익 세력에 대한 미군정과 경찰의 탄압이

거세게 진행되면서 세력이 일정 부분 위축되는 양상으로 돌아서기도 했다. 그러나 9월 총파업이 벌어진 대구·경북 지역은 상황이 달랐음을 상기할 필요가 있다. 오히려 학생운동과 농민운동이 더욱 활발히 진행되면서 1948년까지는 어느 진영이 우위에 섰다고 할 수 없을 정도로 균형을 이루고 있었다. 1948년 남로당과 민전이 주도해 '2·7구국투쟁'과 '5·10단독선거단독정부반대투쟁'을 대대적으로 벌이기까지 했다. 이 상황에서 박정희는 선택을 해야 했다. 어디에 줄을 댈 것인가? 박정희의 선택이 감정에 의한 것이었다고만 보기 어려운 까닭이다.

그러나 1948년 10월 이후 상황은 급격히 달라졌다. 1948년 10월 19일 여수에 주둔 중이던 육군 제14연대가 남한만의 단독정부 수립에 반대하는 시위대 진압 명령을 거부하면서 일이 터졌다. 이른바 여수·순천사건이다. 이를 진압하는 과정에서 이승만 정권은 숙군(군 내부에 존재하는 불순분자를 가려내는 작업) 규모를 확대했다. 육군본부 정보국은 군 내 좌익 세력에 대한 조사를 위해 광주에 조사반을 파견했고, 조사 과정에서 남로당 계열 150명을 적발했다. 숙군 작업이 대규모로 진행되자 군 내 좌익 세력은 탈영하거나 반란을 일으키기도 했지만 1차적으로 1949년 3월 무렵 1496명에 대한 숙군 작업이 완료됐다. 물론 숙군은 한국전쟁 직전까지 지속적으로 이어졌지만, 1949년 초가 되면서 군내 이념 '청소'는 마무리 단계에 접어들었다.

남로당원 '박정희 소령'도 대규모 숙군 작업에서 예외일 수 없었다. 결국 11월 11일 소령 박정희는 육군본부 정보국에 체포된다. 여기서 그는 인생을 건 선택을 한다. '반공'이다. 앞으로 그의 인생에서 가장 중요한 절대 명제가 될 선택이었다. 애초 그의 남로당 가입이 이념적이거나 형의 죽음에 대한 감정 때문이 아니었음은 이 과감한 선택에서 드러난다.

숙군을 통해 체포된 많은 남로당원은 전향적인 선택을 하지 않아 총살되거나 징역형을 받게 된다. 경비사관학교 시절 박정희와 인연을 맺은 1중대 2구대장 황택림을 비롯해서 2중대장 강창선, 2중대 2구대장 김학림 등이 숙군 과정에서 남로당 조직원으로 기소돼 사형을 선고받았다. 흥미롭게도 이 대규모 숙군 과정에서 박정희는 1심에서 무기징역을 선고받았다가, 2심에서 10년형으로 감형됐고, 이후 '훈방' 조치돼 생존하게 된다. 이는 박정희만의 특별 대우는 아니었지만 그의 감형엔 그 나름의 이유가 있었다. 그가 선택한 투철한 신념, '반공' 덕분이었다.

박정희 무기징역 기사
《경향신문》 1949년 2월 17일

그가 생존할 수 있었던 결정적인 배경에는 자백이 있었다. 박정희는 자백을 통해 스스로 이념적인 공산주의자가 아니라고 항변했다. 형 박상희의 죽음으로 복수심에 남로당 가입을 했다는 논리였다. 그의 이러한 '감상적'인 자백은 일정 부분 인정받게 된다. 박정희는 여기서 한발 더 나아가 군부 내 남로당 조직 명단을 진술한다. 이를 통해 육군 정보국은 군부 내 조직원들, 특히 육사 내부의 남로당 당원 다수를 적발하는 성과를 거둔다. 박정희의 협조적 태도는 주변 장교들이 박정희 구명 운동에 나서는 계기가 됐다. 특히 육군본부 정보국장이던 백선엽의 선택이 컸다. 그 밖에도 정일권, 원용덕 등 군내 만주 인맥이 박정희 구명에 적극적으로 나섰다. 늦은 나이에 정규직도 포기하고 향했던 만주행이 해방 이후 목숨까지 살린 셈이니 본전을 뽑고도 남았다. 그의 만주 인맥은 쿠데타 이후에도 이어진다.

아무튼 박정희는 그렇게 살아남아 1949년 12월 말 서대문형무소를 출소해 불구속 상태로 진행된 군사재판에서 이듬해 무기징역을 선고받지만, 얼마 안 있어 형 집행정지 처분을 받았고 군복을 벗는 것으로 일단락된다. 이후 박정희의 삶에서 공산당, 좌익, 빨갱이는 곧 '나쁜 것'이었다.

여기서 흥미로운 사실은 박정희를 비롯해 만주에서 군 경험을 했던 인물들이 가진 이데올로기다. 이들은 사실 만주국에서의 경험을 통해 투철한 반공 의식을 함양한 자들이었다. 만주국의 조선인은 공산주의로부터 일본제국을 방어하는 '방공 전사'로서 양성되는 과정을 일찍이 경험했고, 이는 군인으로 복무하던 이들에게도 예외일 수 없었다. 오히려 더 적극적으로 받아들일 수 있는 위치에 있었다. 박정희도 마찬가지였다. 박정희의 남로당 입당은 그야말로 승자를 알 수 없는 상황에서 선택해야 했던 '저울질'에 불과했다. 숙군 과정을 거치며 그가 선택해야 할 가치로는 '반공'만이 남아야 했고, 이후 그의 인생은 경주마처럼 한쪽만을 바라보며 내달리게 된다.

거침없는 상승의 시절,
전후 4·19혁명과 정군운동을 마주하다

무기징역에서 '10년형'으로 감형 그리고 훈방이라는 극적인 인생의 변곡점을 지난 박정희는 백수로 지내던 중 백선엽의 선처로 문관인 군속 (지금의 군무원) 신분으로 육군 정보국에서 근무하게 된다. 정보국장 백선엽의 배려 덕분에 육군에서 다시 근무하게 됐지만 상식적으로 남로당 당원으로 무기징역까지 선고받았던 사람이 군 정보기관에서 근무하게 된 것은 대단히 이례적이었다. 어떻게 이런 일이 가능했을까?

5·16쿠데타 이후 박정희의 최측근으로 중앙정보부장까지 지낸 김형욱에 따르면 이 시기 박정희에게 선처를 해준 인물은 백선엽뿐만이 아니었다. 김형욱의 증언에 따르면 그의 구명에 힘을 쓴 인물은 공보국장 장도영과 정일권 등이었다. 군 내 여러 인맥의 지원에 힘입어 박정희는 곧 육군 정보국 정보과에 배치될 수 있었다. 정보과장이던 유양수의 지시를 받으며 무보수로 일했으며, 과원들의 모금과 정보비 일부를 떼어 받아 생계를 유지했다.

인맥으로 군에 복귀할 수 있던 박정희는 더 넓은 인맥을 형성하게 된다. 바로 훗날 쿠데타 과정에서 핵심 역할을 하게 될 육사 8기생과의 만남이다. 김종필, 이영근, 석정선, 이병희 등 8기생 열다섯 명이 박정희가 문관으로 근무하던 정보국 전투정보과에 배치돼 박정희와 인연을 맺게 된 것이다.

박정희의 인생에서 '실패'와 '치욕'의 세월은 순간이었다. 곧 그의 인생을 역전해줄 드라마틱한 사건이 터지게 된다. 바로 한국전쟁이다. 박정희의 인생에서 한국전쟁은 다시 한 번 일어설 수 있는 재생의 기회였다. 해방 직후의 혼란기가 일본군 전력을 탈색해주는 기회였다면, 한국전쟁은 무기징역까지 받았던 '좌익 사범'이라는 굴레를 벗을 수 있게 해줄 기회였다. 이전까지 문관 신분이던 박정희는 전쟁 발발 직후인 6월 27일 용산 육군본부 지하 벙커 작전상황실로 복귀하고, 30일 정보국 요원들의 집결지였던 수원에서 장도영 정보국장에게 복귀 신고를 하며 화려하게 군인 신분으로 옷을 갈아입는다.

이때 장도영은 "확실한 근거도 없이 부하를 의심"했던 스스로의 생각을 바꾸고 "유능하고 믿을 만한" 박정희에 대한 사상적 의심을 버리게 된다. 전쟁은 그렇게 박정희의 어깨에 다시 견장을 달아주었다. 박정희는 한국전쟁 중 9사단과 육군정보학교를 거쳐 1951년 12월 육군본부 작전교육국 차장으로 발령받는다. 전쟁 이후에도 박정희는 비교적 평탄한 군대 생활을 이어 나간다. 진급도 비교적 순조로웠다. 이력서에 남은 '빨간 줄'이 장성 진급 심사 과정에서 문제가 되기도 했지만 백선엽과 장도영 등의 든든한 인맥이 적극적으로 박정희의 신원을 보증해줬고, 문제는 무난히 해결됐다.

박정희의 무난한 군 생활과 다르게 군 내부는 곪아가고 있었다. 한국전쟁 이후 한국군은 필요 이상으로 비대해져갔다. 군의 비대화는 전쟁 과정에서 자연스러운 현상이었다. 이 과정에서 일반 병사 수만 늘어난 것이 아니라 장교 수도 감당하기 어려울 정도로 증가했다. 진급은 정체될 수밖에 없었고, 군 내 이권을 두고도 자연스럽게 내부 파벌이 형성됐다. 문제가 누적된 채 군은 4·19혁명이라는 거대한 파도를 맞는다.

아이러니하게도 쿠데타의 전조는 4·19혁명 과정에서 태동했다. 이른바 정군운동이 시작된 것이다. 정군운동은 4·19혁명 과정에서 군 내부 부정부패 청산을 빌미로 일부 영관급 장교를 중심으로 상급 장교들의 퇴진을 요구하던 일련의 운동을 일컫는다. 4·19혁명이 전개되는 와중에 함께 추진된 정군운동은 대중에게는 혁명 과업 중 하나로 비춰졌다. 심지어 5·16쿠데타 주도 세력은 쿠데타가 4·19혁명 과업의 연속이었다고 주장하는데, 그 근거로 정군운동을 중요하게 이야기한다. 실제로 정군운동 주도 세력은 스스로 5·16쿠데타를 혁명 과업의 연장으로 인식했다. 다만 이 정군운동이 4·19혁명 과정 중의 군 개혁인지, 아니면 권력 장악이라는 정치적 목적을 가지고 있었는지를 분별해야 한다.

이를 알아보기 위해서는 정군운동의 주도 세력을 확인할 필요가 있는데, 육사 8기생을 중심으로 5~9기생 일부 영관급 장교가 바로 5·16쿠데타의 핵심 세력이다. 정군운동 주도 세력의 핵심 불만은 다름 아닌 한국군 비대화에 따른 진급 적체, 즉 승진이 안 된다는 것이었다. 그래서 이들의 요구는 간단했다. 이승만 정권과 밀착된 중장급 이상 장성의 퇴진이었다.

여기서 당시 소장이던 박정희가 드라마틱하게 등장한다. 하필이면 박정희가 조선경비사관학교 교관으로 있을 때 가르친 학생들이 5기생이었고, 전투정보과에 근무했을 때 연을 맺은 이들이 육사 8기생이었다. 박정희와 정군운동 주도 세력 사이의 인연을 더욱 끈끈하게 만들어준 매개는 육사 8기생의 수장 격인 김종필이었다. 육사 8기생들은 박정희의 처조카사위인 김종필을 리더로 삼아 박정희 곁으로 집결하게 된다. 4·19혁명의 기운이 도시를 감싸고 있던 1960년 봄, 김종필 중령을 중심으로 한 영관급 장교들과 박정희의 마음에는 어느덧 쿠데타의 꿈이 태동하고 있었다.

정군운동은 1960년 5월 2일 당시 군수기지사령관이던 소장 박정희가 육군참모총장 송요찬에게 3·15부정선거의 책임을 지고 사퇴할 것을 요구하는 편지를 쓰면서 본격적으로 확대되기 시작했다. 이후 육군본부에 근무하고 있던 김종필의 주도 아래 육사 8기와 5기를 중심으로 한 일부 영관급 장교들이 부정 선거와 부정부패에 책임지고 중장급 이상 장성의 퇴진을 요구하는 연판장을 작성하다 체포된다. 당시 정군운동은 4·19혁명 과업 중 일부로 여겨지면서 정당성을 가질 수 있었다. 결국 육군참모총장 송요찬이 사퇴한다. 이후 대령과 중령 열여섯 명이 새롭게 참모총장이 된 최영희에게 찾아가 자진 사퇴를 요구하는 '하극상 사건'이 발생하게 되고 최영희 중장까지 사퇴하는 일이 벌어진다.

군은 발칵 뒤집힐 수밖에 없었다. 4·19혁명 이후 몇 개월 사이에 중장 이상급 장교, 그중에서도 육군참모총장이 연달아 사퇴하는 일이 벌어졌으니 말이다. 그 한가운데 박정희가 있었다. 박정희는 정군운동을 주도한 육사 8기와 5기생들과 긴밀히 연결돼 있으면서도 소장이라는 무게감 있는 계급을 지니고 있었다. 박정희에게 유리한 판이 활짝 열렸다.

대한민국의 정점에 선 박정희와 반란군,
마침내 욕망의 끝에 다다르다

정군운동이 단순히 군 내부의 부패 척결을 위한 것이 아니었음은 정군운동 과정에서 이들이 보인 행보를 통해 확인할 수 있다. 이른바 '충무장 결의'다. 1960년 9월 10일 육사 8기 동기생 열한 명이 서울 중구에 있는 충무장이라는 음식점에서 정군운동을 넘어 쿠데타를 단행하기로 뜻을 모으고 결의를 다진 사건이다.

충무장 결의 이후 이들은 1960년 11월 9일 신당동에 있는 박정희의 집에서 박정희를 중심으로 한 쿠데타 계획을 본격적으로 수립하기에 이른다. 1961년 1월 6일에도 박정희의 집에 재차 모여 쿠데타의 구체적인 방안을 논의하는 등 정군운동이 쿠데타로 자연스럽게 옮겨가는 과정을 겪는다. 그 가운데 박정희가 있었다. 박정희가 김종필을 비롯한 육사 8기생을 중심으로 한 든든한 추종 세력이 생기자 본격적으로 쿠데타 동지 포섭에 나선 것도 이 무렵이다. 항상 '위'를 향해 달려온 그의 인생에 '고속 승강기'가 놓였다. 이제 펜트하우스로 가는 버튼을 누를 준비만 남았다. 우리가 여기서 집중해야 하는 것은 박정희 앞에 깔린 이 '고속 승강기'를 박정희 스스로가 놓치지 않았음과 최고층 펜트하우스의 주인이 '군부'였고, 그 군부의 지도자가 박정희 자신이었다는 점이다. 이미 정군운동 와중에 박정희는 펜트하우스로 가는 승강기에 올라탔다.

4·19혁명, 정군운동 그리고 5·16쿠데타 사이에는 고작 1년의 시간차가 존재할 뿐이다. 짧다면 짧을 수도 있는, 쿠데타를 준비하기에는 부족할 수도 있을 시간이었다. 박정희와 영관급 장교들은 바삐 움직인 1년이었다. 1년이나 준비했으니 쿠데타는 결코 갑작스러운 돌발 행동이 아니었다. 이미 쿠데타가 정군운동을 통해 촉발됐음에도 4·19혁명 후 집권한 장면 정부는 유엔군이 주둔하고 작전 지휘권을 장악하고 있

5·16군사정변 당시 박정희

는 상황에서 군부 쿠데타는 일어나지 않을 것이라 판단했다. 장면 정부의 순진한 판단은 결국 5월 16일 박정희를 중심으로 한 쿠데타 세력에게 힘없이 무너지고 만다.

쿠데타가 5월 16일로 결정된 이유도 쿠데타 세력이 스스로 어떤 정당성 속에서 쿠데타를 일으켰는지를 보여준다. 이들은 원래 1961년 4월 19일, 4·19혁명 1주년 기념식에 맞춰 쿠데타를 준비했지만 행사가 생각보다 작은 규모로 개최되자 계획을 미뤘다. 이들에게 쿠데타는 4·19혁명의 연장이었다.

쿠데타가 한 번 이상 미뤄졌다는 것으로 보아 많은 사람이 이미 쿠데타 징후를 알고 있었다고 유추할 수 있다. 세상에 완전한 비밀이 어디 있겠으며, 더군다나 대규모 병력 이동이 요구되는 군사 쿠데타의 징후를 아무도 몰랐을 리 없다. 실제로 장면 총리와 윤보선 대통령, 현석호 국방부장관, 장도영 육군참모총장까지 모두 알고 있었다. 심지어 미국에서도 쿠데타를 감지하고 있었다. 한 번 미룬 일정을 더 늦추다가는 '개죽음' 당할지도 모른다는 긴장감을 느낀 박정희와 쿠데타 주도 세력에게는 시간이 없었다. 그렇게 5월 16일이 다가왔다.

1961년 5월 16일 새벽 5시 육군본부와 중앙방송국 뉴스가 '군사혁명'을 알렸다. 이와 함께 쿠데타 세력은 '삐라' 10만 장을 공군 정찰기 다섯 대를 이용해 서울에 대대적으로 살포했다. 이 과정에서 장면 총리와 윤보선 대통령이 계엄령 승인 등을 완강하게 거절하며 쿠데타는 위기를 맞았다. 또한 주한 미군 사령관 매그루더와 주한 미국 대리대사 마셜 그린이 장면 내각 지지를 선언하면서 쿠데타는 실패를 눈앞에 둔 듯 보였다. 그러나 오후 4시경 박정희는 육군참모총장 장도영에게 계엄사령관 직을 맡을 것을 요구하고, 윤보선은 장도영에게 계엄사령관 직책 수락을 권유하면서 오후 4시 30분경 장도영이 군사혁명위원회 의장과 계엄사령관 직을 수락하게 된다. 얼마 못 갈 '바지사장' 장도영의 군사혁명위원회 의장 생활이 시작된 것이다.

이후 오후 5시 30분경 군사혁명위원회에 의해 전국의 모든 정당, 사회단체의 정치 활동이 불법화됐다. 또한 군사혁명위원회는 정치에 직접 관여하지 않은 대통령을 제외한 모든 정치인과의 협상을 배격할 것이라 발표하고 국무위원과 정무위원을 체포했다. 그뿐만 아니라 국회의 기능을 정지함으로써 입법·행정·사법 기관 전부를 장악하게 됐다. 오후 7시부터 장면 정권의 모든 권력을 군사혁명위원회가 최종적으로

인수하고 오후 8시를 기해 민의
원, 참의원, 지방의원 등 국회는
모조리 해산한다는 등의 내용의
포고 4호를 발표하게 된다. 대한
민국을 '접수'한 것이다. 그렇게
박정희는 대한민국의 정점에 섰
다. 그토록 올라가려 했던 계층의
사다리 꼭대기를 차지한 것이다.

국가재건최고회의법 공포의 건
국가기록원 소장

박정희와 '2·26사건'

박정희에게 군부 쿠데타와 군
의 정치 참여는 어딘가 익숙한
모습이었다. 박정희는 1936년
일본 청년 장교들이 쿠데타를
시도했던 '2·26사건'에 관심을 가지고 있었다. 일본 청년 장교들의 쿠
데타 기도에 대한 관심은 자연스럽게 정군운동 이후 쿠데타로 가는 과
정에 오버랩될 수 있었다. 박정희가 만주군관학교 생도 시절 2·26사건
으로 쫓겨온 간노 히로시 등이 교관으로 있었고, 박정희가 이들의 영향
으로 군부 쿠데타를 통한 권력 장악과 국가 개조 등에 대한 생각을 했을
개연성은 충분하다. 만주국 자체가 군의 영향력이 큰 공간이었고, 그곳
에서 생도 생활과 장교 생활을 한 박정희에게는 자연스럽게 '군대가 주
도하는 통치'에 대한 생각이 싹텄다고 할 수 있다.

2·26사건 당시 청년 장교들이 내세운 쿠데타의 정당성은 '구정치인들

의 부정부패 일소', '재벌의 횡포 방지', '빈부 격차 해소' 등으로 4·19혁명 당시 분위기와 닮아 있다. 또한 박정희를 다룬 일부의 증언록 등에서 박정희가 2·26사건에 대해서 높게 평가했다는 몇몇 증언들은 박정희에게 2·26사건이 얼마나 큰 영향을 주었는지를 말해준다.

쿠데타 직후 주도 세력이 밝힌 쿠데타의 이유는 ①용공 사상의 대두, ②경제적 위기, ③고질화된 정치 풍토, ④사회적 혼란과 국민 도의의 퇴폐, ⑤한국군 발전과 군사혁명의 필연성 등이었다. 역시나 가장 중심적인 주제는 '반공'이었다. 군부야말로 대한민국이 공산화될 위기를 막을 수 있는 유일한 세력이라 인식한 것이다. '반공'과 이를 막기 위한 최고 정치집단으로서의 '군부'라는 측면에서 만주국이 생각나는 것이 그리 어색한 연결 고리는 아니다.

계층의 사다리 끝에서 사다리를 걷어차다

식민지 시기 조선인을 넘어 일본군이 되고자 했던 그리고 해방 직후 국군과 남로당원 사이에서 갈등하던 박정희는 전쟁 이후 거대해진 군의 영향력 아래 대한민국을 접수하고야 말았다. 형식적인 '민정 이양' 이후 대통령 자리에 앉은 박정희는 결국은 10년 뒤 민주주의를 말살하고 유신이라는 이름으로 대통령을 헌법을 초월한 존재로 만들어버린다. 스스로가 밟고 올라선 계층의 사다리를 부수어버린 것이다. 계층 상승의 아이콘이 근대적 계층 상승의 고리를 파괴한 괴이한 일이 벌어진 셈이다. 이후 박정희가 대중에게 자극하려 했던 계층 상승의 희망은 1972년 유신헌법 통과 후 철저히 말살된다.

글의 서두에서 이야기한 것처럼 이 글은 박정희라는 개인을 이해하고자 쓴 글이 아니다. 다만 우리는 박정희라는 인물이 마주했던 시대적 분위기 속에서 그가 어떤 선택을 했는지 명확히 확인할 수 있었다. 이 글을 더 의미 있게 읽기 위해서는 한국 현대사의 거대한 흐름 속에서 박정희와는 다른 선택을 했던 이들의 인생을 함께 생각해야 한다. 같은 시간, 같은 구조 속에서 일본군이 아닌 선택을 했던 이들, 남로당을 지키려 했던 이들, 4·19혁명의 민주주의적 가치에 집중했던 이들의 인생이다. 그들도 각자의 욕망을 가슴에 품었다. 다만 그 욕망의 끝은 박정희와는 달랐다. 우리가 그들보다 박정희의 욕망에 더 관심이 있는 건 어쩌면 우리 스스로도 계층 상승 욕망이라는 근대인의 말초적 욕구에 익숙하기 때문은 아닐까?

참고문헌

강상중,《기시노부스케와 박정희》, 책과함께, 2010
강성재,《참군인 이종찬 장군》, 동아일보사, 1988.
김경재,《김형욱 회고록 혁명과 우상》, 인물과사상사, 2009
김교식,《다큐멘터리 박정희》1~4, 평민사. 1990
정운현,《실록 군인 박정희》, 개마고원, 2004
조갑제,《박정희》1, 까치, 1992

〈군정 30년: 박정희 시대를 해부한다〉,《역사비평》, 1993
김재웅, 〈해방 후 남북한의 좌우 갈등과 분단체제의 전개〉,《코기토》88, 2019
박정희, 〈나의 어린 시절〉,《월간조선》1984년 5월호
염인호, 〈해방 후 한국독립당의 중국 관내지방에서의 광복군 확군운동〉,《역사문제연
　　　구》1, 1996
이동진, 〈만주국의 조선인: 디아스포라와 식민 사이〉,《만주연구》13, 2012
이준식, 〈박정희의 식민지 체험과 박정희시대의 기원〉,《역사비평》89, 2009
한석정, 〈만주국 시기 조선인의 사회적 지위〉,《동북아역사논총》31, 2011
홍석률, 〈4월혁명 직후 정군整軍운동과 5·16 쿠데타〉,《한국사연구》158, 2012
황병주, 〈박정희와 근대적 출세 욕망〉,《역사비평》89, 2009

부여,
잊힌
사슴의
나라

신라 장군
석우로, 그의
미스터리한
삶과 죽음

'삼국통일'은
통일일까?

격! 조선 '네이션'과
잡이. 만들어진 '민족'.
시아와 실학 번역과
서다. 수용의 역사

공작 3

깊게
파고든
한국사

부여,
잊힌 사슴의
나라

최
슬
기

부여 왕 해모수, 천제의 아들

1997년도에 TV 애니메이션으로 방영됐던 〈녹색 전차 해모수〉를 기억하는 독자들이 있을 것이다. 녹색 전차의 이름이 해모수라는 것만 빼면 이 애니메이션은 '부여'와 아무 관련이 없다. 대체 해모수의 정체가 무엇이기에 전차의 이름, 나아가 애니메이션의 제목이 된 것일까?

해모수는《삼국사기》,《삼국유사》에 보이는 부여 왕의 이름이다. 다만 두 기록을 보면, 해모수가 부여의 왕이 되는 과정과 그 후손들의 계보에 약간의 차이가 있다.

《삼국사기》에 따르면 본래 부여의 왕은 해부루였는데 늙도록 아들이 없자, 산천에 제사를 지내 겨우 금와라는 아들을 얻게 됐고, 그가 장성하자 태자로 삼았다. 후에 재상인 아란불이 와서 말하기를, 일전에 천제로부터 들었는데, "장차 내 자손으로 하여금 이곳에 나라를 세우게 할 것이니, 너희는 피해서 다른 곳으로 가라. 동해에 가섭원이라는 좋은 곳이 있으니, 거기로 옮겨 가서 살아라"라고 했다는 것이다. 이에 부여 왕 해부루와 태자인 금와는 동해의 가섭원으로 옮겨 가서 살았고, 나라 이름을 동부여라고 했다. 이때 해부루가 원래 살던 터전에는 천제의 아들, 바로 해모수가 와서 도읍했다고 전한다.

해모수는 원래 부여 왕 해부루가 살던 터전에 밀고 들어와 그곳에서 왕이 된 천제의 아들이었던 것이다. 즉 해모수와 해부루는 남남이며, 해부루는 동쪽 가섭원으로 가서 (동)부여의 왕 노릇을 한 인물이고, 해모수는 기존의 부여 지역에 와서 부여의 왕 노릇을 한 인물이라고 정리할 수 있겠다. 이 해모수는 하백의 딸인 유화와 사랑해 고구려의 시조인 주몽을 낳게 된다. 그리고 주몽은 부여 땅에서 자식 낳고 잘 살다가 남하해 고구려를 세우게 되고, 부여 땅에 두고 온 주몽의 아들 유리가 장성한 뒤 '아빠 찾아 삼만리'로 고구려 땅으로 내려오자 주몽이 그를 태자로 삼았다. 이에 주몽이 고구려를 건국하면서 새로 낳은 아들들인 온조와 비류가 왕위 서열 다툼에서 유리와 경쟁이 되지 않을 것을 간파하고 또 남하했는데, 특히 온조가 백제라는 나라를 세웠다는 이야기는 많이 익숙할 것이다.

그런데 《삼국사기》에서는 남남이었던 해모수와 해부루가 《삼국유사》에 와서는 돌연 부자 관계가 된다. 《삼국유사》〈북부여〉조에 따르면, 천제의 아들이 다섯 마리 용이 끄는 수레를 타고 흘승골성에 내려와 도읍을 정하고 나라 이름을 '북부여'라고 한 뒤, 스스로 이름을 해모수라 했다. 그러고 나서 아들을 낳아 이름을 부루라 하고 성을 해씨解氏로 삼았다 했으니, 해모수가 갑자기 해부루의 아버지가 된 것이다. 이후 북부여 왕(해모수)은 천제의 명에 따라 '동부여'로 도읍을 옮기고, 그 땅에 밀고 들어온 사람이 '동명제東明帝'이니, 그가 북부여를 이어 졸본주에 도읍을 세워 졸본부여가 됐고, 이를 고구려의 시초라 한다. 그런데 또 같은 책 〈동부여〉조에는 해모수의 존재가 나타나지 않는다.

독자들은 이미 혼돈 속으로 빠져들어 갔을 것이다. 가족 관계에서의 혼란뿐만 아니라 '부여', '북부여', '동부여', '졸본부여' 등 여러 이름의 부여가 더욱 이 혼란을 가중시켰을 것이다. 그런데 이러한 문제는 비단《삼국사기》와《삼국유사》에만 한정되는 것이 아니다. 5세기경의 자료인 광개토왕비에도 '부여', '북부여', '동부여'가 등장하니까! 이와 같은 대혼란을 정리하기 위해서는 여러 부여가 존재하기 이전 그리고 가족 관계가 혼란스러워지기 이전, '모든 것의 처음'이 시작된 곳으로 가서 다시 차곡차곡 정리를 시도해봐야 한다.

부여가 700년이나 존속했다고?

부여는 명실공히 한국 고대사에서 고조선 다음으로 국가를 형성했던, 우리 역사상 두 번째 국가다. 부여는 기원전 2세기경의 사실을 전하는 사마천의《사기》〈화식열전〉에서부터 등장하며,《삼국사기》의 기록에 따르면 494년(고구려 문자명왕 3), 고구려에 항복하기까지 물리적 시간만으로 약 700여 년을 존속한 나라다.

또 부여가 처음 등장한 기원전 2세기경은 바로 위만조선이 존속했던 시기로, 부여는 시간적으로 위만조선과 일정 기간 공존했다. 이후 고구려와 백제가 모두 부여를 자신들의 뿌리로 여겼으며, 특히 백제의 경우 성왕이 사비로 천도한 후 국호를 '남부여'로 고칠 만큼 부여 계승

의식을 강하게 드러내기도 했다.

　그럼에도 부여는 그들 스스로가 남긴 기록이 없는데다 또 관련 사료 역시 대단히 부족하기에 늘 조연의 위치에 머물러 있을 수밖에 없었다. 앞에서 언급했던 부여의 여러 위상, 즉 한국사에서 두 번째 국가라든지, 고구려와 백제가 자신들의 기원으로 부여를 생각해왔다든지 하는 의미에도 교과서에서조차 '여러 나라의 성장' 부분에서 잠깐 다루어질 뿐, 그 존재감은 잘 드러나지 않는다.

　교과서에 서술된 부여의 모습은, 부여의 모습을 전하는 여러 사서 중에서도 3세기경 진수가 쓴 《삼국지》 '부여전'의 내용에 국한된 것이다. 말하자면 700년 부여의 역사 중에서도 극히 일부분만 우리에게 알려져 있는 것이다. 오곡이 풍성하고 땅이 넓었다는 내용, 사람들의 품성이 좋아 남을 침략하지 않았고, 마가·우가·저가·구가라는 관명이 있었으며, 가뭄이나 홍수로 인해 오곡이 영글지 않으면 왕을 끌어내렸다는 내용 등은 모두 《삼국지》에 전하는 것이다.

> 산과 언덕, 넓은 못이 많고, 동이 지역에서는 가장 평탄하고 넓다. 그 나라 사람들은 체격이 크고 성질은 굳세고 용감하며, 근엄·후덕해 다른 나라를 쳐들어가거나 노략질하지 않는다. 나라에는 군왕君王이 있고, 모두 여섯 가축의 이름으로 관명을 정해 마가·우가·저가·구가·대사·대사자·사자가 있다. 여러 가加들은 별도로 사출도를 주관하는데, 큰 곳은 수천 가家이며 작은 곳은 수백 가家였다. 옛 부여의 풍속에는 장마와 가뭄처럼 날이 고르지 못해 오곡이 영글지 않으면, 항상 그 허물을 왕에게 돌려 '왕을 마땅히 바꾸어야 한다'라고 하거나 '죽여야 한다'라고 했다.

이와 달리 우리에게 익숙하지 않은 부여의 모습으로는, 고구려와 전투를 벌이며 치열하게 경쟁하거나, 285년과 346년에 선비족 일파인 모용씨로부터 대대적인 공격을 받아 나라가 존망의 위기에 처했던 장면이 있다. 마지막으로 494년 물길에게 밀려 고구려에 투항함으로써 긴 역사의 종말을 고하는 장면도 있다.

한편 부여인이 남긴 많은 양의 고고학 자료가 1980년대 무렵부터 중국 동북 지방에서 발굴되기 시작했다. 이러한 자료는 부여의 역사와 생활상 등을 복원하는 데 큰 도움이 되고 있지만, 그럼에도 우리나라와 중국 동북 지역 간의 물리적·지리적 한계 그리고 정치적 문제로 인해 그나마 진행되고 있는 연구의 내용도 일반에 익숙할 만큼 광범위하게 다루어지지는 않고 있다.

부여사만을 오롯한 주제로 다룬 최초의 박사학위논문《부여국과 그 사람들, 그 유산의 역사(A history of the Puyŏ State, its People, and its Legacy)》가 하버드대학교에서 2003년에 제출됐다는 점은 부여사 연구의 어려움을 단적으로 드러내는 하나의 사례로 충분히 이야기할 수 있을 것이다. 1년 뒤인 2004년에는 중국 지린대학교에서 한국인 학자 이종수의 박사학위논문《부여문화유존연구夫余文化遺存研究》가 제출됐다. 이는 부여사를 고고학적 측면에서 밝힌 것으로, 부여를 단일 주제로 한, 두 번째 박사학위논문이었다. 가장 최근인 2018년에는 동국대학교에서 부여사를 다룬 이승호의 박사학위논문《부여정치사연구夫餘政治史研究》가 제출됐다. 이것은 국내에서는 처음으로 나온 부여사 박사학위논문이다.

특히 첫 부여사 박사인 마크 바잉턴Mark E. Byington은 2016년에 자신의 박사학위논문을 수정·보완해《동북아시아의 고대국가 부여(The Ancient State of Puyŏ in Northeast Asia – Archaeology and Historical Memory)》라는 제목의 단행본을 출간했다. 이때 그 책의 표지를 장식한 사진은, 바로 툭 튀어나온 광대뼈가 인상적인, 상투를 튼 부여인의 얼굴 모양 유물이었다(금동면구金銅面具). 이 유물은 중국 지린시 마오얼산 유적에서 출토된 것으로, 이것이 부여사의 맥락에서 다루어진 것 역시 마크 바잉턴의 학위 논문에서부터다.

아마 독자들도 대부분 이 얼굴을 처음 접했을 것이라고 생각된다. 부여사의 첫 박사학위자가 하버드대학교에서 배출됐다는 사실 역시 처음일 수도 있다. 우리는 과연 부여에 대해서 얼마나 알고 있을까? 확실한 것은 현재 우리가 알고 있는 부여의 모습은 매우 단편적인 것이며, 향후 발굴될 고고 자료를 통해 더 새로운 사실이 드러나게 될 것이라는 점이다.

앞서 부여가 약 700년간 존속했지만, 우리가 아는 모습은《삼국지》부여조에 나오는 전성기의 부여일 뿐, 나머지는 익숙하지 않은 것이라고 했다. 그 익숙하지 않은 부분 중 한 모습이《진서》와《자치통감》에 전한다. 이에 따르면 부여는 3세기 이후 285년에 한 번, 346년에 또 한 번 선비족의 일파인 모용씨로부터 대규모 침략을 받아 국가가 존망의 위기에 놓였다.

그 첫 번째 위기인 285년에는 모용외慕容廆의 침입을 받아 나라가 거의 망하기 직전에 이르게 됐다. 이때 부여에서는 왕이 자살하고 그

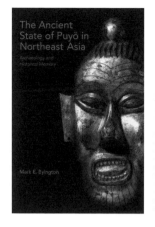

마크 바잉턴의 《동북아시아의 고대국가 부여》 단행본 표지에 실린 부여 유물 금동면구
국립중앙박물관 소장

자제들이 북옥저로 도망해 간신히 목숨을 보전할 수 있었다고 전하는
데, 이 기록을 통해 대단히 큰 난리가 있었던 것을 알 수 있다. 이후 진
나라 사람들의 도움을 받아 나라를 되찾았지만, 그로부터 약 60여 년
뒤인 346년, 이번엔 모용외의 아들인 모용황慕容皝이 또다시 부여를 침
공해 부여는 재차 멸망의 기로에 놓이게 됐다. 이때 약 5만여 명의 부여
인이 모용씨가 세운 전연前燕에 포로로 잡혀가게 되는데, 그 피해의 규
모가 상당했다고 짐작할 수 있다.

　이처럼 3세기 후반 이후 두 차례에 걸친 모용선비의 침입으로 부여
의 국세는 크게 기울었다. 또 광개토왕비나 '모두루묘지명'(모두루의 무
덤에 모두루의 행적을 먹으로 써서 무덤 방 정면 상단에 두루마리처럼 길게 펼쳐 쓴 것)
과 같은 당대의 자료를 보면, 5세기 초반 부여의 상당 부분은 고구려에

흡수되거나 혹은 종속돼 있었다. 그러다가《삼국사기》에 전하는 것처럼 물길의 공격을 받아 494년 고구려에 투항해 완전히 흡수된 것이다. 이를 통해 보면 부여는 700여 년간 존속했지만, 그 전성기는 3세기 후반 이전, 즉《삼국지》단계까지로 보는 것이 옳을 수도 있다. 그리고 우리가 부여의 찬란한 시기의 역사만 알게 된 것에도 그 나름의 이유가 있다고 이해할 수 있다.

다만 이해한다는 것이 곧 동의한다는 것을 의미하지 않듯이, 여기서는 이런 사실 이외에 교과서에서 다루지 않은, 그리고 일반에 널리 알려져 있지 않은 부여의 모습에 대해 논쟁점을 중심으로 소개하고자 한다. 앞서 잠시 확인했던 것처럼 복수로 존재한 부여의 실체에 접근하는 작업부터 시작해야 하므로 부여사 연구의 문턱은 과히 낮은 것은 아니다.

사슴? 벌판?
부여 국호의 유래는 무엇일까?

부여의 국호는 어디에서 유래한 것일까? 부여는 기록에 두 가지 한자 형태로 전한다. '부여夫餘'는 주로 중국 사서나 금석문에, '부여扶餘'는《삼국사기》,《삼국유사》와 같은 국내 사서에 전한다. 부여라는 이름은 앞서 언급한《사기》〈화식열전〉에 "연이 북으로 오환·부여와 인접했다"라는 기록에 처음 나온다. 이 기록에 등장하는 연은 전국시대의 연나라가 아니라 그 이후 한나라의 제후국인 연으로 여겨진다. 동호가 흉노에게 격파된 이후 기원전 206년경에 이르러야 오환이라는 명칭을 얻었기 때문이다.

한편 부여의 명칭에 대해서는 《사기》보다 시기가 앞서는 문헌인 《산해경》에 나오는 '불여不與'를 부여로 보거나, 《일주서》〈왕회〉편에 나오는 '부루符婁'가 부여라는 설 등이 있지만, 분명한 근거는 제시되지 않았다.

부여라는 이름이 어디서 유래했는지에 대해서는 여러 이야기가 있다. 부여의 원뜻이 '밝음(神明)'에서 유래했다고 보거나 평야를 의미하는 '벌'(벌伐, 불弗, 부리夫里)로 변화해 최종적으로 '부여'가 됐다는 설이 일찍이 최남선에 의해 제기됐다. 그 근거로는 부여의 중심 지역이 쑹화강 연안 동북평원 일대이고, '벌'이나 '부리'가 서라벌伐, 고사부리夫里 등 삼국시대 지명 어미에 자주 등장한다는 점을 들었다. 이는 고구려의 구려句麗라는 명칭이 '큰 고을' 또는 '높은 성城'을 의미하는 '홀', '골', '구루'에서 비롯했다는 점과 관련돼 설득력이 있다고 여길 만하다.

한편 이와 달리 부여라는 국명이 사슴에서 유래했다는 주장도 있다. 《자치통감》의 부여 멸망 기사에 부여의 원 거주지로 나오는 '녹산鹿山'이 만주어에서 사슴(鹿)을 뜻하는 말인 '푸후puhu'와 몽골어에서 사슴을 뜻하는 '펍거pobgo'라는 말에서 비롯했다는 것인데, 이와 비슷한 입장에서 녹鹿의 발음이 '푸fu'로서 '부夫'와 같은 음이라는 주장도 있다.

이밖에도 부여 사람들을 가리키는 예인濊人의 '예濊'는 '부여夫餘'라는 두 글자의 음을 합한 것으로, 부여는 '예'에서 비롯했다는 견해도 있다. 또 최근의 어떤 견해에서는 강 이름에서 부여의 국명이 유래했다고 보는데, 금나라 시기에 넌장강 중류 동쪽 오위르강을 '포여'라고 칭했다는 점을 중시하는 것이다.

좌우간 저간의 논의들을 살펴보면, 부여라는 명칭의 기원에 관해서 대개 평원, 강, 산 이름 등에서 유래했다고 하는 지점을 확인할 수 있다. 그리고 개별 주장 모두 제 나름의 논리를 가지고 있으나 분명하게 그 사실을 입증할 만한 근거는 다소 명확하지 않은 편이다. 다만 현재로 서는 선비, 오환 등 북방 유목민족의 종족명이 대개 그들이 원래 거주 한 산 이름에서 유래했다는 점을 염두에 둘 필요는 있다. 그리고 부여 가 처음에는 녹산(사슴산)에 거주했다는 사실과 이후의 역사인 발해에 서 귀하게 여기는 것 중의 하나로 부여의 사슴을 들고 있는 점까지 고 려한다면, 부여의 명칭이 사슴으로부터 유래했을 가능성도 배제할 수 없다.

부여사의 대표 쟁점, 북부여와 동부여

앞서 동부여, 북부여, 졸본부여와 같은 여러 부여가 있어 각각의 실체 가 혼동된다고 했다. 백제가 사비 천도 이후 스스로 남부여를 칭했다 는 점도 지적했고, 심지어 북한 학계에서 '서부여'라는 표현을 사용하 는 것까지 포함하면 동서남북의 방위명 부여가 전부 존재하게 된다. 가중될 혼란을 피하기 위해 졸본부여는 고구려이고, 남부여는 백제이 므로 제외한 뒤, 현재 학계에서 정리된 통설을 위주로 각 부여의 실상 을 파악해보자.

광개토왕비에는 부여, 북부여, 동부여가 등장한다. 하나의 비문에 세 개의 부여가 등장해 각각을 모두 다른 실체로 이해하기도 했다. 또 모두루묘지명에도 북부여가 등장한다. 광개토왕비와 모두루묘지명에 나오는 북부여는 고구려 시조가 유래한 곳으로 매우 신성하게 표현되는 반면, 광개토왕비의 동부여는 고구려가 정벌한 대상으로 묘사돼 있어 차이를 보이기도 한다.

《삼국사기》와《삼국유사》에도 북부여와 동부여의 실체가 각기 가족관계와 창업주의 이름에서 혼동이 됐음을 확인했는데, 이러한 논란의 핵심 사항은 결국 북부여, 동부여의 실체를 구명하는 것으로 압축될 수 있다. 즉 양자가 같은 시대에 공존했던 별개의 실체인가? 아니면 시간을 두고 명멸했던 같은 실체에 대한 다른 명칭인가? 이것을 어려운 말로 '공시적 실재론', '통시적 분기론'이라고 표현하기도 하는데, 연구자들 간에 많은 논쟁이 오갔으나, 여기서는 현재 일반적으로 받아들여지는 통설을 소개한다.

앞서 부여는 3세기 후반 모용 선비 세력에 두 차례나 침략받은 적이 있다고 했다. 편의상 이를 1차(285), 2차(346)로 표현하고자 한다. 1차 침입 당시 부여는 지금의 창춘, 지린 지방의 녹산에 자리하고 있었다. 그러던 때에 모용외로부터 공격을 받아 전쟁을 했지만, 부여는 대패했다. 그리하여 왕이었던 의려가 자살을 하고, 그 자제들을 비롯한 지휘부는 전부 북옥저로 달아나 겨우 목숨만을 보전하기에 이르렀다. 이때의 상황을 전하는 사료를 살펴보면 다음과 같다.

> 태강 6년(285)에 이르러 모용외가 습격해 깨뜨리자, 그 나라의 왕인 의려는 자살하고 자제는 옥저로 달아나 목숨을 보전했다. 황제(서진의 무

제)가 조서를 내려 "부여 왕은 대대로 충성과 효도를 다 하다가 나쁜 오랑캐에게 멸망당했으니 매우 가엽게 생각한다. 만약 그 유족 중에서 나라를 되살릴 자가 있다면 마땅히 방법과 계책을 마련해 나라를 유지할 수 있게 하라"라고 말했다. 관리가 아뢰길, "호동이교위 선우영이 부여를 구하지 않아 임기응변의 계략을 놓쳤습니다"라고 했다. 조서를 내려 선우영을 파면하고 하감으로 교체했다.

이듬해에 부여의 다음 왕인 의라가 하감에게 사신을 보내 남은 사람들을 이끌고 돌아가 옛 나라를 되살리고 싶다며 도움을 요청했다. 하감이 전열을 정비하고 가침을 보내 병사로 호송하게 했다. 모용외가 또 길을 막고 있어 가침이 싸워 크게 깨뜨리니 모용외의 무리가 물러났다. 의라가 나라를 되찾았으나 이후 매번 모용외가 그 사람들을 잡아다 중국에 팔았다. 황제가 가엽게 여겨 다시 조서를 내려 관청의 물건으로 대신 값 아주고 돌려보내라 하고 사주와 기주에 명령을 내려 부여 사람을 팔고 사는 일을 못하게 했다.

– 《진서》, 〈사이열전〉, 부여국

이때 부여 왕의 자제들과 지휘부가 도망친 곳은 옥저로, 현재 두만강 유역으로 비정된다. 본래 부여가 있었던 지린 지방을 기준으로 보면 동쪽으로 도망한 것이다. 이들은 여기에 임시로 머물면서 재정비를 한 뒤, 서진의 도움을 받아 본래 있었던 지역으로 '되돌아가' 나라를 되찾게 됐다. 이렇게 되찾아 회복한 나라의 실체를 바로 북부여라고 보는 것이다. 그렇다면 부여와 북부여는 같은 실체가 된다.

한편 전쟁을 피해 동쪽으로 이동해 옥저 지역에 머물렀던 부여 사람들 중에 의라와 함께 되돌아가지 않고 잔류해 독자적 세력을 이룬 실체를 일컬어 동부여라고 이해한다. 이 동부여는 광개토왕비에서 확인되는 것과 같이 영락 20년(410)에 고구려의 공격을 받아 멸망하게 됐다. 결론적으로 부여와 북부여는 같은 실체이고, 북부여와 동부여는 같은 시간대에 공존했던 다른 실체인 것으로 이해할 수 있겠다.

이와 같은 통설적 이해에서 전제로 하는 것은 '북', '동'과 같은 방위의 기준이 무엇인가 하는 것인데, 그 기준은 바로 고구려다. 즉 고구려를 기준으로 북쪽에 있었으니 북부여, 동쪽에 있었으니 동부여라고 보아야 한다는 것이다.

이에 대해 고구려가 아니라 부여의 입장에서 인식해야 한다는 반론이 제기됐으나, 현재 통설은 고구려의 입장을 기준으로 두고 있다. 그 근거는 북, 동부여를 기록한 자료가 광개토왕비와 모두루묘지명 같은 고구려 당대의 자료이기 때문이다.

부여의 멸망과 남겨진 사람들

간신히 나라를 되찾아 원 거주지인 지린의 녹산 부근에서 삶을 재개할 수 있었지만, 부여는 다시 '백제'의 압박에 밀려 근거지를 또 떠나 '서쪽 모용씨의 연나라에 근접한 지역'으로 이동하게 됐다. 이곳은 대체로 지린성 창춘시 능안현 부근으로 여겨진다. 이렇게 서쪽 능안으로 이동한 때의 부여를 북한 학계에서는 서부여라고 일컫는다. 그러나 이는 앞서 확인했던 (북)부여와 같은 실체다. 한편 부여를 녹산에서 서쪽으로 밀어낸 장본인이 백제로 나오는데, 이 백제는 고구려의 잘못으로 보는 설이 우세하다.

이렇게 고구려에 밀려 서쪽의 농안 지역으로 이동한 부여는 346년에 두 번째로 모용씨의 공격을 받았다. 이 전쟁에서 부여는 왕을 비롯해 5만여 명이 사로잡혀 포로가 됐으며, 부여 왕 현은 아예 전연으로 끌려간 후 그곳에서 진동장군이라는 벼슬을 받는다. 이 때문에 부여의 멸망을 사실상 이 시기로 보는 견해도 존재한다. 그러나 부여는 비록 쇠잔한 모습이지만 5세기까지 사료에 등장하며 명맥을 이어가다가 494년 고구려에 항복하면서 멸망하게 된다. 그렇다면 부여가 거의 멸망했다고까지 인식하게 만든 346년 당시의 모습은 어땠을까? 사료를 통해 확인해보자.

> 영화 2년(346) 봄 정월 (중략) 처음 부여는 녹산에 살았는데, 백제의 침략을 받아 부락이 쇠잔해지고 흩어져 서쪽으로 연나라 가까이에 (나라가) 옮겨 가니, 이로써 방비하지 못했다. 연 왕 황이 세자 준에게 모용군, 모용각, 모용근 3장군과 1만 7000의 기병을 거느리고 부여를 습격하게 했다. 준은 가운데 머물면서 지시를 내렸고, 군사의 일은 모두 모용각에게 맡겼다. 마침내 부여를 깨뜨리고 그 왕 현과 백성 5만여 구를 포로로 잡아 돌아왔다. 모용황은 현을 진동장군으로 삼고, 딸을 처로 삼게 했다.
> - 《자치통감》 권97, 〈진기〉 19, 영화 2년

3세기경 전성기를 구가했던 부여는 이후 모용선비에게 공격을 받아 급격히 국세가 기울었고, 남쪽에서 세력을 확대하는 고구려, 서쪽에

서 꾸준히 부여를 괴롭힌 모용선비, 북쪽의 읍루 등과 각축하다가 멸망했다. 그렇다면 부여가 멸망한 뒤, 그 남은 사람들은 어떻게 됐을까?

모용씨와 두 차례 전쟁을 치른 뒤, 부여의 유민은 전연에 포로나 노예로 끌려가 그곳에서 생을 마감했을 것이다. 또 남은 유민은 이후 고구려로 흡수돼 고구려의 주민으로 삶을 이어갔을 것이다. 한편 앞서 1차 모용선비의 침입 당시 옥저 지역까지 달아나 그 자리에 잔류한 부여 유민 역시 기록상에는 노출되지 않았더라도 그 이동 경로상에 있는 동해안과 추가령 구조곡(지금의 서울과 원산 간에 발달해 있는 좁고 긴 골짜기)을 이용해 낙랑, 대방의 외곽이나 더 남쪽까지 내려갔을 가능성도 충분히 짐작할 수 있다.

그중 모용선비의 지역으로 흘러들어간 유민은 이후 주로 선비족 기반의 나라인 전연, 후연, 남연 등에서 활동한 것으로 확인되는데, 부여 왕족의 성씨인 부여씨扶餘氏가 사료에 남아 있음을 근거로 그 유민의 활동을 추적할 수 있다. 대표적 인물로 여울餘蔚, 여암餘巖과 같은 사례를 꼽을 수 있다.

부여 유민 여울은 384년 후연의 모용수로부터 부여 왕에 봉해졌다는 기록이 있다. 그가 바로 모용씨의 침입 때 포로로 끌려간 유민 중에 이름을 남긴 사람일 것이다. 또 부여 유민 여암은 385년 7월 후연을 상대로 무읍(지금의 허베이성)에서 반란을 일으켜 기록됐다. 그는 4000여 명을 이끌고 유주(지금의 베이징 지역)로 치고 올라가 승승장구하며 계성을 격파하고, 그 민호 1000여 호를 붙잡아 난하 하류의 요서군 영지로 이동해 거기서 자리를 잡고 후연에 대항했다고 한다.

오롯이 직면해 바라보자, 부여사

대개 부여를 비롯한 이른바 초기사의 역사 이해는 가장 먼저 그 영역과 위치를 밝히는 데 연구 역량이 집중되기 마련이다. '어디에 있었는가', 즉 위치를 따지는 문제는 해당 시기에 역사가 전개됐던 공간을 확인하는 일로, 결국 수도와의 관계나 각 지역 간의 관계, 나아가 해당 사회 전체를 파악하는 일과 관련돼 있기 때문이다. 고조선사 역시 그동안 중심지나 강역을 비정하는 데 연구가 집중됐는데, 위치 비정이 선행돼야 해당 지역 유적·유물의 성격 규명이나 문헌 자료의 해석을 통한 사회상을 복원할 수 있기 때문이었다.

이후에는 점차 정치 형태와 왕의 권한과 같은 내부 구조에 집중해 이를 밝히는 것으로 관심 주제가 옮아가고, 그 후에는 생활과 풍속 등을 살피는 연구가 전개되는데, 이는 대체로 사료의 결을 따라 연구가 진행되는 경향성으로 이해할 수도 있다.

한편 이와 같은 연구에 새로운 활력을 불어넣는 것이 1980년대 이후 열정적으로 조사된, 중국 동북 지역 고고 발굴의 성과와 같은 것이다. 이로 인해 부여사 연구의 범위는 물질적 측면과 부여를 구성했던 주민에 대한 분석으로 확장됐다. 그러나 여기에서도 어려움은 존재한다. 부여에 관한 고고학적 고찰에서 가장 기본적인 출발점이 되는 것은 특정 유적의 족속(ethnic identity, 종족 정체성) 판정이기 때문이다. 이러한 연구만큼 고고학적으로 지극히 어렵고 논란의 대상이 되는 작업은 없다. 동시에 2000년대에는 중국의 동북공정과 부여사가 접합돼 중국에서는 동북공정의 입장에 부응하는 형식으로 부여사가 다루어지기도 했고, 안 그래도 소략한 고고 유적 가운데서도 기왕에 발굴된 자료조차 제대로 공개되지 않는 현실적·지리적·물리적 제약도 엄존한다.

상황이 이러하니 부여사에 대한 관심과 노력이 더욱 절실하다고 할 수 있다. 부여는 이른바 한국사를 구성한 중심 주민 집단인 '예맥족'의 시조와 같은 지위를 가지고 있다. 이 때문에 그나마 일국사 시각에 입각한 '한국사(국사)'의 체계 안에 포함될 수 있었던 것이다. 이 글에서는 기존에 다루던 빛나던 시기가 아니라 다루어지지 않던 이야기만 해서 독자들이 다소 속상할 수도 있다. 그러나 "아무리 제약이 많고 아름답지 못한 사실이어도, 그것을 정확히 제시하고 이해하는 일이 최상의 원리"라고 했던 근대 역사학의 아버지 랑케의 말을 되새기면서, 향후 더욱 가열차게 부여사의 이모저모를 찾아낼 수 있길 고대한다.

참고문헌

《사기》,《삼국지》,《진서》,《자치통감》,《삼국사기》,《삼국유사》

동북아역사재단 편,《부여사와 그 주변》, 동북아역사재단, 2008
송호정,《처음 읽는 부여사》, 사계절, 2019

김민구, 〈부여의 얼굴: 둥퇀東團·마오얼산帽兒山 출토의 금동면구金銅面具와 그 외연
　　外延〉,《미술사논단》38, 2014
박경철, 〈부여〉,《한국고대사입문(증보)》1, 신서원, 2010
＿＿＿, 〈부여사의 전개와 지배구조〉,《한국사》2, 한길사, 1994
박양진, 〈고고학에서 본 부여〉,《한국고대사연구》37, 2005
송기호, 〈부여사 연구 쟁점과 자료 해석〉,《한국고대사연구》37, 2005
이기동, 〈한국민족사에서 본 부여〉,《한국고대사연구》37, 2005
이승호, 〈'주변'이 된 역사 온전히 바라보기: 부여·옥저·동예·말갈〉,《한국사, 한 걸음
　　더》, 푸른역사, 2018
＿＿＿,《부여정치사연구》, 동국대학교 사학과 박사학위논문, 2018

李钟洙,《夫余文化遺存研究》, 吉林大学文学院 博士学位论文, 2004
Mark E. Byington, "The Ancient State of Puyŏ in Northeast Asia - Archaeology
　　and Historical Memory", Harvard University Asia center, 2016

신라 장군 석우로,
그의 미스터리한
삶과 죽음

위
가
야

저마다의 시대를 치열하게
살아간 사람들의 이야기, 〈열전〉

혹시 '기전체紀傳體'란 말을 들어보았는가? 역사에 교양이 있는 독자라면 기전체라는 말을 듣자마자 바로 한 사람의 이름과 한 질의 책을 떠올렸을 텐데, 그 사람의 이름은 바로 사마천司馬遷, 그 책의 이름은 바로 《사기史記》다. 중국의 전한 시대 사람인 사마천은 궁형宮刑이라는 개인적인 비극을 객관적 역사 서술의 의지로 승화해 총 130권, 52만 6500여 자의 위대한 역사서 《사기》를 펴냈다. 이때 사마천이 《사기》를 편찬한 형식이 바로 기전체였다. 이걸 간단하게 설명하면 왕의 시대별로 사건을 시간 순으로 서술한 〈본기本紀〉와 그 당시를 살았던 인물, 그래서 본기에도 등장하지만 주인공은 아닌(〈본기〉의 주인공은 당연하게도 왕이다) 그 인물들 각각의 생애를 서술한 〈열전列傳〉으로 이루어진 역사서 편찬 형식이라고 할 수 있다. 엄밀하게 말하면 표表와 서書가 포함돼 있고, 이후 반고班固가 펴낸 《한서漢書》에서는 서가 지志로 바뀌어 기전체라는 형식이 완성됐다고 해야 하겠지만, 대체로 기전체 하면 〈본기〉와 〈열전〉을 떠올리는 사람이 많다. '기紀'와 '전傳'을 합쳐서 기전체라고 부르는 것이기도 하고.

이 중 사람들에게 가장 널리 읽히는 것은 아무래도 〈열전〉이다. 읽는 재미가 있기 때문이다.《사기》를 읽어본 사람들은 대부분 〈자객열전〉에 나오는 자객 형가荊軻 이야기를 손에 땀을 쥐며 읽어 나갔을 것이다. 그리고 이야기에 좀 더 빠져든 사람들은 그가 진시황秦始皇을 암살하기 위해 떠나가며 부른 노래를 기억할지도 모른다.

> 바람 소리 쓸쓸하고, 역수 강물은 차갑구나(風蕭蕭兮易水寒)
> 장사가 한 번 가면, 다시 오지 못하리라(壯士一去兮不復還)

이렇듯 〈열전〉에 실린 기록은 사람들의 기억 속에 오래 남아서 저마다의 시대를 치열하게 살아간 사람들의 이야기를 오늘날까지 살아 숨쉬게 하고 있다. 그렇다면 중국이 아닌 우리 역사서에는 이러한 〈열전〉이 없을까? 물론 있다. 1145년에 완성된《삼국사기》는 기전체 형식이고, 총 열 권의 〈열전〉에 52명의 전기를 수록했다(조선시대에 편찬된《고려사》에도 〈열전〉이 있다). 이 52명 중에는 김유신처럼 누구나 들으면 그 삶의 궤적을 흥얼거릴 만한 유명한 사람도 있지만, 대부분의 사람들이 이름조차 처음 들었을 법한 사람도 있다. 지금 이 글에서 소개하려는 사람도 그다지 유명하지 않다. 그의 이름은 석우로昔于老. 하지만 기록에 따르면 3세기 신라에서는 가장 유명한 장군이었다. 그리고 이제 와 생각해보면 실로 미스터리한 죽음을 맞이한 사람이기도 했다.

석우로는 누구인가?

학창 시절 역사 공부 좀 했다는 사람은 석우로라는 이름을 들으면서 한 가지 생각이 떠올랐을 것이다. '혹시 석탈해昔脫解의 후손인가?'

정답! 그의 5대조 할아버지(현조玄祖라고 한다)가 신라의 4대 왕인 탈해이사금脫解尼師今이다.《삼국사기》〈신라본기〉의 기록에 따르면 석탈해가 박씨 이사금 사이에서 이사금 자리에 오른 후 그 자리는 다시 박씨에게 넘어갔다. 이후 네 명의 박씨 이사금을 지나 탈해의 손자인 벌휴伐休가 즉위해 잠깐 동안 석씨 왕 시대를 열었는데, 석우로는 벌휴의 증손자다.

석우로의 아버지는 벌휴의 뒤를 이어 이사금 자리에 오른 나해奈解다. 따라서 우로는 신라의 왕자였다고 할 수 있다. 왜 왕자라고 단정하지 못했느냐 하면《삼국사기》〈열전〉에는 석우로가 각간角干 수로水老의 아들이라는 기록도 있기 때문이다. 무엇이 사실이건 석우로가 당시 신라에서 대단히 높은 지위를 차지하고 있던 사람이었음은 분명하다. 각간은 신라에서 가장 높은 벼슬이었다.

석우로가 언제 태어났는지 알 수 있는 기록은 없다. 그가 가장 먼저 등장하는 기록은 뒤에서 다시 이야

《삼국사기》〈석우로 열전〉

기할《삼국사기》〈신라본기〉'나해이사금 14년'(209)조의 이른바 '포상 浦上의 여덟 나라' 전쟁 기사인데,《삼국사기》의 〈석우로 열전〉에는 이 내용이 빠져 있어서 역사학자들을 골치 아프게 했다. 일단 이 기록이 틀리지 않았다면 석우로는 적어도 200년 이전에 태어난 사람이다.

석우로가 언제 죽었는지에 대해서는 기록이 있지만, 각각 다른 시기를 전한다.《삼국사기》〈신라본기〉에 따르면 석우로는 첨해이사금沾解尼師今 3년(249)에 죽었다. 그런데 〈열전〉에는 첨해이사금 7년(253)에 죽었다고 적혀 있다. 무엇이 사실인지 판단할 제3의 기록은 없다. 단 석우로에 대해서 적어도 두 가지 이상의 계통을 가지는 기록이 존재한다는 것만큼은 확실하다.

석우로가 처음 기록에 등장하는 209년부터 세상을 떠나게 되는 249년(또는 253년)까지 그의 일생은 전쟁터였다. 비유적 표현이 아니다. 진짜로 전쟁터에서 평생을 보낸 인물처럼 적혀 있다. 석우로가 살던 당시 신라는 그다지 강한 나라가 아니었는지, 밖에서는 외국이 침입해 왔고, 안에서는 힘들여 복속시킨 나라들의 이탈이 이어지고 있었다. 석우로는 전장을 누비며 신라의 적들과 싸워 그들을 물리친, 말 그대로 신라의 버팀목과도 같은 장수였다. 이제 그의 활약상을 확인해보자.

석우로, 신라를 위기에서 구해내다

《삼국사기》〈신라본기〉에 따르면 209년 7월에 '포상'의 여덟 나라가 모의해 가라加羅를 침범했다. 가라는 왕자를 신라에 보내 구원을 요청했고, 신라는 태자인 우로와 이벌찬伊伐湌인 이음利音을 보내 가라를 구원하게 했다. 이때 나오는 이음은 우로의 형이다. 그들은 여덟 나라의 장군을 쳐서 죽이고 그들이 잡아간 포로 6000명을 빼앗아 가라에 돌려주었다고 한다.

여기서 '포상'은 항구 근처를 가리키는 말이므로 포상의 여덟 나라는 대체로 낙동강 하류 지역에 있던 나라를 가리킨다고 이해한다. 가라는 보통 고령의 대가야大加耶로 생각하지만, 여기서는 지리적 조건상 김해의 금관가야金官加耶를 가리킨다고 봐야 한다.

이 전쟁에 대해서는 다른 내용을 전하는 기록도 있다. 〈석우로 열전〉에는 이 전쟁에 대한 내용이 없지만, 〈물계자勿稽子 열전〉과 《삼국유사》 〈피은避隱〉편 '물계자'조에는 신라가 가라를 도운 후 이어지는 이야기가 적혀 있다. 신라 때문에 목적을 이루지 못했던 포상의 여덟 나라 중 세 나라가 신라를 공격하자 신라가 반격해 그들을 격퇴했다는 것이다. 그런데 〈물계자 열전〉에는 공격을 받은 나라가 가라가 아닌 아라국阿羅國, 즉 아라가야로 돼 있어서 또 역사학자들을 괴롭혔다. 심지어 《삼국유사》에는 처음부터 신라만 공격을 받은 걸로 나온다.

이 때문에 이 전쟁의 실상이 어땠는지에 대해서 논쟁이 이어졌고, 그 논쟁은 아직도 진행 중이다. 전쟁이 발생한 시점 또한 기록된 그대로 3세기 초반에 일어났다고 생각하는 연구부터 7세기 초반에 일어난 사건의 시점이 모종의 이유로 끌어올려졌다고 생각하는 연구까지 있어, 그렇지 않아도 복잡한 논쟁을 더욱더 미궁 속으로 끌고 가고 있다. 여기서 이 논쟁을 소개하고 또 이에 대한 생각을 이야기할 여유는 없기 때문에 일단 이 전쟁에서 석우로가 활약했을 수 있다는 점만 알고 넘어가도록 하자.

석우로의 다음 활약은 조분이사금助賁尼師今 2년(231)에 있었던 감문국甘文國(지금의 경상북도 김천시 개령면에 있었다고 봄) 공격이다. 석우로는 대장군이 돼 감문국을 쳐서 없애고 그 땅을 신라의 군현郡縣으로 삼았다. 2년 뒤인 233년에는 바다를 건너 신라에 침입해온 왜인倭人을 쳐부쉈다. 석우로는 도망가는 왜인들을 쫓아가 사도沙道(지금의 경상북도 영덕군으로 봄)에서 싸웠는데 바람을 따라 화공을 해서 왜의 전함을 불태웠다. 돌아갈 배를 잃어버린 왜인들은 모두 바다에 빠져 죽었다.

석우로의 다음 상대는 북방의 강적 고구려였다. 245년 겨울에 고구려가 신라 북쪽 변경을 침입해왔다. 석우로는 이를 막기 위해 나아가 싸웠지만 이기지 못하고 물러나서 마두책馬頭柵(여기는 어딘지 모름)을 지켰다. 이때 날씨가 대단히 추웠던지 밤이 되자 추위에 괴로워하는 군사들이 있었는데, 석우로가 군사들 사이를 돌아다니며 그들을 위로하고 직접 불을 피워 그들을 따뜻하게 해줬다고 한다. 군사들이 얼마나 고마웠는지 솜옷을 입은 것처럼 여겼다고 하니 석우로의 정성이 패전과 추위에 얼어붙은 군사들의 마음을 녹인 모양이다.

조분이사금이 죽고 첨해이사금이 새로 즉위하자 신라에 속해 있던 사량벌국沙梁伐國(지금의 경상북도 상주시에 있었다고 봄)이 배반해 백제에 붙어버리는 일이 일어났다. 그러자 석우로가 이 나라를 토벌해 멸망시켰다.

이상이 기록에 남아 있는 석우로의 활약상이다. 고구려를 제외하면 단 한 번도 전쟁에서 패배한 일이 없는 셈이다. 이 때문인지 석우로는 신라의 가장 높은 벼슬인 서불한舒弗邯(각간의 다른 이름)이 돼 군사의 일을 맡아보았다고 한다. 신라의 병권을 장악하고 있었던 것이다. 훗날 신라에서 장군 하면 김유신을 떠올렸듯, 당시 신라에서는 장군 하면 석우로를 떠올렸을 것이다. 그런데 그가 제대로 싸워보지도 못하고 허무하게 목숨을 잃었다. 기록에 따르면 그것도 석우로 자신의 입방정 때문에.

어이없는 죽음과 이어지는 이야기들

《삼국사기》〈신라본기〉에 따르면 249년, 〈석우로 열전〉에 따르면 253년 석우로는 왜인에게 살해됐다. 그런데 그가 목숨을 잃은 곳은 전쟁터가 아니다. 석우로가 죽던 해, 왜의 사신이 신라에 왔다. 석우로는 객관客館에 머무르는 왜인 접대를 담당하게 됐다. 기록에는 이때 석우로가 왜인을 희롱하며 다음과 같이 말했다고 적혀 있다.

> 조만간에 너희 왕을 소금 만드는 노예로 만들고 왕비를 밥 짓는 여자로 삼겠다.

이 말이 왜 왕의 귀에 들어갔다. 아마도 석우로의 희롱을 들은 왜인이 사람을 시켜 왕에게 보고했겠지. 아니면 돌아가서 이야기했거나. 화가 머리끝까지 난 왜 왕은 장군 우도주군于道朱君을 보내 신라를 공격하게 했다. 그러자 신라 왕이 왕성을 떠나 우유촌于柚村으로 나갔다. 우유촌은 지금의 경상북도 울진군 또는 경상북도 영덕군에 있던 것으로 생각하는데, 정확하게는 알 수 없다.

입방정을 떨어 외적의 침입을 자초한 석우로는 난감한 입장이었을 것이다. 그런데 그는 자신이 말을 조심하지 않아 생긴 일이므로 직접 처리하겠다며 왜군 진영으로 갔다. 그리고 이렇게 말했다고 한다.

전날의 말은 농담일 뿐이었는데 어찌 군사를 이끌고 이곳까지 올 줄 알았겠는가.

왜인은 아무런 대답을 하지 않았다. 바로 석우로를 잡아서 땔나무를 쌓아놓은 곳 위에 올려두고 그를 불태워 죽이고 돌아갔다고 한다. 이때 석우로의 행동은 의문스러운 것투성이다. 과연 이 일을 세 치 혀로 수습할 수 있다고 믿었을까? 그게 상식적으로 납득이 되는가? 무엇이 됐건 석우로는 이렇게 죽었다. 하지만 남은 자들의 이야기가 좀 더 이어진다.

〈석우로 열전〉에 따르면 당시 석우로에게는 어린 아들이 있었다. 그 아들이 어리고 약해서 걷지 못했으므로 다른 사람이 품에 안고는 말을 타고 돌아왔다. 즉 석우로가 왜군 진영에 아이를 데리고 들어갔다는 이야기다. 이것 또한 이해가 안 되는 행동 중 하나다. 이 아이는 나중에 신라의 왕이 됐다. 흘해이사금訖解尼師今이다. 그런데 그의 뒤를 이은 미추이사금味鄒尼師今 때 왜국 대신이 신라에 오자 석우로의 아내가 이사금에게 사적으로 대신을 대접하게 해달라고 요청했다. 이사금이 이를 허락하자 석우로의 아내는 왜의 대신을 자신의 집으로 초대해 술을 마시게 해 그를 만취하게 했다. 그러고는 장사壯士를 시켜 그를 마당으로 끌어낸 후 불태워 죽여 이전의 원한을 갚았다고 한다. 이전의 원한이란 당연히 석우로의 살해였다. 왜인이 이를 분하게 여겨 신라의 수도인 금성金城을 공격해왔지만 이기지 못하고 돌아갔다는 것으로 이야기는 마무리된다.

이 비슷한 이야기가《일본서기》에도 전한다. 그리고 좀 더 자극적이다.《일본서기》에는 진구황후神功皇后란 인물이 삼한三韓을 정벌해 그 나라들을 왜의 속국으로 삼았다는 이야기를 전하고 있다. 이 이야기가 과거에는 이른바 임나일본부설의 근거 중 하나였다. 물론 지금은 진구황후가 삼한을 정벌했다는 이야기를 역사적 사실로 믿는 '역사학자'는 한국은 물론 일본에도 없다. 그런데《일본서기》의 이 기록에는 당시 왜국에서 전승되던, 각기 시점을 달리하는 왜와 신라의 분쟁 이야기가 모두 진구황후의 업적인 것처럼 한데 모여 있다. 그중에는 석우로의 비극적이지만 어처구니없는 죽음에 대한 것으로 생각되는 이야기도 하나 있다.

이 이야기에 따르면 진구황후가 신라 왕을 포로로 잡아 해변으로 가서 왕의 무릎 뼈를 뽑고는 그를 돌 위에서 기어 다니게 했다고 한다. 그리고는 곧 그를 칼로 베어 죽이고 모래 속에 묻었다. 이때의 신라 왕 이름이 우류조부리지간宇流助富利智干이었다. 일본의 역사학자들은 '우류'가 '우로', '조부리지간'이 '서불한'을 일본식으로 읽은 것으로 보았다. 즉 이 기록의 신라 왕이 석우로라는 것이다. 물론 석우로는 신라 왕이었던 적이 없지만 그것은 신라 왕이 직접 항복했다는 식으로 진구황후의 업적을 과장한 데 따른 왜곡으로 보았다. 한국 역사학자들도 이 이야기가 석우로의 죽음을 전한다고 생각한다. 그 이유는 단순히 발음이 유사한 것뿐만 아니라 이어지는 복수 이야기가 〈석우로 열전〉 이야기와 매우 비슷하기 때문이다.

《일본서기》의 이야기를 계속해보자. 진구황후는 신라 왕을 죽인 후 한 사람을 남겨 신라의 재宰(정치와 행정을 담당하는 관리)로 삼고 돌아왔다. 이때 신라 왕의 아내는 남편의 시신을 수습하고 싶어 했는데 그가 어디에 묻혀 있는지를 몰라 발만 동동 구르고 있었다. 아내는 한 가지 꾀를 냈다. 아마도 시신이 묻힌 곳을 알고 있을 왜의 재를 유혹해 정보를 캐내기로 결심한 것이다. 아내는 재를 만나서 이렇게 말했다고 한다.

그대가 왕의 시신 묻은 곳을 알려주면 반드시 후하게 보답하겠습니다.

이때의 보답이란 무엇이었을까? 아내의 말이 이어진다.

그리고 그대의 부인이 되겠습니다.

왜의 재는 그 말을 믿고 아내에게 몰래 왕의 시신이 묻힌 곳을 알려주었다. 그 후 아내는 신라 사람들과 공모해 재를 죽이고 왕의 시신을 꺼내어 다른 곳에 장사 지냈는데, 《일본서기》에는 구체적인 정황이 나와 있지 않지만 〈석우로 열전〉의 내용을 생각해보면 아마도 재를 유혹해 집에 불러들인 후 살해하지 않았을까 한다. 신라인은 왕의 시신을 새로 장사 지내면서 재의 시신을 왕의 묘 아래에 묻고 왕의 관을 들어 올려 그 위에 두었다. 그러고는 이렇게 말했다고 한다.

높고 낮고 귀하고 천한 것(上下尊卑)의 순서는 원래 이와 같아야 한다.

《일본서기》에는 왜의 천황이 이 말을 듣고 노해 군사를 보내 신라를 멸망시키려 했고, 군선이 바다 가득히 떠서 신라에 이르자 신라 사람들이 두려워하다가 왕의 아내를 죽이고 사죄했다는 내용이 이어진다. 하지만 이 대목은 〈석우로 열전〉에 전하는, 왜병이 신라 수도인 금성까지 쳐들어왔다가 이기지 못하고 돌아갔다는 이야기를 일본에 유리하게 과장했다고 봐야 할 것이다. 《일본서기》에는 이렇듯 있던 사건을 일본 중심으로 과장한 이야기가 많고, 그 때문에 여기서 전하는 기록을 이용하려면 정신을 바짝 차리고 사료를 비판해야 한다. 오죽하면 《일본서기》를 '맛은 좋지만 주의해서 요리하지 않으면 위험한 복어'에 비유하는 역사학자가 있을까.

그런데 이 이야기에서 신라인 중심의 사고도 확인할 수 있다는 점이 흥미롭다. 아내의 말에 보이는 왜의 재와 신라 왕의 높고 낮고 귀하고 천한 것의 순서에 대한 인식은 신라인의 그것임이 확실하다. 즉 이 이야기는 원래 신라에서 전해지던 것이 일본에 건너가면서 일본 중심의 과장이 더해진 것이다. 한국 역사학자들이 《일본서기》의 이 이야기를 〈석우로 열전〉의 그것과 같은 사건을 전한다고 생각한 이유 중 하나가 여기에 있다.

아내의 복수로 정의가 구현(?)되긴 했지만 석우로의 죽음을 둘러싼 여러 사정은 이제까지 계속 이야기한 것처럼 의문스러운 점투성이다. 석우로는 왜 사지死地나 다름없는 왜의 진영으로 스스로 찾아가야 했을까? 애초에 석우로가 죽어야 했던 이유가 그의 입방정 때문이기는 했을까? 그의 죽음을 초래한 원인이 전적으로 입방정이었다면 한낱 실언 때문에 벌어진 왜군의 침입에 나라의 중신이자 구국의 명장이던 석우로의 살해를 묵인해야 할 정도로, 신라가 왜에 비해 약소한 나라였다는 이해도 가능하다. 하지만 당시 신라와 왜의 국력이 그렇게까지 차이 났다고 보기는 어렵다. 그렇다면 석우로의 죽음에는 뭔가 다른 이유가 있던 것이 아닐까?

석우로가 죽어야 했던 이유와 드러나는 진상

석우로의 죽음을 둘러싼 정황에서 가장 의문스러운 것은 당시 신라 왕이었던 첨해이사금의 반응이다. 신라의 왕실 계보상 석우로는 첨해이사금에게는 조카가 되고, 첨해이사금보다 먼저 즉위한 조분이사금에게는 조카이자 처남(조분이사금의 부인인 아이혜阿爾兮가 석우로의 누이)이며 사위(조분이사금의 딸인 명원부인命元夫人이 석우로의 부인)가 된다. 즉 석우로는 당시 신라 왕실의 주요 구성원이었다. 그런데 석우로의 비참한 죽음에 첨해이사금이 어떠한 반응을 보였는지 또는 어떠한 조치를 취했는지를 전혀 알 수 없다. 왜 그랬을까? 당시 신라가 왜를 극도로 두려워해서 아무런 반항도 하지 못했을 가능성을 먼저 떠올릴 수 있다. 하지만 그 가능성은 없다고 해도 좋다. 당시 왜는 신라에게 분명 귀찮은 존재이기는 했지만 상대를 못할 정도로 강적은 아니었기 때문이다.

　《삼국사기》〈신라본기〉의 이른바 초기 기록에는 왜가 신라를 침범한 사실이 드물지 않게 나온다. 이 침략 기사를 모두 정리해서 분석한 연구가 있는데, 그 연구에 따르면 왜는 주로 여름철에 신라를 공격했다. 그 이유는 당시 왜의 조선·항해 기술이 발달하지 못한 데 있다. 즉 계절풍을 타고 침입할 수밖에 없었기 때문에 여름에 침입이 집중됐다는 것이다. 왜가 신라에 침입한 이유는 그들이 무엇을 약탈해 갔는지를 통해 알 수 있다고 한다. 왜는 주로 사람을 약탈해 갔다. 기록에 남아 있지는 않지만 물건 또한 약탈해 갔다고 보는 편이 자연스럽다.

그런데 〈신라본기〉에 따르면 신라는 이러한 왜의 침입을 격퇴하는 것은 물론 왜의 본거지로 여긴 대마도(쓰시마섬) 공격을 계획하기도 했다. 이따금 왜병이 신라 수도 금성을 위협한 기록이 있지만, 이는 왜병의 침입이 대규모일 경우 적을 깊숙이 끌어들여 일망타진하려는 전술에 따른 상황으로 보기도 한다. 즉 신경은 쓰이고 번거롭지만 아예 대적하지 못할 상대는 아니었다는 이야기다. 따라서 왜병이 석우로를 잔인하게 살해한 일에 신라 왕이 아무런 대응을 하지 않은 이유를 신라와 왜의 국력 차이에서 찾기는 어렵다.

그렇다면 다음으로 떠올릴 수 있는 가능성은 당시 신라 왕실 내부의 정치적 상황이 이러한 첨해이사금의 행동을 초래하지 않았을까 하는 것이다. 즉 석우로의 죽음을 신라의 정치적 상황 속에서 재검토할 필요성이 있다는 이야기다.

당시 신라의 정치적 상황을 검토하기 위해서는 시간을 좀 더 거슬러 올라가 볼 필요가 있다. 《삼국사기》〈신라본기〉에 따르면 시조 혁거세거서간赫居世居西干부터 남해차차웅南解次次雄, 유리이사금儒理尼師今까지는 박씨 왕이었다. 여기에 4대 왕으로 석탈해가 끼어든다. 하지만

바로 다음 왕인 5대 파사이사금婆娑尼師今부터 8대 아달라이사금阿達
羅尼師今까지가 다시 박씨 왕이고, 9대 벌휴이사금부터 석씨 왕 시대가
시작된다. 12대 첨해이사금까지 석씨가 왕 자리를 지키다가, 13대 미
추이사금味鄒尼師今이 김씨로서는 처음으로 왕위에 오른 후 다시 14대
유례이사금儒禮尼師今부터 16대 흘해이사금까지 석씨 왕 시대가 이어
진다. 이후 17대 내물마립간奈勿麻立干부터는 김씨가 계속 왕위를 독점
하게 되는데, 이것이 교과서에 나오는 "4세기 후반 내물왕 대에는 왕권
이 크게 강화돼 박, 석, 김 세 성이 번갈아 계승하던 왕위를 김씨가 독
점했다"(김종수 외 7인, 《고등학교 한국사》, 금성출판사, 2014)라는 짧은 문장이
전해 주는 시대상이다.

보통은 9대 벌휴이사금부터 16대 흘해이사금까지의 시기를 석씨
왕 시대로 분류한다. 중간에 미추이사금이 끼여 있긴 하지만 그 역시
조분이사금의 사위였다는 점에서 석씨 왕실과의 관계가 그의 즉위에
영향을 주었음을 부정하기 어렵기 때문이다. 그런데 같은 석씨 왕실이
라고 해서 반드시 정치적 성격이 같았다고 볼 수는 없다. 같은 혈연집
단이라 하더라도 혼인과 같은 행위를 통해 집단의 정치적 성격과 지
향이 나뉠 수 있다는 말이다. 이를 어려운 말로 '혈연집단의 분지화分
枝化'라고 하는데, 벌휴이사금의 아들인 골정骨正과 이매伊買의 후손 사
이에 벌어진 일이 이러한 분지화 경향을 잘 보여주는 사례로 알려져
있다.

석씨 왕 시대 석씨 왕실의 계보를 그려보면 대단히 복잡하다. 그 이
유는 석씨 왕실이 대체로 같은 석씨끼리 결혼하는, 이른바 '족내혼族內
婚'을 통해 권력을 유지하려 했기 때문이라 할 수 있다. 그런데 예외가

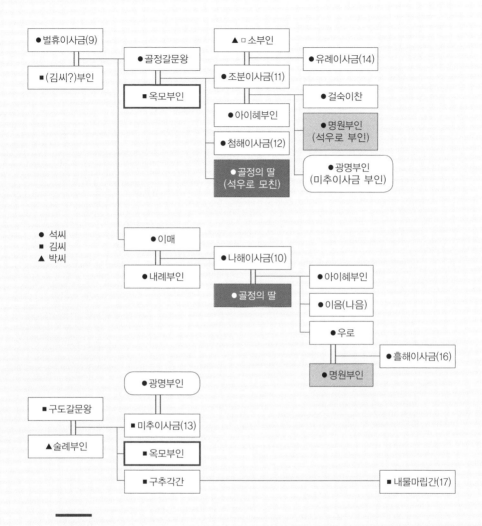

●벌휴이사금(9)
■(김씨?)부인
●골정갈문왕
■옥모부인
▲□소부인
●조분이사금(11)
●아이혜부인
●첨해이사금(12)
●골정의 딸
(석우로 모친)
●유례이사금(14)
●걸숙이찬
●명원부인
(석우로 부인)
●광명부인
(미추이사금 부인)

● 석씨
■ 김씨
▲ 박씨

●이매
●내례부인
●나해이사금(10)
●골정의 딸
●아이혜부인
●이음(나음)
●우로
●흘해이사금(16)
●명원부인

●광명부인
■구도갈문왕
▲술례부인
■미추이사금(13)
■옥모부인
■구추각간
■내물마립간(17)

석씨 왕실 계보도

없는 것은 아니고, 그 예외를 통해 석씨 왕실 사이에서 경쟁과 대립이 존재했음을 이해할 수 있다.

계보도를 보면서 이야기를 이어가 보자. 벌휴이사금이 죽고 난 후 뒤를 이은 나해이사금은 골정의 동생인 이매의 아들이었다. 〈신라본기〉 기록에 따르면 골정과 이매가 일찍 죽었는데, 골정의 아들 조분은 비록 벌휴이사금 사후 1순위 왕위 계승권자였지만 나이가 어렸기 때문에 나해가 즉위할 수 있었다고 한다. 이 기록을 그대로 믿을 이유가 없는 것은 아니지만 차기 왕위 계승권자인 조분을 배제하고 즉위한 나해의 행동을 정당화하기 위한 명분이었을 가능성이 있다. 나해는 용모가 웅장하고 뛰어난 재주가 있었다고 하는데, 이 또한 비정상적으로 즉위한 인물을 소개할 때 나오는 일종의 클리셰로 볼 수 있을 것이다. 이러한 클리셰는 나해가 즉위하던 날 큰비가 내려 4개월 동안의 가뭄이 해갈됐다는 서술을 통해 절정을 찍는다.

나해가 조분을 제치고 즉위할 수 있었던 이유 또한 계보도를 통해 그 실마리를 얻을 수 있다. 계보도를 보면 골정계와 이매계의 혼인 양상이 다름을 알 수 있다. 골정은 김씨 옥모부인과 혼인했고, 조분이사금은 박씨 □소부인과 혼인했으며, 석씨 아이혜부인과도 결혼했다. 반면에 이매계인 나해이사금은 골정의 딸인 석씨와 혼인했고, 석우로도 석씨 명원부인과 혼인했다. 위험한 단정일 수 있지만 이를 통해 골정계가 박·석·김씨와 개방적으로 혼인한 반면, 이매계는 석씨족 안에서 폐쇄적 혼인을 추구했음을 알 수 있다. 즉 당시 신라의 정치 세력은 박·석·김 연합 세력인 골정계와 석씨족 중심의 이매계로 양분돼 있었다.

그런데 나해가 즉위하기 전인 190년에 신라의 병권을 잡고 있던 구도가 백제와의 전투에서 패해 좌천되는 일이 있었다. 구도는 김씨였으므로 이때 김씨 세력이 일시적으로 약해졌을 것인데, 자연히 그들과 연합하고 있던 골정계 또한 타격을 받았을 것이다. 나해는 이러한 상황을 이용해 직계인 조분을 물리치고 즉위할 수 있었다.

이렇게 즉위한 나해였으므로 그가 다스리던 시대 신라의 정치를 이매계 석씨 일족이 주도한 것은 당연한 일이었다. 나해이사금 재위 기간 동안 그의 두 아들인 이음과 우로의 활약이 두드러졌던 것이 이를 알려주는 사례다. 그런데 나해는 죽으면서 아들인 석우로가 아닌 골정계의 조분에게 왕위를 물려주라는 유언을 남겼다. 조분은 나해의 사위였다는 점에서 어쩌면 골정계와 이매계의 갈등을 완화해줄 수도 있는 인물이었다. 이것이 나해가 친자식의 마음도 몰라주고 후계 구도를 정한 이유였을지도 모르겠다. 물론 이 시기 골정계가 다시 세력을 회복했고 그 때문에 조분이 실력으로 왕위를 차지했을 가능성도 있다. 조분이 키가 크고 풍채가 뛰어났으며 일을 처리하는 데도 밝게 판단해 나라 사람들이 두려워하면서도 존경했다고 하는데, 이 역시 앞에서 말한 비정상적인 즉위의 클리셰일 가능성이 있다.

하지만 조분이사금 대에도 석우로는 활발하게 활동하고 있었다. 아니 좀 더 정확하게 말하면 조분이사금 시기가 석우로의 전성기다. 따라서 조분의 즉위는 골정계와 이매계가 타협한 결과였을 가능성이 더 높다고 생각한다. 다만 다음 왕위를 기대했을 것이 분명한 석우로의 마음 한쪽에는 아쉬움과 함께 불만이 쌓여갔을 것이다.

앞에서 이야기한 것처럼 석우로는 조분이사금 2년(231) 감문국 토벌, 4년(233) 왜병 격퇴 등을 통해 신라 최고의 장수로 명성을 날리게 됐다. 덕분에 조분이사금 15년에는 서불한이 돼 군사 일을 겸해서 맡아보게 됐다는 이야기도 했다. 이렇듯 석우로가 활약할 수 있었던 배경에는 비록 왕위를 탈환했지만 이매계에 대해 확실한 세력 우위를 점하지 못한 골정계가 우로를 정치적으로 배려할 수밖에 없는 권력 구조가 있었다고 보기도 한다.

석우로는 조분이사금 16년(245) 고구려와의 싸움에서 패배했다. 승패는 병가지상사란 말도 있지만 석우로에게는 이 패배가 향후 정치적 행보에 상당한 영향을 미친, 뼈아픈 실패였던 것 같다. 2년 뒤인 247년 조분이사금의 동생인 첨해가 즉위했다. 석우로는 조분의 다음이 자신이라고 기대했을지도 모르겠다. 하지만 직전 전쟁에서의 패배가 그의 입지를 약화한 것은 아닐까.

신라 정계에서 석우로의 입지가 점차 약화됐음을 알려주는 사건이 첨해이사금 2년(248) 1월 이찬伊湌 장훤長萱의 서불한 승진이다. 서불한은 신라 최고의 벼슬이니 장훤이 서불한이 됐다는 사실은 석우로가 서불한 자리에서 내려왔음을 의미한다. 석우로가 서불한 자리에서 물러난 바로 그다음 달 신라는 고구려에 사신을 보내 화친을 요청했다. 이 또한 석우로의 입지를 약화했다. 굳이 나누어보자면 석우로를 중심으로 한 이매계는 고구려에 대해 강경 노선을 취하고 있었기 때문이다. 이처럼 석우로는 점점 신라 정계에서 소외되고 있었다. 다만 군사권만은 계속 가지고 있었던 것 같다. 이를 알려주는 사례가 앞서 이야기한 첨해이사금 때 석우로의 사량벌국 정벌이다.

이처럼 석우로는 신라 정계에서 점차 소외되기 시작했다. 골정계가 이매계의 중심인 석우로를 견제해 골정계 중심으로 신라를 주도하려

한 것으로 보아도 좋겠다. 하지만 석우로가 여전히 병권을 잡고 있었으므로 골정계는 석우로의 병권마저 빼앗아 이매계에 대해 완전한 우위를 차지하는 방법을 찾기 시작했을 것이다. 여기서 이런 의문을 제기할 수도 있다. 석우로도 석씨인데 그렇게 견제할 이유가 있는가? 그런데 있다. 석우로가 왕위 찬탈을 노린 정황이 확인되기 때문이다.

석우로는 서불한이 된 후 자신의 아들인 흘해가 용모가 뛰어나고 담력이 있으며 머리가 뛰어나 일하는 것이 보통 사람과 다른 것을 보고 이렇게 말했다.

우리 집안을 일으킬 사람은 반드시 이 아이일 것이다.

당시 신라 정계에서 석우로의 위치를 생각해보면 석우로의 집안은 이미 일어나 있었다. 그렇다면 석우로가 말하는 집안을 일으킨다는 것은 무엇을 의미할까? 그것이 골정계에게 빼앗긴 왕위를 이매계로 되찾아오는 것이었음을 추정하기는 어렵지 않다. 그런데 〈신라본기〉 기록에 따르면 석우로가 이 말을 한 대상은 제후諸侯, 즉 신라 정계의 핵심이었을 것으로 여겨지는 인물들이었다. 따라서 이 말이 골정계의 귀에 안 들어갔을 리가 없었다.

따라서 골정계는 석우로를 끊임없이 견제하며 그를 실각시킬 꼬투리가 생기기만을 기다리고 있었을 것이다. 그런데 이때 석우로의 실언 때문에 왜병이 침범했다. 앞에서 첨해이사금이 우유촌으로 나갔다는 이야기를 했는데, 이 우유촌이 울진군에 있었든 영덕군에 있었든 신라 왕이 왜병을 직접 상대하겠다는 의지를 표명한 것으로 볼 수 있다. 이는 석우로에게 실책을 군사적으로 만회할 기회조차 주지 않으려 한 행동일 수도 있다.

그 결과 신라 조정에서 석우로의 입지는 약화될 대로 약화됐을 것이 틀림없다. 전쟁의 결과가 어떻게 나든 석우로의 미래는 정해져 있었던 셈이다. 석우로에게 남은 수단은 하나, 왜와 담판을 통해 전쟁을 마무리 지어 평화를 자신의 공로로 만드는 것이었다. 하지만 석우로의 시도는 실패했다. 석우로의 허망한 죽음 저편에 석우로의 처분을 두고 신라 조정과 왜 사이에 모종의 밀약이 오갔을 가능성이 있었을 것이라 상정하는 것은 전적으로 상상력의 영역이다. 하지만 석우로는 적어도 이번 전쟁에서는 방치돼 있었고, 그의 비참한 죽음은 신라에서 묵인됐다. 그리고 그것은 골정계와 이매계가 신라의 왕권을 두고 경쟁한 결과일 수 있다. 이것만큼은 역사학의 영역에서도 충분히 할 수 있는 이야기다.

석우로의 죽음 이야기와
역사학자의 사료 비판

그런데 석우로의 죽음을 둘러싼 사정을 달리 해석하는 역사학자들도 있다. 앞서의 이야기는《삼국사기》〈신라본기〉기록을 대체로 믿는 입장에서 정리한 것이다. 그런데 이 기록에 묘사된 정황이 3세기 신라의 모습과는 맞지 않는다는 주장이 있다. 이른바《삼국사기》초기 기록에 대해 문제를 제기하는 것이다. 실제로 석우로의 활약과 죽음을 전하는

《삼국사기》기록에는 상식적으로 납득하기 어려운 내용이 있다.

먼저 석우로와 그의 아들이라는 흘해이사금의 활동 시기가 너무 큰 차이를 보인다는 점이다. 〈신라본기〉에 따르면 석우로는 249년에 죽었다. 그런데 그의 아들인 흘해이사금은 356년에 죽었다. 즉 석우로가 죽은 해에 태어났다 하더라도 흘해이사금은 107세에 세상을 떠난 것이 된다. 〈석우로 열전〉을 따라 석우로가 253년에 죽었다고 보더라도 103세다. 그런데 앞에서 이야기한 것처럼 석우로가 서불한 자리에 있을 때 흘해는 이미 태어나 있었다. 석우로가 서불한 자리에서 물러난 게 248년이니까 흘해이사금의 사망 시 나이는 최소한 108세가 된다. 이것도 어디까지나 최소한이다. 물론 사람의 수명이 100세를 넘기는 일이 불가능한 것은 아니지만 고구려 장수왕이 98세에 죽었기 때문에 '장수'란 시호가 붙은 걸 생각하면 흘해이사금에게도 비슷한 이야기가 전해졌을 법한데 그런 기록은 눈을 씻고 찾아봐도 없다. 이 경우 흘해이사금이 사실은 석우로의 아들이 아닌데 후일 흘해이사금이 이매계로 신라 왕위를 되찾아오면서 그 대표적 인물인 석우로의 아들로 자신의 계보를 조작했거나, 아니면 석우로의 활동 시기 자체가 기록된 것보다 뒤였을 가능성을 생각해볼 수 있다.

석우로가 3세기 초에 감문국을 정벌해 신라에서 그 땅을 군郡으로 삼았다는 이야기 또한 3세기 현실과는 맞지 않을 수 있다. 신라에서 지방 통치를 위해 군을 설치한 것은 6세기 초인 지증왕智證王(재위 500~514) 때였다. 또한 발굴 결과 확인되는 유적과 유물을 통해 신라가 지금의 경상북도 김천시로 생각되는 감문국 지역을 확보한 것이 4세기 이후 일임을 알 수 있다. 따라서 3세기에 신라가 감문국을 토벌하고 그 땅에 군을 설치했다는 석우로의 활약상은 과장이거나 그 시기가 끌어올려진 것일 수 있다. 석우로의 사량벌국 토벌 이야기가 백제와 신라가 마치 국경을 접하고 있던 것처럼 전하고 있는 것 또한 같은 맥락에서 3세기 당대라기보다는 4세기 이후에나 가능한 일로 봐야 한다. 석우로가 245년에 고구려의 침입에 맞서 싸웠다는 이야기 또한 정확히 그 시점에 고구려는 중국 위魏나라 장수 관구검毌丘儉의 침입에 시달리고 있었으므로 신라를 공격할 겨를이 없었다는 점에서(이는 당대의 금석문金石文인 관구검기공비毌丘儉紀功碑를 통해 확인되는 사실이다) 시기적 오류를 지적할 수 있다.

이처럼《삼국사기》가 전하는 석우로의 활약상은 허구 또는 과장이거나 그 시기가 끌어올려졌을 가능성이 높다고 볼 수도 있다. 그렇다면 이처럼 지어졌거나 과장된 이야기가《삼국사기》에 수록된 이유 또는 시기가 끌어올려진 이유가 무엇인지를 확인하는 것이 역사학자에게 주어진 과제라 할 것이다. 대체로 훗날 왕의 계보를 정리하면서 이러한 조작이 이루어졌다고 보거나, 신라가 사서를 편찬할 때(신라 진흥왕 6년(545)에 처음으로 국사國史를 편찬했다) 과거 복속시킨 소국들의 기록을 신라 중심으로 재편하는 과정에서 소국 지배층들의 '기억'이 신라 중심의 '역사'로 만들어진 데에 그 이유가 있다고 본다. 이러한 견해에 따르면 석우로 이야기는 한 사람이 아닌 여러 소국 지배층의 활약에 대한 기억이 신라의 군사적 영웅 석우로의 역사로 재정리된 것일 수도 있다. 이 또한 역사학의 영역에서 할 수 있는 이야기다.

물론 앞서 이야기한《삼국사기》기록을 대체로 믿는 입장의 역사학과 그 기록을 비판적으로 재구성하는 역사학 중 어느 하나가 우월하다

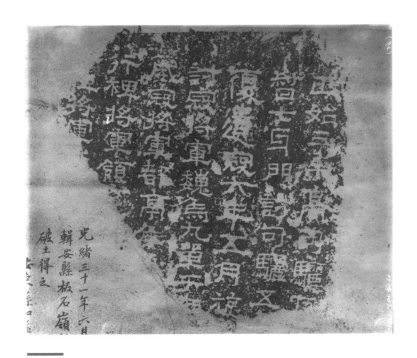

관구검기공비 탁본

중국 위나라의 장수 관구검이 244~245년에 고구려를 침략한 내용이 적혀 있다.

거나, 또는 어느 것 하나만이 진실이라고 단정할 수는 없다. 기록을 믿는 입장에서는 그 기록을 믿을 수 있는 이유가 무엇인지, 또는 어디까지가 진실이고 어디까지가 과장인지를 밝히는 데에 중점을 두고 사료를 비판한다. 반면에 기록을 비판적으로 재구성하는 입장에서는 기록의 오류가 발생한 이유가 무엇인지, 그리고 그 기록에서 역사적 사실을 얼마만큼 또는 어떻게 추출해낼 수 있는지에 중점을 두고 사료를 비판한다. 결국 두 입장 모두 엄정한 사료 비판을 통해 당대의 역사적 사실을 밝힌다는 역사학자의 임무를 충실하게 이행하고 있는 셈이다.
역사학자들은 오늘도 계속해서 사료에 말을 걸고 있다. 그리고 저마다
대답을 들었다 믿으며 그 대답을 세상에 알리고 있다.

참고문헌 ───────────────────────────────────

연민수, 《고대한일관계사》, 혜안, 1998
장창은, 《신라 상고기 정치변동과 고구려 관계》, 신서원, 2008

강종훈, 《《삼국사기》 열전에 보이는 4~5세기 신라인의 활약상》, 《신라문화》 38, 2011
이기동, 〈우로전설의 세계: 신라사상의 영웅시대〉, 《한국고대의 국가와 사회》, 일조각,
    1985
전덕재, 〈4세기 국제관계의 재편과 신라의 대응〉, 《역사와 현실3》 6, 2000
_____, 〈상고기 신라의 동해안지역 경영〉, 《역사문화연구》 45, 2013
하타다 다카시, 〈삼국사기 신라본기에 보이는 '왜倭'〉, 《고대 한일관계사의 이해-왜倭》,
    이론과 실천, 1994

'삼국통일'은
통일일까?

기
경
랑

'삼국통일'은 생각만큼 당연하지 않다

'신라는 삼국을 통일했다.' 대부분의 우리나라 사람들은 이 명제를 상식이라 생각할 것이다. 하지만 이 짧고 단순해 보이는 명제 뒷면에서는 지금 이 순간에도 역사학자들 간에 치열한 논쟁이 벌어지고 있다. 어떤 학자들은 '삼국통일'을 우리나라 역사상 최초의 통일이라고 평가하며 큰 의미를 부여한다. 반면 어떤 학자들은 신라가 외세를 끌어들인 점, 확보한 영역이 한반도에 국한됐다는 점을 들어 그 의미를 축소하기도 한다. 일각에서는 아예 통일이라는 용어 자체를 사용해서는 안된다는 주장도 제기된다. 고구려가 멸망하고 불과 30년 후에 고구려의 진정한 계승인 발해가 건국돼 남북국시대가 성립됐는데, 형식 논리상 어떻게 '삼국의 통일'이 될 수 있으며, '통일신라'가 될 수 있느냐는 것이다. 과연 7세기 당시에 신라인이 통일을 하려는 의지나 개념을 가지고 있기는 했는지 의문을 제기하기도 한다.

역사학자들 간에 존재하는 이견과 개념적 긴장은 모든 국민이 의무적으로 배우는 교과서에도 반영돼 있다. 1955년 고시된 제1차 교육과정에 따라 만들어진 예전 고등학교 국사교과서에서는 '통일신라와 발해의 문화'라는 단원명이 사용됐다. 신라에 의한 삼국통일과 그 결과물로서의 '통일신라'라는 개념이 확립돼 있었기 때문이다. 이러한 기조는 1981년 고시된 제4차 교육과정 교과서까지 변함없이 이어졌다. 그러다가 1988년 고시된 제5차 교육과정 교과서부터 변화가 발생했다. '남북국시대'라는 용어가 등장하게 된 것이다. 다만 '남북국시대'라는 용어가 등장했다고 해서 기존 교과서에서 사용된 '삼국통일'과 '통일신라'라는 용어가 사라진 것은 아니었다. 두 용어는 나란히 함께 실리게 됐다.

'남북국시대'라는 개념과 '삼국통일'이라는 개념은 하나가 성립하면 다른 하나는 성립하기 곤란한, 모순에 가까운 대립적 속성을 가지고 있다. 그러니 이들이 하나의 교과서 안에 공존하는 것은 어색한 상황이다. 전 국민이 배우는 교과서인데, 이래도 되는 것일까?

교과서 집필 지침을 만드는 쪽에서도 나름의 고충은 있을 것이다. 다만 교과서의 어정쩡한 모습은 '삼국통일'의 성격을 둘러싼 논쟁의 복잡성을 보여준다는 점에서 무척이나 상징적이다.

'삼국통일' 전쟁은 왜 일어났나

먼저 7세기에 벌어진 이 전쟁의 배경부터 살펴보자. 고구려, 백제, 신라 사이에서는 이미 수백 년간 전쟁이 반복되고 있는 상황이었다. 하지만 7세기의 '삼국통일' 전쟁은 특별한 측면이 있다. 국지전을 통해

제한된 영토와 백성을 빼앗아오는 것을 목표로 하는 게 아니라, 상대 국가의 멸망을 목표로 모든 수단을 동원하는 총력전 양상이 엿보이기 때문이다. 특히 신라가 보여준 결연함은 아주 인상적이다. 이는 당시 신라가 그만큼 위기에 몰린 상황이었기 때문이기도 하다.

642년의 일이다. 이제 즉위한 지 2년차에 접어든 백제 의자왕義慈王은 신라에 대한 대대적인 공세를 펼쳤다. 의자왕이 친히 군사를 거느리고 수행한 이 원정에서 신라의 40여 성이 함락됐다. 특히 전략적 요충지이던 대야성大耶城(지금의 경상남도 합천)이 함락된 것은 신라에 커다란 충격을 주었다. 대야성 함락은 당시 신라 정계의 중심인물 중 하나였던 김춘추金春秋 개인에게도 타격이었다. 대야성 성주가 그의 사위 김품석金品釋이었기 때문이다. 대야성이 함락될 때 사위는 물론 김춘추의 딸인 고타소랑古陀炤娘도 함께 목숨을 잃었다. 이 소식을 전해 들은 김춘추는 마치 넋을 잃은 사람처럼 하루 종일 기둥에 기대어 서서, 사람과 물건이 앞을 지나가도 알아보지 못했다고 한다. 그러다가 마침내 "슬프다! 대장부가 돼 어찌 백제를 삼키지 못하겠는가?"라고 내뱉고는 고구려에 군사를 청하는 사신의 임무를 자청했다. 고구려와 연계해 백제에 대항하려는 김춘추의 구상은 당시 고구려의 집권자였던 연개소문淵蓋蘇文의 고압적이고 적대적인 태도 때문에 실패했지만, 이후 김춘추는 왜와 당을 오가며 절박하게 국제 외교전을 펼쳐 나갔다.

잘 알려져 있다시피 김춘추는 이후 신라의 왕(태종무열왕太宗武烈王)이 된다. 김춘추 개인이 품은 원한은 곧 신라의 국가적 원한이 됐다. 660년 나당연합군이 백제의 왕도 사비성을 포위했을 때 김춘추 가문이 백제에 대해 가지고 있던 원한의 크기를 잘 보여주는 사건이 있었다. 당시 의자왕은 웅진성으로 몸을 피하고, 사비에 남아 있던 백제 왕자 부여융扶餘隆은 포위된 성에서 나와 항복했다. 그러자 김춘추의 아들이자 당시 신라의 태자였던 김법민金法敏(후에 문무왕文武王)이 부여융을 말 앞에 꿇어앉히고는 얼굴에 침을 뱉으며 이렇게 말했다.

> 전일에 너의 아비가 나의 누이를 원통히 죽여 옥중에 파묻은 일이 있다. 그것이 나를 20년 동안 마음 아프게 하고 골치를 앓게 했는데, 오늘 너의 목숨이 내 손안에 있구나.
> -《삼국사기》 권5, 〈신라본기〉 5, 태종무열왕 7년(660) 7월 13일

참기 힘든 모욕을 받았음에도 부여융은 땅에 엎드려 아무런 말도 하지 못했다. 김춘추 가문이 무려 20년 가까이 품어온 원한을 푸는 순간을 생생하게 묘사한 기록이다.

김춘추 가문의 원한과 복수심에 초점을 맞추어 바라보면 당시 신라의 전쟁 목표는 백제를 멸하는 데 있을 뿐이며, 고구려에 대해서는 큰 관심이 없었다는 해석도 제기될 수 있다. 하지만 전쟁의 성격을 종합적으로 이해하기 위해서는 시야를 더 넓힐 필요가 있다. 당시 신라는 한반도 내에서 외교적으로 고립돼 있었고, 고구려와 백제 양쪽의 파상적인 군사 공세에 시달리고 있었다. 나당연합군이 결성돼 백제를 멸망시킨 것은 660년이다. 그런데 불과 5년 전(655)만 하더라도 고구려와 백제의 연합 공격으로 신라 북쪽 변경 33성이 함락되는 등 신라는 심각하게 궁지에 몰려 있었다. 당시 신라가 느꼈을 위기의식은 나라의 존망을 우려하는 수준이었다. 김춘추 가문이 품고 있던 과거의 원한은 둘째치

태종무열왕릉비(귀부와 이수)
경상북도 경주시 소재

태종무열왕 표준 영정

고, 당장 나라가 살아남을 수 있느냐 없느냐의 절박한 상황이었다. 신라 입장에서 바다 건너 당과의 연계는 사실상 유일한 희망이었다. 동족 간 싸움에 비겁하게 외세를 끌어들였다는 후대인의 평가를 신라인에게 들려준다면 아마도 어이가 없어서 코웃음을 칠 것이다.

고구려, 백제, 신라 사람들은
서로 동족이라고 생각했을까

'삼국통일'에 대해 한국사 최초의 통일로 의미 부여를 한 사람들 중에는 고구려·백제·신라 사람들 간에 혈통이나 언어와 같은 유사성에 기반한 민족의식이 존재했다고 보는 경우도 있다. 삼국시대에 이미 같은 민족끼리 하나로 합쳐야 한다는 당위와 통일 의식이 존재했고, 이것이 신라가 '통일 전쟁'을 수행한 동력이었다는 것이다. 하지만 현재 역사학계에서 이러한 식의 이해는 그다지 지지를 받지 못한다. 고대 삼국 간에 적극적인 민족의식이나 통일 의식이 있었다고 볼 수 있을 만한 구체적인 자료가 딱히 없는 탓이다.

　삼국시대의 금석문 자료를 보면 오히려 상대를 나와 다른 존재로 인식하고 차별한 흔적을 확인할 수 있다. 예를 들어 414년에 세워진 고구려의 광개토왕비에는 고구려 백성을 제외한 한반도의 타 종족을 '한韓'이나 '예穢'라고 부르며 타자화하는 모습이 보인다. 장수왕 혹은 문자명왕 대에 세워진 것으로 추정되는 충주고구려비를 보면 신라를 동쪽 오랑캐라는 의미인 '동이東夷'라고 표현하기도 했다.

충주고구려비와 탁본 중 '동이매금東夷寐錦'(매금이란 신라의 왕호인 마립간의 다른 표기) 부분
충청북도 충주시 소재, 탁본은 성균관대학교박물관 소장

그렇다면 고구려·백제·신라 사람들은 마치 현재의 한국인·중국인· 일본인이 서로를 인식하는 것처럼 완전히 분리된 다른 계통의 존재로 상대를 대상화했을까? 그렇게 보기는 또 곤란하다. 어쨌든 고구려·백제·신라 사람들은 언어와 문화 면에서 일정한 친연성을 공유했다고 여겨진다.

고대 삼국의 언어에 대한 자료는 현재 거의 남아 있지 않아 그 실상을 정확히 파악하기 어렵다. 하지만 3세기 무렵의 사실을 전하는 중국 역사서 《삼국지》를 보면 한반도 북부와 만주 일대에 자리 잡고 있던 고구려와 부여, 동예, 옥저 등은 비슷한 언어와 풍습을 지닌 집단으로 기록돼 있다. 보통 이들을 예맥濊貊 계통의 종족이라고 묶어서 이해한다. 한편 한반도 중남부에는 마한, 진한, 변한의 삼한三韓이 있었다. 3세기 무렵 중국인은 한반도 중남부에 살던 이들을 '한韓'이라는 동일 종족명으로 묶어 인식했다. 그렇다면 마한, 진한, 변한 구성원 간에는 언어나 문화 면에서 동질적인 면이 있었다고 파악할 수 있다.

문제는 예맥과 한의 관계다. 두 집단의 말이 통했는지에 대해서는 명확하게 설명해주는 자료가 없어 애매한 구석이 있다. 하지만 역사학자들은 대체로 예맥과 한을 같은 계통으로 보고 있다. 7세기 초에 편찬된 중국의 《양서梁書》라는 역사서를 보면, 백제가 삼한에서 발생한 나라임을 밝히면서도 "지금의 언어와 옷차림은 고려(고구려)와 대략 같다"라고 서술했다. 결과적으로 고구려, 백제, 신라 간의 언어가 같은 계통이었다고 증언해주고 있는 셈이다.

지금도 우리나라 각 지방에는 사투리가 존재한다. 애초에 같은 나라였던 경험 없이 각각 성립한 삼국의 언어에는 다른 부분도 많았을 것이다. 하지만 의사소통에 장애가 있을 정도는 아니었던 것 같다.《삼국사기》나《삼국유사》를 보면 삼국인 간에 언어가 달라서 문제가 발생하거나 상호 대화 시 통역을 두었다는 식의 묘사는 없다. 이러한 언어적 동질성은 중국의 역대 국가를 비롯해 왜倭, 말갈靺鞨 등 아예 언어가 달랐던 주변 타 종족들과 크게 구분되는 요소였다. 삼국이 각각 국가 형태를 갖추고 중국이나 왜 등과 외교와 무역 등 교류를 전개할 무렵에는 통역 없이 대화를 할 수 있는 상대와 그렇지 않은 상대를 자연스럽게 구분 지어 인식했을 것이다.

물론 이것이 곧바로 '민족의식' 발현과 연결된다고 볼 수는 없다. 수백 년간 치열하게 전쟁을 되풀이하던 삼국 사람들은 '민족'보다는 각각 자신이 속한 나라에 대한 귀속감을 더 강하게 가졌을 것이다. 고구려·백제·신라인은 상호 언어가 같나는 데서 비롯한 동질감을 느낄 수 있었겠지만, 당시 사람들이 지니고 있었을 정체성이나 귀속감에서 이것이 결정적인 요소였다고 보기 어렵다. 그보다는 자신이 속한 가문 혹은 자신의 권력과 신분, 재산을 보장해주는 국가나 왕권에 대한 충성심 같은 것이 훨씬 중요했다. 물론 이 역시 상위 신분을 가진 이들에게나 해당하는 이야기다. 삼국의 구성원 대부분을 차지했을 피지배 계층의 경우는 이조차 상대적으로 희미했을 것이다. 그들의 세계관에서는 가족과 친족, 마을 정도가 가장 중요한 귀속감의 범위였을 것이다.

신라, '통일'의 명분을 만들다

신라와 당은 각자 이해관계를 맞추어 대규모 연합군을 결성했다. 나당 연합군의 공세에 660년 백제가 멸망했고, 668년에는 고구려마저 멸망했다. 문무왕은 고구려가 항복한 다음 해인 669년 2월 21일 천하에 교서를 내렸다. 그 내용은 다음과 같다.

> 지난날 신라는 두 나라 사이에 끼여서 북쪽은 정벌을 당하고 서쪽은 침략을 당해 잠시도 편안할 때가 없었다. 병사들은 해골을 드러내어 들판에 쌓였고 몸과 머리는 경계에서 서로 나뉘어 뒹굴었다. 선왕께서는 백성들의 잔혹한 피해를 불쌍히 여겨 천승(제후-필자)의 귀하심을 잊고서 바다를 건너 중국에 들어가 황제께 군사를 요청하셨다. (이것은) 본래 두 나라를 평정해 영원히 싸움이 없게 하고, 여러 대에 걸친 깊은 원한을 설욕하며 백성들의 남은 목숨을 온전히 하려는 것이었다. (선왕께서) 백제는 비록 평정했지만 고구려는 아직 멸망시키지 못했는데, 과인이 평정을 이루려는 유업을 이어받아 마침내 선왕의 뜻을 이루게 됐다. 지금 두 적은 이미 평정돼 사방이 안정되고 편안해졌다….
> -《삼국사기》 권6, 〈신라본기〉 6, 문무왕 9년(669) 2월 21일

문무왕의 교서 내용을 보면 이때까지만 해도 신라는 고구려와 백제를 자국의 안전을 위협하며 괴롭히는 '적'으로 인식했다. 이들을 멸한 것은 평화와 안정을 위한 '평정'의 의미였다. 하지만 시간이 흐름에 따라 이 전쟁에는 다른 의미가 부여됐다. 673년 김유신이 고령으로 생명

이 위독해지자 문무왕이 찾아왔다. 이때 김유신이 한 발언을 보자.

> 신은 어리석고 못났으니 어찌 능히 나라에 이로울 것이 있겠습니까? 다
> 행히도 밝으신 임금께서 (저를) 등용하고서는 의심하지 않으셨고 일을
> 맡겨서는 다른 마음을 가지지 않으셨으니 그런 까닭에 대왕의 현명함
> 에 기대어 자그마한 공이라도 세울 수 있었습니다. **삼한이 한집안을 이**
> **루었으니 백성들은 두 마음을 가지지 않게 됐고** 비록 태평에는 이르지
> 못했지만 또한 세상이 안정됐다고는 할 만하옵니다….
> - 《삼국사기》 권43, 〈열전〉 3, 김유신 하

김유신은 문무왕에게 '삼한이 한집안을 이루었다'고 표현했다. 고구
려와 백제를 타자인 '적'으로 규정하고 평정 대상으로 보았던 앞의 교
서 내용과는 뉘앙스 차이가 느껴진다. '한집안이 됐다'는 것은 이제 상
대가 나와 동류가 됐다는 것으로서 포용의 의미를 띠기 때문이다.

어떤 사람들은 여기서 왜 '삼국이 한집안을 이루었다'고 하지 않고,
'삼한이 한집안을 이루었다'고 했는지 의아해할 수도 있을 것이다. 이
는 당시의 관용적 표현이다. 삼한은 원래 3세기 무렵 한반도 중남부에
존재하던 정치체 내지 종족 이름이다. 7세기에는 이미 사라진 지 오래
였다. 그러나 6세기 말에서 7세기 초 무렵 중국 수나라와 당나라에서
는 고구려, 백제, 신라가 소재한 한반도 지역을 가리키는 관용어로 '삼
한'이라는 표현을 흔히 사용했다. 당과 밀접하게 교류하던 신라도 이러
한 관용적 표현을 수용해 사용했고, 이러한 용법 사용은 고려와 조선
으로까지 이어졌다. 조선 말기에 '대한大韓'이라는 새로운 국호가 등장

김유신 묘
경상북도 경주시 소재

김유신 표준 영정

하게 된 것도 다 이런 이유에서다.

　그런데 하나 주의해야 할 점이 있다. 〈김유신 열전〉에 실린 저 발언을 실제 김유신이 했는지는 의심스럽기 때문이다. 김유신이 사망한 673년은 나당전쟁이 한창 전개될 무렵이기 때문에 '세상이 안정됐다'는 발언은 당시 상황과 그다지 어울리지 않는다. 《삼국사기》 〈김유신 열전〉 자체는 어디까지나 고려시대에 작성된 것이기 때문에 아마도 김유신 후손들이 김유신의 행적을 기록한 문서 등에서 조상의 업적을 윤색하기 위해 지어낸 내용을 《삼국사기》에 그대로 옮겼을 가능성이 높다는 지적이 학계 일각에서 제기됐다. 일리가 있는 이야기다.

　다만 신라 당대에 이미 7세기에 수행한 전쟁을 바라보는 인식에 변화가 발생한 것은 분명해 보인다. 《삼국유사》의 '태종춘추공' 조를 보면 김유신과 함께 '삼국통일'의 또 다른 주역으로 언급되는 태종무열왕 김춘추에 대해 "왕은 유신과 함께 신비스러운 계책과 큰 힘으로 **삼한을 일통**(一統三韓)해 사직에 큰 공을 이룩했다. 그렇기 때문에 묘호를 태종이라 했다"라고 했다. 또 "거룩한 신하 김유신을 얻어 **삼국을 일통**(一統三國)했기 때문에 '태종'이라 한 것"이라고도 설명하고 있다. 신라시대의 금석문 사례를 보더라도 그러한 변화를 알 수 있는데, 7세기 말의 것으로 추정되는 청주 운천동 신라사적비의 "삼한을 합해 땅을 넓혔다(合三韓而廣地)"라는 표현이라든지, 872년 만들어진 황룡사 9층 목탑 금동찰주본기의 "과연 삼한을 합하게 됐다(果合三韓)"라는 등의 표현이 그것이다. 이러한 금석문의 용례는 그 외에도 많다. 이 같은 자료를 통해 보면 신라인은 어느 사이엔가 고구려와 백제를 무너뜨린 업적에 대해 '정벌'이나 '평정'보다는 '일통' 혹은 '통일'이라고 의미를 부여했다고

청주 운천동 신라사적비 탁본
"삼한을 합해 땅을 넓혔다"라는 문구를 볼 수 있다.
성균관대학교박물관 소장

볼 수 있다.

여기서 통일의 개념에 대해 짚고 넘어갈 필요가 있다. 어떤 이들은 통일이란 '원래 하나였다가 여러 개로 나누어진 것이 다시 하나로 합쳐지는 것'을 의미하는 것이라고 규정하며, '신라가 삼국을 통일했다'는 명제는 성립할 수 없다고 말한다. 고구려, 백제, 신라는 원래 하나였던 적이 없기 때문이다.

그런데 표준국어대사전에서 '통일'이라는 단어를 검색해보면 "나누어진 것들을 합쳐서 하나의 조직·체계 아래로 모이게 함"이라고 정의하면서, '일통'과 비슷한 말이라고 설명하고 있다. 여기서 '나누어진 것'이라는 표현에 대해 '원래 하나였다가 여러 개로 나누어진 것'이라는 의미라고 단정적으로 규정지을 수는 없다. '나누어진 것'에는 '원래부터 나누어져 있는 것'이란 의미도 포함될 수 있기 때문이다. 더구나 고려 시대 문헌인《삼국유사》등에 이미 '삼한을 **일통**하다', '삼국을 **일통**하다' 같은 표현이 등장하므로, 통일이란 '원래 하나였다가 여러 개로 나누어진 것이 다시 하나로 합쳐지는 것'만을 의미한다고 도식화해서 정의하는 것은 큰 의미가 없다. 중국의 사례를 보더라도 진나라가 전국시대를 '통일'했다고 표현하곤 하는데, 전국시대의 각 나라가 원래 하나의 나라였다가 갈라졌던 것은 아니다. 다만 '통일'이라는 용어에 합쳐져야 마땅할 것이 합쳐졌다는 당위성이 내포돼 있다는 점만큼은 인정할 수 있을 것이다.

그렇다면 신라인의 일통 의식은 어떤 이유에서 그리고 언제부터 형성됐을까? 가장 중요한 계기는 역시 나당전쟁이라 볼 수 있다. 신라는 한반도 전역을 통제하에 두려는 당의 의도를 순순히 받아들일 수 없었다. 목숨을 걸고 전쟁에 참여한 만큼 자신의 몫 정도는 챙길 자격이 있다고 생각했을 것이다. 하지만 이를 관철하기 위해서는 당과의 대결을 각오해야 했다.

당은 대국이었다. 신라 혼자 감당하기에는 버거운 상대였다. 그러니 고구려와 백제 유민의 힘을 빌리지 않을 수 없었다. 670년 압록강 너머 옥골屋骨(고구려의 오골성烏骨城, 지금의 중국 랴오닝성遼寧省 봉청鳳城)에서 나당전쟁의 시작을 알리는 전투가 벌어졌다. 설오유薛烏儒가 이끄는 신라군과 고연무高延武가 이끄는 고구려 부흥군의 연합작전이었다. 힘을 빌리기로 한 이상 고구려와 백제 유민을 대하는 태도에 변화가 필요했다. 어쨌든 고구려와 백제는 당과 달리 언어와 문화 면에서 신라와 일정한 동질성을 가지고 있는 존재였다. 그렇다면 신라 입장에서도 이를 최대한 강조하며 세력 간의 결합력을 높이고 공동의 적인 당과 상대해야 했을 것이다.

신라가 영토와 백성을 온전히 흡수한 백제뿐 아니라 그 일부만을 취했던 고구려에 대해서도 일통의 대상으로 인식할 수 있었던 또 다른 이유가 있다. 신라는 670년 보장왕寶藏王의 외손이자 고구려 부흥 세력을 이끌고 있던 안승安勝을 고구려 왕으로 봉했다. 그 책문冊文(왕이 신하에게 내리는 글) 내용을 보면 "선왕의 정당한 계승자는 오직 공이 있을 뿐이니, 제사를 주관하는 데 공이 아니면 누가 하겠는가?"라고 표현돼 있다. 고구려는 이미 망했지만, 여기 안승이 그 정당한 후계자가 됐노라고 신라 정부가 공인한 것이다.

이 책문의 내용에는 재미있는 구석이 있다. 고구려를 멸망시킨 것은 다름 아닌 당과 연합군을 형성한 신라 자신이다. 하지만 이에 대한 언급은 일절 없다. 그저 연개소문의 자식인 남건男建과 남산男産 때문에 불화가 일어나 집안과 나라가 모두 망했다는 식으로 둘러 표현하고 있다. 어차피 정치적 목적을 가지고 만들어진 문서인 만큼 굳이 사실을 그대로 적시해 고구려 유민들에게 껄끄러운 마음이 들게 할 필요는 없었을 것이다.

안승은 674년에 보덕왕報德王으로 봉해졌다가 680년에 문무왕의 조카와 혼인을 했다. 정식으로 신라 왕실의 일원으로 편입된 셈이다. 이제 명분상으로 '고구려 왕실의 정당하고도 유일한 계승자'는 신라 왕실과 한식구가 됐다. 이러한 명분이 갖추어졌기 때문에 비록 획득한 고구려 영토와 백성이 일부에 그쳤음에도, 신라는 고구려와 백제 모두를 아우르며 일통을 이루었다고 자부할 수 있었던 것이다.

선을 넘지 않는 신라

그렇다면 신라는 왜 고구려 땅을 대동강 이남까지만 차지하고 말았을
까? 기왕이면 만주 일대까지 밀고 올라가 차지해버리면 좋지 않았을
까. 아마도 당시 신라는 '딱 여기까지만 우리 몫'이라는 인식을 강하게
가졌던 것 같다. 이와 관련해 주목되는 자료가 671년 나당전쟁 초입부
에 당의 장수인 설인귀가 당 황제의 은혜를 저버린 문무왕을 나무라는
내용의 서신을 보내온 것에 대해 문무왕이 보낸 답서 내용이다.

> 선왕(태종무열왕)께서 정관 22년(648)에 입조해 태종 문황제를 직접 뵙
> 고서 은혜로운 칙명을 받았습니다.
> "짐이 지금 고(구)려를 정벌하는 것은 다른 이유가 없다. 너희 신라가 두
> 나라 사이에 끼여 매번 침략을 당해 편안할 때가 없는 것을 불쌍히 여기
> 기 때문이다. 산천과 토지는 내가 탐내는 바가 아니고, 옥과 비단과 사람
> 들은 내가 가지고 있는 바다. 내가 두 나라를 평정하고 **평양 이남 백제
> 토지**'는 모두 너희 신라에게 주어(平壤已南 百濟土地 並乞你新羅) 길이 편
> 안하게 하겠다" 하시고는 계획을 주시고, 군사 행동의 시기를 내리셨습
> 니다.
> ─《삼국사기》 권7, 〈신라본기〉 7, 문무왕 11년(671) 가을 7월 26일

이에 따르면 648년 김춘추가 당으로 건너가 당태종을 만났을 때 약조한 내용이 등장한다. 당시 당태종은 645년에 실패한 고구려 원정에 대해 절치부심하며 재침공의 기회를 노리고 있었다. 이때 신라가 협력하겠다고 접근해 오자 자신이 고구려와 백제를 멸망시킨 다음에는 평양 이남의 고구려 땅과 백제 땅을 모두 신라에게 주겠다고 약속했다는 것이다. 신라는 과거 당태종이 한 약조를 거론하며, 한반도에서 평양 이남 지역은 모두 신라의 몫이 돼야 한다고 설인귀에게 강변했다.

당태종 초상

이 자료의 내용을 어떻게 해석할지에 대해서는 학계에 논란이 존재한다. 혹자는 과연 당태종이 저러한 약속을 했을 것인가 진실성을 의심하기도 하고, 혹자는 정황상 신라가 근거도 없이 일방적으로 지어낸 이야기로 보기는 어렵다고 한다. 어쨌든 분명한 것은 671년 시점에서 신라가 당 측에 자신의 몫으로 딱 부러지게 제시한 것이 '평양 이남 백제 토지'라는 점은 분명하다는 것이다.

'삼국통일'이라는 개념에 반대하며, 7세기 전쟁 당시 신라는 백제를 병합하는 데만 관심을 가지고 있었다고 주장하는 학자들은 '평양 이남 백제 토지'라는 구절에 대해 다른 해석을 제시하기도 한다. '평양 이남에 있는 백제의 토지'만을 의미한다고 보거나, '평양 이남은 곧 백제의 토지'라는 의미로 해석하는 것이다. 신라가 고구려 영토에 일부라도 관심을 가지고 있었고, 자신의 몫이라고 의식했다면 곧 신라가 처음부터 '삼국통일' 의식과 의지를 가지고 있었다는 이야기로 흐를 여지가 있으므로, 이를 논리적으로 차단하기 위함이다.

그러나 문장이 배치된 전체 맥락을 따져보면 '평양 이남 백제 토지'는 역시 '평양 이남의 고구려 토지와 백제 토지'를 뜻한다고 해석하는 편이 자연스럽다. 648년 김춘추를 만났을 무렵 당태종의 주된 관심사는 바로 얼마 전 실패해버린 고구려 침공이었다. 그렇기에 서두에서부터 '고구려를 정벌하는 이유'를 구구절절하게 설명한 것이다. 그러고 나서 신라 측에 자신은 영토에 대한 욕심이 없음을 강조한 다음, 만약 고구려와 백제 '두 나라를 평정하게 되면'이라는 가정을 제시하면서 신라에게는 협력의 대가로 '평양 이남 백제 토지'를 넘기겠다고 언급했다. 뒤에 곧바로 이어지는 '모두(함께) 너희 신라에게 주겠다(並乞你新羅)'는 표현 역시 그 앞에 나열된 '고구려 영토'와 '백제 영토'라는 대상에 호응하는 것으로 이해하는 것이 자연스럽다. '병並'이라는 글자에는 '함께, 나란히, 아울러'라는 의미가 있기 때문이다.

스스로 제시한 자기 몫이 저러했기 때문에 신라는 당군이 한반도에서 철수한 이후에도 공격적으로 북쪽으로 밀고 올라가려는 의지를 보이지 않았다. 심지어 당을 자극하지 않기 위해 임진강 이북 대동강 이남 일대를 판도에 넣는 것에 대해서도 매우 조심스러운 태도를 보인다. 혹여 당을 자극했다가 두 나라 사이에 전쟁이 재개되는 것을 원치 않았기 때문일 것이다. 결국 신라는 735년 외교적 노력 끝에 당에 대동

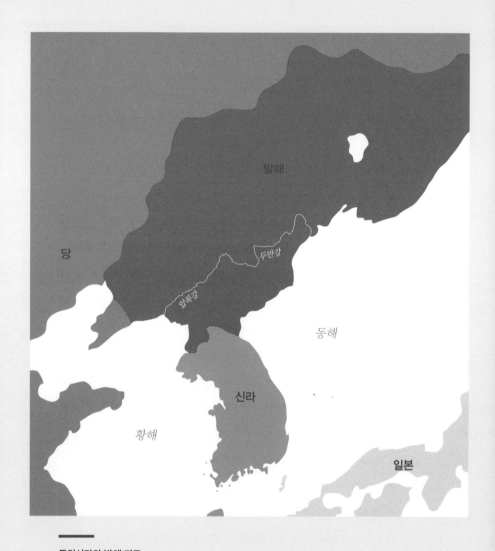

통일신라와 발해 지도

강 이남 지역에 대한 소유권을 공식적으로 인정받는다. 정식으로 군현을 설치한 것도 그 이후였다. 이렇게 신라는 자신이 그어놓은 선을 결코 넘지 않았다.

결국 발해사가 문제

7세기 신라는 국가적 위기를 드라마틱하게 극복하고 전쟁에서 최종 승자가 됐다. 그리고 자신들이 이룬 업적을 '삼한일통', '삼국통일'이라 규정했다. 문제는 698년 건국된 발해였다. 고구려가 멸망한 지 30년 만에 등장한 발해는 고구려의 북방 영토 대부분을 판도에 넣었고, 나중에는 '해동성국海東盛國'이라 불릴 정도로 강성한 나라가 됐다. 이러한 발해가 고구려의 진정한 계승자이자 부활이라면, 신라가 내세운 '삼국통일'은 그 의미를 상당 부분 잃게 된다.

당시 기록을 살펴보면 발해 스스로 고구려를 계승했다고 표방했던 것은 분명하다. 일본 측 문헌인 《속일본기》에는 당시 발해와 일본 사이에 오갔던 외교 문서 내용이 실려 있어 후대에 중요한 참고 자료가 된다.

> 무예가 아룁니다. (중략) 무예는 황송스럽게도 대국을 맡아 외람되게 여러 번들을 함부로 총괄하며, **고려의 옛 땅을 회복하고 부여의 습속을 가지고 있습니다**….
> ─《속일본기》 권10, 쇼무 천황, 진키 5년(728) 1월 17일

고려 국왕 대흠무가 아룁니다. 일본에서 팔방을 비추던 성명 황제(쇼무 천황-필자)께서 천궁으로 승하했다는 소식을 듣고 슬프고 추모하는 마음에 가만히 있을 수 없었습니다….

-《속일본기》권22, 준닌 천황, 덴표호지 3년(759) 1월 3일

천황이 고려 국왕에게 삼가 문안드립니다. 양승경 등으로 하여금 멀리 바다를 건너 와서 국상을 조문하고 정성을 은근하게 표시하니 아픈 마음이 더해집니다.

-《속일본기》권22, 준닌 천황, 덴표호지 3년(759) 2월 1일

이를 보면 발해 국왕은 고려와 부여의 계승을 표방했고, 스스로를 '고려 국왕'이라고 칭했다. 일본 역시 답신에서 '고려 국왕'이라는 호칭을 사용했다. 여기서 '고려'는 바로 '고구려'를 말한다. 고구려는 원래 존속 당시부터 '고려'라는 국호를 사용했다. '고려'라는 국호를 정식화한 것이 언제부터인지는 정확히 알기 어렵지만 역사학자들은 대체로 장수왕 무렵부터가 아닐까 짐작하고 있다. 고구려 당대의 금석문인 충주고구려비에도 '고려'라는 표현이 등장한다. 다만 후대의 왕건王建이 세운 고려와의 혼선을 피하기 위해 삼국시대의 국가명을 '고구려'로 통일해 부르는 게 일반적이다.

앞의 자료만 놓고 보면 발해를 고구려의 계승국이자 부활체로 보는 데 아무런 문제가 없어 보인다. 하지만 그렇게 간단하지만은 않다. '선언'과 '실제'는 또 다른 차원의 문제이기 때문이다. 과거에 존재했던 강대국의 유산을 자신이 이어받았노라고 선언하거나 수사적으로 활용

하는 것은 흔히 있는 일이다. 발해는 고구려의 옛 영토에서 일어난 나라이고, 고구려 멸망과 발해 건국 사이에는 30년의 시차밖에 존재하지 않는 만큼 실제로 고구려 유민 상당수가 발해 건국에 참여한 것은 분명하다. 그러나 발해에는 고구려 유민 말고도 또 다른 중요한 구성 주체가 존재한다는 사실을 잊어서는 안 된다. 바로 말갈이다.

말갈은 만주 일대에 살고 있던 종족으로, 과거에는 읍루邑婁·숙신肅愼·물길勿吉 등으로도 불린 이들이다. 고려시대와 조선시대에 여진女眞이라 불린 이들이 바로 그 후손이다. 말갈은 부여, 고구려 등을 구성했던 예맥족과는 언어와 습속이 완전히 다른 별개 종족이었다. 일부는 고구려 통제하에 들어가 전쟁에 동원되기도 하는 복속 집단이 되기도 했지만, 상당수는 고구려 영역 바깥에서 독자 세력으로 존재했다. 그런데 발해 건국자인 대조영大祚榮이 바로 이 말갈 계통으로 여겨진다. 이와 관련해 중국 역사서인 《구당서》와 《신당서》 내용을 한번 살펴보자.

발해말갈 대조영은 본래 고려별종이다.
- 《구당서》 권199, 〈열전〉 199 하, '발해말갈전'

발해는 본래 속말말갈이며 고려에 부속됐던 자들이다. 성은 대씨다.
- 《신당서》 권219, 〈열전〉 144, '발해전'

대조영이 고구려인이냐, 말갈인이냐를 두고 논란이 크게 일었던 적이 있다. 대조영을 고구려인이라고 보는 이들은 《구당서》에 실려 있는 '고려별종'이라는 내용을 강조했다. 반면 말갈인이라고 보는 이들은《신당서》에 실려 있는 '속말말갈'이라는 내용을 강조했다. 《삼국지》 '동이전'을 보면 '고구려는 부여별종'이라고 기록돼 있다. 이를 감안하면 '별종'이라는 표현은 '계통을 같이하면서도 갈라져 나온 집단' 정도의 뜻으로 이해할 수 있다. 하지만 대조영이 고려별종이라는 내용이 실려 있는《구당서》조차도 표제는 '발해말갈'이라는 점을 주목하지 않을 수 없다. 따라서 대조영이 순수한 고구려인이라고 애써 주장하기보다는 고구려에 부속돼 있던 말갈계 인물이었다고 보는 편이 합리적인 해석이라 할 수 있다.

우리나라에서는 발해의 나라 구성에서 고구려인이 지배 계층, 말갈인이 피지배 계층을 형성했을 것이라는 해석이 널리 퍼져 있다. 하지만 이 역시 의문이 든다. 어떻게 고구려인은 모두 지배 계층이 되고, 말갈인은 모두 피지배 계층이 될 수 있을까. 이는 발해를 온전한 고구려의 계승국으로 간주하고 싶은 한국인의 욕망이 반영된 시각이라 볼 수 있다. 이에 방해가 되는 말갈을 '피지배 계층'으로 몰아 역할을 제한함으로써 중요도가 낮은 존재로 이해하고 싶어 하는 것이다.

발해의 성립에 고구려 유민이 심대한 기여를 한 것은 사실일 것이다. 하지만 우리나라에서는 지나치게 이 부분만을 강조하고 말갈의 지분을 과소평가하거나 외면하려는 경향이 있다. 《구당서》와《신당서》의 내용을 공정하고 객관적으로 수용한다면, 역시 발해는 말갈인과 고구려 유민의 혼합적 성격을 띤 나라였다고 보는 편이 타당할 것이다. 《구당서》와《신당서》가 '말갈'을 강조한 것을 보면 오히려 말갈의 지분이 더 크다고 볼 수도 있다. 그리고 이 점이야말로 한국사에서 남북국 시대론이 가지는 가장 큰 약점이다. 발해를 구성했던 말갈의 지분을 고려한다면, 발해사를 일방적으로 '한국사' 영역으로 끌고 와 신라사와 일대일로 대응해 인식하는 '남북국시대'라는 개념은 문제가 될 수 있기 때문이다.

유득공의 《발해고》 표지
국립민속박물관 소장

발해사를 바라보는 관점은 역사상으로 보더라도 복잡하게 변화했다. 신라 때 최치원은 고구려의 남은 무리가 모여 발해를 만들었다고 하면서도, 발해의 원류는 본래 고구려가 망하기 전에 붙어 있던 사마귀 같은 부락으로, 말갈의 족속이자 오랑캐라고 비난했다. 발해는 고구려의 잔당이면서 동시에 말갈 족속이기도 하다는 이중적 인식을 드러낸 것이다. 반면 고려 태조 왕건은 발해에 우호적이었다. 926년 발해가 멸망하며 망명자가 대규모로 발생하자 이를 기꺼이 받아들였으며, 귀화한 발해의 세자 대광현大光顯에게는 왕실의 성을 하사하며 고려 종실 족보에 넣어주었다. 왕건이 거란이 보내온 사신을 유배 보내고, 선물로 보내온 낙타 50마리를 만부교에 매어 굶겨 죽인 사건도 유명하다. 하지만 조선 초의 대표적 관찬 사서인 《동국통감》을 보면 이와는 상당한 온도 차이를 느낄 수 있다. 《동국통감》의 편찬자인 서거정徐居正의 발언을 보자.

거란이 발해에 신의를 저버린 것이 우리와 무슨 상관이 있어서 발해를 위해 보복을 한다고 하는가.

-《동국통감》권13, 고려 태조 25년(942) 사론

《동국통감》에서는 발해를 우리 역사로 인식하지 않았다. 단지 인접국이자 말갈의 역사로 취급했다. 이러한 인식은 대체로 조선 후기까지 이어졌다. 그러다가 점차 발해사를 한국사의 범주로 끌어들여 해석하는 인식이 등장하는데, 그 대표적인 사례가 유득공柳得恭의《발해고》다.

유득공은《발해고》서문에서 "부여씨(백제)가 망하고 고씨(고구려)가 망하자 김씨(신라)가 그 남쪽을 영유했고, 대씨(발해)가 그 북쪽을 영유해 발해라 했다. 이것이 남북국이라 부르는 것으로 마땅히 남북국사가 있어야 했음에도 고려가 이를 편찬하지 않은 것은 잘못된 일이다"라고 했다. 지금까지도 영향력을 발휘하는 남북국시대론의 기틀이 여기서 세워진 것이다. 다만 이러한 유득공의 역사 인식이 다분히 왕조사적 계통론과 영토 계승적 측면에 초점이 맞추어져 있다는 것에 주의할 필요가 있다. 그 나라를 구성했던 '사람'에 좀 더 집중한다면 말갈인이 주체로서 참여한 발해사는 분명 경계적 성격을 지니고 있기 때문이다.

발해사는 간단하게 '우리 민족의 역사' 개념으로 편재하기에 곤란한 역사다. 그렇다고 해서 발해사가 결함이 있는 역사라는 뜻은 아니다. 이 세상이 또렷한 원색만으로 이루어진 것이 아니듯, 역사에서도 여러 색이 겹치거나 혼합된 영역은 얼마든지 존재할 수 있다. 그렇다면 오히려 이것을 발해사가 가진 소중하고 고유한 특성으로 이해하고 존중해주는 태도가 필요하지 않을까. 발해는 고구려의 유산을 상당 부분 물려받았고, 그 영토의 일부는 한반도에 걸쳐 있었다. 또한 멸망 이후 많은 유민이 고려로 넘어와 한국사의 흐름에 합류했다. 이러한 점을 감안하면 발해사를 한국사의 영역에서 다루는 것 자체는 가능하겠지만, 이 나라가 품고 있는 '비한국사'적 요소들 역시 외면하거나 가치 절하하지 말고, 공정하게 평가하며 조명해야 할 것이다.

'삼국통일'을 넘어선 대안의 모색

앞서 살펴본 것처럼 남북국시대론의 논리적 기반에는 위태로운 면이 있다. 따라서 전통적인 삼국통일론을 완벽하게 대체할 수 있는 개념이라고 말하기는 어렵다. 하지만 삼국통일론 역시 불완전한 면이 존재한다.

신라인은 자신들이 7세기에 이룬 업적을 중국이나 왜 등과 구분되는 아세계我世界의 통일로 인식했다. 하지만 신라인이 그러한 주관적 인식을 가지고 있었다고 해서 현재의 우리가 그것을 그대로 인정하고 수용해야 할 의무는 없다. 객관적 사실만을 본다면 어쨌든 '통일신라'에는 과거 고구려 영토와 인민의 전체가 포섭되지는 않았다. 그렇기 때문에 '불완전한 통일'이라는 수식이 사용되기도 한다. 하지만 이는 형용모순에 가깝다는 점에서 궁색한 면이 있다.

최근에는 '삼국통일전쟁'의 국제전으로서의 성격에 주목해야 한다는 주장이 목소리를 높이고 있다. '삼국통일전쟁'이라는 표현에는 '당'이라는 전쟁의 핵심 주체가 배제돼 있다는 것이다. 실제로 당은 이 전쟁에 십수만의 병력을 동원했고, 고구려와 백제의 멸망에 결정적 역할을 했다. 여기에 왜의 참전 역시 간과할 수 없다. 왜는 백제 부흥 운동을 지원하기 위해 663년 수만 명의 병력을 파견해 백강白江에서 신라·당 연합군과 대규모 전투를 벌였다. '삼국통일전쟁'이라는 이름은 이 전쟁의 실상에 비해 참여 주체와 국제적 영향력의 범주를 너무 축소한 감이 있다.

하지만 아직까지 '삼국통일'이나 '삼국통일전쟁'이라는 표현을 대체할 만한 딱 떨어지는 대안이 제시됐다고 보기 어렵다. 따라서 많은 한계가 지적됐음에도 '삼국통일'이라는 개념과 표현은 한동안 계속 사용될 것으로 보인다. 7세기에 발생했던 이 역사적 사건의 의미를 더욱 정교하게 입체적으로 분석하다 보면 언젠가는 많은 역사 연구자들이 합의할 수 있는 새로운 개념과 표현이 도출될 수 있을 것이다.

참고문헌 ─────────────────────────────

기경량, 〈'일통삼한 의식'과 표상으로서의 '삼한'〉, 《역사비평》 128, 2019
김영하, 〈일통삼한의 실상과 의식〉, 《한국고대사연구》 59, 2010
노태돈, 〈7세기 전쟁의 성격을 둘러싼 논의〉, 《한국사연구》 154, 2011
송기호, 〈조선시대 사서에 나타난 발해관〉, 《한국사연구》 72, 1991
윤경진, 〈신라의 영토의식과 삼한일통의식〉, 《역사비평》 126, 2019
이재환, 〈7세기 중·후반 동북아시아의 전쟁을 어떻게 부를 것인가?〉, 《역사비평》 126, 2019

출격! 조선 총잡이, 러시아와 맞서다

강진원

유럽 세력과의 첫 충돌

아마 평범한 대한민국 시민에게 "우리나라가 처음으로 유럽과 싸운 사건이 무엇인가요?"라고 묻는다면, 아마 적지 않은 사람들이 '병인양요'라고 대답할 것이다. 병인양요, 그렇다. 1866년 강화도에 침공한 프랑스군과 조선군의 격전을 말한다. 꽤 그럴싸하나 정답은 아니다. 그보다 200년도 더 전에 조선은 러시아와 싸운 적이 있기 때문이다. 한국사교과서 뒤편 연표에 분명히 기재된, 하지만 자세히 배우지는 않은 그 전투, 바로 '나선정벌'이다. 여기서 나선은 당시 청에서 러시아를 가리키던 표현이다.

사실 우리나라는 물론이요, 중국이나 러시아에서도 이 사건을 잘 아는 이가 많지는 않다. 러시아에서는 동북아시아, 그네들 표현으로는 '극동'으로 힘을 뻗쳐가는 과정 중에 일어난 충돌 중 하나로 보고, 중국에서도 17세기 말까지 이어진 러시아와의 국경 분쟁 중에 일어난 사건의 하나로 이해하고 있다. 동원된 병력 규모가 상대적으로 작아서 더욱 그러한지 모르겠다. 하지만 이 전투가 지니는 의미는 상당하다. 이는 비단 우리, 즉 조선이 개입돼서만은 아니다. 청과 러시아는 말할 것도 없고, 카자크인이나 쑹화강에서 헤이룽강 일대에 거주하던 원주민 그리고 조선에 이르기까지 다양한 종족이 참여했을 뿐 아니라, 대륙 방면에서 유럽과 동아시아 세계가 격돌했기 때문이다. 당시까지만 해도 서세동점, 다시 말해 유럽 열강의 힘이 동아시아를 압도하지 않았기에 이 전투는 '모든 것이 변화하기 전'의 군사적 충돌 양상을 보여 준다는 점에서 보자면 더욱 의미가 크다.

아무르강에서 만난 두 제국

청과 러시아의 충돌은 러시아의 동진에서 비롯했다. 당시 러시아는 유럽 각국에 모피를 팔아 부를 축적했는데, 모피 수요가 늘어남에 따라 자연스럽게 동쪽으로 눈을 돌리게 된 것이다. 흔히 러시아를 아시아와 유럽에 걸친 나라라고 할 때 그 기준이 되는 것이 우랄산맥인데, 1581년 러시아가 드디어 우랄산맥을 넘어 동쪽으로 나아가기 시작했다.

러시아의 동진을 주도한 이들은 카자크인이었다. 카자크인은 원原러시아, 즉 러시아가 우랄산맥 서쪽에 자리하고 있을 때 국경 지역에 살며 차르의 직접 통제를 받지 않던 자유인을 말한다. 차르는 전투 능력이 뛰어난 이들을 동원해 동쪽으로 나아갔다. 시베리아 일대에는 세로로 흐르는 하천이 많았는데, 카자크인은 배를 타고 강을 따라 이동하며 총기를 이용해 원주민을 제압해 나갔고, 요충지에 요새를 만들어

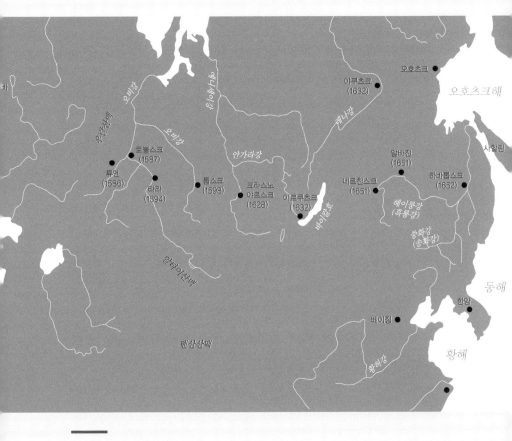

16~17세기 러시아의 동진

영역을 확보했다. 오늘날 시베리아 일대의 주요 도시 상당수는 이때 처음으로 만들어졌다. 이들의 장기간에 걸친 정복 활동에는 차르뿐 아니라 모피 무역 상인도 함께했다.

러시아의 세력 확장은 순조로웠다. 15세기 말 격전을 치른 우랄산맥 동쪽 오비강 유역의 시비르한국을 제외하면 이 일대에 이렇다 할 국가가 없었고, 소수의 원주민 집단이 수렵이나 목축에 종사하던 상황이었기 때문이다. 카자크인은 1598년 톰스크를 건설함으로써 서시베리아 지역에 교두보를 마련했고, 이후 동시베리아 지역으로 나아가 1632년 바이칼호와 레나강 유역을 손에 넣었으며, 1646년에는 오호츠크 요새를 만들어 태평양과 마주하게 됐다. 동진을 시작한 이래 불과 60여 년 만에 아시아 대륙을 관통하게 된 셈이다. 이후 카자크인은 남쪽으로 시선을 돌려 아무르강, 즉 헤이룽강 유역으로 나아가 1651년 알바진, 1652년 하바롭스크 요새를 건설하기에 이른다. 북만주에 파란 눈의 사람들이 나타난 것이다.

그런데 북만주에 살던 종족에게 카자크인은 반가운 손님이 아니었다. 약탈이 심했기 때문이다. 애초 카자크인은 러시아 차르가 직접 통제하는 군대가 아니었기에 제멋대로 움직일 때가 적지 않았는데, 아무르강 유역은 모스크바와 거리가 너무 먼 탓에 물자 보급도 원활하지 않았다. 그에 따라 지역민에 대한 약탈이 도를 넘어선 것이다. 차르는 약탈과 살육을 금지했으나, 멀고 먼 땅에서 그 명령은 무시되기 일쑤였다. 북만주의 원주민은 카자크인에게 시달리다 못해 청 조정에 이 일을 알렸고, 이로써 두 제국이 충돌하게 됐다.

청과 러시아의 첫 번째 대결은 1652년 우찰라전투였다. 이때 청군은 정규군 600명에 북만주 일대의 원주민 425명이 합세해 총 1025명 정도였다. 이들은 206명이 지키고 있던 카자크인의 요새를 공격했다. 수적으로는 청군 측이 다섯 배가 넘었고, 정규 병력만 놓고 보아도 세 배 가까이 많았다. 그런데 교전이 끝난 뒤 청군이 676명이나 죽은 데 비해, 러시아군은 불과 열 명이 전사하고 78명이 다쳤을 따름이었다. 러시아의 낙승이라 해도 과언이 아닌 상황이었다. 만주를 장악하고 몽골 초원을 아울렀으며 중원으로 나아간 청이 아직 유럽을 대표하는 열강도 아니던 러시아로부터 쓴맛을 톡톡히 본 셈이다.

우찰라전투에서 청군이 수적으로 우세했는데도 패배한 이유는 무엇일까? 일단 무기와 장비 열세를 들 수 있다. 당시 카자크인의 주력 무기는 화승총Arquebus보다 한층 진전된 형태인 수석식 소총(musket)이었는데, 이는 기병을 중심으로 한 청군에게 충분히 위협적일 수 있다. 다만 당시만 해도 기술력의 한계로 총기의 파괴력이 훗날만큼 크지 않았고, 총기를 가진 명군이 청의 기병에게 밀린 적도 많았기 때문에 그 점을 전적인 원인으로 생각하기는 어렵다. 당장 조·청전쟁(병자호란)에서 조선군 주력이 포수, 즉 조총병이었음에도 기동성을 앞세운 청군에게 발이 묶인 것을 보면 더욱 그러하다.

주목할 만한 점은 청의 상황이다. 청은 1644년 명의 멸망 이후 새롭게 천하의 주인이 됐다. 하지만 상황은 여전히 어수선했다. 자금성의 명 황실은 숭정제의 자살로 막을 내렸지만, 양쯔강 이남, 특히 오늘날의 중국 서남부 지역을 중심으로 남명 정권이 수립돼 청군과 맞섰기 때문이다. 그 결과 청의 주력군은 남방 전선에 투입돼야 했다. 청군의 규모는 만리장성에 들어갈 때 4만 명 정도였으나, 남명과의 전쟁 때는

11만~16만 명으로 늘어난 상태였다. 이렇다 보니 자연스럽게 북방, 즉 만주 일대 경계는 느슨해졌다. 아울러 러시아가 남하한 1650년대는 남명과의 전투가 치열하던 시기였기 때문에 북방에 투입된 병력의 질적 수준이 높지 않았다. 정예도 아니었고, 그렇다고 총기에 익숙하지도 못한 군대, 그것이 우찰라전투에 투입된 청군의 실체였다.

물론 아무리 중원이 중하다 한들, 북방이 위급하다면 최대한 정예 병력을 보내는 게 상식이다. 하지만 당시 청은 북만주 일대 상황을 정확히 인지하지 못한 상태였다. 애초 아무르강 이북은 역대 중국 왕조에서도 관심 밖 영역이었고, 이는 청도 다르지 않아 지역민의 복속을 확인받는 선에서 관리했을 뿐이다. 그래서 그들은 러시아, 즉 나선을 토착 원주민 정도로 생각했고, 우찰라전투 역시 원주민의 소동 정도로 보고 준비한 것 같다. 사실 그러한 경향은 러시아도 비슷했는데, 러시아는 명과 청이 다른 왕조라는 것을 명확히 구분하지 못했고, 중원이나 만주 상황에도 무지했다. 특히 우찰라전투 이후에도 한동안 러시아는 자신들과 교전한 상대가 누구인지 알지 못했다. 거대한 시베리아 덕에 서로 만난 적이 없던 두 제국이었기에 어찌 보면 자연스러운 현상이었는지도 모르겠다.

강자의 요구, 약자의 체념

천하의 주인이라 자부하던 청 조정은 미지의 종족 나선에게 망신을 당했다. 상대가 거대한 국가라는 걸 몰랐기에 이 충격은 더 크게 다가왔을 것이다. 우찰라전투에서 청군을 지휘한 하이세는 처형됐고, 사르후다가 새롭게 부임했다. 사르후다를 비롯한 청 조정이 인지한 우찰라전투의 패인은 화력 열세였다. 물론 청은 세력을 확장해 나가며 다수의 조총병을 확보한 상태였다. 하지만 이들 중 양질의 군사들은 남명과의 전선에 투입됐기에 새로운 병력 공급원이 필요했다. 그 노다지가 바로 조선이었다. 지난 시절 조선과 여러 차례 전쟁을 겪으며 청은 조선 보병이 총기로 무장하고 있다는 점을 알았기 때문이다.

결국 1654년 2월 병력을 요구하는 사절이 조선에 당도했다. 그런데 의외로 효종과 조정 대신들은 청의 요구에 즉시 확답했다. 이는 뒤에 벌어진 2차 정벌 때도 마찬가지다. 청은 조선에 치욕을 안겨준 대상이었고, 효종은 청을 공격하는 북벌을 꿈꾸던 군주였다. 그런데도 흔쾌히 파병을 수락한 것이다. 그래서 그 동기를 두고 그간 여러 추측이 오갔다.

식민지 시기에 이나바 이와키치는 청의 의심을 불식시키고 북벌에 매진하기 위해서 그러한 것이라고 보았다. 그러나 이는 북벌 대상(청)이 일으키는 싸움을 도우러 간다는 점에서 수긍하기 어렵다. 다음으로 박태근은 삼전도 조약(1637) 가운데 명을 칠 때 군사를 보내라는 조항을 준수한 것으로 여겼다. 다만 조선이 청군을 도와 남명과 싸우는 데 비협조적이었을 뿐 아니라, 이때의 전투 상대는 남명이 아니라 러시아였기에 따르기 어렵다. 다음으로 계승범은 북변에서 일어난 변수를 사전에 제거하려는 의도였으리라 추정했지만, 조선과 아무르강의 거리가 매우 멀기에 위협으로 다가왔을지 의문이다. 그 밖에 북벌 준비 정도를 평가해보려고 했다는 설도 있다. 그러나 북벌의 주력은 중앙군이

며 기병 양성에 초점이 맞추어졌던 반면, 이때는 함경도 병력이 차출
됐고 보병 위주였기에 문제가 있다.

진실은 무엇일까? 청의 위세가 천하를 호령하던 시절이라는 점을
고려하면, 이는 현실적 체념으로 보는 편이 좋을 것이다. 청의 요구를
거절할 별다른 이유를 대기 어려웠기 때문이다. 더욱이 싸우러 가는
상대가 남명도 아니고 생경하기 그지없는 대상이었으며, 수백 명 정도
의 소규모 부대였기에 어느 정도 자기 위안을 가질 수 있는 일이었다.
요청이 온 이상 돕기는 해야 할 텐데, 남명도 아니고 대규모도 아니니
차라리 잘됐다는 생각. 이것이 당시 조선 조정의 마음이었을 것이다.

러시아를 겁준 머리 큰 사람들

효종은 함경도 병마우후 변급을 지휘관으로 하고 함경도 관내 병력
152명을 선발해 회령에 결집하게 했다. 이들이 3월 26일 회령을 떠남
으로써 이른바 나선정벌의 서막이 열렸다. 조선군은 일단 영고탑, 즉
오늘날 중국 헤이룽장성 닝안까지 북상한 뒤 잠시 진군을 멈췄다. 사
르후다가 이끄는 청군과 합류해야 했기 때문이다. 오래지 않아 청군이
도착했고 조·청 연합군은 무단강에 도달해 배에 올라 쑹화강을 향해
나아갔다. 이들은 영고탑을 출발한 지 14일이 지난 뒤 무단강과 쑹화
강 합류 지점인 왈합에 도달했는데, 이곳에서 현지 정보에 밝은 토착
원주민 병력을 충원했다.

그런데 바로 이때, 즉 1654년 4월 연합군은 왈합에서 카자크인 선

지금의 왈합 지역

단을 마주하게 됐다. 당시 카자크인의 상황은 좋지 않았다. 러시아 중앙정부의 지원이 미비했을 뿐 아니라, 원주민이 카자크인을 돕지 말라고 한 청의 요구에 순응한 결과 식량 부족 현상이 심해졌기 때문이다. 카자크인은 이 일대에 나타났을 때부터 원주민을 무자비하게 다루었고, 이는 지역 민심이 청으로 돌아서는 데 결정적 역할을 했다. 식량 확보를 위해 원주민 마을을 약탈하면서 쑹화강까지 내려온 카자크인은 본의 아니게 조·청 연합군과 맞닥뜨리게 됐다.

당시 연합군은 청군 300명과 조선군 152명이 중형 선박 20척과 소형 선박 140척에 탑승하고 있었는데, 여기에는 원주민 병력 670명도 함께했다. 원주민의 군사적 숙련도가 낮을 수는 있겠으나 모두 합하면 1122명에 달했다. 당시 카자크인의 대장이던 스테파노프의 보고에 따르면, 연합군은 서로 다른 색 군기를 가지고 있었으며, 화력 무기도 충실히 갖춘 상태였다. 상대를 부풀리기 위한 과장일 수 있으나, 우찰라 전투 때보다 총기에 신경을 쓴 것은 사실일 것이다. 한편 러시아군, 즉 카자크인은 400명 정도로 추산되며, 대형 선박 13척과 중소형 선박 26척을 가지고 있었다. 표면적으로는 연합군이 수적으로 우위였지만, 원주민을 제외하고 보면 양측 수가 엇비슷해 승패를 알 수 없는 상황이었다.

카자크인 선단을 맞이한 연합군 총사령관 사르후다는 가까운 언덕에 방책을 설치하고 조선군을 그곳에 배치했다. 조선군 대개가 조총병이었기에 측면에서 지원사격을 명령한 것 같다. 개전 초기 양군은 물위에서 상대방 배를 향해 포탄을 날리는 포격전을 펼쳤다. 그런데 시간이 흐를수록 청군이 불리해졌다. 이는 청군이 화포 활용에 익숙지 못했을 수도 있지만, 그보다는 전선 규모가 큰 원인이 됐으리라 짐작한다. 당시 포탄은 폭발하지 않는 구형의 쇠나 돌이었다. 그래서 포격전 또한 포탄을 날려 배에 충격을 주는 방식으로 진행됐는데, 시간이 흐를수록 대형 선박이 없던 연합군에게는 훨씬 불리한 상황이 펼쳐졌을 것이다.

전황이 불리해진 청군은 뭍으로 올라왔고 카자크인도 배에서 내려 추격을 감행했다. 바로 이때 방책 뒤에 있던 조선군의 조총이 불을 뿜었다. 울타리 뒤에서 무수한 총탄이 쏟아지자 카자크인은 당황했고 이내 배에 올라 재빨리 퇴각했다. 이후 조금 더 왈합에 머물던 연합군은 카자크인이 다시 오지 않자 5월 16일 회군했고, 6월 13일에는 영고탑에 돌아왔으며, 조선군은 계속 남하해 회령으로 귀환했다. 3개월 가까이 이어진 이역에서의 여정이 끝난 것이다. 이로써 1차 나선정벌은 막을 내렸다.

전투 결과는 연합군의 승리였다. 쑹화강으로 내려오던 러시아의 기세를 꺾었기 때문이다. 다만 북방의 위기는 언제든 재발할 수 있는 상황이었다. 카자크인이 조선군의 공격을 받자마자 물러난 까닭에 막상 큰 피해를 본 것은 아니었기 때문이다. 여전히 아무르강에서는 카자크인이 활개를 치고 있었다. 물론 연합군 측도 별다른 손실을 보지 않았다. 특히 조선군에선 전사자가 한 명도 나오지 않았는데, 근접전이 아니라 원거리 사격으로 적을 제압한 결과다.

이때 조선군의 활약은 꽤나 인상적으로 평가받은 것 같다. 참전했던 원주민은 러시아가 '머리 큰 사람(大頭人)'의 총격을 두려워한다고 전했다. 조선군을 머리 큰 사람이라 부른 것은 그들이 전립을 쓴 까닭에 머리 부분이 크게 보인 탓일 것이다. 당시 총격전을 벌일 때 유럽에서는 한꺼번에 많은 총을 쏴 화망을 형성해 상대를 제압했던 데 비해, 조선에서는 개개 병사가 정확히 목표물을 타격하는 조준 사격을 선호했다. 즉 조선의 모든 조총병은 저격수라 해도 과언이 아니었다. 조선군의 신묘한 사격술에 카자크인의 눈이 휘둥그레진 상황, 그것이 1차 나선정벌이 남긴 또 하나의 기억이다.

아무르강을 호령한 조선 총잡이

1차 나선정벌, 즉 1654년 4월의 전투로 청군은 카자크인의 남진을 저지하고 승기를 잡았다. 이 무렵 청은 자신들과 싸운 상대가 러시아라는 것을 알았다. 그리고 이듬해인 1655년 청군은 단독으로 러시아를 공격했다. 이것이 쿠마스크포위전이라 일컫는 사건이다. 공격한 청군 규모가 3000명에 달한 데 비해, 요새를 지키는 카자크인은 500명에 불과했다. 러시아의 패배가 예견되는 상황이었지만, 결과는 반대로 흘러갔다. 청군의 저돌적인 돌격은 총기를 앞세운 카자크인의 방어를 뚫지 못했고, 포위전은 청군의 실패로 끝났다.

이 무렵 러시아에서는 아무르강 일대를 본격적으로 관리하기 위한 기구를 설립하고자 했다. 그리고 칙령으로 카자크인의 대장 스테파노프의 독단적인 행동을 제어하고자 노력했다. 하지만 모스크바로부터 너무 멀리 있는 그와 부하들에게 효과적으로 압력을 행사하기는 쉽지 않았다. 아무르강 지역에서의 약탈은 오히려 심해진 상태였다.

쿠마스크포위전 패배 이후 청 조정은 다시금 다른 돌파구를 마련해야 했다. 하지만 남방에 투입된 양질의 병력을 투입할 수는 없었다. 남명과의 전투가 이어졌기 때문이다. 특히 1650년대 후반 중원 남부의 전황은 한층 치열해졌다. 청은 1657년 해금령을 실시해 바닷길을 통해 남명 정권을 지원하려는 움직임을 차단하고 동시에 1658~1659년에는 대규모 군단을 출정시켜 윈난성과 구이저우성 일대에서 저항하던 남명의 숨통을 끊고자 했다. 상황이 이렇다 보니 북방에 정예 혹은 대규모 병력을 보내기 힘들었다. 그 결과 청 조정의 눈길은 다시금 조선으로 향했다. 이미 입증된 '약'을 한 번 더 쓰고자 하는 것은 인지상정일 것이다.

조선에 청 황제의 칙서가 도착한 것은 1658년 2월이었다. 조선 조정은 이번에도 별다른 이견 없이 즉각 출병 준비를 서둘렀다. 효종은 함경도 혜산진 첨사 신류를 지휘관으로 하고 도내 병력 265명을 선발해 회령에 결집하게 했다. 조선군은 5월 2일 회령을 떠나 7일 뒤인 5월 9일 영고탑에 도착했고, 이튿날 청군 본대에 합류했다. 이후 5월 11일 청군 부대에 조선군이 분산 배치됐다. 청군의 취약점이 화력이었고 대부분의 조선군은 조총병이었기에 청군이 볼 때는 유효한 방안이었을 것이다. 이렇게 부대 편제까지 새롭게 한 연합군은 5월 12일 영고탑에서 배에 올라 무단강 상류로 거슬러 올라갔고, 3일 뒤인 5월 15일 1차 나선정벌의 전장인 왈합에 도달했다. 그곳에서 잠시 휴식을 취하던 연합군은 6월 2일 대형 선박이 도착하자 전열을 재정비했으며, 이때 건강 등의 이유로 조선군 다섯 명이 귀환했다. 이후 6월 5일 조선군 260명이 청군과 함께 새로운 배에 올라 아무르강을 향해 나아갔다.

당시 카자크인은 아무르강 일대에서 원주민으로부터 모피를 징수하고 있었는데, 조·청 연합군이 강을 따라 이동 중이라는 첩보를 입수했다. 참고로 러시아 측에서도 1657년 무렵에는 자신들과 싸우는 상대가 청이라는 걸 알아차린 뒤였다. 대장 스테파노프는 휘하 병력을 180명의 선발대와 360명의 본대로 분리하고 자신은 본대를 이끌었다. 아마도 그는 선발대가 먼저 상대를 맞닥뜨릴 것이라고 예상한 것 같다. 하지만 공교롭게도 연합군을 먼저 맞이한 것은 본대였다. 1658년 6월 10일, 이렇게 2차 나선정벌의 총성이 울렸다.

이때 조·청 연합군 규모에 대해서는 견해가 다소 엇갈리지만 대략 2500명 내외라는 데 큰 이견은 없다. 그 안에는 조선군 260명도 포함돼 있었다. 이들은 지휘선 4척, 중대형 선박 36척, 중소형 선박 12척 등 총 50척이 넘는 대규모 선단에 나누어 탑승해 위세를 뽐냈다. 그에 맞서는 카자크 본대는 360명이 대형 선박 11척에 타고 있었다. 병력 비율로 보자면 연합군이 7대 1에 가까운 우위를 점했다. 다만 카자크인의 배가 클 뿐 아니라, 현지에서 오랜 기간 체류해왔기에 승부를 쉽게 예단할 수 없는 상황이었다.

전투는 1차 나선정벌 때와 마찬가지로 수상 포격전으로 시작됐다. 양측의 배 위로 포탄이 오가며 치열한 공방이 펼쳐졌으나, 전황은 점차 연합군에게 우세하게 흘러갔다. 이대로 가면 낙승으로 끝날 상황이었다. 그러나 그때, 총사령관 사르후다가 러시아 전선의 노획을 지시했다. 신류는 승기를 잡은 상태였기에 이견을 표했으나, 사르후다의 의지를 꺾을 수 없었다. 사르후다는 전선에 있는 전리품을 챙길 목적이었던 것 같은데, 연합군은 적선에 다가가 근접전을 펼치기 위해 전열을

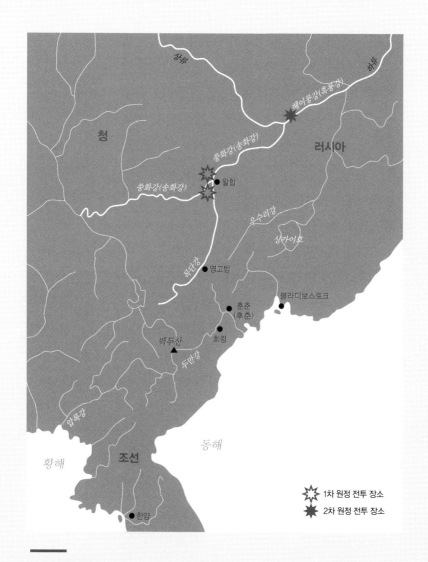

1· 2차 나선정벌 지도

재정비하느라 귀중한 시간을 허비했다. 작전 변경으로 연합군은 골든 타임을 놓쳤고, 반대로 카자크인은 한숨 돌리게 된 셈이다.

이후 양군은 근거리에서 총격전을 펼쳤는데, 쉽사리 승부를 내지 못했고, 양측 사상자는 점차 늘어났다. 위기감을 느낀 사르후다는 근접전을 포기하고 화공을 명령했다. 연합군은 일제히 불을 뿜었고, 격전 끝에 적선 7척이 침몰했다. 13척 중에 절반 이상이 파괴되자 스테파노프는 퇴각을 명령했다. 이를 본 사르후다는 지난번과 달리 추격을 지시했고, 연합군은 강을 따라 올라가며 공격을 멈추지 않았다. 결국 적선은 하나둘 파괴됐고, 살아남은 카자크인은 온전하게 남은 한 척의 배에 의지해 황급히 도주했다. 연합군은 카자크인 별동대, 즉 선발대의 습격을 우려해 더는 쫓아가지 않고 이내 철군함으로써 전투는 막을 내렸다. 이후 카자크인의 반격은 없었는데, 선발대가 이동 도중 파괴된 본대 선박의 잔해물을 보고 싸울 엄두도 내지 못하고 퇴각했기 때문이다. 여하튼 연합군은 영고탑을 향해 남하했고, 조선군은 다시금 더 남쪽으로 내려가 8월 27일 회령에 돌아왔다. 회령을 떠난 지 100일이 넘어 고국에 돌아온 셈이다.

아무르강에 울린 슬픈 개선가

2차 나선정벌은 연합군의 완승으로 끝났으며, 그 결과 러시아의 남진은 중단됐다. 1차 나선정벌 때보다 빛나는 성과였다. 이 전투로 카자크인은 225명이 죽고, 10명이 포로로 잡히는 전멸에 가까운 손실을 보았다. 병력 증원 없이는 당분간 재기가 불가능할 정도의 타격이었다. 특히 대장 스테파노프가 전사함으로써 구심점을 잃은 상태였다. 반면 연합군은 카자크인에게 잡혀 있던 왈합 원주민까지 구출하는 등 지역 민심을 다독이는 데도 성공했다. 물론 사상자가 없었던 것은 아니다. 청군은 110여 명이 죽고, 200여 명이 다쳤으며, 조선군 역시 8명이 죽고 15명은 중상, 11명은 경상을 입었다. 이렇게 피해가 커진 것은 사르후다가 전투 도중 작전을 변경했던 데 큰 원인이 있었다. 지휘관의 섣부른 판단이 국적을 떠나 애꿎은 사람 여럿의 목숨을 앗아갔기에 씁쓸함을 남긴다.

　더욱 안타깝고도 한스러운 일은 사르후다가 조선군 전사자의 화장을 명령했다는 점이다. 이 지시가 성사되지는 않았다. 조선군 대장 신류가 이를 완강히 거부했기 때문이다. 그렇다고 시신을 고향까지 이송할 수도 없는 노릇이었다. 결국 신류는 전사자들을 고향별로 구분해 묻어주고 길을 떠났다. 남의 나라 전쟁터에 가서 지휘관의 어이없는 실책으로 죽음을 맞이해 낯선 땅에 묻힌 조선 사람이 여덟이었다. 승리했고 대다수가 고국으로 돌아갈 수 있었지만, 조선군의 발걸음이 마냥 가볍지만은 않았으리라 짐작한다.

　2차 나선정벌이 조·청 연합군의 대승으로 끝난 이유는 크게 보면 세 가지다. 첫째, 카자크인 부대의 물자 부족이다. 러시아 중앙정부로부터 멀리 떨어져 있었기에 모든 면에서 어려움이 많았던 것은 사실이다. 그들이 아무르강 원주민에게 폭압적으로 군 이유 중 하나도 거기에 있다. 둘째, 연합군의 수적 우세다. 어떤 악조건이라 해도 연합군이 큰 실책을 범하지 않는 이상 패배하기는 쉽지 않은 상황이었다. 셋째, 조선군의 활약이다. 조선군은 전투 시 평균적으로 배 한 척당 다섯 명이 배치돼, 흔들리는 배 위에서도 정확히 카자크인을 맞추어 저격수 역할을 톡톡히 해냈다. 당시 조선군의 사격 솜씨는 청군보다 월등했다. 연합군이 전투 전에 잠시 사격 솜씨를 시험한 적이 있는데, 조선군은 200명 가운데 123명의 총알이 과녁에 명중했으나 청군은 100명 가운데 불과 몇 사람만이 그랬을 뿐이었다. 물론 이때 동원된 청군 수준이 높지 않기도 했으나, 조선군의 뛰어난 역량은 인정해도 좋을 것이다. 머리 큰 사람들은 여전히 무서운 존재였다.

나선정벌, 그 뒤의 이야기

2차 나선정벌 대승으로 청군은 아무르강, 즉 헤이룽강 연안까지 북상했다. 바꿔 말하자면 이는 러시아 세력의 후퇴를 의미했다. 물론 러시아가 이 지역을 완전히 포기한 것은 아니었다. 1661년 무렵 새로운 카자크인 부대가 알바진 요새에 주둔했기 때문이다. 다만 이들은 한동안 남쪽으로 내려오지 않았다. 그런데 1660~1680년대 초, 청 역시 러시아와의 직접적 충돌은 피했다. 승리한 청이 또 다른 군사행동을 벌이지 못한 이유는 역시나 중원의 상황 때문이었다. 1662년 영력제가 처형됨으로써 남명 정권의 숨통은 끊어졌으나, 타이완을 점령한 정성공 일가가 해상 왕국을 건설하고 청에 대한 저항을 이어갔다. 아울러 1673년부터는 양쯔강 이남에서 삼번의 난이 발생해 다시금 대규모 병력을 투입해야 하는 상황이 전개됐다.

다만 1680년대에 접어들면 새로운 국면이 펼쳐진다. 1681년 삼번의 난이 평정됐고, 1683년 타이완의 정씨 정권도 복속됐기 때문이다. 이제 천하는 다시금 온전히 하나가 됐고, 청은 말머리를 북방으로 돌릴 수 있었다. 청군은 1683년 이후 러시아에 대한 공세를 지속했다. 공방을 거듭하던 두 제국의 군주, 강희제와 표트르대제는 1689년 아무르강 북쪽 아르군강과 스타노보이산맥을 중심으로 국경을 확정하는 네르친스크조약을 체결했다. 이는 쌍방의 이해가 일치했기에 가능했다. 청은 오늘날의 신장웨이우얼 지역에 있던 유목 제국 중가르의 흥기를 염려해 더 이상의 충돌을 피하고자 했고, 러시아는 원거리가 주는 물리적 한계로 말미암아 전쟁보다는 교역을 통한 물자 입수를 선호했다. 이로써 북방에는 평화가 찾아왔다. 러시아가 다시금 아무르강에 나타난 것은 1850년대 후반이니 무려 170년 가까이 평화로운 흐름이 이어진 셈이다.

생각할 것들, 잊지 않아야 할 것들

여기까지 보면 알 수 있듯이, 아무르강 일대를 두고 청과 러시아 사이에서 일어난 국경분쟁은 1650년대부터 1680년대 말까지 이어졌다. 나선정벌은 당시 일어난 여러 전투 가운데 하나였다. 조선은 주체도 아니었고 대규모 병력을 움직이지도 않았으며, 조선군이 활약했다 해도 그것만으로 일련의 사건이 일단락되지 않았다. 따라서 이른바 '나선정벌'의 의미를 지나치게 확대 해석할 필요는 없다. 다만 그렇다고 해서 '고래 싸움에 끼인 새우의 무의미한 분전' 정도로 이해하는 것도 곤란하다. 역사적 사실은 관점에 따라 달리 이해할 수 있다는 점을 고려하면, 나선정벌 또한 한국사의 눈으로 다시금 바라봐야 할 필요가 있다.

얼마 전까지만 해도 나선정벌은 북벌과 연계된 움직임이라고 이해하는 경우가 적지 않았다. 즉 효종 시기에 추진된 북벌운동이 낳은 성과로 여겼다. 이러한 견해는 식민지 시기 이나바 이와키치에 의해 제기됐고, 해방 이후 한국 학계에서도 대체로 수용됐다. 그러나 나선정벌은 북벌의 핵심 전력이던 중앙군이 아닌 함경도 관내 병력이 동원됐고 소규모 조총병 위주였으며, 전투 과정에서 조선은 어디까지나 조연으로서 자리매김했으므로 북벌과의 직접적 관련성을 찾기는 힘들다.

최근에는 나선정벌을 훗날의 시점에서 바라보기도 한다. 개항기 이후 본격적으로 개시된 한·러 관계의 서곡으로 이해한 입장이 그것이다. 하지만 두 차례 나선정벌 내내 조선과 러시아는 서로를 몰랐다. 러시아에게 조선은 머리 큰 사람들 그 이상도 이하도 아니었고, 조선에게 러시아는 북방의 여러 오랑캐 중 하나였을 따름이다. 그 뒤 양국이 간헐적으로나마 관계를 이어간 것도 아니기에 대對러시아 관계의 출발이라고 의미를 부풀릴 필요는 없다.

19세기 중반 이후 동아시아 사회를 강타한 서세동점의 프롤로그로 간주하는 태도 또한 마찬가지다. 물론 세계사적으로 볼 때 당시 전투 패러다임이 변화하고 있던 것은 사실이다. 즉 '기병-근력 무기(활)'가 전장의 주력이었던 시기에서 '보병-화약 무기(총)'가 승패를 가름하는 시기로 넘어가고 있었다. 청군이 단독으로 러시아군을 만나면 고전을 면치 못하다가 조선군 조총병의 지원이 있을 때 소기의 성과를 거둔 것이 그 점을 잘 보여준다. 다만 19세기 이전만 해도 유럽과 비유럽권 국가 사이의 군사적 격차는 현격하지 않았기에 '노오오력'한다면 충분히 극복할 수 있는 수준이었다. 그 점은 총기에서도 드러난다. 당시 조선군은 화승총보다 진전된 형태의 수석식 소총을 전리품으로 획득했다. 수석식 소총은 화승총보다 불발률이 상대적으로 낮고 관리하기에도 조금 더 쉬웠으나 경제성이 떨어졌고, 조준 사격을 주로 하던 조선군에게는 화승총보다 딱히 파괴력이 높은 화기도 아니었다.

그 점을 제처둔다 해도 다르지 않다. 청·조선과 러시아 가운데 어느 나라도 명운을 걸고 전투에 임하지 않았다. 청에게 주적은 중원의 남명 정권이었고, 대륙을 통일한 이후 신경 쓰이는 대상은 중앙아시아의 중가르였다. 러시아도 마찬가지로 동방으로의 세력 확장은 어디까지나 교역을 염두에 둔 것이었지 이른바 제국주의 시대처럼 식민지 확보를 꾀한 것은 아니었다. 조선 또한 청의 요청을 거절하기 힘들어 출전한 것일 뿐, 만주에서의 교두보 확보와 같은 원대한 이상을 꿈꾼 것은 아니었다.

요컨대 어느 한쪽이 확고히 우세를 점했다고 보기 힘든 상황이었고, 상대방을 압살하거나 지배해야겠다는 생각도 없었다. 이러한 시기를 살아간 사람들에게 훗날의 우리가 준엄한 질책을 하는 것은 지양해야 한다. 조선 말기 한양에 살던 고조할아버지에게 타임머신을 타고 나타나 왜 강남에 땅을 사지 않았느냐고 투정하는 모습이 좋지 않은 것과 마찬가지다.

그렇다면 나선정벌은 어떻게 바라봐야 할까? 나선정벌은 두 제국

사이에 일어난 국경분쟁 중 하나다. 다만 나선정벌 당시 조선군의 활약이 승리에 큰 역할을 했다는 점은 주목해야 한다. 1차 정벌로 카자크인을 아무르강까지 몰아냈고, 2차 정벌로 카자크인 부대를 전멸시켰다. 아울러 조선 조정은 이유야 어쨌든 청의 병력 요청을 흔쾌히 받아들이기도 했다. 이러한 일련의 행보로 인해 청 조정은 조선에 대한 적대적인, 혹은 의심의 시선을 상당히 누그러뜨리게 됐다. 청과의 관계가 개선된 것인데, 효종이 금군을 1000명으로 확대하고, 훈련도감 병력을 1만 명으로 확충하는 등 군사력 강화에 힘쓸 수 있었던 것도 그 결과다. 대청 관계 개선과 맞물린 군사 체제 개편이라는 흐름은 그 뒤에도 이어졌다. 그런 면에서 보자면 나선정벌은 조·청전쟁 이후 대외 기조의 큰 틀을 마련한 사건이라고 볼 수 있다. 조선이 주연도 아니고 대규모 병력이 가지도 않았지만, 역사적 의미를 과소평가할 수는 없다.

한 가지 덧붙여 말하고 싶은 점은 사건의 결과가 긍정적이라 해도, 남의 요청으로 낯선 땅에 가서 본 적도 없는 이들과 싸우다 죽고 다친 이들의 흔적은 기억하고 되새겨야 한다는 사실이다. 역사학은 인간을 이해해 가는 학문이다. 그들의 발자취마저 끌어안고 '어제의 그 일'을 되짚어본다면, 조금 더 넓은 시선으로 '오늘의 내 일'을 바라볼 수 있지 않을까.

참고문헌

계승범, 〈17세기 중반 나선정벌의 추이와 그 동아시아적 의미〉,《사학연구》110, 2013
_____, 〈러시아 자료로 본 1650년대 흑룡강원정(나선정벌)〉,《열상고전연구》65, 2018
김경록, 〈17세기 중반 동북아 국제정세와 조선의 나선정벌〉,《열상고전연구》65, 2018
박지배, 〈17세기 중반 러시아의 동북아진출과 '나선정벌'의 의미〉,《역사학보》240,
　　　2018

만들어진
실학

강
진
원

실학과 허학, 그 개념의 오묘함

역사에 큰 관심이 없는 사람이라고 해도 익숙한 용어가 있다. 조선시대를 예로 들자면 동인과 서인 같은 붕당 그리고 영조와 정조가 했다는 탕평책 등을 들 수 있을 것이다. 그 안에는 실학도 있다. 정약용이 무엇을 한 사람인지 잘 몰라도, 박지원이 어떤 글을 쓴 사람인지 잘 몰라도, 우리는 대개 그들을 간단히 정의한다. 그들은 '실학'을 하는 '실학자'였다고.

　그럼 실학은 무엇일까? 그에 대해 명쾌한 답을 내리는 사람은 의외로 적을 수도 있다. 실용이라고 할 때의 '실實' 자가 있으니, 실용적인 학문 정도로 답할 수 있을지도 모른다. 이는 사실 맞는 말이다. 학계에서도 보통 실학이라 하면 조선 후기, 대략 17~19세기에 나타난 학문적 움직임으로서 실용적인 측면을 강조했다고 보기 때문이다. 물론 연구자에 따라 이용후생利用厚生(생활에 이롭게 쓰이고 삶을 풍요롭게 하는 것), 경세치용經世致用(국가나 사회의 현실적인 제도와 방법에 관한 구체적 지식이나 실천적 구현), 실사구시實事求是(사실에 기초해 진리를 탐구하려는 것) 가운데 어느 하나를 강조하기도 하지만, 이것들 모두 오늘날 우리의 관점에서 볼 때 현실적이고 실질적인 가치라는 점은 공통된다. 실제 생활에 영향을 끼치거나 실재하는 것에 대한 논의. 그것이 바로 실학이라 하겠다.

재미있는 점은 실학이라는 용어는 허학虛學, 즉 공리공론空理空論을 일삼는 헛된 학문에 상대되는 표현으로, 원래는 고려 말부터 꽤 보편적으로 쓰였다는 사실이다. 성리학 지식인들이 자신들의 학문을 실학이라 칭하며, 불교나 도교를 허학이라 비판한 것이 대표적이다. 쉽게 말해 성리학자에게는 성리학도 실학이다. 물론 오늘의 우리는 그렇게 생각하지 않지만 말이다. 이처럼 폭넓게 사용됐던 실학의 의미가 조선 후기에 나타난 새로운(?) 학문적 움직임을 뜻하는 용어로 좁혀진 것은 식민지 시기 이후의 일이라 하겠다.

당시 일제 식민주의 역사학에서는 전통 시대 한국이 외세의 영향력에 의해 운명이 좌우됐으며, 별다른 발전을 하지 못한 채 정체됐다고 보았다. 한국 역사학계는 이러한 논의를 극복하기 위해 한국사가 주체적인 동력을 가지고 진전해왔음을 밝히려고 애썼는데, 이때 눈길을 끈 것이 바로 조선 후기의 일부 지식인들에게서 나타난 학문 이해의 모습이었다. 그러한 흐름은 식민주의 역사학의 멍에를 벗겨내기에 충분했고, 실학이라고 불리기에 이르렀다. 이로써 불교나 도교에 붙었던 허학이란 딱지는 성리학이 짊어지게 됐다.

우리가 알고 있던 실학

그렇다면 실학은 어떠한 성격을 지녔다고 '이해'됐을까? 앞서 실학은 일제 식민주의 역사학의 논리를 부정하는 사례로 관심을 받게 됐다고 했다. 식민주의 역사학에서는 한국이 자력으로는 근대 세계로 나가지 못했을 것으로 보았다. 그러므로 한국 역사학계에서 바라본 실학은 근대라는 새로운 세상으로 향하는 학문적 흐름이었다.

실학의 특징은 몇 가지로 나누어볼 수 있다. 첫째, 민족주의적이다. 이전까지의 성리학이 중국을 세계의 중심이자 따라야 할 대상으로 보았던 것에 비해, 중국이 아닌 한국의 역사와 지리, 말과 글에 관심을 가지는 풍토에 주목한 것이다. 즉 사대주의적 흐름을 벗어나 국학國學에 대한 성과가 늘어났다고 보았다.

둘째, 민주주의적이다. 이른바 실학자라 일컫는 지식인들 대개가 신분제에 회의적 반응을 보였으며, 유수원은 《우서迂書》에서 신분제를 철폐하자고까지 주장했다. 또 정약용은 〈탕론湯論〉을 통해 지배자가 누리는 권력의 기원은 아래에서 나오며, 세습 권력의 무자비한 전횡은 극복돼야 한다고 보았다. 흡사 18세기 프랑스의 계몽사상가를 연상케 하는 이러한 주장은 민주정의 싹이 이미 땅속 깊은 데서 자라나고 있었다는 믿음을 주었다.

셋째, 자본주의적이다. 이 점은 박제가가 《북학의北學議》에서 상공업 진흥을 강조한 데 관심을 둔 것이다. 자본주의에서 시장경제가 중요한 요소임을 생각한다면 가벼이 넘길 수 없다고 여길 수도 있다.

넷째, 실용주의적이다. 이전까지 조선의 지식인은 성리학에 토대해 중화와 오랑캐로만 세계를 인식하던 관념론적 세계관을 가지고 있었던 반면, 홍대용을 비롯한 이 시기 지식인들이 자연과학 지식과 기술 진보에 관해 이야기한 것을 눈여겨본 것이다.

'실학자'의 토지 개혁 주장

유형원의 균전론

토지를 국유화해 모든 농민에게 균일하게 농지를 분배하고, 소작을 금지해 할당된 토지 이외의 다른 사유지를 겸병하지 못하게 해야 한다는 주장이다. 이 논의는 농민의 최저 생활을 보장하고자 했다는 의의가 있으나, 신분의 차이에 따른 분배를 계획하는 등 시대적 한계도 존재했다.

이익의 한전론

국가의 모든 토지가 기본적으로 왕의 것이라는 개념에서 출발했는데, 국가가 개인이 소유할 수 있는 토지 면적을 제한해 영업전으로 삼고, 이 토지의 매매는 엄금하자는 주장이다. 이 논의는 대토지 소유자가 존재하는 현실은 인정하면서도 점진적인 불평등 완화를 목적으로 했다는 데 특징이 있다.

정약용의 여전론

국가가 대략 30호 정도를 하나의 여閭로 설정해 그 백성들이 토지를 공동으로 경작하고, 개인의 노동량에 따라 수확물을 분배케 해야 한다는 주장이다. 국가가 몰수한 토지를 백성이 공동으로 소유·경작게 하며 경제적 평등을 도모하고자 했다는 데 특징이 있다.

정약용의 정전론

본래는 유교에서 말하는 이상적인 제도로 토지의 한 구역을 '정井' 자로
9등분해 8호의 농가가 각각 한 구역씩 경작하고, 가운데 있는 한 구역은
8호가 공동으로 경작해 그 수확물을 국가에 조세로 바치는 것을 기본으
로 한다. 정약용의 정전론은 현실적인 토지 소유 관계를 인정하면서도
국가가 모든 토지를 정전으로 구획한 뒤, 그중 9분의 1을 매입해 공전으
로 삼아 조세를 거두어야 한다고 주장했다.

실학, 정말로 그러했을까

사실 역사학은 해석의 학문이라는 말도 있고, 지난 일은 오늘의 관점
에서 재평가될 수도 있다. 따라서 실학이란 개념이 20세기 이후 새롭
게 규정되고 부상한 것 자체는 전혀 이상한 일이 아니다. 오히려 한국
역사학의 진전 과정에서 의미 있게 생각해야 할 것이다. 다만 문제는
기존에 이루어진 이해가 당시, 즉 조선 후기의 상황을 제대로 그려내
고 있는지에 대해서 검토가 필요하다는 사실이다. 역사학은 지금 우리
가 보고 싶은 것을 어제의 그들에게서 찾아달라고 떼쓰는 것이 아니
라, 어제 그들의 모습을 담담히 바라본 뒤 오늘의 우리가 처한 현실과
나아갈 길을 생각해보는 학문이기 때문이다.

그런 면에서 보자면 이른바 실학이 근대화의 사상적 토양으로 자리
매김했는지는 의문의 여지가 있다. 흔히들 근대화의 요건으로 민주화
와 산업화를 들고 있는데, 사실 실학이라 부르는 학문적 흐름은 이전

과 다른 새로운 시대를 꿈꾸었던 것이 아니라, 조선 왕조의 재건과 유교적 이상 국가 실현을 목표로 한 일련의 움직임으로 보이기 때문이다. 다시 말해 실학의 실제 내용을 보면 근대 사회를 지향했다는 기존의 이해에 정반대되는 부분도 존재한다.

첫째, 민족주의적이라 평가한 것과 달리 중국 중심적 사고를 벗어났다는 뚜렷한 증거를 찾기 어렵다. 오히려 명의 멸망으로 조선이 유일한 중화가 됐다는 '조선 중화주의'가 맹위를 떨쳤고, 왕실은 명의 은혜를 잊지 않기 위해 임진왜란 때 원군을 보내준 신종 만력제의 제사를 지내는 대보단을 세웠다. 이를 두고 누군가는 왕권 강화를 위한 수단이었다고 주장하기도 하지만, 거기에 숨겨진 의도가 어떻든 표면적으로는 중화를 향한 지성에 큰 변화가 없었다. 아주 단적인 사례가 대표적인 '실학자' 박지원으로, 그는 《열하일기》에서 '명은 상국上國이고 청은 대국大國'이라 했다. 오랑캐가 세운 청의 현실적 세력은 인정할 수밖에 없지만 따라야 할 대상은 명이라는 인식은 우리가 흔히 상상하던 민족주의적인 혹은 자주적인 모습과는 거리가 멀다.

둘째, 민주주의적인 요소가 있다고 여긴 것과 달리 이른바 실학자로 묶인 사람들 가운데 왕정을 부정하는 경우는 거의 찾아보기 힘들다. 오히려 이들 중 상당수는 중국 고대 전설상의 제왕들인 요순堯舜과 같은 임금이 나타나 조선이 처한 여러 가지 문제를 해결해주기를 희망했다. 철인 군주가 통치하는 아름다운 나라, 그것은 전통적인 유교에서 말하는 이상적인 국가의 모습과 크게 다르지 않다. 민본(民本), 즉 백성을 근본으로 삼아 위민爲民, 즉 그들을 위한 정치를 펼쳐야 한다는 전통적인 가치관과 근본적으로 결이 다르다고 보기는 어려운 셈이다. 그들이 꿈꾸던 국가는 유교적 이상 사회의 범주 안에 있었다.

셋째, 상공업을 중시하는 자본주의적 요소가 두드러졌다고 말하기에는 농본주의적 색채가 너무나 뚜렷했다. 유형원의 균전론均田論, 이익의 한전론限田論, 정약용의 여전론閭田論 및 정전론井田論과 같은 논의가 대표적이다. 그 내용이야 조금씩 다르나 목표가 자영농 육성이라는 데는 공통된다. 재미있는 점은 당시 제기된 이러한 주장들은 모두 국가 권력의 강력한 개입을 전제로 했다는 사실이다. 정부가 시장에 개입해서는 안 된다는 초기 자본주의 사상과는 꽤 큰 차이를 보인다. 국가가 적극적으로 나서서 당면한 현실을 개선해야 한다고 본 것은 어떻게 세상을 다스릴 것인지에 대해 이야기하는 전통적인 유교적 경세經世 논의와 크게 다르지 않다. 아울러 모든 농민이 기본적으로 토지를 균등하게 가져야 한다는 믿음 역시 자본주의나 시장경제에 토대한 사고로 보기 어렵다. 중국 역대 왕조에서 여러 차례 균전제나 한전제가 시행됐고 정전제를 이상적으로 보았다는 점에서 보자면, 이는 오히려 매우 복고적인 움직임이다.

넷째, 실용주의적인 색채가 뚜렷해졌음을 주장했으나, 대의명분을 중시하는 기존의 가치가 극복됐다고 볼 여지는 크지 않다. 따라서 유교적 세계관을 탈피했다고 평가하기 어렵다. 이른바 실학자라 불리는 지식인들은 여전히 주자, 즉 주희를 대단한 인물로 여겼다. 그들의 활약(?)은 주희가 경전에 단 주석을 보완하거나 일부 수정하는 정도에 그쳤다. 물론 일부는 《주례周禮》와 같은 춘추전국시대의 경전을 연구하며 과거 중국에서 통용됐던 옛 제도를 시의적절하게 받아들이고자 애쓰기도 한 것 같다. 유학의 주요 경전인 사서四書, 즉 《논어》·《맹자》·

《대학》·《중용》을 근간으로 한 성리학 연구가 활발했던 조선시대에 이들 외에 다른 유교 경전에 관심을 가진 것은 새로운 흐름이기는 하다. 그러나 이 또한 유교적 세계관의 중심을 이루는 텍스트라는 점을 볼때 과연 우리가 흔히 생각했던 것만큼 실용적인 성격이었을지는 의문이다.

이상과 같이 실학이라 일컫는 학문적 움직임이 과연 우리가 알고 있던 것처럼 '진보적'이었는지는 재고가 필요하다. 지금까지 살펴본 것처럼 실학은 한국사의 주체적인 발전상을 보여주기 위해 '발견된' 학문적 흐름이었다. 오히려 어떤 면에서 이는 보수적이고 과거 지향적인 색채를 띠었다고 평가할 수도 있다. 개항기 이항로 등의 위정척사파가 3000년 전 중국에서 시행됐다는 정전제를 논의했고, 동학농민군은 정약용이 쓴 《경세유표》를 중시했다. 성리학적 질서의 유지를 꾀한 위정척사파는 물론이요, 임금을 향한 충성을 다짐하던 동학농민군은 우리가 인지하는 근대적인 모습과는 결을 달리하는 집단이었다. 반면 개화사상과 실학의 직접적인 연결고리는 생각보다 약하다. 박지원의 손자 박규수가 김옥균 등의 개화파 인사들에게 영향을 준 것이야 사실이지만, 조선을 바꾸어보자던 그 열혈 청년들이 실학적 사고에 뿌리를 두고 움직였다고 볼 뚜렷한 근거는 찾기 어렵다.

성리학의 토양 위에 선 실학

그렇다면 이른바 실학의 실상은 어떠한 것이었을까? 실학으로 명명된 학문적 흐름은 그 갈래가 다양하나, 기존의 현실을 바꾸고자 했다는 공통점을 지닌다. 따라서 우선 실학이 주장했다는 제도 개선 혹은 개혁방안을 살펴볼 필요가 있다. 결론적으로 말하면 실학은 유교나 성리학을 벗어나 새로운 체제를 만들고자 하는 움직임은 아니었다. 변혁의 기본 원리는 성리학에 둘 때가 적지 않았고, 설령 성리학과는 거리를 조금 둔다 해도 대개 그 근본이 되는 유학에 뿌리내리고 있었다.

성리학적 측면을 조금 더 들여다보면, 실학에서 말하는 여러 방안은 서경덕·이황·이이 등의 논의를 계승하거나 활용한 측면이 적지 않았다. 대표적인 사례가 한백겸과 유형원인데, 그들이 참조한 선배 학자들이 각기 북인·동인·서인의 사상적 토대를 이룬 인물들이라는 점은 재미있는 사실이다. 특히 이이는 현실 세계를 향해서도 깊은 관심을 가졌기 때문에 경장更張이라 불리는 제도의 개선 및 개혁 논의를 여러 차례 제시했다. 그런데 이이는 서인, 나아가 노론의 사상적 핵심을 이루는 인물이다. 흔히 우리가 실학 그리고 실학자를 규정할 때 그 반대편에 서 있는 세력으로 상정했던 것은 조선 후기의 대표 집권 세력인 서인 혹은 노론이었다. 그런데 반反성리학, 탈脫유교를 지향했다던 사람들의 주장이 이이의 논의를 잇고 있다는 점은 실학에 대해 다시 생각해보게 하는 부분이다.

짚고 넘어가야 할 점은 조선 성리학이 애초 실제 현실에서의 효과를 중시하는 사공학事功學에 대해서도 우호적이었다는 사실이다. 정도전을 비롯한 조선의 건국 세력은 여러 가지 문제로 피폐해진 국가와 민생을 살리기 위해 현실적인 방면에의 관심도 게을리하지 않았다. 15세기에 다양한 방면에서 제도 개선과 개혁이 이루어진 것은 그 결과라

하겠다. 다시 말해 실학자들이 주장한 처절한 제도 개선은 조선 성리학의 본래 모습과 다르지 않으며, 오히려 기존 성리학의 제도 개혁론을 계승하고 있다고 평할 만하다.

아울러 이른바 실학자들이 현실적인 실천 문제에만 몰두한 것이 아니라, 자신의 도덕 수양에도 지속적인 눈길을 보내고 있던 것은 실학이 과연 기존의 유교적 경세론과 구분되는 사상적 흐름인지 의문스럽게 한다. 백 보 물러서서 실학이 성리학과는 선을 긋는 움직임이라고 판단한다 해도, 유학이라는 더 큰 범주를 벗어난 것은 아니다. 중요한 유학 경전인《대학》에 나온 '수기치인修己治人'이나 '수신제가치국평천하修身齊家治國平天下'라는 말이 이 점을 잘 보여준다. 여기서 수기나 수신은 자신의 도덕적 수양을, 치인이나 치국평천하는 세상을 다스린다는 것이다. 즉 자신을 수양한 뒤에야 세상을 다스릴 수 있다는 뜻인데, 경장이라 일컫는 제도 개선은 세상을 다스리는 방법론으로서의 성격을 지닌다. 다시 말해 유학에서 실천과 수양, 제도 개선과 인성 함양은 동전의 양면처럼 떼려야 뗄 수 없는 가치다. 실학이 인격 수양을 외면하지 않은 것은 유학의 가르침과 같은 맥락이다.

다음으로 한국 고유의 문화에 관한 관심이 고조된, 즉 국학이 진전된 상황에 대해서도 다시 살펴볼 필요가 있다. 이미 앞서 조금 다루었으나, 그것은 오늘날 우리가 생각하는 것처럼 주체적이고 자주적인, 탈중화를 표방하는 결기 아래 나타난 현상이 아니며, 오히려 중화에 대한 열망이 강해지면서 등장했기 때문이다. 즉 이는 17~18세기 '조선중화주의'의 고조와 연동된다. 당시 지식인들은 명의 멸망과 청의 강세가 계속됨에 따라 조선이 더이상 소중화가 아니라 세상에서 유일하게 남은 진짜 중화라고 여기게 됐다. 이제 조선은 중화 문물의 세례를 받아 개명한 변방의 나라가 아니라, 동아시아 세계 문화 중심으로서의 자부심과 중화 문물의 우수함을 지켜야 한다는 사명감을 동시에 부여받게 된 것이다. 그에 따라 이전까지 중화의 문물보다 다소 비루하게 평가받던 조선 고유의 문화에 대해서도 긍정적으로 여기는 풍조가 조선 지식인들 사이에 널리 퍼졌다.

정선의 〈인왕제색도仁王霽色圖〉와 〈금강전도金剛全圖〉로 대표되는 화풍인 진경산수眞景山水가 유행하고, 이서와 이광사 등에 의해 창안된 글씨체인 동국진체東國眞體가 이름을 떨친 것은 당시 사회의 조선 문화에 대한 자긍심을 잘 보여준다. 이는 예술 분야에만 국한되지 않았으니, 박지원이 《열하일기》에서 조선이 중국의 옛 제도를 잘 지켜왔다고 자부함과 함께, 그러므로 현재 중화의 문물은 조선의 풍속 가운데 오랑캐의 흔적이 남아 있을 때만 선택적으로 받아들여야 한다고 주장한 것이 그 한 사례다. 실학의 대표라 일컫는 박지원마저 이러한 생각을 하고 있었다. 다시 말해 당시 지식인들에게 중화에 대한 동경과 자국 문화에 대한 애착은 따로 떨어진 개념이 아니었다. '조선=중화'였으므로, 중화에 대한 '사대'와 조선의 '자주'는 공존할 수 있는 가치였다. 따라서 중화 의식이 강렬히 이어질수록 조선 자체의 문화와 풍속도 더욱 소중히 여기게 됐다. 명의 멸망 이후 유일한 중화가 된 조선이었기에 조선 문화는 중화의 마지막 실물로서 충분히 자긍심을 가질 만했으며, 사라진 중화를 대신해 진짜 중화가 되기 위해 대륙에 남은 중화의 문물을 받아들이는 것에도 거부감이 없었다.

실학의 민낯, 북학론 너머저

여태까지 살펴본 바를 잠시 돌아보면, 우리가 실학이라 일컫는 학문적 흐름은 선입견과 달리 좁게 보면 성리학, 넓게 보면 유학의 범주 안에 있었으며, 중화 세계에 대해서도 반감을 갖지 않은 채 중화와 조선이 혼연일체가 됐다고 해도 무방한 정도였다. 다만 우리가 기존에 알고 있던 '실학'과 유사한 측면을 보여주는 사례도 있기는 하다. '근대'라는 시기를 대표할 수 있는 가치 중에는 자본주의나 실용주의가 있을 터인데, 그와 유사한 사고를 한 일련의 지식인들을 찾을 수 있기 때문이다. 유형원·이익·정약용으로 이어지는 이른바 남인 계열의 학자들은 국가 권력의 개입을 통한 자영농 육성을 지향했으므로 여기에 포함되지 않는다. 다만 박지원과 박제가로 대표되는 이른바 북학파北學派의 경우 상공업을 진흥하고 청으로 대표되는 외부 세계의 우수한 문물을 받아들이자는 주장을 했는데, '근대성modernity'을 이야기할 때 중요한 개념인 시장경제라든가 개방성과도 맥이 닿아 있다고 볼 수 있다. 그래서 이들의 논의, 즉 북학론北學論만을 따로 떼어내 실학이라 규정한 연구도 있다.

　다만 짚고 넘어가야 할 점은 이들의 주장 역시 오랑캐(청)와 중화(조선)를 구분하고, 오랑캐에 대한 중화의 우월성을 긍정하는 화이론華夷論에 토대를 두고 있다는 사실이다. 이러한 사상적 배경은 앞서 박지원이 명을 상국이라 한 것에서도 보이는데, 그는 한 걸음 더 나아가《열하일기》에서 청이 조선을 후대하는 것 또한 우리의 방비를 허술하게 만들기 위해서라고 보았다. 우리가 교과서를 통해 익히 접했던, 병자호란 이후 반청 의식이 고조됐다는 이해에 크게 어긋나지 않는다. 북학론에서 외래 문물의 도입을 긍정하고 상공업에 대해 국가 권력이 일정한 관심을 두어야 한다고 주장한 것은 어디까지나 안으로 국가의 부를 확대하고 밖으로 외적(청)의 침입에 대비해 국방력을 강화하기 위한 방책이었다. 우리는 흔히 북벌론北伐論과 북학론을 별개 혹은 반대되는 개념으로 파악하지만 사실 북벌론에서 한 걸음 더 나아간 것이 북학론이라 하겠다.

그나마 북학론이 기존의 북벌론과 다른 점이라면, 청이라는 오랑캐 집단과 청이 소유한 문물을 구분해서 보는 것이었다. 북학론에서는 청이 비록 오랑캐이나 그들이 점유 혹은 강탈한 문물은 본디 '옛 중화(명)'의 문물이었기에, '오늘의 중화'인 조선이 이를 받아들이는 데 별다른 거부감이 없었다. 청이 가진 문물이 이전부터 중화의 문물이고 더욱이 조선보다 우수하다면 그것은 당연히 받아들여야 했다. 조선이 바로 중화였기 때문이다. 박제가가 《북학의》에서 "청이 중국을 지배해도 중국의 물산과 궁실, 선박과 수레, 농업, 왕족, 사대부는 그대로 있으며, 청이 100년 이상 지탱하는 것도 중국 제도의 편리함을 알고 이를 수용했기 때문이다"라고 한 것은 우리가 흔히 북학파는 '청을 본받자'고 생각한다고 여긴 것이 잘못이었음을 알려준다. 청보다 우월한 조선이기에 청보다 어느 하나도 열등할 수 없었다고 여겼다는 것이 실상에 가깝다.

북학파가 도입하려 한 청의 문물은 수레, 선박, 말, 벽돌 등에 집중돼 있었으며, 그들은 이를 도입해 조선의 상품 생산과 유통을 원활히 해 국부國富를 넉넉히 하고자 했다. 그러나 이 모든 주장은 사실 청과의 대결을 염두에 둔 논의였다.《북학의》의 저자 박제가가 "수레, 벽돌, 말, 기계가 평소에는 일용품으로 사용되지만, 비상시가 되면 수레로 군수품을 운반하고, 벽돌로 성곽을 만들며, 말은 군마軍馬로, 기계는 병기兵器로 변한다"라고 한 것은 그 점을 잘 보여준다. 요컨대 북학론에서 나타나는 외래 문물의 수용은 중화의 문물을 도입하자는 것과 다르지 않았고, 그 효과로 나타나는 국력 증진 역시 청을 대비 혹은 극복하기 위한 방책이었다. 이쯤 되면 이들의 논의도 사실 그다지 탈유교적이라거나 중화주의를 깨뜨렸다고 보기는 어렵다.

끝으로 거론해야 할 점은 실학자라 일컫는 지식인들 사이에 긴밀한 교류가 없었고, 당대에 하나의 학풍 혹은 학파로 존재했다고 보기도 힘들다는 사실이다. 단적인 사례가 박지원과 정약용이다. 이 두 사람은 각기 노론 계열과 남인 계열을 대표하는, 바꿔 말하자면 상공업 중시론과 농업 중시론을 대표하는 실학자들처럼 각인돼 있다. 그런데 같은 시기를 살았던 이들 사이에 주목할 만한 교류가 있었다는 흔적은 거의 찾을 수 없다. 이 점은 다른 인물들 사이에서도 비교적 비슷하게 나타난다. 그리고 시간의 흐름에 따라 보아도 마찬가지다. 어떤 학자는 '유형원-이익-정약용'으로 이어지는 일련의 선후 관계를 상정하기도 하지만, 이들 사이에 뚜렷한 계승의 흔적을 확인하기는 어렵고, 오히려 각자 유교적인 개혁론의 범주 안에서 제 나름의 입장을 피력했다고 하는 게 실상에 조금 더 가까울 것이다.

만들어진 실학, 오래된 '미래'

지금까지 살펴보았듯이 20세기 이후 규정되고 교육되던 실학의 모습은 17~19세기에 실존했던 양상과 적지 않은 괴리를 보인다. '만들어진 실학'이라고 해도 과언이 아닐 정도다. 물론 역사학이 해석의 학문이기는 하나, 적어도 '과거의 실상'은 가감 없이 확인해야만 '과거와 현재의 끊임없는 대화'가 가능할 것이다. 그런 의미에서 실학의 실체는 고려 말에서 조선 초 실학이라 불리던 성리학이 조선 후기의 시대적 요구에 맞춰 일정 부분 변형된 것인지도 모른다. 이른바 남인 계통의 실학을 '후기 조선 성리학' 등으로 부른 학자가 있는데, 어쩌면 이 용어가 실학의 참모습을 보여준다고 할 수 있으며, 그 적용 범위를 북학론으로까지 넓혀볼 필요가 있다.

역사학의 경우 학설이나 학파 사이에 의견 차이는 존재한다. 그러나 과거로의 접근 방식에서는 기본적으로 연구 방법을 공유할 때가 많다. 어떠한 입장이든 실증은 필요 조건으로 가지고 있는 것이 그런 예다. 실학도 마찬가지 아닐까 한다. 실학은 이기론理氣論에 바탕을 두고 있으며 유교적 가치를 중시하고 있다는 데서 전통적인 학문 조류의 연장선 위에 있음은 어느 정도 사실로 보아도 좋을 것이다.

그렇다면 실학은 그저 그런, 고리타분한(?) 구시대적인 논의로 이해하면 되는 것일까? 그건 아닐 것이다. 지난 세기의 우리가 실학을 '발견'했던 것처럼, 21세기를 사는 우리 역시 실학으로 묶이는 조선 후기의 사상적 현상에 관한 판단을 내려야 할 것이다. 그에 대한 답을 지금 이 자리에서 확언할 수는 없지만, 몇 가지 눈여겨볼 점을 짚어보며 공감대를 넓혀가고자 한다.

첫째, 근대에 대한 선입견을 벗어날 필요가 있다. 그것은 다름 아닌 유럽 중심주의적 사고관의 탈피다. 얼마 전까지만 해도 근대라는 시기는 유럽, 그것도 영국이나 프랑스를 중심으로 한 서유럽 열강의 상황을 '표준'으로 설정한 뒤, 다른 지역의 실정을 여기에 꿰어맞추는 방법론을 취했다. 결과론적으로 보자면 오늘날 세계가 그 시절 서유럽에서 쌓은 틀, 즉 민주정이나 시장경제에 토대를 두어 움직이고 있으니, 이는 어느 정도 맞는 이야기일 수도 있다. 다만 달리 생각할 여지도 있다. 근대는 여러 면에서 이야기할 수 있겠으나, 전근대로 일컫는 시기와의 가장 큰 차이점은 자유와 평등이라는 가치가 전면에 대두했다는 점일 것이다. 민주화와 산업화라는 현상도 그 연장선 위에 놓여 있다.

그런데 서유럽 이외의 지역에서는 기존의 전통을 잇고 있는 와중에도 그 안에서 상대적으로 자유롭고 평등한 사회 분위기를 지향하는 움직임이 자생적이고 자발적으로 이루어지고 있었다. 그래서 오늘날 학계 일각에서는 근대의 다양성을 말하고 있다. 다소 시기적인 격차가 있고 과정상 다른 양상도 보이겠으나, 대개의 국가 공동체는 이전과 질적으로 다른, 그 나름의 근대를 향해 걸어가고 있었다는 것이다. 그렇기에 새로운 시대의 우리는 세계 각지에서 일어난 개성적인 근대로의 움직임을 파악한 다음, 보편적인 근대의 문제를 생각해볼 필요가 있다. 그런 면에서 보자면 이른바 실학이 유교적인 혹은 성리학적인 색채를 띠고 있다고 해서 구시대적인 논의로 치부할 필요는 없다. 오히려 사실은 사실로 인정하되, 그 안에서 기존의 사상적 흐름 또는 조금 더 나아가 전통적인 사공학이라든가 경세론과 결을 달리하는 바가 무엇인지를 밝히고, 그것이 가지는 '시대정신'을 생각해보는 것이 좋지 않을까 한다.

둘째, 사고의 흐름을 볼 때 실학이 앞 시대의 학문을 어떻게 이어받았으며, 어떠한 부분에서 달라졌는지에 대해 파악할 필요가 있다. 이는 앞서 언급한 사안과 관련되는 문제이기도 하다. 사실 '하늘 아래 새로운 것은 없다'는 말이 있듯이, 어떤 사상이 파천황破天荒스러운 면모를 보일 때는 거의 없다. 이유는 간단하다. 그 사고 역시 그들이 살던 사회 속에서 나왔기 때문이다. 예컨대 르네상스는 서유럽 사회가 이전과는 다른, 어떻게 보면 서유럽식 근대로 가는 데 아주 중요한 전환점이 되는 사건으로 평가받고 있다. 그런데 널리 알려진 것처럼 르네상스 자체는 그러한 거창한 시대 변혁의 움직임은 아니었으며, 그리스·로마에서 꽃피운 인간 중심적 문화를 현실에 맞게 재생하고자 하는 문예 부흥 운동이었다. 애초 창대한 목적 지향성을 지니지 않았던 셈이며, 오히려 중세 문화의 연장선 위에 있다고 볼 측면도 있다. 다만 그 안에 휴머니즘의 씨앗이 있었고, 그것이 다양한 요소들과 결합해 서유럽식 근대로 나아갔기 때문에 역사적 의의를 지니게 됐다.

이러한 사례는 잉글랜드의 청교도혁명이나 명예혁명에서도 찾아볼 수 있다. 사실 이 사건들은 국왕의 전제권 행사에 대한 귀족 세력의 반발로, 자유나 평등과 같은 근대적 주장과는 다소 거리가 있다. 그러나 왕권은 신에게 받았다는 사고방식, 즉 왕권신수설王權神授說을 기반으로 절대왕정이 꽃피던 상황에서 귀족 세력이 물리력으로 왕권을 제약했고, 이것이 훗날 의회 민주정 정착에 적지 않은 영향을 끼쳤기에 의미 있게 다가오는 것이다. 실학도 마찬가지로 이해해볼 수 있다. 당시 지식인들이 주장한 가치와 지향한 세상에 숭고한(?) 근대적 양상을 확인할 수 없다고 무시해서는 안 된다. 그 안에 훗날 '우리의 근대'로 나아가게 하는 어떠한 요소가 있었는지를 긴 호흡에서 살펴보는 태도가 요구된다.

셋째, 새롭게 의미를 설정해야 할 부분들을 놓치지 않는 해석의 태도가 필요하다. 앞서 실학자라 일컫는 지식인들 사이에는 그다지 교류도 활발하지 않았을 뿐 아니라 학파로 규정될 만한 연결고리도 약했다는 점을 살펴보았다. 하지만 그렇다고 하여 이들을 기존 성리학의 범주에만 묶어두어야 할지는 의문이다. 당대에는 두드러지지 않았으나 이전의 흐름과 결을 달리하는 무언가가 존재하고, 그것이 훗날 유의미한 무게감으로 자리했다면, 그것은 얼마든 다시금 새롭게 평가되고 명명될 수 있다. 역사학은 해석의 학문이기 때문이다.

요컨대 실학이 실제로는 성리학 혹은 유교의 틀을 벗어나지 않는 복고적인 움직임이었다 해도, 그 안에 이전까지의 시대와는 결을 달리하는 보편적이고 미래 지향적인 요소가 내재해 있다면, 이 역시 그대로 바라보아야 한다. 어떤 가치가 당시 실제로 어떻게 자리매김했는지를 보는 것은 중요하고, 이 글은 그 점을 염두에 두어 서술했으나, 그 '날것' 그대로의 사실이 훗날 어떠한 역할을 했고 거기서 무슨 의미를 찾을 수 있는지 앞으로 우리가 모두 함께 생각해야 할 일이다.

그런 면에서 보자면 실학이라 일컫는 일련의 흐름은 노비제와 신분제에 거부감을 드러내고, 절대 권력의 남용을 경계한 것과 아울러 적극적인 제도 개선을 촉구했으며, 이유야 어쨌든 전통 사회에서 도외시하던 상공업에도 관심을 가졌다. 그러므로 유교라는 테두리 안에서 사회가 나아갈 수 있는 새 시대로의 방향키 역할은 했다고 판단할 수 있다. 물론 당시 실학이 가진 복고적 측면에만 주목한다면 이는 '오래된' 미래를 그리워하는 공허한 외침으로 들릴 수도 있겠으나, 기존의 어떤 유교적 학풍보다 보편적 근대성과 맞닿아 있다고 볼 때는 그 토대가 재래의 전통적 방법론에 있다 한들 오래된 '미래'로 가는 잰걸음이었다고 볼 수 있지 않을까 한다. 그렇다면 실학은 보수 같은 진보, 복고가 빚은 쇄신이라고도 평할 수 있겠다. 서유럽의 르네상스가 그러했던 것처럼 말이다.

참고문헌 ────────────────────────

미야지마 히로시·배항섭,《동아시아에서 세계를 보면?》, 너머북스, 2017
배우성,《조선후기 국토관과 천하관의 변화》, 일지사, 1998
정옥자,《조선후기 중화사상연구》, 일지사, 1998
지두환,《한국사상사》, 역사문화, 1999
유봉학,《연암일파 북학사상 연구》, 일지사, 1995
한국사상사학회 편,《한국사상사입문》, 서문문화사, 2006

김문식,〈18세기 후반 서울 학인의 청학인식과 청 문물 도입론〉,《규장각》17 , 1994
_____,〈조선후기 지식인의 자아인식과 타자인식: 대청교섭을 중심으로〉,《대동문화
    연구》39, 2001
조광,〈실학과 개화사상의 관계에 대한 재검토〉,《조선후기사 연구의 현황과 과제》, 창
    작과비평사, 2000
조성을,〈조선후기 실학의 근대성에 대하여〉,《역사비평》11, 1990
_____,〈근대의 모색과 실학사상: 연구사와 과제〉,《한국사상사학》19, 2002
하우봉,〈실학파의 대외인식〉,《국사관논총》76, 1997

'네이션'과 '민족',
번역과 수용의
역사

임
동
현

우리가 어떤 민족입니까?

"우리가 어떤 민족입니까?" 2014년에 큰 인기를 끈 국내 배달 애플리케이션 회사의 광고 문구다. 이 광고는 2014년 제8회 '대학생이 뽑은 좋은 광고'에서 대상을 받을 정도로 큰 성공을 거두었다. 유명한 고구려 벽화 〈수렵도〉를 패러디한 그림 속에서 중국집 배달 가방을 든 고구려 기마 무사가 뛰어가고, 유명 배우가 짜장면을 먹으며 물어본다. "우리가 어떤 민족입니까?"

이 광고는 회사명에 들어가는 '배달'과 '민족'을 활용했다. 대종교에서 만들어 대중적으로 우리 민족을 지칭하는 표현으로 알려진 '배달倍達'과 음식 등 물건을 가져다주는 '배달配達'이 동음이의어인 것에 착안한 광고다. 이 광고는 배달 문화를 한국 민족의 특징으로 상정했다. 고구려 벽화 〈수렵도〉를 활용해 전통성을 강조하고 중국 음식과 치킨 등을 시켜 먹는 배달 문화를 우리 민족의 특징으로 강조했다. 일상생활 속 문화를 민족의 특징으로 설정한 것이다.

"우리가 어떤 민족입니까?"라는 질문은 "우리는 어떤 민족입니다"라는 답이 있어야 가능하다. 그리고 그 대답에는 우리 모두가 같은 민족으로서 특정한 정체성을 공유하고 있다는 전제가 있다. 하지만 각자가 생각하는 같은 민족으로서의 정체성은 매우 다양하다. 단일민족, 단군할아버지의 자손, 백의민족, '빨리 빨리'의 성격 급한 민족, 고난과 역경을 극복한 민족, 인내와 끈기를 가진 민족, 작지만 강한 민족 등등 다양한 답변이 떠오를 것이다. 여기에 적지 못한 답변을 떠올린 사람도 있을 것이다.

핵심은 정답에 있는 것이 아니라 질문에 대답하기 위한 고민 그 자체에 있다. '단일민족'·'단군할아버지의 자손' 같은 답변은 혈연적 측면을 고려한 것이고, '백의민족'·'성격 급한 민족'은 문화적 측면을, '고난과 역경'·'인내와 끈기'는 역사적 측면을 고려한 답변이다. 이 대답들에서 보이듯이 우리는 혈연, 문화, 역사 등에서 공통점을 가진 집단을 민족이라고 생각한다. 그리고 이러한 인식에는 민족은 고유한 존재이고, 무엇보다 과거부터 현재까지 그리고 미래에도 계속해서 이어진다는 생각이 바탕을 이루고 있다. 그렇다면 정말 민족은 먼 과거로부터 지금까지 이어져온 것일까?

민족이 언제부터 존재했는지에 대해서는 역사학계에서 많은 논쟁과 연구가 있었다. 민족이 처음부터 존재했다고 보는 원초론, 민족이 역사적으로 형성됐다고 보는 영속론, 근대에 들어와서 만들어졌다는 근대론, 근대에 들어와서 만들어졌지만 민족 이전의 종족이 가졌던 문화적 정체성을 강조하는 상징론 등 다양한 논의가 있다.

이처럼 민족의 기원에 대해서는 논쟁이 있지만, '민족'이라는 용어와 개념 자체는 근대에 성립됐고, 서구에서 만들어졌다는 사실에 대해서는 많은 연구들이 공통으로 인정하고 있다. 그렇다면 서구에서 만들어진 '민족'이라는 단어는 어떻게 우리 곁에 오게 됐을까? 그리고 어쩌다 지금처럼 널리 쓰이게 됐을까? 이 글은 서구의 민족 개념에 대해서는 장문석, 박명규 등의 연구 성과에, 일본의 민족 개념은 윤건차와 박찬승 등의 연구 성과에, 한국의 민족 개념은 박찬승, 백동현, 앙드레 슈미드, 권보드래, 이태훈 등의 연구 성과에 기대고 있다. 그동안 역사학계에서 진행된 연구 성과를 통해서 민족 개념의 수용 과정을 살펴보고자 한다.

네이션nation의 등장

동아시아에서 '민족'이라는 단어를 과거에 사용하지 않았던 건 아니다. 6세기《남제서》〈열전〉 '고일전, 고환전'에 민족이라는 용례가 등장하고,《염원문집》에 "천하의 민족은 따로 분류가 없다"라는 표현이 나온다. 하지만 여기서 언급된 '민족'은 단순한 '민의 무리' 정도의 의미다. 현재 '민족'이 가지는 개념과 의미는 없었다. 현재 우리가 사용하는 민족이라는 단어와 개념은 근대에 들어와 서구에서 만들어진 것이다.

　우리가 현재 사용하는 민족 개념에 해당하는 단어는 '네이션nation'이다. 네이션은 라틴어 '나티오natio'에서 나온 단어다. 고대 로마인에게 나티오는 출생의 유사성으로 묶인 인간 집단, 즉 같은 곳에서 태어난 사람을 말했다. 로마인은 나티오를 로마시민보다 지위가 낮은 외국인을 의미하는 용어로 사용했고 그다지 긍정적 의미는 아니었다. 로마인은 스스로를 '로마시민'이라고 했다.

이후 중세에서는 대학 안의 같은 지역 출신 학생 집단을 가리키거나 유럽공의회에서 종교적 의미와 지역성을 같이 포괄하는 '신자 공동체' 대표를 가리키는 말로 사용했다. 대표라는 의미가 더해지면서 나티오는 점차 엘리트 귀족을 칭하는 표현이 됐다.

나티오에서 출발한 영어의 네이션은 시기마다 그 의미가 조금씩 변화하고 확장됐다. 17세기 영국에서 일어난 왕당파와 의회파 간 잉글랜드내전(1642~1651)을 거치면서 네이션은 정치적 특권층으로 구성된 정치적 집단을 말했다. 네이션은 나라의 모든 거주민이 아니라 의회에서 대표되는 소수였지만 자신들의 이해관계가 전체 민족의 그것과 같음을 입증하면서 영향력을 확대했다. 나티오에서 출발한 네이션은 대체적으로 출생의 공통성을 가진 집단이라는 의미를 가지고 있었다. 네이션이 지금과 같은 의미로 발전하게 된 계기는 프랑스혁명이다.

프랑스혁명, 네이션의 탄생

1789년에 일어난 프랑스혁명은 산업혁명과 함께 근대 국가의 출현을 알리는 신호탄이었다. 왕정은 붕괴됐고, 신분제는 무너졌다. 이제 왕조 국가 백성들은 근대 국가에서 주권을 가진 시민이 됐다. 불평등한 신분제 질서하에서 아무런 권리 없이 의무만 가졌던 피지배 계층이 근대 국가 안에서 국가의 주권을 가지고 개념적으로 완전한 자유와 평등을

누리는 존재가 된 것이다. 하지만
누가 완전히 평등하고 자유로운
국가의 주권을 가진 시민이 되는
것일까? 다시 말해 누가 프랑스
의 시민이 될 수 있을까? 그리고
그 기준은 무엇인가?

프랑스혁명 직전 1789년 1월
시에예스Emmanuel Josep Sieyès는
《제3신분이란 무엇인가》라는 책
에서 네이션을 '공통된 법 아래에
동일한 입법체로 대표되는 사람
들의 사회'라고 규정했다. 네이션
을 국가의 주권을 공유한 집합체
로 본 것이다. 네이션은 원래 출

《제3신분이란 무엇인가》

생의 공통성을 지닌 집단이었다. 여기에 프랑스혁명을 계기로 국민 주
권 개념이 더해졌다. 프랑스혁명으로 탄생한 프랑스 국민의회가 1789
년 8월 26일에 선포한 〈인간과 시민의 권리선언〉 제3조에는 주권 소유
자로 네이션이 적시돼 있다.

이처럼 혈연적 공통성을 가진 네이션이 국민 주권의 소유자가 되면
서 출생은 주권을 보장받는 권리가 됐다. 프랑스 네이션은 프랑스 시
민이 됐고, 프랑스 시민은 프랑스 네이션이 됐다. 프랑스인과 다른 혈
통, 다른 언어를 가진 외국인은 다른 네이션이 됐다.

프랑스혁명이 진행되면서 프랑스혁명에 반대하는 주변 국가들의

위협이 고조됐다. 주변 국가들의 위협으로 '위험에 처한 조국'을 구하기 위한 '혁명전쟁'이 일어나면서 네이션은 프랑스인과 외국인을 나누는 기준이 됐다. 프랑스 공안위원회에서 베르트랑 바레르 의원은 언어를 핵심 기준으로 혁명과 반혁명, 프랑스와 외국을 구분하고자 했다. 이처럼 프랑스혁명이 진행되면서 네이션은 공통된 조상이라는 혈연적 요소, 언어·풍속 등 문화적 요소와 근대 국가 시민이라는 정치적 요소가 결합된 집단으로 간주됐다.

고대 로마에서 나티오와 시민은 서로 다른 집단을 가리키는 말이었지만, 프랑스혁명을 통해서 네이션과 시민, 즉 프랑스 국민이 일치됐다. 프랑스 시민, 즉 국민은 하나의 네이션, 동일한 혈통과 문화를 가진 주권 집단으로 간주됐다.

서구에서 새롭게 출현한 근대적 네이션은 빠른 속도로 세계로 전파됐다. 근대 자본주의 문명의 확산과 함께 많은 국가가 근대 국가를 건설하는 과정에서 새로운 공동체인 네이션을 수용했다. 수용 과정에서 각 국가는 저마다의 상황과 조건에 따라 각자의 역사와 문화에 맞는 네이션을 만들었다.

이렇게 만들어진 네이션은 각 국가의 역사와 문화에 따라 종교를 정체성의 중심에 두기도 했고, 혈연적 공통성이 중심이 되기도 했다. 시민권을 중심에 두고 다양한 인종을 포괄하는 형태를 띠기도 했다. 다 다른 모습이지만 같은 네이션이었다.

네이션 개념은 서구 국가들이 아시아를 침략하는 과정 속에서 아시아에 전파됐다. 서구의 아시아 침략 과정은 동시에 근대 국가로 전환을 시도하는 근대화 과정이었다. 동아시아 국가들도 근대화 과정에서 네이션을 수용했다. 네이션을 수용하기 위해선 제일 먼저 네이션을 번역해서 새로운 단어를 만들어야 했다. 하지만 번역은 언제나 원본의 의미를 조금씩 왜곡한다. 원본과 번역본은 비슷하지만 완전히 같은 의미는 아니다. 네이션이 각국 상황에 맞게 새롭게 구성된 것처럼 번역도 각국 상황에 맞게 새롭게 이뤄졌다.

일본의 민족 개념 수용

동아시아 국가 중에서 일본이 가장 먼저 네이션을 수용하고 번역했다. 일본은 네이션 개념을 수용하면서 독일이 정의했던 네이션 개념에 영향을 받았다. 그런데 독일이 정의한 네이션 개념은 프랑스혁명으로 성립됐던 네이션의 일반적 의미와 달랐다. 독일에서 정의했던 네이션은 독일어 표기를 따라 '나치온'으로 표기했다.

일본은 네이션을 '국민'과 '민족', 두 단어로 번역했다. 네이션을 국민으로 번역한 대표적인 학자는 후쿠자와 유키치다. 후쿠자와 유키치는 《서양사정》 외편(1867)에서 '국민'이라는 단어를 사용했다. 국민으로 가장 많이 번역된 단어는 피플people이었고, 그다음이 네이션이었다. 이때는 아직 후쿠자와 유키치도 네이션을 명확하게 국민으로 번역하지 않았다. 하지만 1875년 《문명지개략》에서 후쿠자와 유키치는 서구의 네이션 개념이 국민임을 명시했다. 후쿠자와 유키치는 이 글에서 "일본에는 정부가 있을 뿐 네이션(원문에는 영어로 표기됨)은 없다"라고 하여 네이션이 국민임을 분명히 했다.

한편 일본 학자 가토 히로유키는 1876년 독일 법학자 블룬칠리Johann Kasper Bluntschli의《일반국법론》을 번역해서《국법범론》을 냈다. 블룬칠리는 사법·국제법·국가학 등에서 큰 업적을 남긴 법학자로《국법범론》은 일본 지식인 사회에 독일 국가학이 도입되는 데 큰 기여를 했다. 가토 히로유키는《국법범론》에서 독일어 나치온을 '민종民種'으로 번역했고, 폴크volk를 국민으로 번역했다. 민종은 후에 다른 학자들에 의해서 민족으로 번역됐다.

후쿠자와 유기치

블룬칠리는 독일어 나치온과 폴크의 의미를 구별했다. 독일어 폴크는 국민, 민족, 민중 등 여러 가지 의미를 가지고 있다. 18세기 중엽까지는 군대 등의 집단을 말하거나 모멸적인 의미에서 사회 하층 민중을 가리키는 용어였다. 하지만 18세기 말

블룬칠리

철학자 헤르더에 의해서 공통의 언어를 바탕으로 역사적으로 형성된 독자적인 개성을 가진 문화 공동체라는 의미가 부여됐다.

프랑스혁명이 일어나고 '혁명전쟁'이 진행되면서 독일에도 네이션

관념이 전파됐고, 독자적인 민족성을 강조하는 폴크관이 형성됐다. 이후 폴크는 독일에서 네이션과 거의 같은 의미로 사용됐고, 제1차 세계 대전 이후 바이마르공화국 헌법은 폴크를 주권자로 선언했다.

블룬칠리는 나치온을 혈연적·문화적 개념으로 사용했고, 폴크를 정치적 개념으로 사용했다. 그는 나치온을 인종에서 분리된 언어·풍속·혈통 등에 의해 결합한 동종의 민중으로, 폴크를 인위적으로 형성된 동일한 국가에 소속된 민중으로 봤다. 다시 말해 자연 발생적 공동체인 나치온이 국가가 탄생하면서 국가 공동체인 폴크가 되는 것이다. 프랑스혁명으로 탄생한 네이션은 그 안에 혈연적·문화적 요소와 정치적 요소인 시민권을 같이 포함했다. 그러나 블룬칠리는 네이션의 개념을 나치온과 폴크로 분리했고, 혈연적·문화적 요소가 강조된 나치온이 일본에서 민족으로 번역됐다.

블룬칠리의《국법범론》번역 작업에 참여했던 히라다 도스케는 1882년 블룬칠리의《교양 계급을 위한 독일 국가학(Deutsche Staatslehre Für Gebildete)》의 일부를《국가론》으로 번역했다. 여기서 히라다 도스케는 네이션을 '족민'으로, 폴크를 '국민'으로 번역했다. 그 의미는 가토와 동일했다. 1887년《독일학협회잡지》에 〈족민적 건국과 족민주의〉라는 글이 게재됐고, 현재의 민족주의를 '족민주의'로 소개했다. 여기서도 족민은 정치적 공동체가 아닌 혈연적·문화적 공동체로 강조됐다.

한편《독일학협회잡지》에 실린 〈민족론〉이라는 글에서 네이션을 민족으로 번역했다. 하지만 본문에서는 족민과 민족을 여전히 혼용해서 사용했다. 네이션의 번역어로 족민과 민족이라는 용어가 경쟁을 했고, 점차 민족을 많이 사용하게 됐다.

일본에서 민족 사용이 많아진 것은 세이쿄샤의 잡지《일본인》(1888)과 신문《일본》(1889) 덕분이었다. 국수주의를 전파하고자 했던 세이쿄샤는 잡지《일본인》에서 국수를 강조하고 국수주의를 담당할 주체로 고래의 역사·전통·문화를 실체화한 야마토 민족을 강조했다. 민족이라는 용례가 정착되면서 1903년 영어사전의 네이션 항목에 민족이라는 의미가 추가됐고, 1910년에는 ① 국민, ② 민족·인종으로 정리됐다.

이후 일본에서는 네이션의 번역어로 국민과 민족을 계속해서 사용했다. 네이션은 국민과 민족으로 그 개념이 분기됐지만 논자에 따라 이 둘을 엄격하게 구분하지 않기도 했다. 번역어로 새롭게 등장한 '민족' 개념은 불완전해서 다른 번역어인 인민, 국민 등과 혼용돼 사용됐다. 민족 개념 정립은 1900년을 전후로 청일전쟁과 러일전쟁을 거치면서 국민 개념 정립과 함께 동시에 진행됐다.

일본에서 네이션의 개념을 수용하는 과정에서 민족과 국민이라는 두 개의 단어가 만들어졌다. 그리고 블룬칠리의 나치온, 폴크 개념을 받아들여 민족은 혈연적·문화적 요소가 강조되는 공동체가 됐고, 민족은 국가를 건설해야 정치적 공동체인 국민이 되는 공동체가 됐다. 이처럼 번역은 언제나 원본의 개념을 벗어나 이루어졌다.

이렇게 만들어진 민족이라는 단어는 주변 국가들로 전파돼 갔다. 중국에서는 1899년 량치차오梁啓超가 저작인《동적월단》에서 민족이라는 단어를 사용했고, 일본에서 번역한 민족을 처음으로 중국에 수입한 사례였다. 한국에서도 비슷한 시기를 전후해 민족이라는 번역어를 수용하게 된다.

민족 이전의 공동체

한국에서 민족을 수용한 과정을 살펴보기 전에 근대 이전에 한국이 가지고 있던 독자적인 정체성을 살펴보자. 민족 이전에도 사람들은 자신이 속한 공동체에 대한 정체성을 가지고 있었다. 자신들이 살고 있는 지역에 대한 지역성과 문화적 공통성을 바탕으로 공동체의 정체성이 형성됐다.

민족이라는 개념과 단어는 근대에 들어와 만들어졌지만, 하늘에서 뚝 떨어진 개념은 아니다. 기존에 있던 정체성을 바탕으로 재구축한 구성물이다. 이 재구축은 단순한 재조립이 아니라 기존과는 완전히 다른 질적 변화다. 하지만 기존 요소를 활용하기 때문에 기존 틀을 바탕으로 그 변화가 일어난다.

다만 이 정체성은 근대적인 민족 정체성과는 달리 일원적이거나 균질적이지 않다. 혈연을 기반으로 같은 성씨를 중심으로 하는 가문, 신분제 속에서 신분적 정체성 또는 같은 직업이나 종교를 가진 직업 공동체, 신앙 공동체 등의 정체성과 충돌하거나 혼재되거나 병렬적으로 존재하기도 했다.

한국에서 독자적인 정체성에 대한 기록은 조선 초기부터 나타난다.

우리나라는 요수의 동쪽 장백산의 남쪽에 있어 3면이 바다에 접하고, 한쪽만이 육지에 연달아 있으며 지역의 넓이가 만 리나 됩니다. 단군이 요임금과 함께 즉위한 때부터 기자조선, 신라가 모두 1000년을 누렸고, 전조의 왕씨 또한 500년을 누렸습니다. (중략) 따로 하나의 나라를 이루어 소중화라고 부르면서 3900년이나 됐습니다. (중략) 우리로 하여금 스스로의 성스러운 가르침(유학)을 가지게 한 것은 언어가 중국과 통하지 않을 뿐만 아니라 습속도 역시 다르기 때문입니다.

-《성종실록》12년(1481) 10월 17일

조선 사람들이 한반도 거주 집단으로서 외부와 다른 독자적인 정체성을 가지고 있었음을 확인할 수 있다. 현재 자국 영토에 대한 이해, 단군이라는 별도의 국가 기원, 단군에서 시작해 기자조선, 신라, 고려로 이어지는 역사적인 계승성, '따로 하나의 나라'를 이루었다는 표현, 언어가 중국과 다르고 습속, 즉 문화도 다르다는 표현 등이 등장한다. 조선을 중국과 다른 별개의 역사적·문화적 공동체로 보는 관념은 조선 초기부터 존재했다. 하지만 이러한 공동체 인식은 중국 중심의 중화주의적 세계 질서를 부정하는 것은 아니었고, 조선의 신분 질서 속에서 규정됐다.

조선시대에는 한반도 거주 집단을 지칭하는 표현으로 '족류'와 '동포'를 사용했다. 족류는 원래 동족을 의미하는 표현이었고, 고려 때는 친족, 같은 무리를 가리키는 표현이었는데, 조선시대에 들어와 조선 사람이라는 개념으로 의미가 확장됐다. 족류라는 표현은 주로 조선인이 조선과 조선 외부의 이민족을 구별할 때 사용했다. 북방의 여진인이나 남쪽의 왜인, 유구(오키나와)인 등에 대해서 '우리 족류'가 아니라고 했다. 족류와 비슷한 의미를 가진, 현재 우리가 사용하는 용어로는 '겨레'가 있다.

동포는 원래 한 부모에게서 태어난 형제나 자매를 말한다. 하지만

조선시대에 이 용어를 '국왕의 은혜를 입은 백성'이라는 뜻으로 사용
하면서 의미가 확장됐다. 주로 국왕이나 관리들이 백성을 국왕의 동포
로 생각해 형제처럼 살피고 어진 정치를 해야 한다고 말했다. 동포는
국왕 입장에서 애휼의 대상, 구제의 대상이었다. 신분제하에서 공동체
관념은 동등한 관계가 아닌 수직적 상하 관계를 내포하고 있었다.

조선 후기로 가면서 동포 개념은 점차 확대됐다. 일반 백성만을 지
칭하는 표현에서 양반 관리까지 확대됐다. 양반 관리들이 백성을 자신
의 동포라고 말하기도 했다. 천민인 노비까지도 동포의 대상으로 확대
됐다. 동포의 범위는 계속해서 확대됐다. 하지만 동포의 범위가 확대돼
도 실질적인 평등은 보장되지 않았다. 조선 사회의 신분제 질서는 공
고했다. 다만 왕조 국가 내부의 공동체성은 점차 강화됐다.

이상에서 살펴본 것처럼 조선시대에 들어와 외부의 다른 이민족과
구별하는 용어로 '족류'를 사용했고, 왕조국가 내부의 공동체성을 드러
내는 용어로 '동포'를 사용했다. 근대 이전에도 주변 국가와 스스로를
다르게 생각하는 독자적인 정체성을 형성했던 것이다. 하지만 현재의
민족 개념과는 달랐다.

무엇보다 민족은 대내외적인 평등이 가장 큰 전제다. 민족은 내부
적으로 평등하고, 대외적으로도 동등한 관계를 전제한다. 민족 구성원
은 모두가 같은 혈연이라는 전제를 갖는다. 신분제에서 신분의 고하를
결정하는 것은 '혈통의 차이'다. 따라서 민족은 신분제하에서는 등장할
수 없다. 그리고 중화주의는 중국 한족 중심의 유교 문화를 정점으로
주변 민족을 야만으로 바라보는 불평등한 위계질서다. 따라서 중화주
의를 수용한 조선에서 민족이라는 정체성은 불가능했다. 그 대신 중세

적 세계관 속에서 '족류'와 '동포'로 표현되는 공동체성을 만들어갔다.

한국의 민족 개념 수용

한국도 개화기에 서구의 네이션 개념을 수용하면서 일본에서 번역한 단어 '민족'을 수용했다. 하지만 네이션이 독일어 나치온을 거쳐 민족으로 번역됐듯이 번역어 민족도 한국적 맥락 속에서 수용됐다.

　민족은 일본으로 유학을 갔던 관비 유학생들의 친목회 회보인 〈대조선유학생친목회회보〉에서 1897년에 처음 등장했다. 하지만 이때 사용한 민족은 단순히 인간 집단을 가리키는 말로 인민과 동일한 의미였다. 아직은 과거에 사용하던 동포가 한반도라는 지역적 범위 안의 혈연적 공동체를 대표하는 단어였다.

　근대 문명을 받아들인 조선의 엘리트 지식인들은 근대 국가를 건설할 새로운 주체를 발굴하고자 했다. 아직 국민이나 민족이라는 용어를 수용하지 못했기 때문에 과거에 사용하던 동포라는 용어를 재해석했다. 독립협회운동(1896~1898)을 거치면서 기존의 애휼과 구제 대상이던 동포는 계급과 계층을 뛰어넘는 평등의 개념을 내포하게 됐다.

　동포는 사랑해야 할 형제이자 계몽 대상으로 새로운 역사의 주체, 개화 주체로서 강조됐다. '우리 동포', '이천만 동포' 등 형제로서 친근감을 바탕으로 동질성을 강조하기에 적합한 용어였다. 하지만 동포는 여전히 애휼 이미지가 강했고, 천하의 모든 사람들이 형제라는 사해동포四海同胞, 인종 개념을 더한 황인종 동포 등으로 쓰이며 독자적인 주권을 바탕으로 하는 근대 국가의 역사 주체를 지칭하는 용어로는 부족했다. 조선의 엘리트 지식인들은 근대 국가 건설을 위한 새로운 주체와 그 주체를 부르는 용어가 필요했다.

1900년 《황성신문》의 〈보내는 글: 서세동점의 기인〉 기사에 민족이 다시 등장했다. 하지만 여기에 등장한 민족도 '동방 민족', '백인 민족', '동아 민족' 등 현재의 민족 개념이 아니라 인종 개념으로 사용됐다. 1901년 4월 8일 자 기사에서는 중국 민족을 중국 인종이라고 표현하는 등 인종과 민족 개념을 혼용해서 사용했다.

서세동점이 시작되고 중국이 서양의 침략을 받으면서 중화주의는 무너지고 서구 근대 문명이 동아시아에 수용되기 시작했다. 하지만 중화주의가 근간으로 하고 있던 동아시아 지역 단위의 세계관이 바로 사라진 것은 아니었다. 그 자리를 채운 것은 동양이라는 지역 관념과 황인종이라는 정체성이었다.

동양과 황인종이라는 정체성은 한·중·일이 모두 같은 대륙에 살며 인종이 같고, 외형이 유사하고, 공통의 문자(한자)를 사용하며 동일한 문화를 가지고 있다는 관념을 바탕으로 한다. 동종동문同種同文의 동양이 서구의 침략에 같이 대항한다는 인종론적 세계관을 가지고 있었다. 이러한 세계관 때문에 아직 민족은 인종이라는 개념에서 분화하지 못했고, 인종과 민족이 혼용됐다.

인종론적 세계관은 1904년 러일전쟁 이후 깨졌다. 러일전쟁 이후 일본은 조선 침략을 본격화했다. 1905년 을사조약이 체결되면서 조선은 자주적인 주권국가에서 국권을 상실한 일본의 보호국으로 전락했다. 이제 동양은 동종동문의 단일한 공동체가 아니었고, 황인종이 같이 백인종과 대립한다는 인종 경쟁 시대도 끝이 났다. 인종 안의 각 민족이 서로 경쟁하는 민족 경쟁 시대라는 인식이 강해졌고, 국권 상실이라는 비상시국 속에서 인종과 민족이 분리되면서 민족이라는 단어가 본격적으로 수면 위로 부상했다.

《황성신문》은 1904년 10월 7일 자 기사에서 "4000여 년 전해져 내려온 민족"이라고 처음으로 민족을 한반도 주민 집단을 지칭하는 용어로 사용했다. 1904년 11월 24일 자 기사 〈경고동포〉에서는 "4000년 단기 구역", "2000만 동포 민족"이라는 표현이 등장한다. '단기 구역'은 과거 단군과 기자의 영토라는 의미이고, 형제를 의미하는 동포를 민족과 결합해서 사용했다. 한반도 주민 집단을 역사적·혈연적·영토적 공동 운명체 집단으로 강조한 것이다.

《대한매일신보》에는 1906년경에 '민족'이 한반도 주민 집단을 가리키는 말로 등장했다. 1906년 4월 15일 자 기사인 〈논일어교과서〉에 "우리 한국 관리도 역시 대한 민족이라 대한 민족의 멸망의 날에 어찌 그 명을 혼자서 보존할 수 있으리오"라고 했고, 1906년 8월 7일 자 논설 〈통곡조한국지민〉에서는 "마침내 종사를 전복하고 민족을 멸망시켜야 그만둘 것으로 보이는 고로 우리는 차마 수수방관하지 못하고, 한국 2000만 인민을 위해 한소리로 통곡하노니"라고 했다.

이제 민족은 명확하게 한반도 주민 집단을 지칭하는 용어로 사용됐다. 하지만 동양주의적 세계관이 완전히 사라진 것은 아니었다. '단기 구역'이라는 표현에서 나타나듯이 이 시기 민족의 상징은 단군과 기자였다. 단군은 혈통적 독자성을 상징하는 인물이었고, 기자는 중화 문명 또는 동양 문명의 문화적 요소를 상징하는 존재였다. 한국 문명의

《황성신문》창간호와《대한매일신보》창간호

독자성보다는 동양 문명과의 연계성 속에서 민족의 문화적 요소를 찾았다.《황성신문》뿐만 아니라《대한매일신보》에서도 민족적 정체성을 말할 때 단군과 기자를 이용했다.《태극학보》에는 '단기 민족'이라는 표현도 등장했다.

국망의 위기 속에서 구체화되는 '민족'

1907년경이 되면 '민족'은 더 적극적으로 사용됐다. 1905년부터 1910

년 9월까지 《대한매일신보》에서 국민, 민족, 인민, 신민, 백성, 동포, 국가, 나라라는 용어를 사용한 횟수를 정리하면 다음 표와 같다.

표를 보면 민족은 《대한매일신보》에 1906년 처음 등장했고, 1907년부터 1909년까지 사용이 폭발적으로 증가했다. 신민·백성·나라 등은 큰 증가세를 보이지 않고, 국가·민족·국민·동포 등의 어휘는 꾸준히 증가했다. 그중에서도 민족의 증가세가 가장 뚜렷하다. 민족 사용이 1900년부터 본격화된 점, 1900~1905년 사이에도 극히 제한적으로 사용됐다는 점을 고려한다면 민족 사용 증가는 단연 돋보인다.

사용량 증가뿐만 아니라 개념적으로도 구체화됐다. 《대한매일신보》는 1908년 7월 30일 자 기사 〈민족과 국민의 구별〉에서 민족과 국민을 구별했다. 이 내용은 앞에서 살펴봤던 블룬칠리의 구별법과 동일하다. 우선 민족과 국민을 혼용해서 사용하는 것을 비판하고, 구별해서 사용해야 할 것을 지적했다. 그리고 민족이란 같은 조상의 자손, 같은 지방에 사는 자, 같은 역사를 가진 자, 같은 종교를 받드는 자, 같은 말을 쓰는 자라고 했다. 그리고 국민이란 조상과 역사와 지방과 종교와 언어가 같은 것 이외에 반드시 같은 정신을 가지며, 같은 이해를 취하고, 같은 행동을 해서 내부적으로는 한 몸과 같고 외부적으로는 군대와 같아야 한다고 했다.

이제 민족은 단순히 한반도에 거주하는 공동체 집단이 아니라 같은 지역에 사는 같은 조상, 같은 역사, 같은 종교, 같은 언어를 가진 혈통적·역사적·문화적 공동체가 됐다. 이렇게 민족 개념이 구체화되면서 기존의 중화 문명과 다른 한국의 고유한 전통 문명이 중요해졌다.

한국 문명의 고유성이 강조되면서 더 이상 단군·기자 계승 의식은

연도 단어	1905	1906	1907	1908	1909	1910.9
국민	76	169	243	324	418	319
민족	0	26	47	139	126	79
인민	198	384	368	322	221	268
신민	12	20	20	20	11	5
백성	3	5	3	7	5	1
동포	44	63	241	233	481	379
국가	64	113	108	240	425	236
나라	0	10	10	2	3	4

* 권보드래, 〈근대 초기 '민족' 개념의 변화: 1905~1910년《대한매일신보》를 중심으로〉,《민족문학사연구》33, 2007 참조해서 작성.

성립하기 어려워졌다. 이제 기자는 계승 대상이 아니라 배제 대상이 됐다. 기자 계승 인식이 비판받으면서 중화 문명을 수용하는 과정에서 형성된 사대주의, 중화주의의 핵심인 유교 문화도 비판 대상이 됐다. 이제 민족은 혈통뿐만 아니라 문화적으로도 동일해져야 했다. 한국 민족은 기자로 대표되는 중화 문명과 단절하면서 단군으로 표상되는 종족적, 문화적 독자성을 가지게 됐다.

그리고 국가 존망의 위기가 심화되고 점차 현실화되면서 민족에 대한 이해는 공통된 혈연과 문화를 공유한 혈연적·문화적 공동체에서 더 심화되고 발전됐다. 당시 일본은 1907년 헤이그 특사 사건으로 고종을 강제 퇴위시키고 순종을 등극시켰다. 7월에는 한일신협약, 일명 정미7조약을 체결해 한국 군대를 해산하고 통감의 권한을 강화해 사법권과 관리 임용권을 빼앗고, 일본인 관리 채용을 강요하는 등 대한제국 내정에 관한 모든 권한을 장악했다.

자주적 근대 국가 건설 실패와 일본의 식민지화가 눈앞에 닥쳐왔다. 블룬칠리는 민족은 국가를 건설하지 못하면 정치적 공동체인 국민이 될 수 없다고 했다. 그렇다면 한국 민족은 이제 일본의 식민지인으로 살 수밖에 없는 것일까? 그럴 수는 없었다.

> 우리 2000만 민족이 전날에는 비록 이 나라의 주인이었으나 오늘날에는 이미 객이 돼 주인이 아니니, 이 나라가 만약 우리나라가 아니요, 이 민족이 이 나라의 주인이 아니라면 장차 생존경쟁 가운데 소멸하고 말 것이며….
> - 〈보국론〉, 《황성신문》 1907년 5월 6일

> 오호라 금일에 한국에 남아 있는 것이 무엇인고. 이를 정치상에 구하니 통치권의 일부분도 남아 있는 것이 없고, 이를 실업계에 구하니 역시 한 가지도 없고, 사회상에 구하니 역시 한 가지도 없고, **다만 남아 있는 것은 2000만 민족이라.** 어시호 오인의 목표는 이 민족적 경영을 이상하는 외에 타책이 없는즉, 무릇 모든 사업을 이 민족적 주의로 계획하는 것이 제일 건전하니, **민족이라 함은 국민의 일부분을 위함이 아니요, 국민 전체를 표준함**인즉, 국민의 일 계급의 활동과 국민의 일 지방적 활동은 민족적이라 말할 수 없으니….
> - 일세생, 〈신시대의 사조〉, 《태극학보》 14, 1907, 19쪽

민족은 이제 단순한 혈연적·문화적 집단이 아니라 국권 회복의 주체이고, 근대 민족국가 건설의 주체가 됐다. 민족은 과거로부터 계속해서 내려왔고, 현재에도 있으며, 미래에도 사라지지 않을 존재로 인식됐기 때문에 국가가 소멸한 이후 국가를 재건할 수 있는 유일한 근거가 됐다. 민족은 이제 새로운 국가를 구성하는 근거로서 원천적 권리의 담보자로 재의미화됐다.

신채호

민족과 국가를 연결하는 작업의 최전선에 신채호가 있었다. 신채호는 한반도 역사를 왕실이 아닌 민족의 역사로 인식하고 국가 역사를 민족 역사로 서술하고자 했다. 《독사신론》서문에는 "국가의 역사는 민족의 소장성쇠消長盛衰의 상태를 가려서 기록한 것이다. 민족을 버리면 역사가 없을 것이며, 역사를 버리면 민족의 그 국가에 대한 관념이 크지 않을 것이니, 아아, 역사가의 책임이 그 또한 무거운 것이다"라고 했다. 국가와 역사는 '민족'의 소유물이 됐다.

정리하면 1897년에 처음 등장한 민족은 아직 특정한 개념이 없는 '민의 무리'였다. 1900년에 언급된 '민족'은 동양 문명과 연결된 인종적 개념이었고, 1904년경에는 동양 문명에서 분리된 한반도 거주 집단을 지칭했지만, 문화적으로 기자 계승 의식이 남아 있는 형태였다. 1907년경에는 민족 사용량도 증가했고, 그 의미도 현재에 가까워졌다. 중화 문명과 관련된 기자 계승 의식은 배제됐다. 단군을 중심으로 혈연적·문화적 단일성을 구축했다. 민족은 같은 조상, 같은 언어, 같은 역사를 지닌 국권 회복과 근대 국가 건설의 주체로 정의됐다.

하지만 민족 개념은 완전히 통일되지 않았다. 현재에 가까운 의미로 변했지만, 여전히 용어 사용에는 혼용이 있었다. 1908년에 나온《대한매일신보》기사들을 보면 자신들의 가문이나 사농공상 계층, 각 지방 거주민 등을 민족이라고 했다. 아직 개념이 완전히 정착되지 않았던 민족은 식민지가 되고 1910년대에 지식인들 사이에서 먼저 정착이 되고 1919년 3·1운동을 계기로 일반 민중에게도 전파돼 사용하게 됐다.

지금 우리에게 '민족'이란?

서구의 근대 네이션이 민족으로 번역돼 한국 사회에 수용되는 과정을 역사학계의 연구 성과를 통해서 검토해봤다. 현재도 네이션을 민족으로 번역하는 것이 적합한지, 국민으로 번역하는 것이 적합한지에 대해서는 많은 논쟁이 있다. 하지만 민족이라는 단어가 서구의 네이션을 번역하는 과정에서 한국 사회에 수용됐고, 민족이라는 말이 단순히 혈연적·문화적 공동체만을 지칭하는 것이 아니라 그 자체로 정치적 공동체의 의미도 같이 포함한다는 사실을 확인할 수 있었다. 각 국가는 자신들이 처한 역사적 상황에 따라 민족을 형성했다. 한국도 개항과 국권피탈, 국권 회복을 위한 독립운동 과정 속에서 민족의 의미가 공통된 혈연적·문화적·역사적 요소를 가진 근대 국가의 주권 집단으로 정립돼갔다.

하지만 민족의 의미는 현재의 역사적 경험과 새로운 시대로의 변화 속에서 또다시 정의될 수 있다. 현재는 글로벌 시대, 탈민족 시대, 새로운 4차 산업혁명 시대다. 한편으로는 한·중·일 간 대결 구도가 강화되고, 한반도는 여전히 분단된 채 통일을 기다리고 있다. 근대에 들어와 형성된 민족 개념이 새 시대를 맞이해 새롭게 변화될 수도 있고, 오히려 그 의미가 더 강화될 수도 있다. 처음에 나왔던 질문을 조금 바꾸어 다시 던지며 글을 마무리하고자 한다. 오늘날 민족은 우리에게 무엇일까?

참고문헌 ─────────────────────────

박명규,《국민·인민·시민》, 도서출판 소화, 2014
박찬승,《민족·민족주의》, 도서출판 소화, 2010
송규진·김명구·박상수·표세만,《동아시아 근대 네이션 '개념'의 수용과 변용》, 고구려
      연구재단, 2005
앙드레 슈미드 지음, 정여울 옮김,《제국 그 사이의 한국》, 휴머니스트, 2007
윤건차 지음, 하종문 옮김,《일본 그 국가 민족 국민》, 1997
장문석,《민족주의 길들이기》, 지식의풍경, 2007
_____,《민족주의》, 책세상, 2011

권보드래,〈근대 초기 '민족' 개념의 변화: 1905~1910년《대한매일신보》를 중심으로〉,
      《민족문학사연구》33, 2007
배성준,〈국민주의와 인종주의〉,《역사비평》104, 2013
백동현,《대한제국기 민족인식과 국가구상》, 고려대학교 사학과 박사학위논문, 2004
이태훈,〈민족 개념의 역사적 전개 과정과 그것이 의미하는 것〉,《역사비평》98, 2012
장문석,〈내셔널리즘의 딜레마〉,《역사비평》99, 2012

지은이 소개

가나다 순

강진원 서원대학교 역사교육과 조교수. 서울대학교 국사학과에서 《고구려 국가제사 연구》로 박사학위를 받았다. 사회현상과 문화 및 의례를 통해 나타나는 당시의 실상에 대해 관심이 많으며, 한국고대사 전공자(specialist)로서뿐 아니라 인간에 대한 시선을 넓혀 가는 온전한 사람(generalist)으로 자리매김하기 위해 노력 중이다. 지은 책으로 《사이비 역사학과 한국 고대사》(공저), 《소장학자들이 본 고구려사》(공저), 《욕망 너머의 한국 고대사》(공저) 등이 있고, 주요 논문으로 〈고구려 수묘비守墓碑 건립의 연혁과 배경〉, 〈신라 하대 종묘와 열조烈祖 원성왕〉 등이 있다. 만인만색 역사공작단에서 '백년'이라는 닉네임으로 활동하며, 유쾌하지만 되돌아볼 수 있는 무언가를 전해 주고 있다고 자부(?)하고 있다.

기경량 가톨릭대학교 국사학과 조교수. 서울대학교 국사학과에서 《고구려 왕도 연구》로 박사학위를 받았다. 고대사의 공간적 이해와 역사인식론에 관심이 있다. 지은 책으로 《한국 고대사와 사이비 역사학》(공저), 《욕망 너머의 한국 고대사》(공저)가 있고, 주요 논문으로 〈고구려 평양 장안성 출토 각자성석刻字城石의 축성 구간 검증〉, 〈고구려 평양 장안성의 외성 내 격자형 구획과 도시 형태에 대한 신검토〉 등이 있다. 한국 사회를 어지럽히는 쇼비니즘 사이비 역사학에 대해 지속적으로 비판 작업을 하고 있다. 만인만색 역사공작단에서 '기량'이라는 닉네임으로 활동하며, '섬약한 지식인' 역할을 맡고 있다.

김재원 인문학콘텐츠 플랫폼 기업 (주)알다 기획총괄이사. 고려대학교 한국사학과에서 〈1960년대 후반 서울시 주택 정책과 '중산층' 문제 인식〉으로 석사학위를 받았다. 지은 책으로 《한뼘 한국사》(공저)가 있고, 주요 논문으로 〈소셜 미디어에서의 한국사 콘텐츠 생산과 판매: 팟캐스트와 유튜브를 중심으로〉 등이 있다. 현대 한국 사회의 계층 문제와 문화생활에 관심이 많다. 해방 후 서울의 도시 문제에 대한 여러 글을 썼다. 더불어 역사'학'의 대중화에 관심을 가지며 다양한 활동을 하다 관련 스타트업 기업을 창업했다. 만인만색 역사공작단에서 '금강경'이라는 닉네임으로 활동하며, 방송 초기에는 진행을 담당했고, 2대 팀장을 맡았다.

김태현 고려대학교 한국사연구소 연구원. 고려대학교 한국사학과에서 〈신의주·안동 간 밀수출 성격과 조선총독부 단속의 양면성(1929~1932)〉으로 석사학위를 받았다. 지은 책으로 《4차 산업혁명과 한국사 연구》(공저)가 있으며, 주요 논문으로 〈'역사학의 대중화'를 위한 시론: 팟캐스트 만인만색 '역사공작단'을 중심으로〉가 있다. 식민지민의 일탈, 범죄 같은 사회 현상에 관심이 많다. 만인만색 역사공작단에서 '범인'이라는 닉네임으로 활동하며, 현재 만인만색연구자네트워크 미디어팀 팀장이다.

오경석 성균관대학교 사학과 박사과정 수료. 성균관대학교 사학과에서 〈고려전기 왕위계승 양상과 그 원리: 훈요 3조를 중심으로〉로 제목으로 석사학위를 받았다. 고려의 권력 형성 과정과 정치 과정에 관심이 많다. 왕조국가에서 권력의 핵심인 국왕, 국왕의 후비, 종친에 대해 공부하고 있다. 만인만색 역사공작단에서 '월하'라는 닉네임으로 활동하며, 주로 편집팀에서 활동하고 있다.

위가야 성균관대학교박물관 학예사. 성균관대학교 사학과에서 《5~6세기 백제와 신라의 '군사협력체제' 연구》로 박사학위를 받았다. 고대 동아시아의 국제 질서 안에서 각국이 서로 관계를 맺어나가며 경쟁한 과정에 관심이 있다. 지은 책으로 《한국 고대사와 사이비 역사학》(공저), 《욕망 너머의 한국 고대사》(공저), 《문헌과 고고자료로 본 가야사》(공저)가 있고, 주요 논문으로 〈백제 무령왕 대 '갱위강국更爲強國'설의 재검토〉, 〈임나 대마도설과 전도顚倒된 식민주의〉 등이 있다. 백제사를 중심으로 공부하려 했으나 이름 따라 가는지 가야사에도 반 발짝 정도는 걸치고 있다. 만인만색 역사공작단에서 '아라'라는 닉네임으로 활동하며, 이것저것 아는 걸 이야기하고 있다.

윤서인 고려대학교 한국사학과 석사과정 수료. '예비' 연구 인력에서 '본격' 연구 인력이 되기 위해 선행 연구와 자료의 바다에서 표류하는 중이다. 조선총독부의 전매 정책과 정책의 한 축을 담당했던 유통업자들의 존재 양태에 관심을 두고 학위 논문을 준비하고 있다. 최근 하는 말의 한 절반 정도는 '우리는(혹은 '누군가는') 왜 아파야 하는가'로 수렴되고 있다. 하고 싶은 거 다 하면서 무던하고 재밌게 사는 게 꿈이다. 만인만색 역사공작단에서 편집 담당이자 '새벽'이라는 닉네임으로 활동하고 있다.

임동현 고려대학교 한국사학과 박사과정 수료. 고려대학교 한국사학과에서 〈1930년대 전반기 민족어 규범 형성과 철자법 정리·통일운동〉으로 석사학위를 받았다. 지은 책으로 《일제시대 문화유산을 찾아서》(공저)가 있으며, 주요 논문으로 〈1930년대 중반 임화와 홍기문의 사회주의 민족어 구상〉 등이 있다. 현재는 식민지 시기에 형성된 근대 문화에 관심을 가지고, 한국사에서 문화사를 어떻게 연구할 것인지 고민하고 있다. 개인적으로는 영화, 드라마, 게임 등 미디어에서 역사를 재현하는 방식에 대해서 애정과 비판의식을 동시에 가지고 있다.

최슬기 고려대학교 한국사연구소 연구원, 덕성여자대학교 사학과 강사. 고려대학교 한국사학과에서 〈위만조선과 흉노의 '예구' 교역〉으로 석사학위를 받았다. 논문 제목은 한글이건 한자이건, 같은 연구자들도 낯설어 하니 당황하지 마시고. 인간이 역사를 이루며 살기 시작한 '처음'에 대해 관심이 많고 모든 것의 기원, 원초적 형태에 대해 호기심이 넘친다. 연구 주제가 너무 학술적(academic)이라는 원망을 듣기도 하지만, 몹시 재미를 추구하는 사람이다. 주요 논문으로 《《아방강역고》 역주·비평 (1): 조선고〉(공저) 등이 있다. 고조선 연구자 가운데 가장 젊은(?) 축에 낀다. 만인만색 역사공작단에서 '쏘뀨'라는 닉네임으로 활동하고 있다. 다른 팟캐스트와는 질과 격이 다른, 여성 진행자의 본보기가 되려고 애쓰는 중이다. 그리고 매 순간 의미를 추구하며 존재와 의식이 일치하는 삶을 살고자 노력하고 있다.

현수진 성균관대학교 사학과 박사과정 수료. 성균관대학교 사학과에서 〈고려시대 관인상의 형성과 변화〉로 석사학위를 받았다. 현재와는 아주 다른 중세인의 사고방식이 어떤 역사적 환경 속에서 형성됐고, 또 현실과 어떻게 상호작용했는지에 관심이 있다. 지은 책으로 《달콤 살벌한 한·중관계사》(공저)가 있고, 주요 논문으로 〈고려 전기 《상서尙書》의 정치적 활용과 그 성격〉, 〈고려 시기 이윤 고사와 그에 나타난 군신 관계〉 등이 있다. 공부하면 행복해질 것 같아 공부를 시작했고, 지금은 즐겁고 자유로운 삶을 살고 있다. 만인만색 역사공작단에서 '홍시'라는 닉네임으로 활동한다. 3대 팀장이었다.

만인만색연구자네트워크

젊은 역사학의 새로운 출발

만인만색연구자네트워크는 '역사교과서 국정화'에 반대하면서 2016년에 출범한 대학원생·신진 연구자들의 모임입니다. 우리는 각양각색의 문제의식을 바탕으로 신선한 형태, 새로운 내용의 활동을 실천하고자 합니다. 이를 위해 역사해석의 다양성과 역사연구의 전문성, 그리고 대안적 학문연구와 교육 활동을 지향하는 공론장을 만들었습니다. 그리고 운영 원칙으로 더 많은 다양성과 인권, 민주주의를 구현하자고 약속했습니다.

당신의 색을 기다립니다

만인만색연구자네트워크는 정부나 기업의 후원 없이 회원들의 회비만으로 운영됩니다. 운영 목적과 원칙에 동의하는 누구나 일반회원과 후원회원이 될 수 있습니다!

- 회비: 반기(2~7월/8~1월) 당 6만 원
- 회원가입/후원 문의: 10000history@gmail.com
- 후원계좌: 하나은행 391-910071-85305 임광순
- 홈페이지(블로그) 주소: 10000history.tistory.com
- 페이스북: https://www.facebook.com/10000history
- 팟캐스트: 팟빵, 네이버 오디오클립, 아이폰 팟캐스트에서 '역사공작단' 검색
- 유튜브: '역사공작단TV', '역사공작단 클래식' 검색

지식교육 플랫폼, 다물어클럽

세상의 모든 진리는 물음표에서 시작합니다. 그 모든 질문이 시작되는 곳, '다물어클럽'입니다. 세상은 언제나 기초학문이 필요하다고 말하지만, 사실 우리에게 주어진 장벽은 늘 높고 험난합니다. 유튜브엔 출처가 불분명한 정보가 가득하고 전문서적은 문턱이 너무 높습니다. 다물어클럽은 다양한 기초학문을 깊이 있게, 시간과 장소에 구애받지 않고 제대로 학습할 수 있는 온라인 플랫폼입니다. 젊은 연구자부터 세계적인 석학까지 각 분야 전문가가 풀어내는 전문지식을 교양예능 영상으로 제공합니다. 이 모든 수업을 합리적인 가격으로, 그리고 무제한으로 만나볼 수 있는 곳, 다물어클럽입니다.

- 다물어클럽 주소: askeverything.co.kr